SÉ
MISIONERO
HOY

Puedes solicitar copias de este libro
llamando al **+1 (214) 723-9552** (WhatsApp).
Hay descuento especial cuando
se ordena por cantidad.

Disponible también en **Amazon**

Contacta con el autor escribiendo a:
estebangriguol@gmail.com

SÉ

MISIONERO

HOY

*El mayor y más urgente
desafío de un hijo de Dios*

ESTEBAN GRIGUOL

SÉ MISIONERO HOY

Autor-editor: Esteban Griguol
Diseño de la portada: Tammy Prieto
Foto de la portada: www.thinkstockphotos.es
Diseño interior: Esteban Griguol

El autor asume la responsabilidad por la veracidad de la información y de las citas que aparecen en este libro.

A menos que se indique, todas las citas bíblicas han sido tomadas de la versión Reina-Valera 1960 (Copyright © 1960 por American Bible Society).

La mayoría de las citas de Elena de White han sido extraídas del sitio web www.egwwritings.org

Lo enfatizado por medio de *cursiva* en los textos citados no es parte del original; sólo refleja la intención del autor de resaltar algún pensamiento fundamental.

DEDICATORIA

Este libro está dedicado a ti

Deseo de corazón que el mensaje de este libro te inspire a trabajar más para Dios y reavive tu espíritu de servicio. ¡El Señor tiene grandes planes para ti!

Fecha: ....

Para: ....

De: ....

....

....

....

....

"Entrega al Señor todo lo que haces; confía en él, y él te ayudará" (Salmos 37:5, NTV)

AGRADECIMIENTOS

Quisiera expresar mi gratitud especial a mi hermano mayor, *Osvaldo Griguol*, quién dedicó un buen tiempo para leer el manuscrito y compartir sus sugerencias.

Mi mayor gratitud es para Dios, por haber puesto en mi corazón un "fuego ardiente" que me dio las fuerzas y la motivación para escribir. Si el Señor no hubiera puesto ese fuerte impulso en mí, jamás hubiera escrito esta obra, ya que no poseo naturalmente el don de la escritura. Sin embargo, el deseo de compartir este mensaje ha sido más fuerte que mis limitaciones; por lo tanto, ¡la gloria sea para Dios!

Hago propias las palabras de David: "Bendito sea Jehová, mi roca, quién adiestra mis manos para la batalla, y mis dedos para la guerra" (Salmos 144:1).

TABLA DE CONTENIDO

Introducción 8

Capítulos:

1. Dios quiere hacer grandes cosas contigo............................11

2. Ahora es el tiempo de levantar la bandera de Cristo.............32

3. ¡Sé misionero hoy, no mañana!.......................................55

4. Siete marcas distintivas de un verdadero discípulo...............77

5. Mensajeros de esperanza, llamados por Dios......................99

6. Los valdenses del siglo XXI..120

7. Alcanzando los sueños de Dios.......................................144

8. 21 días de maratón misionero 173

Apéndice 1: Estudios bíblicos que ganan almas 207

Apéndice 2: Proyecto Misión Esperanza...............................217

Apéndice 3: Más de 100 maneras de servir y salvar.................220

Apéndice 4: Un héroe misionero a prueba de fuego 230

Apéndice 5: La mano derecha del evangelio............................237

Apéndice 6: Expo Biblia y Expo Santuario 245

Apéndice 7: 21 claves para plantar una nueva iglesia 256

Apéndice 8: Estudio bíblico Sé Misionero Hoy........................267

INTRODUCCIÓN

Se han escrito muchos libros sobre la misión. ¿Para qué sería necesario otro libro más? Porque cuantos más libros leamos mayor será nuestro crecimiento en conocimiento y más se afianzará en nosotros el deseo de trabajar para Dios. Mucho de lo escrito sobre este tópico aportan diferentes perspectivas que se complementan entre sí y nos ayudan a involucrarnos más en la misión que tenemos como iglesia.

Este libro está dirigido a los creyentes que aman a Dios y quieren servirle. No pretende cubrir todos los aspectos relacionados a la misión, sino solo una pequeña parte, pero muy importante. Persigue básicamente tres propósitos: (1) Avivar el entusiasmo y encender la pasión por la misión, (2) estimular la acción inmediata de sembrar la semilla del evangelio cada día, y (3) promover un espíritu misionero dondequiera que uno vaya.

Esta obra ha sido escrita en un lenguaje personal para facilitar la interacción entre el autor y el lector, y es probable que más de una vez, al analizar las ideas expuestas, te sientas impulsado a enrolarte en la obra que Dios le ha asignado a la iglesia en este tiempo. ¡Esa es la idea! Más que llevarte a un conocimiento novedoso, lo que se pretende es que juntos podamos llevar a la práctica lo presentado. Con tal objetivo, es muy importante que leas este libro con oración y mente abierta. Sólo el Espíritu Santo puede traer convicciones profundas a nuestro corazón acerca de nuestro deber en este tiempo.

Recordemos que estamos viviendo en el tiempo del fin y tenemos una misión profética que realizar. El Espíritu de Profecía señala: "La verdad está a punto de triunfar gloriosamente, y todos los que decidan ahora ser colaboradores con Dios triunfarán con ella".[1] "*Si cada uno fuera un misionero activo*, el mensaje para este tiempo se proclamaría con rapidez a toda nación, lengua y pueblo. *Esta es la obra que se debe realizar* antes que Cristo venga con poder y gran gloria".[2]

Es muy importante que demos prioridad a nuestras mayores necesidades y desafíos, tanto en la iglesia como en lo personal. En primer lugar, nuestra mayor y más urgente *necesidad* como pueblo de Dios es la de un *reavivamiento y reforma*; y como hijos de Dios, en el contexto del cumplimiento de la misión, es la de recibir el Espíritu Santo. Sumado a lo anterior, nuestro mayor y más urgente *desafío* como pueblo de Dios es el de *preparar un pueblo para la venida de Cristo y terminar la obra de predicación en todo el mundo*. Este último punto se aborda en el libro *El mensaje final*.

¿Y cuál es el mayor y más urgente *desafío* de un hijo de Dios en relación a la misión? La respuesta es: *Predicar el evangelio cada día*, aunque sea a una sola persona de alguna manera. En nuestro estilo de vida tenemos que decidir entre evangelizar o fosilizarnos, entre ser discípulo o miembro, entre ser misionero o ser espectador, entre ser un mensajero activo o ser un mensajero pasivo, entre vivir la misión o cruzarse de brazos; y la lista podría seguir. *Sé misionero hoy* es un llamado de Dios para ti y para mí. El diablo hará de todo para entretenernos y desviar nuestra atención en otros asuntos secundarios.

Sé misionero hoy es el llamado de Dios para que vivas la misión todos los días, en todas partes y en todo momento. *Sé misionero hoy* es un estilo de vida consagrado al Señor. *Ser misionero hoy* es una decisión diaria y constante de servir y salvar para la gloria de Dios. *Ser misionero hoy* es colocarse siempre en las manos de Dios para que Él pueda usarte de alguna manera. Dios está levantado un gran movimiento misionero en este tiempo, y tú eres una pieza fundamental en los planes del Señor.

La Palabra de Dios dice: "Que prediques la palabra; *que instes a tiempo y fuera de tiempo* [...] haz obra de evangelista, cumple tu ministerio" (2 Timoteo 4:2,5, RVR1960). En otras palabras, que prediques en toda oportunidad que se te presente. No solo cuando tengas tiempo, puedas o quieras, sino también fuera de tiempo, cuando estás trabajando, estudiando, incluso en tu tiempo libre. La Palabra de Dios es clara: "Tú anuncia el mensaje de Dios en todo momento" (2 Timoteo 4: 2, TLA).

En la batalla espiritual por salvar almas, necesitamos urgentemente, temprano en la mañana, recibir aceite nuevo y fresco, que es el bautismo diario del Espíritu Santo. Esta es nuestra mayor necesidad como misioneros y nuestro mejor secreto para tener éxito en la misión.

El mensaje de este libro será de inspiración en el cumplimiento del plan de Dios para tu vida, fortalecerá tu fe y avivará tu espíritu de servicio. Obtendrás un conocimiento valioso que enriquecerá tu vida espiritual. Aumentará tu deseo de trabajar más para Dios con entusiasmo. Te ayudará a ser un misionero activo dondequiera que vayas. Estarás mejor preparado para ser un mensajero de esperanza cada día. Aprenderás el verdadero significado de ser un discípulo de Cristo. Descubrirás los secretos para alcanzar los sueños de Dios en tu vida. En fin, recibirás abundantes bendiciones al poner en práctica las ideas presentadas.

Tenemos disponibles los seminarios en PowerPoint de cada capítulo para que puedas predicarlo en grupos pequeños, en el culto familiar, en las iglesias, o como consideres más conveniente. También te facilitaremos una guía de estudios para afianzar los conocimientos aprendidos. Puedes solicitarlo escribiendo a mi correo electrónico: estebangriguol@ gmail.com, y con gusto te lo enviaré de forma gratuita. Te animo a que compartas estos temas en las iglesias.

Este libro es un llamado a una misión reavivada. Es una invitación a tomar acción inmediata en la obra del Señor. Es mi anhelo y oración que, al leer estas páginas, te sientas profundamente motivado a responder al llamado de Dios para este tiempo.

Estoy seguro de que este libro nos inspirará valor y fuerza para que juntos sigamos cumpliendo la misión. Mi gran deseo es que tú y yo podamos estar listos cuando el Señor venga; y que el Señor nos pueda decir: "Buen siervo y fiel; sobre poco has sido fiel, sobre mucho te pondré; entra en el gozo de tu señor" (Mateo 25:23).

Referencias

[1] *El evangelismo*, p. 502.
[2] *Testimonios para la iglesia*, tomo 6, p. 436.

Capítulo 1

DIOS QUIERE HACER GRANDES COSAS CONTIGO

"Porque será cosa tremenda la que yo haré contigo" (Éxodo 34:10)

"Espera grandes cosas de Dios e intenta grandes cosas para Dios" era el lema de vida de William Carey. Él fue un humilde zapatero que vivió en Inglaterra, que consagró su trabajo secular para Cristo. Cuando alguien le preguntaba a qué se dedicaba, respondía así: "Mi negocio es servir al Señor. Remiendo zapatos para pagar los gastos". Después de un tiempo se fue como misionero a la India por varios años. Hoy muchos lo consideran como el padre de las misiones modernas. Su vida fue un testimonio viviente de que Dios puede usar poderosamente a cualquiera que se someta completamente en las manos de Dios.

Es interesante la declaración de Stanley Jones: "La manera más importante en que usted y yo somos desleales a Cristo, es cuando hacemos pequeño lo que Él quiso hacer grande". Nos cuesta "digerir" la idea de que Dios quiere hacer grandes cosas con cada uno de nosotros. Incluso puedes ser que digas: "¿Conmigo? No pastor, me falta mucho, no soy la persona indicada, y menos aún cuando analizo mi vida actual".

Presta atención a la siguiente promesa, que también es para ti: "He aquí, yo estoy contigo, y te guardaré por dondequiera que fueres, y volveré a traerte a esta tierra; *porque no te dejaré hasta que haya hecho lo que te dije*" (Génesis 28:15). Esta fue la misma voz de Dios hablando a Jacob mientras él estaba huyendo de su familia, por haber engañado a su padre Isaac y a su hermano Esaú.

Recordemos que Jacob estaba pasando por un momento muy difícil en su vida, se sentía indigno de ser parte del pueblo de Dios. Él pensaba que, por haber engañado a su padre, usurpando la primogenitura de su hermano, las cosas nunca volverían a ser igual. Sobre todo, el sentimiento de haber fallado a Dios le angustiaba profundamente. Sumado a esto, la voz de Satanás le atormentaba diciendo entre otras cosas: "Perdiste la oportunidad de tu vida, prepárate para cosechar lo que haz sembrado, malograste para siempre el plan de Dios, qué inútil eres". El diablo es especialista en atormentar y sembrar sentimiento de culpabilidad en nuestras mentes. Pero la buena noticia es que el Señor tuvo misericordia de Jacob, y le hizo aquella promesa que reavivó las esperanzas de un hombre hundido en el desánimo y en la incertidumbre.

Dios le dijo de manera enfática: "No te dejaré hasta que haya hecho lo que te dije". En otras palabras: "Jacob, aunque has fallado, quiero que sepas que todavía tengo planes para ti. Es más, estoy tan comprometido contigo, que no quiero dejarte hasta que mis propósitos se cumplan en tu vida para la gloria de Dios". Esta promesa es también para nosotros, a pesar de que muchas veces nos sentimos como Jacob, indignos de ser usados por Dios a causa de nuestros errores, pecados, limitaciones y debilidades. ¿Comprendes? Así también Dios desea usarte a pesar de tu pasado y hasta incluso de tu presente, que a veces deja que desear.

Otra maravillosa promesa Dios se la hizo a Moisés: "Y Él contestó: he aquí, yo hago pacto delante de todo tu pueblo; haré maravillas que no han sido hechas en toda la tierra, ni en nación alguna, y verá todo el pueblo en medio del cual estas tú, la obra de Jehová; *porque será cosa tremenda la que yo haré contigo*" (Éxodo 34:10). La última parte de este versículo presenta la idea principal del mensaje de este capítulo.

Mi querido hermano, Dios te dice hoy: "No tengas miedo, porque el Señor va a hacer grandes cosas" (Joel 2:21, DHH). "Será maravilloso lo que yo haré con ustedes" (Éxodo 34:10, DHH). Dios quiere hacer grandes cosas contigo, no por lo que tú eres sino por lo que Él es. No a causa de tu fidelidad, sino por su fidelidad. No por tus méritos sino por los méritos de Cristo. No para tu gloria sino para su gloria. El Señor nos cuida y nos protege "como a la niña de sus ojos!" (Deuteronomio 32:10, RVC).

Las grandes cosas que el Señor quiere hacer con nosotros están asociadas principalmente con el servicio y la misión de salvar almas. Estamos en esta tierra para glorificar el nombre de Dios y para servir en la causa del Maestro. Construir el Reino de Dios es fundamental en el trabajo que todo cristiano debería realizar como parte de su estilo de vida.

Un hombre llamado por Dios para cumplir una misión

Veremos ahora el llamamiento que Dios le hizo a Moisés. Él había sido providencialmente protegido desde niño de una muerte segura. El plan de Satanás de matar a todos los niños fue usado por Dios para introducir a Moisés en la corte real, donde "recibió la más alta educación civil y militar".[1] Allí "Moisés fue instruido en toda la sabiduría de los egipcios; y era poderoso en sus palabras y obras" (Hechos 7:22). Él fue considerado por los egipcios como un personaje notable, un gran caudillo militar y el favorito del ejército. Además, Faraón "había decidido hacer de su nieto adoptivo el sucesor del trono".[2]

En los primeros doce años, Moisés había sido educado en los caminos de Dios por su propia madre, los cuales dejaron una profunda impresión en su mente y corazón. Además, ángeles de Dios comunicaron a ciertos ancianos de Israel que Moisés era el hombre elegido para liberar al pueblo. Incluso, Moisés mismo fue visitado por ángeles que le transmitieron el plan que venía del Cielo.[3] "Moisés creía que los israelitas sabían que Dios los liberaría por medio de él; pero ellos no lo entendieron así" (Hechos 7:25, RVC).

"Por la fe Moisés, hecho ya grande, rehusó llamarse hijo de la hija de Faraón, escogiendo antes ser maltratado con el pueblo de Dios, que gozar de los deleites temporales del pecado, teniendo por mayores riquezas el vituperio de Cristo que los tesoros de los egipcios; porque tenía puesta la mirada en el galardón" (Hebreos 11:24-26). Mientras Moisés estaba en Egipto decidió ser fiel a Dios y cumplir sus planes antes que gozar de la riqueza y los placeres efímeros que el mundo le podía brindar. "Consideró que era mejor sufrir por causa de Cristo que poseer los tesoros de Egipto" (Hebreos 11:26, NTV).

Moisés pensaba que era a través de la fuerza y las armas, utilizando el método de Egipto, que podía liberar a su pueblo de la esclavitud. Así también, en el ámbito espiritual, corremos el peligro de querer utilizar los métodos del mundo para hacer la obra de Dios y para ganar almas. Pero luego nos damos cuenta con tristeza, que lo que aprendimos en "Egipto" no es lo mejor para hacer la obra de Dios; y que muchas veces ni siquiera sirve ni vale la pena utilizarlos. La gran verdad es que *necesitamos constantemente, en cada paso que damos,* la sabia dirección del Espíritu Santo, la gracia transformadora de Jesucristo, y la mano poderosa de Jehová de los Ejércitos.

La pasión no santificada te lleva a cometer graves errores. Moisés con el afán de hacer las cosas a su manera, matando a un egipcio, tuvo que huir al desierto para salvar su vida. Allí permaneció por cuarenta años, aprendiendo y desaprendiendo lecciones que lo prepararían para ser el instrumento escogido para liberar a su pueblo. A veces nuestra pasión por hacer la obra del Señor, cuando no está bien encauzada, dilata los planes de Dios y nos lleva a la escuela del desierto, así como le sucedió a Moisés. Otras veces, antes de emprender una gran misión, el Espíritu Santo nos envía al "desierto", como le sucedió a Jesús y a Pablo, a fin de prepararnos y llenarnos de su poder. Todos necesitamos, en algunos momentos de nuestras vidas, según la providencia divina lo considere oportuno y necesario, pasar por la "experiencia del desierto".

Necesitamos ser educados en la abnegación, en la obediencia y en la completa sumisión a la voluntad de Dios. Porque es en nuestro desierto donde Jesús nos puede hablar mejor al corazón (ver Oseas 2:14) y donde Él puede moldear mejor nuestro carácter (ver Números 12:3). Si ahora estás pasando por un "desierto" en tu vida, deja de quejarte, deja a un lado tu orgullo y aprende a disfrutar de las bendiciones del "desierto" que Dios quiere darte.

A pesar de nuestras caídas, el Señor es especialista en transformar los fracasos humanos en puentes de progreso y excelencia. Fue en el desierto que Moisés aprendió las mejores y más importantes lecciones de su vida. De igual manera, muchas veces es necesario que pasemos por la escuela del desierto a fin de pulir aquellas áreas de nuestras vidas que son un obstáculo para obtener las bendiciones que viene de lo Alto. Además, según Elena de White, *"las pruebas y los obstáculos son los métodos que el Señor escoge y las condiciones que Él señala para el éxito* [...] Muchas veces permite que el fuego de la aflicción los alcance para purificarlos".[4] "Más Él conoce mi camino; me probará, y saldré como oro" (Job 23:10).

"Las dificultades preparan a personas comunes para destinos extraordinarios", afirmaba Lewis. A la vista humana estos 40 años podrían ser considerados como pérdida de tiempo, ¿por qué tantos años? Sin embargo, estando en el desierto, Moisés transmitió un mensaje para todas las generaciones, escribió el primer libro de la Biblia: Génesis.[5] ¿Qué sería de la Biblia sin este libro? Dios puede usar tu "experiencia del desierto" actual como un puente para realizar cosas que jamás se llevarían a cabo si no estuvieras pasando por lo que estás pasando ahora. "Si tan solo supiéramos lo que nos espera, no seríamos tan perezosos en la obra del Señor".[6]

Dios se manifestó a Moisés en medio de una zarza ardiente diciendo: "¡Moisés, Moisés! Y él respondió: Heme aquí. Y dijo: No te acerques; quita el calzado de tus pies, porque el lugar en que tú estás, tierra santa es" (Éxodo 3:4-5). Dios siempre es el que toma la iniciativa en el llamamiento hacia una misión especial. La tierra donde estaba la zarza ardiente, era santa por la presencia de Dios, no por la tierra en sí. Tengamos presente que el llamamiento divino es siempre santo, porque es apartado para Dios; y como Él es santo, santifica también todo lo que toca o llama a realizar. Mucho cuidado con minimizar o ser indiferente a la santidad de su llamado. Que así como hubo quienes "con fidelidad se consagraban a las cosas santas" (2 Crónicas 31:18), también nosotros hagamos lo mismo.

"Ven, por tanto, ahora, y te enviaré a Faraón, para que saques de Egipto a mi pueblo, los hijos de Israel" (Éxodo 3:10). El llamamiento era específico: ir a Egipto para sacar a su pueblo. Era de urgencia, ahora, no para más adelante. De igual manera, Dios nos llama hoy a ir al "Egipto" de este mundo para sacar al pueblo de Dios; es decir, a la gente sincera que quiere conocer la verdad y desea salir de la esclavitud del pecado y de las falsas doctrinas.

El rey de Egipto representa a Satanás, quién "como león rugiente, anda alrededor buscando a quien devorar" (1 Pedro 5:8). Este enemigo implacable hará de todo para engañar al mundo y retener a sus seguidores. Sobre todo, le hará la guerra a todo aquel que se atreva a robar una oveja de su redil. No te sorprendas si en este proceso tienes que pasar por duras pruebas y aflicciones, sino pregúntale a Jesús sobre todo lo que tuvo que pasar para salvar este mundo (Isaías 53).

Tú y yo estamos representados por los "Moisés" del tiempo del fin, llamados por Dios para una misión: Advertir al mundo de los engaños finales y preparar un pueblo para el pronto regreso de Jesús en gloria y majestad. Colocarnos en las manos del Señor como misioneros cada día es nuestro mayor y más urgente desafío como hijos de Dios. Recuerda la oración que Jesús hizo al Padre: "Los envío a dar tu mensaje a la gente de este mundo, así como tú me enviaste a mí" (Juan 17:18, TLA). Por tanto, "no te avergüences de dar testimonio de nuestro Señor [...] quien nos salvó y *llamó con llamamiento santo*" (2 Timoteo 1:8-9).

Las cinco excusas de Moisés

Moisés expuso cinco diferentes excusas ante el llamamiento de Dios. Estas excusas son un reflejo de lo que tú y yo también presentamos al Señor. Tal vez no con palabras audibles pero sí por medio de nuestras actitudes. Es importante analizarlas y, sobre todo, reflexionar para que Dios nos ayude a superarlas. Solo así estaremos preparados para recibir una bendición especial de Dios, que solo la reciben aquellos que están dispuesto a ser usados por Dios.

1. "¿Quién soy yo?" (Éxodo 3:11)

"Entonces Moisés respondió a Dios: ¿Quién soy yo para que vaya a Faraón, y saque de Egipto a los hijos de Israel" (Éxodo 3:11). Había sinceridad y humildad en esta respuesta, pero detrás de esa pregunta, reflejaba también cierta inseguridad y falta de confianza en lo que el Señor podía hacer con él. Si él hubiera dicho: "¿Quién soy yo?... no soy digno... pero acepto lo que tú me digas, cuenta conmigo, yo iré"; hubiera sido diferente. La realidad es que la forma como Moisés formuló la pregunta era más bien una excusa o impedimento para ir, que un acto de entrega total hacia los planes de Dios.

Recordemos que Moisés ya no era joven, tenía ochenta años. Ya se había olvidado bastante del idioma egipcio. Además, su actual oficio como pastor de ovejas, distaba mucho de lo que él era cuarenta años atrás: príncipe de la corte más poderosa del mundo y candidato a futuro Faraón. Humanamente hablando, no se sentía digno para tal misión, ni mucho menos preparado. Y aunque la experiencia del desierto había pulido mucho su carácter, todavía tenía ciertos miedos que no le permitían entregarse por completo a la obra de Dios.

Por otro lado, Moisés conocía muy bien la manera como Dios había salvado y dirigido su vida para llegar a ser el libertador de Israel. Desde el mismo nacimiento fue librado de una muerte segura. Es interesante ver cómo Dios puede usar hasta los planes de Satanás como un método para alcanzar sus propósitos. Esa tragedia, la de mandar a matar a todos los niños menores de dos años, que fue inspirada por el mismo demonio, el Señor la utilizó para conducir al niño Moisés hasta la misma corte real. Fue un milagro que la hija de Faraón decidiera adoptarlo como a su propio hijo. ¿Comprendes? Aunque no entendamos mucho de lo que nos pasa, que podamos decir como el apóstol Pablo: "Y sabemos que a los que aman a Dios, todas las cosas les ayudan a bien, esto es, a los que conforme a su propósito son llamados" (Romanos 8: 28).

Muchos cristianos hoy tienen la sensación de que se les ha "pasado el tren"; es decir, tienen la impresión de que ya pasó su mejor momento para servir a Dios, y ahora para qué intentarlo. En esta historia podemos ver claramente que el Señor cuando llama no hace una radiografía de tu pasado para ver si eres digno o no. Para Dios es más importante nuestra disposición humilde que la calidad de nuestros talentos o recursos que podamos tener. "El Señor no siempre elige para su obra a hombres de los mayores talentos, *sino que escoge a los que puede usar mejor* [...] El Señor puede usar más eficazmente a los que mejor se dan cuenta de su propia indignidad e ineficacia".[7]

Dios dice en su Palabra: "Yo soy el Señor, y veo más allá de lo que el hombre ve. El hombre mira lo que está delante de sus ojos, pero yo miro el corazón" (1 Samuel 16:7, RVC). Dios nos mira no como somos ahora sino como podemos llegar a ser mediante su gracia transformadora. Así que, no te desanimes, deja de mirarte a ti mismo, no "tires la toalla", escucha la voz de Dios y mira a Cristo, porque sin Él nada podemos hacer (Juan 15:5).

La excusa del "¿quién soy yo?" también puede ser nuestra propia excusa. Aunque no la digamos con esas mismas palabras, pero sí con otras que expresan la misma idea. Por ejemplo, puede ser que pensemos así: "Es que soy un miembro común", "hace poco tiempo que estoy en la iglesia", "ya no tengo las fuerzas que antes tenía", "no soy digno para esta responsabilidad", "más adelante quizás yo pueda", "mi trabajo actual consume todo mi tiempo", etcétera. Todas estas excusas son un impedimento para que Dios derrame su bendición de manera continua en nuestras vidas. Las buenas nuevas es que el Señor quiere usarnos en su obra todos los días, no importa la profesión que tengamos.

Puede ser que digas: "Es que pastor, si yo escuchara la voz audible de Dios como lo hizo Moisés, claro que aceptaría la invitación divina. Es que no siento realmente el llamado". Mi hermano, ¿no te basta acaso la Palabra de Dios escrita que dice: "Por tanto id y haced discípulos"? No esperes que un ángel se te aparezca y te diga: "Ve a predicar, da testimonio de tu fe, ponte ahora en las manos de Dios". Una cosa es ir a estudiar teología para ser pastor o ir como misionero a tierras lejanas, donde uno necesita la dirección y convicción del Espíritu Santo. Pero otra cosa es involucrarte o disponerte para que Dios te use diariamente de alguna manera.

Siguiendo lo anterior, hay quienes se engañan diciendo: "No siento el llamado a testificar". ¿Qué pensarías si te digo: "Yo no estudio la Biblia porque no siento el llamado a la lectura", o bien: "Yo no oro, porque no siento el llamado a la oración"? ¿Consideras que es una buena excusa no leer la Biblia porque no se tiene el gusto por la lectura? Claro que no, ¿verdad? A nuestra naturaleza pecaminosa no le gusta ni le agrada leer la Biblia o pasar tiempo con Dios en oración; así como tampoco le gusta el servicio y la testificación, porque somos egoístas por naturaleza. Entonces, no esperes sentir el llamado para permitir que Dios te use. El llamado ya fue hecho, el Señor espera que abras las puertas de tu corazón todos los días. Y las tres mejores maneras son: 1) Dedicando tiempo diario para abrir tu corazón a Dios por medio de la oración. 2) Leyendo y meditando en su Palabra cada día. 3) Testificando y sirviendo a Dios en todo momento.

Me llama la atención la respuesta que Dios le dio a Moisés: "Ve, porque yo estaré contigo" (Éxodo 3:12). El Señor no se puso a discutir con Moisés, sino que le dio una promesa. La presencia de Dios era y es lo que garantiza el éxito en cualquier emprendimiento o desafío que tengamos por delante. Es por eso que Moisés, comprendiendo esta gran verdad, llegó a decir años más tarde: "Si tu presencia no ha de ir conmigo, no nos saques de aquí" (Éxodo 33: 15). También el apóstol Paulo dijo: "Si Dios es por nosotros, ¿quién contra nosotros?" (Romanos 8: 31).

"Yo estaré contigo en todo momento" (Éxodo 3:12, TLA), declaró Dios. "Nadie te podrá hacer frente en todos los días de tu vida; como estuve con Moisés, estaré contigo; no te dejaré, ni te desampararé" (Josué 1:5). Estas promesas son también para ti y para mí.

La falta de la presencia de Dios en nuestras vidas nos conducirá al fracaso, ya que jamás podremos vencer al enemigo solo con nuestras fuerzas. Por eso, no salgas a la calle sin pedir de corazón que el Señor te acompañe, te dirija, te dé fuerzas y te use de alguna manera. Necesitamos la presencia de Dios todos los días y en todo momento. Él es tan atento para con nosotros que hasta nos ha dado un ángel guardián (Salmos 34:7) para que esté siempre a nuestro lado, además de la guía continua del Espíritu Santo. Tu sumisión espiritual al Señor es fundamental para que te conduzca y te guíe. No es Dios el que necesita nuestra presencia sino nosotros.

"Dios es especialista en usar lo insignificante para llevar a cabo lo imposible", dijo Richard Exley. Si Dios pudo usar a un hombre de ochenta años para liberar a toda una nación, ¿por qué el Señor no podrá ayudarte a ti para liberar a tu propia familia? Si Dios pudo usar a Juan, llamado el "hijo del trueno", ¿por qué no podrá usarte a ti para compartir las buenas nuevas de salvación? Si Dios pudo usar a una pecadora como María Magdalena para dar testimonio de su amor por el Maestro, ¿por qué no podrá usarte también a ti para que testifiques de Él?

2. "¿Qué le responderé?" (Éxodo 3:13)

En la versión Dios Habla Hoy dice: "¿Qué les voy a decir?" La segunda excusa de Moisés era en esencia: "Señor, no sé qué decir, qué responder". Realmente era un gran desafío dirigirse al máximo dirigente de aquella época, el Faraón de Egipto, considerado por la mayoría como un dios. Una cosa es dirigirse a un cristiano para compartirle un mensaje de Dios y otra cosa es dirigirte a una persona pagana que tiene otros dioses. No es para nada fácil.

Cuán a menudo actuamos como Moisés. A veces nos excusamos en "¿qué le responderé?" para no compartir lo que Dios quiere que comuniquemos. Puede ser que hasta digamos cosas como: "¿qué le digo a este ateo?", "y qué si me rechaza", "es que tengo vergüenza que se burlen de mí", "ya habrá otro mejor momento", "¿para qué complicarse la vida?", etcétera. Piensa ahora cuáles son tus propias excusas. Preséntalas a Dios en oración.

Hay quienes dicen: "Es que no sé qué decir, no me siento preparado, es que no tengo el don para hacerlo". Hermano, nunca llegarás a sentirte plenamente preparado. Si esperas tener un "don especial" para servir al maestro, probablemente nunca lo harás. Así como no debes dejar de orar porque no tienes el don de la oración, o dejar de leer la Biblia porque no tienes el don de la Biblia; así también, no debes dejar de testificar porque no tienes este don. Nadie nace con el don de la oración, de la lectura de la Biblia o de la testificación. "Testificar no es un don del Espíritu Santo sino un llamado para el cristiano", señala Mark Finley.[8]

La segunda promesa que Dios le dijo a Moisés fue: *"Yo Soy me envió a vosotros*" (Éxodo 3:14). Según el Espíritu de Profecía, "Yo Soy significa una presencia eterna. El pasado, el presente y el futuro son todos iguales para Dios. Él ve los acontecimientos más remotos de la historia del pasado como del futuro muy distante, con una visión tan clara como lo que está delante de nosotros. Y si lo supiéramos, no contribuiría a nuestro bienestar eterno. Dios nos da una oportunidad para depositar fe y confianza en el gran YO SOY".[9] *Recuerda que "el brazo poderoso del Señor ha hecho cosas maravillosas"* (Salmos 118:16, NVB), y que "la diestra del Señor hace grandes proezas!" (Salmos 118:16, RVC). ¡Es el poder de Dios que hace la diferencia y nos lleva de victoria en victoria!

Nosotros no estamos realmente conscientes de quién es el que nos está llamando y enviando: Es el Dios del Universo, el Creador de todas las cosas, el único Dios verdadero, el Todopoderoso, el Rey de reyes y Señor de Señores. Nosotros actuamos en la práctica como si el que nos llama fuera un conocido de la ciudad. ¿Qué pasaría si hoy recibieras una llamada del presidente de tu país y te llamara para una entrevista especial de trabajo en ayuda a la comunidad, donde ganarías tres veces más de lo que ahora ganas, y dándote el sábado libre? ¿Irías? Seguramente que sí, ¿verdad?

Ahora bien, el Dios del Universo nos llama, nos invita a que participemos en la misión de salvar almas, y nosotros hacemos oídos sordos en muchas ocasiones. ¿No te parece que somos incoherentes al actuar así, respetando más lo que nos puede decir un presidente, un ser humano o hasta tu propio jefe de trabajo, que el mismo Dios Altísimo? David Livingstone decía: "Si una comisión por un rey terrenal es considerada un honor, ¿cómo puede ser una comisión por un Rey Celestial considerada un sacrificio?"

Si el Señor ha colocado un sueño en tu corazón, una fuerte impresión en tu mente es porque Dios mismo te ayudará a hacerlo realidad. En otras palabras, *Dios es el principal responsable de tu llamado.* No pienses que la misión es tuya, es de Dios. El Señor le aseguró a Moisés (ver versículos 17-24) que Él llevaría a su pueblo a una tierra que fluye leche y miel (abundancia de alimentos), que el Faraón se resistiría en dejar al pueblo libre, que Dios haría maravillas en Egipto y que el pueblo de Israel no saldría con las manos vacías sino con muchos regalos (vestiduras, artículos de plata y oro, y otros materiales valiosos), que los mismos egipcios les proporcionarían. Así también, el Señor nos asegura que, si somos fieles a su llamado, Él proveerá para todas nuestras necesidades.

En fin, no te preocupes tanto por lo que tienes que decir o responder, sino concéntrate más en quién es el que te está llamando y en sus promesas. Jesús dijo: "Yo estoy con vosotros todos los días, hasta el fin del mundo" (Mateo 28:20).

3. "Ellos no me creerán" (Éxodo 4:1)

Después de haber recibido varias promesas de Dios, aun así, Moisés continuaba dudando de ir. Es que, humanamente hablando, era casi imposible llevar a cabo aquella encomienda divina. No era nada fácil llegar a sus hermanos esclavos por cuatrocientos años y decirles: "Saben una cosa, el Señor me ha mostrado que los librará". Y más aún, decirles a los líderes paganos que dejen en libertad a Israel porque el Yo Soy lo ha dicho. Tenía lógica la excusa de Moisés. Lamentablemente Moisés seguía mirando la lógica humana, minimizando así el poder divino.

De igual manera, muchos hermanos dicen: "Es que a la gente no le interesa nuestro mensaje", "para qué perder el tiempo", "no creo que ese proyecto dé cierto", "las personas aquí son muy incrédulas", etcétera. La verdad es que Dios jamás podrá obrar poderosamente en nosotros si no tenemos fe como para creer que sí se puede, que sí todavía hay mucha gente dispuesta a escuchar.

El Espíritu de Profecía dice que *"Dios no puede hacer grandes cosas en favor de su pueblo debido a la dureza del corazón y a la pecaminosa incredulidad".*[10] Precisamos creer como Job que Dios "hace grandes cosas, inescrutables, y maravillas sin número" (Job 9:10, LBLA). *"Milagros tu verás si tienes fe"*[11]*,* dice la canción de la película *El príncipe de Egipto.* Los milagros solo acontecen cuando crees en el poder de Dios y avanza obedeciendo al Señor, aunque haya "montañas de imposibles" por delante.

Moisés consideraba que era una pérdida de tiempo ir a Egipto, así como Jonás pensaba de Nínive. Además, exponerse al ridículo, a que te desprecien, te ignoren, te rechacen, no era para nada agradable. Cuidado en considerar como pérdida cualquier esfuerzo misionero o acto de servicio que se haga para Dios, para la iglesia o para el prójimo. Jamás pienses, por ejemplo, que compartir un simple folleto es una pérdida de tiempo y de dinero.

La excusa del "no tengo tiempo" está muy conectada con "ellos no me creerán". Para ser sincero, le dedicamos tiempo a lo que es importantes para nosotros. En la práctica, muchas veces revelamos que todo lo que tiene que ver con el Reino de Dios no es tan importante, debido al poco tiempo que le dedicamos. ¿Cómo Dios podrá usarnos si nosotros no queremos utilizar parte de nuestro tiempo para su servicio? Necesitamos primero deshacernos de esta excusa que está impidiendo la bendición que viene del Cielo.

Miremos ahora cómo Dios utilizó un recurso didáctico para grabar una gran verdad en la mente de Moisés. "Y Jehová dijo: ¿Qué es eso que tienes en tu mano? Y él respondió: Una vara. Y él le dijo: Échala en tierra. Y él la echó en tierra, y se convirtió en una serpiente; y Moisés huía de ella. Entonces dijo Jehová a Moisés: Extiende tu mano, y tómala por la cola. Y él extendió su mano, y la tomó, y se convirtió en una vara en su mano" (Éxodo 4:2-4).

Una vara era lo que Moisés tenía en su mano. Esa era la vara del pastor, su herramienta principal que usaba en su profesión cotidiana. Con esa vara pastoreaba a las ovejas, guiaba a su redil, defendía o atacaba a los animales feroces, y la usaba para otras cosas más. Hay varias lecciones, relacionada a la vara, que Dios quería transmitir a Moisés y desea que también nosotros aprendamos. Compartiré dos muy importantes:

(1) La pregunta "¿qué es eso que tienes en tu mano?" es la pregunta que el Señor nos hace también a nosotros. En otras palabras: ¿cuál es el talento o don que tienes en tu mano? Todos nosotros tenemos al menos un talento. Lo que tú tienes es más que suficiente para que Dios obre poderosamente por medio de ti, siempre y cuando te sometas a su voluntad. No te pongas a mirar la vara o talento de tu vecino, no te compares si la "vara" de tu hermano es de "oro" o de "piedras preciosas", y la tuya es apenas una "rama seca" de poco valor y nada atractiva. La buena noticia es que hay mucho más poder en la obediencia a Dios que en la calidad de tu vara. Agradece a Dios por los talentos que te dio y ponlo en sus manos para que Él haga lo que tiene que hacer. Alguien dijo: *"Si dejas todo en las manos de Dios, verás la mano de Dios en todo".*

(2) Que el poder de Dios no estaba en la vara en sí sino en la obediencia, que se manifestó en este caso, al tirar la vara. Si Moisés no hubiese tirado la vara, siguiendo la indicación divina, jamás se hubiera producido el milagro. Nuestra iglesia está llena de personas con varas o talentos que la usan mayormente para construir su propio "reino terrenal" y la emplean poco o nada para la causa del Maestro. Jamás el Señor hará grandes cosas contigo a menos que tomes la decisión de colocar tus talentos en las manos del mejor formador de discípulos: Jesucristo. Graba esto en tu mente: *La única manera en que Dios te puede usar, es cuando tú te colocas en sus manos.* ¿Sabes por qué se ve poco poder de Dios en la iglesia? Una de las razones principales es porque nuestra vara no está en las manos de Dios, sino en nuestras propias manos. La vara representa principalmente tus talentos, pero también se aplica a tu tiempo y a tu dinero. Somos muy cómodos, queremos que el Señor se manifieste y haga maravillas, pero no estamos dispuesto a consagrar nuestros talentos, tiempo y dinero para Dios. Repito, Dios nunca te usará poderosamente a menos que seas los suficientemente humilde como para entregar todo en el altar del servicio, porque es solo allí donde el fuego del Espíritu Santo opera con gran poder.

4. "Soy tardo en el habla y torpe de lengua" (Éxodo 4:10)

Después de haber sido testigo de tres milagros asombrosos (la de la zarza ardiente que no se consumía, la de la vara convirtiéndose en serpiente, la de la mano transformándose en lepra), aun así, Moisés seguía vacilando y negándose ir. También a menudo nos pasa a nosotros, que hemos sido testigos de cómo el Señor ha actuado en el pasado en nuestras vidas, pero que pareciera que, en ciertos momentos de crisis, nos encontramos entre la "espada y la pared" y nos "olvidamos" de lo que el Señor ha hecho.

"Entonces dijo Moisés a Jehová: ¡Ay Señor! Nunca he sido hombre de fácil palabra, ni antes, ni desde que tú hablas a tu siervo; porque soy tardo en el habla y torpe de lengua" (Éxodo 4:10). "¡Pero es que yo no sé hablar bien! (TLA). "Francamente, me cuesta mucho trabajo hablar" (DHH). Nuevamente, por cuarta vez consecutiva, Moisés se excusó delante de Dios. Esta "queja referente a su falta de preparación demostraba falta de confianza en Dios".[12] Hermano, que esto no te sorprenda, porque muchas veces nosotros hacemos lo mismo o peor.

El "no me siento capaz" o el "no estoy todavía preparado", son unas de las excusas más comunes entre los creyentes de hoy. Si tú y yo esperamos hasta sentirnos cien por ciento capaces y preparados, tal vez tengamos que esperar "sentados" toda la vida. Si Dios te llama hoy para hacer algo, no es para que lo postergues para cuando tú quieras o puedas. No te olvides que siempre el tiempo de Dios es el mejor momento para poner manos a la obra, haciendo tu parte. Por favor, no te excuses diciendo, "que se haga la voluntad de Dios" o "cuando Dios quiera". Muchas veces Dios quiere, es su voluntad, pero somos nosotros los que no queremos. No es que no ha llegado el tiempo de Dios, sino que es nuestro tiempo que no ha llegado, por nuestra terquedad, tibieza, relajamiento, suficiencia propia y ceguera espiritual.

Veamos ahora la respuesta divina y su promesa redentora: "Y Jehová le respondió: ¿Quién dio la boca al hombre? ¿o quién hizo al mudo y al sordo, al que ve y al ciego? ¿No soy yo Jehová? *Ahora pues, ve, y yo estaré con tu boca, y te enseñaré lo que hayas de hablar*" (Éxodo 4:11-12). La Biblia también dice: "Te haré entender, y te enseñaré el camino que debes andar; sobre ti fijaré mis ojos" (Salmos 32:8).

Hay una gran verdad en esta sabia afirmación: "Cuando Dios llama, también capacita". Necesitamos confiar más en el Señor, "porque sin fe es imposible agradar a Dios" (Hebreos 11:6). No permitas que tus limitaciones bloqueen la bendición de Dios en tu vida. Entrégalos al Señor y dile: "Heme aquí, envíame a mí" (Isaías 6:8).

5. "Envía, te ruego, por medio del que debes enviar" (Éxodo 4:13)

Después de cuatro excusas seguidas y de recibir siempre una respuesta redentora de Dios y llena de promesas, Moisés quedó desarmado y reveló su verdadera intención: la de no ir. Dijo: "¡Ay, Señor, por favor, envía a alguna otra persona!" (DHH). "Dios mío, te ruego que envíes a otra persona" (TLA). En otras palabras: "Señor, que vaya otro". "Moisés insistió en que se escogiera a una persona más competente".[13]

El término "¡Ay, Señor!" era más bien una expresión victimaria, como "lavándose las manos" del compromiso que implicaba. La Biblia dice que "Jehová se enojó contra Moisés" (Éxodo 4:14). El Señor dio a conocer su desagrado por las excusas de Moisés. Claro que el enojo de Dios es muy diferente al enojo humano que está teñido de ira y venganza. Lo que sí, Moisés se dio cuenta de que el llamamiento de Dios iba en serio. Probablemente habrá ocurrido algo que conmovió profundamente a Moisés, quizás una subida de voz, una llamarada de fuego, la tierra tembló, u alguna otra cosa.

Dios podría haberle dicho a Moisés: "Eres un cobarde, miedoso, duro de entender, no te necesito. Tienes razón, buscaré otro mejor que tú, vete ahora mismo, sal de mi presencia ahora mismo". Pero Dios no actuó así, fue tan paciente y misericordioso que decidió auxiliarlo dándole una ayuda idónea en esta misión, a Aarón su hermano mayor que se encontraba en Egipto. Si lees Éxodo 4:14-16 verás cual sería el proceder de ahora en más: Dios hablaría a Moisés, Moisés a Aarón y Aarón a Faraón. Este no era el "plan A" de Dios. Su plan era que Moisés hablara directamente a Faraón sin ningún intermediario. Pero si Dios considera necesario usará hasta el plan Z para que nos involucremos de alguna manera en el servicio y en la obra de salvar almas.

Algunos hermanos dicen: "Otro lo puede hacer mejor", "que vaya alguien más competente", "¿por qué justo yo?" Aunque hay personas que pueden realizar mejor cierto trabajo para Dios, el llamamiento de Dios es personal y específico. El Señor está muy interesado en bendecirte a ti individualmente. No pienses que le estás haciendo un favor a Dios; al contrario, tú mismo eres el más bendecido.

El Espíritu de Profecía afirma: *"No son las capacidades que poseen hoy, o las que tendrán en lo futuro, las que les darán éxito. Es lo que el Señor puede hacer por ustedes.* Necesitamos tener una confianza mucho menor en lo que el hombre puede hacer, y una confianza mucho mayor en lo que Dios puede hacer por cada ser humano que cree. Él anhela que extiendan hacia él la mano de la fe. *Anhela que esperen grandes cosas de él.* Anhela darles inteligencia así en las cosas materiales como en las espirituales. Él puede aguzar el intelecto. Puede impartir tacto y habilidad. Empleen sus talentos en el trabajo; pidan a Dios sabiduría, y les será dada".[14]

La mejor decisión: "Iré ahora" (Éxodo 4:18)

"Y tomarás en tu mano esta vara, con la cual harás las señales" (Éxodo 4:17). La vara era el instrumento para hacer las señales y prodigios por medio del poder de Dios que se manifestaría si Moisés era fiel y obediente a las encomiendas divinas. La vara era el símbolo del poder de Dios.[15] Así también, nuestros talentos son un instrumento útil para que Dios obre poderosamente en nosotros y por nosotros.

Por fin, Moisés aceptó el llamamiento divino y dijo: "*Iré ahora*" (Éxodo 4:18). "Moisés no pudo oponerse más; pues todo fundamento para las excusas había desaparecido".[16] Se dio cuenta que sus excusas no tenían validez frente a las poderosas promesas de Dios. Cuán importante es aferrarnos en sus promesas. Si te concentras en tus excusas, el diablo alcanzará la victoria. Mientras que si te concentras en las promesas de Dios, te impulsará a decir: "Iré ahora".

"Dios dará una experiencia admirable a los que digan: "Creo tu promesa; no fracasaré ni me desalentaré".[17] "Puede esperar grandes cosas si tiene fe en sus promesas",[18] dice Elena de White. "Moisés pasó 40 años creyendo que era alguien, 40 años aprendiendo que no era nadie, y luego 40 años viendo lo que Dios puede hacer con alguien que sabe que no es nadie", señaló Dwight Moody. Que podamos decir: "Soy un don nadie que les dice a todos acerca de Alguien que puede salvar a cualquiera".

Finalmente, Moisés emprendió este desafío "de todo corazón, poniendo toda su confianza en el Señor".[19] "Dios bendijo su pronta obediencia, y llegó a ser elocuente, confiado, sereno y apto para la mayor obra jamás dada a hombre alguno. Este es un ejemplo de lo que hace Dios para fortalecer el carácter de los que confían plenamente en él, y sin reserva alguna cumplen sus mandatos".[20]

La Biblia dice que Moisés viajó a Egipto junto con su familia. "Tomó también Moisés la vara de Dios en su mano" (Éxodo 4:20). Interesante, ¿no era acaso la vara de Moisés? Sí, lo era antes, ahora la vara de Moisés se transformó en la vara de Dios. Qué profunda lección podemos extraer de este pasaje. Cada vez que decides colocar tu "vara" en las manos de Dios, se fusiona el poder divino con el humano, y es Dios quien se "apodera" de tus talentos para hacer las grandes maravillas. Tu "vara" que antes era dedicada a ti y a tus cosas, ahora es santificada para Dios y su obra. Allí está la diferencia, cuando tú y yo consagramos nuestros talentos para Dios, el Señor los santifica. *Un talento santificado por Dios puede hacer mucho más que cien no santificados.*

Así como "el apóstol Pablo, en su ministerio entre las iglesias, era *incansable en sus esfuerzos por inspirar en los corazones de los nuevos conversos un deseo de hacer grandes cosas por la causa de Dios*";[21] que también nosotros avancemos con el mismo espíritu en nuestra esfera de influencia y liderazgo en la iglesia. Si tuviéramos una décima parte de la entrega y compromiso que tuvo Pablo en su misión, muchos más hermanos estarían motivados a involucrarse activamente en la causa de Dios.

La Palabra de Dios dice: "Mira que te mando que te esfuerces y seas valiente; no temas ni desmayes, porque Jehová tu Dios estará contigo en dondequiera que vayas" (Josué 1:9). "Clama a mí y yo te responderé, y te enseñaré cosas grandes y ocultas que tú no conoces" (Jeremías 33:3). "Enseguida oí la voz de Dios que decía: ¿A quién voy a enviar? ¿Quién será mi mensajero? Yo respondí: Envíame a mí, yo seré tu mensajero" (Isaías 6:8, TLA). Y tú, ¿qué le dirás hoy al Señor? ¿Por qué no decirle también: "Iré ahora"?

Dos elementos esenciales para que Dios te use poderosamente

Primero: Arregla ahora tus cuentas con el Señor. *Dios jamás hará grandes cosas por medio de ti si primero no hace grandes cosas en tu propio corazón:* extirpando el dolor, la angustia y los pecados acariciados. Debes clamar por la sanidad divina y el perdón de tus pecados. Cuando te rindes completamente a Cristo, humillándote y confesando todos tus pecados, es cuando Dios podrá usarte con poder.

Así como Jesús le dijo al endemoniado gadareno, después de sanarlo, te dice hoy a ti: "Vuélvete a tu casa, y *cuenta cuán grandes cosas ha hecho Dios contigo.* Y él se fue, publicando por toda la ciudad cuán grandes cosas había hecho Jesús con él" (Lucas 8:39). ¿Comprendes? Una vida transformada por el poder de Dios es el mejor camino para la proclamación del evangelio. Si notas que tu testificación es un tanto débil es porque, por lo general, está faltando Cristo en tu corazón.

Segundo: Sé fiel a Dios en todo lo que hagas. *Tu fidelidad y obediencia a Dios es la señal del pacto para que el Señor te use poderosamente.* En Éxodo 4:24-26 se nos relata la aparición de un ángel que estuvo a punto de matar a Moisés, debido a que él "había dejado de cumplir el rito de la circuncisión en su hijo menor".[22] Séfora, temiendo que su esposo muriera, efectuó ella misma la circuncisión, y solo entonces el ángel permitió a Moisés continuar su camino hacia Egipto.

En esa misión y batalla espiritual, que implicaba muchos riesgos y peligros, Moisés "no estaría seguro mientras tuviera un deber conocido sin cumplir, pues los ángeles de Dios no podrían protegerlo".[23] ¿Comprendes la importancia de obedecer a Dios en todo? Una sola puerta abierta que des al enemigo es suficiente para que Satanás tome ventaja y destruya tu ministerio, tu familia, y los grandes planes de Dios para tu vida. La gran verdad es que "Dios obra poderosamente en la gente fiel que obedece su Palabra sin preguntas ni dudas... Dios hará cosas maravillosas en aquellos que confían en Él"[24] y "que sean como de acero en su lealtad a los principios".[25]

El Espíritu de profecía también señala: "El hombre obtiene poder y eficiencia cuando acepta las responsabilidades que Dios deposita en él, y procura con toda su alma la manera de capacitarse para cumplirlas bien".[26] "Muchos no llegan a la posición que podrían ocupar porque esperan que Dios haga por ellos lo que Él les ha dado poder para hacer por sí mismos. Todos los que están capacitados para ser de utilidad deben ser educados mediante la más severa disciplina mental y moral; y Dios los ayudará, uniendo su poder divino al esfuerzo humano".[27]

¡Dios tiene planes definidos para ti también!

"El ideal que Dios tiene para sus hijos está por encima del alcance del más elevado pensamiento humano".[28] "Tan ciertamente como hay un lugar preparado para nosotros en las mansiones celestiales, hay un lugar designado en la tierra donde hemos de trabajar para Dios".[29] La Palabra de Dios declara: "Porque yo sé muy bien los planes que tengo para ustedes —afirma el Señor —, planes de bienestar y no de calamidad, a fin de darles un futuro y una esperanza" (Jeremías 29:11, NVI). "Jehová cumplirá su propósito en mí" (Salmos 138:8).

Recuerdo cuando le pedí al Señor que me guiara en la elección de una carrera. Tenía varias opciones en mente. A los diecisiete años asistí a un congreso de jóvenes que se realizó en la ciudad de Río Cuarto (provincia de Córdoba, Argentina). Fue un evento muy inspirador para mí. Recuerdo los temas que compartió el orador principal, el pastor Roberto Pinto. Él hizo un llamado en una de las noches a todos los que les gustaría consagrar su profesión o futura carrera para Dios. Yo pasé al frente, y mientras caminaba tenía una fuerte impresión en mi mente como si alguien me dijera: "Estudia Teología", "serás un pastor". Fue algo que me impactó mucho. Luego de la oración del pastor fui debajo de un árbol y oré al Señor diciendo: "Si realmente quieres que sea pastor y estudie teología, lo haré. Pero tú sabes bien que no tengo los recursos económicos como para hacerlo. Pero si es realmente tu voluntad, te pido que me lo proveas". Meses más tarde, el Señor abrió la puerta del colportaje como un medio de crecimiento y una forma de obtener recursos para poder estudiar. He colportado todas las vacaciones y, por la gracia de Dios, he podido pagar toda la carrera durante los cinco años de Teología en la Universidad Adventista del Plata.

Ciertamente Dios tiene mil maneras de mostrar su voluntad y de proveer lo que necesitamos para hacer realidad sus sueños en nosotros. Si quieres realmente descubrir el plan de Dios para tu vida, lo primero que tienes que hacer es consagrarte más. Te animo a que dediques un día de ayuno y oración (aunque sea solo de frutas). Piensa en los talentos que el Señor te ha dado, conságralos para Dios. No esperes recibir algo sobrenatural para recién decir sí al Señor. Recuerda las palabras de Jesús: "Bienaventurados los que no vieron, y creyeron" (Juan 20:29).

Somos llamados por Dios para cumplir la misión. "Así que, somos embajadores en nombre de Cristo, como si Dios rogase por medio de nosotros; os rogamos en nombre de Cristo: Reconciliaos con Dios" (2 Corintios 5:20). Un embajador no se avergüenza de representar a su país, cuánto más nosotros no deberíamos avergonzarnos siendo que somos embajadores del Reino más poderoso del universo. ¿No te parece que estamos siendo insensatos al no estar felices de ser embajadores de Cristo? ¡Glorifica a Dios en tu vida!

La buena noticia es que Dios prefiere contar contigo. Hay un poema muy interesante, de un autor desconocido, que se titula "Solo Dios puede", y dice así: "Sólo Dios puede dar la fe, pero tú puedes dar testimonio. Sólo Dios puede dar la esperanza, pero tú puedes devolverla a tu hermano. Sólo Dios puede dar amor, pero tú puedes enseñar a amar. Sólo Dios puede dar la paz, pero tú puedes sembrar la unión. Sólo Dios puede dar la fuerza, pero tú puedes animar al desalentado. Sólo Dios es el camino, pero tú puedes señalarlo a los otros. Sólo Dios se basta a sí mismo, pero prefiere contar contigo".

El Señor te dice hoy: "Yo te he puesto para mostrar en ti mi poder, y para que mi nombre sea anunciado en toda la tierra" (Éxodo 9:16). El Espíritu de profecía señala: "El Señor está dispuesto a hacer grandes cosas por nosotros".[30] Las grandes cosas comienzan con las cosas pequeñas. Sé fiel en lo pequeño y lo serás en lo más grande.

Si Dios te llama, ¿por qué te excusas?

Generalmente, aquellos que más buscan excusas ante el llamado sagrado y urgente de Dios para una misión activa son los que tienen poca fe, mucha pereza misionera, no quieren salir de su zona de confort y tienen poco amor verdadero por Cristo. Deja a un lado todas tus excusas, entrégate ahora en las manos de Dios, conságrate cada día como un misionero vivo; y sólo entonces el Señor hará grandes cosas contigo.

Piensa ahora en tus propias excusas. ¿Con cuáles de estas cinco excusas, mencionadas anteriormente, te sientes más identificado? Dedica unos minutos, toma un papel y anota todas las excusas que se te vengan a la mente. No dejes pasar esta oportunidad. Luego, ora a Dios para que te ayude a deshacerte de ellas. Recuerda que cada excusa que *tengas es un obstáculo para recibir la bendición de Dios en tu vida.* La Biblia señala: "Vendrán sobre ti todas estas bendiciones, y te alcanzarán, si oyeres la voz de Jehová tu Dios" (Deuteronomio 28:2). Por favor, no continúes leyendo sin hacer primero este ejercicio mental y espiritual, de modo que Dios te ayude a superar tus miedos y excusas. ¡Ahora es el mejor momento!

La mayoría de los grandes hombres y mujeres que Dios usó en el pasado tuvieron grandes limitaciones o defectos de carácter cuando fueron llamados. Por ejemplo, Pedro tenía un temperamento fuerte e impulsivo, Pablo perseguía y mataba a los cristianos, Noé se embriagó y quedó desnudo, haciendo pasar vergüenza a sus hijos, David cometió adulterio con la esposa de su amigo, Jonás huyó del llamado de Dios hacia otro lugar, Mateo era un recaudador de impuestos que se aprovechaba de la gente, y la lista continúa. Lo más importante no es quién eres tú, sino Quién te está llamando. Como dijo Hudson Taylor, "no son los grandes hombres que transforman el mundo, sino los débiles y pequeños en las manos de un Dios grande".

Por otro lado, no pienses que por el hecho de que Dios coloque un plan o desafío delante de ti, el éxito está asegurado y que será cosa fácil alcanzarlo. Al contrario, *el diablo hará todo lo posible para darte un "golpe nocaut"* en la primera que pueda hacerlo. Así le paso a Moisés, que después que hubo hablado con el Faraón, este se enfureció aún más y tomó medidas severas de trabajo y opresión contra el pueblo de Israel (Éxodo 5:2-9). Esto hizo que muchos líderes y miembros del pueblo se enojaran contra Moisés y lo culparan por este sufrimiento adicional. El desánimo tambaleó a Moisés, quien llegó a clamar con amargura en su alma: *"Señor, [...] ¿Para qué me enviaste?"* (Éxodo 5:22). *"Dios mío, ¿para esto me enviaste? ¿Sólo para hacer sufrir a tu pueblo?"* (Éxodo 5:22, TLA).

El sentimiento del "¿para qué me enviaste?" es la realidad que muchas veces experimentamos en algún momento de nuestras vidas. Varias veces he pasado por esta lucha interna con Dios. Una de ellas aconteció cuando fui a colportar por primera vez en una ciudad en las sierras de Córdoba (Argentina). Estaba ilusionado con realizar la obra de Dios y esperanzado en ahorrar dinero para poder empezar a estudiar Teología. Fue un verano caluroso, y con muchos obstáculos. Lo más traumático para mí fue la manera como terminó aquel verano. Después de hacer las cobranzas, tenía la mayoría de mi ganancia en mano. Y mientras esperaba el autobús en cierto lugar, dos asaltantes me asediaron, me golpearon y me robaron todo el dinero que había ganado con mucho esfuerzo. Imagina cómo me sentía en ese momento. Confieso que me enojé con Dios y decidí no colportar más, ni tampoco estudiar teología. Pero al pasar los meses, el Espíritu Santo continuó llamándome y, por su gracia y fortaleza, he podido continuar en el colportaje estudiantil, durante los recesos o vacaciones escolares, hasta que terminé mi carrera de Teología. Si estás pasando por esta sensación de "¿para qué me enviaste?" o "¿para esto me enviaste?", *no te des por vencido.* Dios todavía tiene un propósito para ti. "Encomienda a Jehová tu camino, y confía en Él; y Él hará" (Salmos 37:5). "Esperen un poco y podrán ver las grandes cosas que el Señor hará entre ustedes" (1 Samuel 12:16, RVC). Así como Jehová respondió a Moisés, también te dice hoy a ti: *"Ahora verás lo que yo haré"* (Éxodo 6:1). Por eso, *"debemos avanzar con fe y esperanza, y aguardar grandes cosas de Dios.* El enemigo procurará por todos los medios posibles estorbar los esfuerzos que se realizan para promover la verdad, pero vosotros podéis tener éxito gracias al poder de Dios".[31]

Que nuestra influencia pueda inspirar y contagiar a nuestra familia, a nuestra iglesia en el desafío de realizar grandes cosas para Dios. Quienes están involucrados en ese plan, servicio o labor misionera en común, podamos decirles con fe y determinación: "Sí, el Señor hará grandes cosas por nosotros, y eso nos llenará de alegría" (Salmos 126:3, RVC). *"Con la ayuda de Dios haremos grandes cosas"* (Salmos 60:12, DHH).

¡Toma hoy decisiones sabias que glorifiquen a Dios!

Hace tiempo escuché una historia muy interesante que me impactó. Se trata del señor Napoli, de origen italiano. Él era pescador. En una de sus exitosas hazañas, había tenido una gran pesca utilizando su pequeño barco cerca de la bahía de San Francisco, California. Su embarcación quedó repleta con centenas de pescados. Y mientras regresaba con el corazón lleno de alegría, para su asombro, alcanzó a visualizar a lo lejos a un barco que se estaba hundiendo. Rápidamente se dirigió hacia ese barco. Mientras se estaba acercando, vio a un grupo de unas treinta personas que estaban en el agua nadando a punto de morir ahogadas, a menos que alguien los rescatara. Al verlos, el señor Napoli tenía la intención de salvarlos, pero, al mismo tiempo, estaba consciente de que su pequeño barco estaba colmado de pescados; no disponía de lugar. Pretender introducir a todas esas personas implicaba que su navío se hundiera por exceso de peso. Sin embargo, después de reflexionar en pocos segundos, tomó una sabia decisión: tirar los peces de su barca, aunque perdiera mucho dinero, y así rescatar a esas treinta personas. Como resultado de esta acción redentora y rápida del señor Napoli, todos fueron salvados. No se quedó solo con la intención, sino que puso manos a la obra.

Pasaron varios años. Cierto día el señor Napoli, caminando por las calles de San Francisco, se le acercó una persona que le dijo: "Señor Napoli, gracias por haberme salvado la vida. Mire, esta es mi hija, que no la hubiera visto crecer si no fuera por usted. Esta es mi esposa, que está muy agradecida a usted. Muchas gracias por valorar más las vidas de las personas que su propio negocio". También el apóstol Pablo declaró: "Pero cuantas cosas eran para mí ganancia, las he estimado como pérdida por amor de Cristo" (Filipenses 3:7).

Al igual que el señor Napoli, tenemos que tirar algunos "peces" de nuestras vidas con el propósito de salvar más almas. Estos "peces" son distractores que te desenfocan de la misión y te roban tiempo para hacer algo productivo relacionado al servicio. Ellos pueden ser ciertos programas de televisión que te gustan, las muchas horas a la semana dedicadas a chatear o postear en Facebook o Instagram, algún pasatiempo o entretenimiento poco productivo, etc. Ahora es un buen momento para identificar cuáles son tus "peces gordos" que necesitas tirar. Reflexiona y ora para que el Espíritu Santo te lo muestre claramente.

Lo más bonito de hacer cambios para la gloria de Dios, es que habrá gente que nos dirá más tarde: "Gracias por visitar mi casa y dedicar una hora a la semana de tu tiempo. Bien podrías estar viendo una película, cómodo en tu casa. Gracias por valorar más la salvación de las almas que ver una película. Te estoy muy agradecido ya que, por tu acción decidida, hoy estoy en la iglesia". ¿No es maravilloso que alguien te diga esto?

Mi querido hermano, *¡sé fiel al llamamiento de Dios!* "Solamente temed a Jehová, y servidle en verdad con todo vuestro corazón, pues considerad cuán grandes cosas ha hecho con vosotros" (1 Samuel 12:24). "Santificaos, porque Jehová hará mañana maravillas entre vosotros" (Josué 3:5). Como señal de su decisión, coloca una marca (√) al lado de los ítems con los que más te identifiques:

___ Decir a Dios Padre: "Señor, consagro ahora "mi vara" (talentos, tiempo y dinero) en el altar del servicio para mi Dios.

___ Decir a Dios Hijo: "Señor, aviva tu obra em mí".

___ Decir a Dios Espíritu Santo: "Entrego todas mis excusas, perdóname Señor! Hazme un instrumento útil en tu causa.

___ Me gustaría ofrendar parte de mi tiempo a Dios en cierto servicio o proyecto misionero de la iglesia y/o para la comunidad.

___ Quisiera ser un mensajero de esperanza compartiendo materiales misioneros a las personas que el Señor coloque en mi camino.

___ Estoy dispuesto a orar por al menos cinco amigos, familiares y/o vecinos a quienes les ofreceré un estudio bíblico en estos próximos dos meses, o haré por ellos algún acto de servicio.

___ Me comprometo hacer de mi trabajo un ministerio para Cristo.

___ Emprender ese desafío de fe que Dios ha puesto en mi corazón desde hace tiempo.

___ Consagrar mi vida para preparar el camino del Señor.

___ En fin, decirle al Señor: "Heme aquí, envíame a mí".

Conságrate hoy y abre tu corazón a Jesús. Dedica unos minutos para orar y hacer tu pacto personal con Dios. Que podamos como David, decirle al Señor: "Bendito sea Dios, Señor y Dios de Israel, el único que hace grandes cosas" (Salmos 72:18, DHH). "Tú has hecho grandes cosas; ¡no hay nadie como tú!" (Salmos 71:19, DHH). Y al final, afirmar como María: *"El Dios todopoderoso ha hecho grandes cosas conmigo"* (Lucas 1:49, TLA). ¡Amén!

Referencias

[1] Elena de White, *Patriarcas y profetas*, p. 223.

[2] *Ibíd.*

[3] *Ibíd.*

[4] Elena de White, *Ministerio de curación*, p. 373.

[5] *Patriarcas y profetas*, p. 227.

[6] Elena de White, *Testimonios para la iglesia*, tomo 6, p. 333.

[7] Elena de White, *The Sings of the Times*, 23 de junio de 1881.

[8] https://www.youtube.com/watch?v=GncBOAMXMvQ (en el minuto 40)

[9] Elena de White, *A fin de conocerle*, p. 14.

[10] Elena de White, *Consejos sobre el régimen alimenticio*, p. 452.

[11] https://www.youtube.com/watch?v=rHTLLs1ygHg

[12] *Patriarcas y profetas*, p. 230.

[13] *Ibíd.*

[14] Elena de White, *Palabras de vida del gran Maestro*, p. 112.

[15] *Patriarcas y profetas*, p. 227.

[16] *Ibíd*, p. 230.

[17] Elena de White, *Joyas de los testimonios*, tomo 2, p. 551.

[18] Elena de White, *El Deseado de todas las gentes*, p. 621.

[19] *Patriarcas y profetas*, p. 230

[20] *Ibíd.*

[21] Elena de White, *Hechos de los apóstoles*, p. 275.

[22] *Patriarcas y profetas*, p. 231.

[23] *Ibíd.* También la sierva del Señor agrega que "en el tiempo de la angustia que vendrá inmediatamente antes de la venida de Cristo, los justos serán resguardados por el ministerio de los santos ángeles; pero no habrá seguridad para el transgresor de la ley de Dios. *Los ángeles no podrán entonces proteger a los que estén menospreciando uno de los preceptos divinos".*

[24] White, *The Sings of the Times*, 14 de abril de 1881.

[25] Elena de White, *Review and Herald*, 2 de mayo de 1899.

[26] *Patriarcas y profetas*, p. 231.

[27] *Ibíd*, p. 226.

[28] Elena de White, *La educación*, p. 17.

[29] Elena de White, *Palabras de vida del gran Maestro*, p. 262.

[30] Elena de White, *Review and Herald*, 1 de julio de 1884.

[31] Elena de White, *Mensajes selectos*, tomo 2, p. 467.

Capítulo 2

AHORA ES EL TIEMPO DE LEVANTAR LA BANDERA DE CRISTO

"Has dado a los que te temen bandera que alcen por causa de la verdad"
(Salmos 60:4, RVR1995)

Jehová Nissi que significa "el Señor es mi bandera" (Éxodo 17:15, DHH) o "Dios es mi bandera" (Éxodo 17:15, TLA) proclamó Moisés luego de una gran conquista. Esto lo dijo después de construir un altar como ofrenda a la victoria que Dios le había dado en la batalla contra los amalecitas en Refidim. El Señor es mi bandera significa que Dios es nuestro estandarte de victoria para todas nuestras batallas, desafíos y gigantes que tengamos que enfrentar (ver Deuteronomio 20: 3-4).

Bien sabemos que cada país del mundo tiene su bandera como símbolo de identidad, soberanía y libertad. Cada bandera es diferente de las demás y se iza en los mástiles de las escuelas y gobiernos como muestra de pertenencia e independencia en esos territorios. Así como esto sucede en el aspecto literal, también ocurre en el sentido espiritual.

La Palabra de Dios afirma: "Has dado a los que te temen bandera que alcen por causa de la verdad" (Salmo 60:4, RVR1995). El Señor ha dado una bandera a todos los que le aman y obedecen, para que la verdad sea ensalzada, como testimonio al mundo y para que el nombre de Dios sea glorificado. Esta bandera espiritual es otorgada solo a aquellos que le temen, que le son fieles y que desean trabajar en la viña del Señor.

Isaías profetizó que "en ese día, el heredero del trono de David será estandarte de salvación para el mundo entero… Levantará bandera en medio de las naciones" (Isaías 11:10,12, NTV), haciendo referencia a la victoria de Cristo en la cruz del calvario sobre la condenación del pecado.

Jesús, en su obra redentora, ha plantado la bandera de salvación en este mundo de pecado, de modo que podamos ser salvos.

En el Antiguo Testamento se nos dice que "los hijos de Israel acamparán cada uno junto a su bandera, bajo las enseñas de las casas de sus padres; alrededor del tabernáculo de reunión acamparán" (Números 2:2). La idea de "junto a su bandera" da sentido de pertenencia, basado en el Escrito Está. La Biblia también dice: "Levantad bandera sobre un alto monte; alzad la voz a ellos, alzad la mano, para que entren por puertas de príncipes" (Isaías 13:2). Levantar bandera también significa defender y ser valientes en la proclamación de las verdades de la Palabra de Dios. Mientras más alto levantemos a Cristo, más alto llegaremos en nuestra vida espiritual.

"Mas el Espíritu de Jehová levantará bandera contra él" (Isaías 59:19). Este texto nos presenta al Espíritu Santo como nuestro protector y ayudador en la lucha contra las huestes espirituales de maldad. Es imposible ser vencedores sin la ayuda poderosa del Espíritu Santo. "¡Nos llenará de gozo el verte victorioso, y en el nombre del Dios nuestro alzaremos las banderas! ¡Que el Señor responda a todas tus plegarias!" (Salmos 20:5, RVC). Alzar la bandera de Cristo es una manera de glorificar a Dios. Necesitamos mucha más pasión por levantar la bandera de Cristo que por celebrar la victoria de un equipo de futbol u otro deporte que te guste.

Corremos el peligro de perder nuestra identidad y sentido de misión como hijos de Dios. "¡Ya no vemos nuestras banderas! ¡Ya no hay profetas entre nosotros, ni nadie que nos diga cuánto más tenemos que aguantar!" (Salmos 74:9, RVC). Muchas veces el materialismo, el secularismo, la mundanalidad, la incredulidad y los afanes de esta vida nos hacen, inconscientemente, "esconder" la bandera de Cristo. A veces damos la impresión, con nuestras actitudes y acciones, de que la *bandera del yo* flamea con más fuerza y a mayores alturas que la bandera de Cristo sobre nuestra mente y corazón.

¿Qué significa levantar la bandera de Cristo?

Hay tres maneras muy efectivas de levantar la bandera de Cristo. En la medida en que tú y yo las pongamos por obra, se verá sus frutos maravillosos. Significa principalmente tres cosas:

1) Fidelidad a Dios: "Sé fiel hasta la muerte, y yo te daré la corona de la vida" (Apocalipsis 2:10). Cada vez que demostramos ser fieles a Dios, estamos subiendo en alto la bandera de Cristo. De lo contrario, cuando no somos fieles en algún punto, la estamos bajando. "Porque con fidelidad se consagraban a las cosas santas" (2 Crónicas 31:18) debiera ser también nuestro compromiso diario, de modo que podamos elevar más alto el estandarte de la verdad.

2) Santidad de carácter: "Habéis, pues, de serme santos, porque yo, Jehová, soy santo, y os he apartado de entre los pueblos para que seáis míos" (Levítico 20:26, RVR1995). "Sed también vosotros santos en toda vuestra manera de vivir" (1 Pedro 1:15). La santidad es posible en Cristo (Juan 15:5). *Jehová Mekaddesh,* "El Señor que santifica" (ver Éxodo 31:13, 1 Tesalonicenses 5:23) debe ser nuestro mentor de santidad. "Seguid la paz con todos, y la santidad, sin la cual nadie verá al Señor" (Hebreos 12:14). "La voluntad de Dios es vuestra santificación" (1 Tesalonicenses 4:3). "Pues no nos ha llamado Dios a inmundicia, sino a santificación" (1 Tesalonicenses 4:7). El llamado es decisivo: "Santificaos, porque Jehová hará mañana maravillas entre vosotros" (Josué 3:5). Cada vez que caminamos en santidad estamos levantando la bandera de Cristo. Cada vez que alimentamos un pecado acariciado estamos "ensuciando y manchando" la bandera de Cristo. Si a nosotros nos gusta usar ropa limpia y planchada, mayor debiera ser nuestro deseo de que el manto de justicia de Cristo repose sobre nosotros. Pidamos al Señor que nos ayude a santificar nuestros ojos, nuestros oídos, nuestras manos, nuestros pensamientos y nuestro apetito (ver 2 Corintios 7:1). "Santidad a Jehová" (Éxodo 28:36), debiera estar grabado en nuestra mente y corazón, y ser nuestro lema de vida.

3) Misión en acción: El cumplimiento de la misión es un llamamiento divino y santo a cada creyente. "No te avergüences de dar testimonio de nuestro Señor [...] quien nos salvó y *llamó con llamamiento santo*" (2 Timoteo 1:8-9). "*Que prediques la palabra; que instes a tiempo y fuera de tiempo* [...] haz obra de evangelista, cumple tu ministerio" (2 Timoteo 4:2,5 RVR). Cada vez que procuramos hacer algo para Dios y por el bien de nuestro prójimo, estamos levantado en alto la bandera de Cristo. Nuestra pereza en el servicio y en la misión, es una manera de "esconder" en el cajón la verdad que profesamos, como si nos avergonzáramos de ser seguidores de Cristo. Recuerda que somos la "esposa" de Cristo y no su desconocida. Lamentablemente, a veces, nos comportamos como muchos del pueblo de Israel de antaño: que en vez de ser una esposa enamorada de Cristo fueron una ramera caprichosa que le importaba poco su testimonio como embajador del Rey de Reyes.

El llamamiento de Dios a levantar la bandera de Cristo

A lo largo de la historia, Dios siempre ha llamado a sus hijos a ser una luz para el mundo, a elevar en alto la bandera de Cristo. "Mas vosotros sois linaje escogido, real sacerdocio, nación santa, pueblo adquirido por Dios, para que anunciéis las virtudes de aquel que os llamó de las tinieblas a su luz admirable" (1 Pedro 2:9). ¡Qué privilegio inmerecido que el Cielo nos concede!

Estudiaremos a continuación una de las experiencias más fascinantes del pueblo de Israel cuando Dios los llamó a salir de Babilonia, luego de los 70 años de exilio profetizado por Jeremías, para regresar a Jerusalén a construir la ciudad y el templo, y así levantar la bandera de Cristo. En esta historia podemos sacar muchas lecciones inspiradoras que nos ayudarán en nuestra vida.

En Esdras 1:1-4 se nos dice que Dios utilizó a un rey pagano, Ciro el Grande, como el instrumento clave para abrir el camino a su pueblo. La Biblia dice: "Despertó Jehová el espíritu de Ciro rey de Persia" (vers. 1), el cual hizo un decreto oficial por escrito y lo envió por todo el reino, diciendo que Dios le había mandado a edificar la Casa de Jehová en Jerusalén (ver vers. 2). También animó a los israelitas a emprender este retorno a Jerusalén (ver vers. 3-4). Podemos ver cómo el Espíritu Santo tocó el corazón del rey más poderoso de esa época para llevar a cabo los planes de Dios. Hasta "las piedras hablan". Si nosotros no estamos dispuestos hacer la obra para la cual hemos sido llamados, el Señor utilizará otros medios para hacerlo.

Tengamos en cuenta que Isaías había profetizado más de cien años antes sobre el papel profético de Ciro (Isaías 44:28; 45:13) y que Jeremías había predicho un cautiverio de 70 años, y que luego Dios traería liberación (Jeremías 25:12; 29:10-14). El profeta Daniel hizo conocer y leer estas profecías a Ciro, quien "quedó profundamente conmovido y resolvió cumplir la misión que Dios le había asignado".[1] En contraste, lamentablemente, fueron pocos los israelitas que estaban conscientes del cumplimiento de las profecías y de su cometido de levantar la bandera de Cristo, movilizándose en esta misión profética.

Es hora de salir de nuestra zona de confort

"Entonces se levantaron los jefes de las casas paternas de Judá y de Benjamín, y los sacerdotes y levitas, *todos aquellos cuyo espíritu despertó Dios* para subir a edificar la casa de Jehová" (Esdras 1:5). No todos los que escucharon el llamamiento a regresar a Jerusalén emprendieron el viaje, sino solo aquellos que fueron despertados por el Espíritu Santo y que estaban dispuestos a dejar todo en pos del llamado de Dios.

No era nada fácil salir de Babilonia, la mejor ciudad para vivir en aquella época: había mucho trabajo, buenos salarios, seguridad, estabilidad económica y política, buena tecnología, los mejores centros de estudios, etc. Había una gran diferencia con Jerusalén, que estaba en ruinas, llenos de escombros y en una situación muy caótica. Se necesitaba mucha entrega y compromiso para dar ese paso de fe.

"Gracias al favor con que los miraba Ciro, casi cincuenta mil de los hijos del cautiverio se habían valido del decreto que les permitía regresar. Sin embargo, representaban tan sólo un residuo en comparación con los centenares de miles que estaban dispersos en las provincias de Medo-Persia. *La gran mayoría de los israelitas* había preferido quedar en la tierra de su destierro, antes que arrastrar las penurias del regreso y del restablecimiento de sus ciudades y casas desoladas".[2]

De igual manera, en el segundo retorno, "Esdras había esperado que una gran multitud regresaría a Jerusalén, pero se quedó chasqueado por lo reducido del número de los que habían respondido al llamamiento. Muchos, que habían adquirido casas y tierras, *no deseaban sacrificar estos bienes. Amaban la comodidad*, y estaban perfectamente contentos de quedarse donde estaban".[3] Prefirieron quedarse en Babilonia, no estuvieron dispuesto a pagar el precio que se requería para ese cambio drástico. No era para menos, realmente no era fácil dejar todo por seguir el llamamiento divino. Durante 70, 63 o 50 años (recordemos que hubo tres grupos que fueron llevados cautivos a Babilonia: 605 a.C., 598 a.C. y 586 a.C.) habían echado raíces en esas tierras, *se habían acostumbrado al estilo de vida de Babilonia*. Lo mismo nos pasa a nosotros.

Todos tenemos nuestra zona de confort que limita que la bendición del Cielo sea derramada con poder en nuestra vida. Esa zona de comodidad puede ser: un pensamiento conformista, un miedo a fracasar, una actitud a la defensiva, un talento descuidado o mal utilizado, un pecado acariciado, el amor al dinero, una prioridad fuera de lugar, una fascinación desmedida por un programa o deporte que me roba el tiempo, etc. Dios nos llama a buscar primeramente el Reino de Dios y nos invita a dejar todo aquello que pueda ser un obstáculo para el cumplimiento de la misión para la cual el Señor nos ha llamado. Piensa en lo que Dios le dijo al joven rico (Lucas 18:22) o a Leví Mateo (Lucas 5:27-28).

El amor al dinero y "la codicia es uno de los pecados más comunes y populares de los últimos días, y tiene una influencia paralizadora sobre el alma".[4] "El amor del dinero es la raíz de todos los males" (1 Timoteo 6:10). "En esta generación, el deseo de ganancias es la pasión absorbente".[5] Jesús afirmó: "cualquiera de vosotros que no renuncia a todo lo que posee, no puede ser mi discípulo" (Lucas 14:33). También dijo: "Es mejor que amontonen riquezas en el cielo" (Mateo 6:20, TLA) ... "porque donde esté tu tesoro, allí estará también tu corazón" (Mateo 6:21, NBD). ¿Te has puesto a pensar donde está tu tesoro?

Una vez la sierva del Señor amonestó a un hermano diciendo: "Todas las facultades de su mente han sido dedicadas a conseguir dinero [...] Usted ha llegado a ser un esclavo de las riquezas. ¿Qué dirá cuando el Maestro le pida cuenta de su mayordomía? Usted ha permitido que el afán por conseguir dinero llegue a ser la pasión dominante de su vida. Está tan intoxicado con el amor al dinero como el ebrio lo está con su licor".[6] Si Elena de White estuviera viva, y tuviera que amonestarte a ti, ¿qué piensas que te podría decir?

Según el Espíritu de Profecía, "la benevolencia constante y abnegada es el remedio de Dios para los pecados ulcerosos del egoísmo y la codicia. Dios ha dispuesto que la benevolencia sistemática sostenga su causa [...] *Dar continuamente da muerte a la codicia*".[7] Tenemos que invertir más dinero en los negocios de Dios. Cada vez que tú ofrendas dinero para proyectos misioneros es como si lo estuvieras depositando en el banco celestial.

El llamado final de Dios, "salid de ella pueblo mío" (Apocalipsis 18:4), también es para nosotros como adventistas. Significa también dejar el mundo para seguir a Cristo, hacer tesoros en el reino de Dios, salir de la mundanalidad y la tibieza espiritual, dejar de practicar los pecados de Babilonia. Hay muchos adventistas que, aunque fueron bautizados y guardan el sábado, no han salido completamente de Babilonia, están con un pie en la iglesia y con otro en el mundo; y en su corazón tienen guardado un "manto babilónico", así como Acán (Josué 7:21). Lamentablemente, hay quienes han salido del mundo de Babilonia, pero han llevado el espíritu de Babilonia a la casa y a la iglesia. La desobediencia y los pecados acariciados siempre conducen al cautiverio espiritual.

A veces miramos con desdén al pueblo de Israel de antaño, diciendo: "Qué pueblo más terco, rebelde, incrédulo, conformista". La realidad es que nosotros también, desde el aspecto humano, preferimos muchas veces lo más fácil antes que los grandes retos que involucran sacrificios, riesgos y "transpirar la camiseta" de Cristo. Piensa conmigo: Si a veces no queremos dar ni 10 dólares para un proyecto misionero local, ¿cómo podemos pensar que estaremos dispuesto a sacrificarlo todo como lo hizo el apóstol Pablo por amor a Cristo?

Hubo tres retornos del pueblo judío de Babilonia a Jerusalén: uno liderado por Zorobabel, otro por Esdras y otro por Nehemías. Y aunque el pueblo de Dios tuvo grandes limitaciones para llevar a cabo la misión de reconstruir el templo, *el Señor les abrió camino y les proveyó de recursos*. Ciro, además de darles materiales de construcción y alimentos, les entregó todos los utensilios (de oro y plata) del templo de Salomón que estaban en Babilonia (Esdras 1:7-11). También recibieron donaciones generosas de los paganos: oro, plata, bienes, ganados y cosas preciosas (Esdras 1:4,6).

"Esdras subió de Babilonia. *Era escriba diligente en la ley de Moisés, que Jehová Dios de Israel había dado; y le concedió el rey todo lo que pidió, porque la mano de Jehová su Dios estaba sobre Esdras*" (Esdras

7:6). Así también, Dios nos ayudará en la medida que avancemos con fe, confiando en Él a cada paso. Alguien dijo: "Pon todo en las manos de Dios y verás la mano de Dios en todo".

¡Manos a la obra!

Los que emprendieron el desafío, como un solo hombre, fueron 42,360 judíos (Esdras 2:64). A Zorobabel, un descendiente de David, el rey Ciro le confió la responsabilidad de ser el gobernador de ese grupo que regresó a Jerusalén. El viaje fue largo, duró cerca de cuatro meses. Cuando llegaron a Jerusalén lo primero que hicieron fue restaurar la adoración y el culto. En segundo lugar, celebraron las fiestas y ritos religiosos conforme al Escrito Está. En tercer lugar, fueron muy dadivosos para invertir en la reconstrucción del templo (Esdras 2:68-69; 3:2-7). En cuarto lugar, comenzaron a colocar los cimientos de la Casa de Jehová.

Se "pusieron a los levitas de veinte años arriba para que *activasen la obra* de la casa de Jehová" (Esdras 3:8). Los jóvenes tuvieron un papel clave en la reconstrucción del templo. Muchos, "como un solo hombre asistían para dar prisa a los que hacían la obra en la casa de Dios" (Esdras 3:9). Elena de White señala: "Con semejante ejército de obreros, como el que nuestros jóvenes, bien preparados, podrían proveer, ¡cuán pronto se proclamaría a todo el mundo el mensaje de un Salvador crucificado, resucitado y próximo a venir!".[8]

Mientras los albañiles estaban colocando los cimientos hubo un grupo de sacerdotes y levitas que empezaron alabar a Dios, contagiando y fortaleciendo a los que hacían la obra. "Y cantaban, alabando y dando gracias a Jehová, y diciendo: Porque él es bueno, porque para siempre es su misericordia sobre Israel. Y todo el pueblo aclamaba con gran júbilo, alabando a Jehová porque se echaban los cimientos de la casa de Jehová" (Esdras 3:11). Necesitamos alimentar un fuerte sentido de alabanza a Dios al hacer la obra, cualquiera que sea (Esdras 3:10-11). Esto es un arma poderosa contra el desaliento, y un escudo protector contra distractores que nos desenfocan.

La Biblia señala que "muchos de los sacerdotes, de los levitas y de los jefes de casas paternas, ancianos que habían visto la casa primera, viendo echar los cimientos de esta casa, lloraban en alta voz, mientras muchos otros daban grandes gritos de alegría" (Esdras 3:12). En este versículo encontramos que había dos grupos entre el pueblo de Dios: 1) Los que lloraban en alta voz, y 2) los que daban grandes gritos de alegría.

Elena de White comenta que los que lloraban en alta voz estaban muy tristes y desanimados, al ver que este nuevo templo era muy inferior en muchos aspectos en comparación con el templo de Salomón. Recordaban la gloria del templo pasado, y manifestaron un espíritu de descontento por la obra actual que se estaba realizando. Este grupo estaba formado por ancianos que habían visto el templo de Salomón, más de 50 años atrás. Lamentablemente muchos de ellos fueron un impedimento en el avance de la obra.

Aquí encontramos un llamado de atención para nosotros. Corremos el riesgo de pensar tanto en la "gloria del pasado" que nos desanimemos. Para los hermanos más antiguos en la iglesia, esto puede significar pensar y comparar constantemente cómo la iglesia operaba antes en comparación con ahora. Para otros, puede significar comparar la manera en que trabaja la iglesia donde residen, en contraste con cómo se trabajaba en su país de origen. Para algunos, puede significar comparar su éxito anterior con los pocos resultados actuales. En fin, la lista continúa.

En el aspecto personal, también Dios nos dice: "Deja de llorar por los errores de tu pasado, deja de lamentarte por ese sentimiento de fracaso emocional, deja de quejarte por la "leche derramada", deja de afligirte por lo que no te han dado en tu familia, deja de hacerte la "víctima". Deja a un lado la pesada mochila de tu pasado. Afronta tu presente con determinación y fe, ponte ahora a hacer los "cimientos", confiando que el Señor te ayudará (Filipenses 4:13).

Quienes hicieron la diferencia fueron aquellos, mayormente jóvenes, que daban grandes gritos de alegría. Estos estaban agradecidos a Dios por su misericordia, que les dio la oportunidad de realizar esta sagrada obra. Ellos estaban totalmente comprometidos con la causa. No manifestaron espíritu de comparación, chisme, descontento, envidia, o amargura; sino todo lo contrario. Este es el espíritu que necesitamos ahora para seguir levantando la obra misionera donde nos encontremos, aunque este esfuerzo no llegue a la gloria del pasado.

Dice la Biblia, que "se oía el ruido hasta de lejos" (vers. 13). Te animo querido hermano, que juntos hagamos "ruido" para la gloria de Dios, que nuestra decisión e impacto, tanto en la comunidad como en la iglesia, sea como dar "gritos" de alegría. El Señor dará su recompensa y los frutos se verán muy pronto.

¿Por qué la obra de Dios se paralizó?

Después de Ciro el Grande, le sucedió Cambises que reinó por siete años, donde la obra del templo avanzó lentamente durante su reinado. Y luego tuvo lugar el breve reinado del falso Esmerdis (llamado Artajerjes en Esdras 4:7), quién no simpatizaba con los judíos y perjudicó en gran manera la obra de los repatriados. Más aún, por la mala influencia de los samaritanos, quienes indujeron a este rey para que "promulgara un decreto para prohibir a los judíos que reconstruyeran su templo y su ciudad".[9]

Esmerdis firmó un decreto diciendo: "Ahora, pues, dad orden que cesen aquellos hombres, y no sea esa ciudad reedificada hasta que por mí sea dada nueva orden" (vers. 21). Este edicto real atemorizó, descorazonó y acobardó al pueblo a continuar la obra. Como resultado, "se detuvo la obra del templo de Dios en Jerusalén, y quedó suspendida hasta el segundo año del reinado de Darío, rey de Persia" (Esdras 4:24, NTV). Debido a una fuerte oposición, la obra de reconstrucción del templo fue detenida por quince años, desde el 535 a.C. hasta el 520 a.C.[10]

Entre las formas que satanás empleó para detener la obra fueron: (1) *La intimidación y el miedo*: "El pueblo de la tierra intimidó al pueblo de Judá, y lo atemorizó para que no edificara" (vers. 4), utilizando la manipulación y el miedo. (2) *El soborno*: "Sobornaron además contra ellos a los consejeros para frustrar sus propósitos" (vers. 5). Había ciertos líderes influyentes judíos, que ya sea por dinero, poder o mujeres extranjeras (al estar casados o emparentado), se había aliado al bando enemigo en ese proceder. (3) *Las mentiras y los falsos informes*: "escribieron acusaciones contra los habitantes de Judá y de Jerusalén" (vers. 6). Se escribieron cartas al rey de Persia colmadas de mentiras, que al leerlas tomó la decisión de cesar la reconstrucción. (4) *El poder civil y la violencia*: Los líderes samaritanos, cuando recibieron el decreto del rey, "fueron apresuradamente a Jerusalén a los judíos, y les hicieron cesar con poder y violencia" (vers. 23).

Además de lo anterior, por los muchos problemas y obstáculos que estaban enfrentando, por las presiones que venían de sus enemigos, por los miedos que ahogaban su fe, porque pensaban que era la voluntad de Dios, por no querer despertar oposición, por la falta de fe en las promesas de Dios. En esencia, esto era resultado de tres grandes problemas del pueblo de Israel en toda su historia: (1) La falta de devoción personal diaria, (2) los pecados en el campamento, y (3) la falta de compromiso constante con la misión. Son estos también los mismos problemas que nos paralizan a nosotros en nuestra conquista hacia los propósitos de Dios.

Mensajeros de esperanza usados por Dios para reanimar la obra

El Señor levantó a dos varones de Dios que trajeron un gran despertar al pueblo que se encontraba desanimado en Jerusalén. "Profetizaron Hageo y Zacarías hijo de Iddo, ambos profetas, a los judíos que estaban en Judá y en Jerusalén en el nombre del Dios de Israel quien estaba sobre ellos. Entonces se levantaron Zorobabel hijo de Salatiel y Jesúa hijo de Josadac, y comenzaron a reedificar la casa de Dios que estaba en Jerusalén; y con ellos los profetas de Dios que les ayudaban" (Esdras 5:1-2).

Como resultado de estos mensajes, la esperanza comenzó a crecer y el pueblo emprendió el desafío con ánimo renovado. Hoy se necesitan hombres y mujeres como Hageo y Zacarías, que sean líderes consagrados, dispuestos a movilizar a la laodicense iglesia que con su tibieza permanece adormecida y estancada. "Si alguno quiere ser grande, que se ponga al servicio de los demás; y si alguno quiere ser principal, que se haga servidor de todos" (Marcos 10: 43-44, BLP). "Y todo lo que hagáis, hacedlo de corazón, como para el Señor y no para los hombres" (Colosenses 3:23).

Pero, ¿en qué se basaban estos mensajes proféticos de amonestación? Es muy importante analizarlos ya que serán de gran inspiración para nosotros. Veremos ahora un resumen de estos mensajes que, si los ponemos en práctica, serán de gran bendición.

LA ESENCIA DEL MENSAJE DE HAGEO

Comencemos con el libro de Hageo, donde enfatizaremos algunas frases impactantes que llevó al pueblo de Dios hacia un cambio radical:

1) "El tiempo no ha llegado" (Hageo 1:2)

Vayamos a Hageo capítulo 1, allí encontramos un mensaje de amonestación al pueblo de Dios. "Así ha hablado Jehová de los ejércitos, diciendo: 'Este pueblo dice: *El tiempo aún no ha llegado*, el tiempo de que la casa de Jehová sea reedificada'" (vers. 2). En otra versión señala: "Así dice el Señor Todopoderoso: 'Este pueblo alega que *todavía no es el momento apropiado* para ir a reconstruir la casa del Señor" (NVI). Que debido a los muchos problemas que había, era mejor postergar la obra. Ellos pensaban que no había llegado el tiempo propicio, que tenían que esperar.

No porque tengamos serios problemas, en la mayoría de los casos, es la voluntad de Dios suspender cierto proyecto misionero hasta que se solucionen esas dificultades. Hay veces que el enemigo nos da un "golpe letal" que nos paraliza y nos hace pensar que no es "prudente" seguir avanzando, y que lo mejor nos pareciera que fuera detener la obra para evitar así problemas mayores. Hay veces que esperar el momento adecuado significa minimizar el poder de Dios y darle el gusto a los demonios para que se rían de nosotros, mientras nos cruzamos de brazos porque pensamos que todavía no es el momento.

El Señor les reprendió diciendo: "¿Es para vosotros tiempo, para vosotros, de habitar en vuestras casas artesonadas, y esta casa está desierta?" (vers. 4). "¿Y acaso para ustedes sí es tiempo de vivir en casas lujosas, mientras que mi templo está en ruinas?" (DHH). El problema no era construir casas, sino que habían priorizado sus propias casas que la

41

Casa de Jehová. Ahora todo su tiempo lo invertían para sus propios beneficios, pensando que más adelante, cuando las cosas mejoraran, ahí sí pondrían manos a la obra; pero ellos estaban equivocados al pensar así, siendo engañados por Satanás.

Dios reprochó a los judíos "porque permitieron que su cómoda forma de vivir en casas bien confortables les impidiera ver la necesidad de reconstruir el templo. Con frecuencia los hombres tienen en cuenta sus necesidades materiales y no ven sus necesidades espirituales ni las de la obra de Dios en la tierra".[11] Las cuestiones materiales y los afanes de esta vida absorben la mayoría de nuestra atención diaria. Hoy tenemos tantas comodidades que ha eclipsado nuestra necesidad de total dependencia de Dios. "Si perdiéramos todo lo que ahora estamos disfrutando, quizás ello demostraría ser nuestra salvación",[12] afirma Oswald J. Smith.

La sierva del Señor señala que "habían dado la preferencia a sus *intereses personales* mientras miraban con apatía el templo del Señor en ruinas".[13] También habían *"perdido de vista el propósito* que había tenido Dios al hacerlos volver a Judea".[14] De igual manera, nos pasa a nosotros, tenemos un gran entusiasmo por nuestros propios negocios o estudios, pero una gran apatía hacia los proyectos misioneros locales.

Esta amonestación es también para nosotros. El Señor quiere que reflexionemos sobre nuestro estado actual, que salgamos de la tibieza que adormece la fe, de la ceguera que eclipsa el discernimiento espiritual, del materialismo que esclaviza la mente, del humanismo que endurece el corazón y de la pereza misionera que ensordece el llamado de Dios.

2) "Mi casa está desierta" (Esdras 1:9)

¿Qué significa hoy "dejar desierta" o en "ruinas" la Casa de Jehová? Principalmente significa descuidar alguna de las "cuatro iglesias" más importantes de un creyente:

I. **La iglesia del corazón**: Cuando no hacemos el culto personal todos los días, estamos dejando desierta la Casa de Jehová, que tiene que ver especialmente con nuestra vida espiritual. La Palabra de Dios dice: "Vosotros sois templo del Dios viviente" (2 Corintios 6:16). También estamos dejando desierta la Casa de Jehová cuando hay pecados acariciados en nuestra mente. Charles Spurgeon decía: "Cristo no va a vivir en la sala de tu corazón si al mismo tiempo hospedas al diablo en el sótano de tus pensamientos". Necesitamos un reavivamiento y una reforma interna en la iglesia del corazón, que es la primera iglesia y la más importante donde Dios quiere morar.

II. **La iglesia del hogar:** cuando dejamos de cumplir con el sacerdocio diario de levantar el altar familiar, estamos dejando desierta la Casa de Jehová. Esta es la segunda iglesia más importante de un cristiano. El diablo hará de todo para impedir que tú levantes la iglesia de tu hogar. Ahora es el tiempo de glorificar a Dios dedicando al menos 30 minutos diarios de consagración juntos como familia.

III. **La iglesia local:** Es la iglesia donde asistes a menudo. Cuando no nos involucramos activamente en nuestra iglesia local, de alguna manera, estamos dejando desierta la casa de Jehová. También cuando no damos el diezmo que le pertenece a Dios o somos mezquino al dar ofrendas "raquíticas" de lo que nos sobran. Ahora es el tiempo de emplear más nuestros talentos y recursos en la obra de Dios.

IV. **La iglesia de la comunidad**: cuando no ponemos en práctica el sentido de servicio o de misión activa de todos los días, estamos dejando desierta la Casa de Jehová, que tiene que ver con la salvación de las almas. Recuerda que la mayoría de los verdaderos discípulos de Cristo están afuera, y necesitan ser alcanzados por el evangelio. Tú y yo tenemos una misión especial de edificar la iglesia de la comunidad, esparciendo las buenas nuevas de salvación y trayendo almas para Cristo.

Si tuviéramos una entrevista personal con Hageo sobre este tema, seguramente nos diría a cada uno, entre otras cosas: "Por favor, no me digas que no tienes suficiente tiempo para leer la Biblia, pero sí tienes tiempo para ver la televisión todos los días". "No te engañes pensando que no tienes tiempo para las cosas de Dios porque sí estás empleando mucho tiempo para tus propias cosas; y dejas apenas unas "migajas" de tu tiempo para Dios y su obra". "Dime, cómo es posible que no tengas tiempo para regalar una simple literatura a una persona que el Señor pone en tu camino, y sí tienes todo el tiempo del mundo para hablar de lo que te interesa con tus compañeros de trabajo". "Hermano, cómo puede ser que no quieras ofrendar ni 10 dólares para un proyecto misionero de tu iglesia y sí puedes gastar 500 dólares para comprar muebles nuevos para tu casa". Te animo a que dediques ahora unos minutos para orar y permitir que el Espíritu Santo te hable y te haga tomar conciencia de lo que tienes que hacer y dejar de hacer.

La cultura actual nos ha implantado en nuestra mente una filosofía muy materialista de vivir. Por eso, necesitamos prestar atención al mensaje de Hageo 1. No podemos servir a dos señores (ver Mateo 6:24). Sigamos el consejo de Jesús: "Mas buscad primeramente el reino de Dios y su justicia, y todas estas cosas os serán añadidas" (Mateo 6:33). Corremos el peligro que, como el joven rico, aunque seamos obedientes y activos en la iglesia, coloquemos primero lo material que lo espiritual (ver Mateo 19:21-22).

3) "Meditad bien sobre vuestros caminos" (Hageo 1:5)

"Pues así ha dicho Jehová de los ejércitos: 'Meditad bien sobre vuestros caminos" (Hageo 1:5), "¡Reflexionad sobre vuestra situación!" (BLP), "Piensen bien lo que están haciendo" (PDT). Dios quería que su pueblo recapacitase seriamente y con humildad de corazón sobre su actual proceder. Así también, el Señor quiere lo mismo de nosotros.

"Han sembrado mucho pero cosechado poco; comen pero no quedan satisfechos; beben pero aún tienen sed; se abrigan pero todavía tienen frío. Sus salarios desaparecen, ¡como si los echaran en bolsillos llenos de agujeros!" (vers. 6, NTV). En otras palabras, el profeta clamaba con tristeza: "Los frutos que estáis dando dan pena, viven como si no tuvieran a Dios en su corazón. ¿Qué les pasa a ustedes que se están comportando así? ¿No se dan cuenta que van por mal camino y que Dios no los bendecirá si siguen así? Por favor, humillémonos y busquemos a Dios de corazón para que Él tenga misericordia, nos perdone y sane nuestras heridas". Dios retuvo su bendición y, como consecuencia, los frutos de sus trabajos fueron muy escasos.

Viviendo por varios años en países desarrollados del "primer mundo", como Estados Unidos y España, me he encontrado con muchos hermanos que me han dicho: "Cuando vivía en mi país [haciendo referencia a países subdesarrollados o del "tercer mundo"] yo trabajaba mucho para Dios, pero cuando llegué aquí, me fui enfriando de a poco en mi celo misionero". La verdad es que, cuanto más desarrollado es un país, en cuanto a tecnología y economía, aumenta la apatía hacia los negocios de Dios, ya que se siente más fuerte la presión fascinadora de los negocios del mundo. Por eso el apóstol Pablo señala: "Ninguno que milita se enreda en los negocios de esta vida; a fin de agradar a aquel que lo escogió por soldado" (2 Timoteo 2:4). "Meditad bien sobre vuestros caminos", dice el Señor.

4) "Subid al monte, y traed madera, y reedificad la casa" (Hageo 1:8)

La Palabra de Dios sigue diciendo: "Subid al monte, y traed madera, y reedificad la casa; y pondré en ella mi voluntad, y seré glorificado, ha dicho Jehová" (vers. 8). Sigamos estos consejos: (1) *"Subid al monte"* no es una sugerencia sino un imperativo de urgencia, un llamado a la acción misionera inmediata. (2) *"Traed madera"* significa buscar los recursos necesarios para hacer la obra a la que Dios me está llamando. (3) *"Reedificad la casa"* significa dejar las excusas a un lado y poner manos a la obra. Estas tres amonestaciones son también para nosotros.

Como resultado de hacer estas tres cosas, el Señor afirma: *"Pondré en ella mi voluntad"*, que es la respuesta del Cielo derramando sus bendiciones; y *"seré glorificado"*, que es el mayor y más grande objetivo de todo proyecto de fe. El propósito de todo proyecto misionero es glorificar el nombre de Dios, no el mío.

5) "Cada uno de vosotros corre a su propia casa" (Hageo 1:9)

Este mensaje fue como un tirón de oreja: "Mi casa está desierta, y cada uno de vosotros corre a su propia casa" (vers. 9). En esta versión es más clara: "Mi casa está en ruinas, *mientras que ustedes sólo se preocupan de sus propias casas.* Yo, el Señor, lo afirmo" (DHH). "Mi casa está en ruinas mientras ustedes se dedican a las suyas, dice el Señor Todopoderoso" (PDT).

Si el profeta Hageo estuviera vivo y tuviera que predicar un sermón basado en el capítulo 1, ¿cambiaría de opinión? ¿Será que diría: "Hermanos, quédense tranquilos, estamos en el siglo XXI, sigan adelante con sus ambiciones y afanes por sus casas, autos, negocios, trabajos y planes personales; después de todo, Dios es misericordioso y se ocupará de su iglesia y de la misión"? ¿Qué piensas al respecto?

Recordemos que la fuente del mensaje no venía de Hageo sino de parte de Dios. El Señor también te dice a ti y a mí: "¿Por qué corres con interés por tu propia casa y haces casi nada por mi casa?" "Esfuércense, no sean perezosos y sirvan al Señor con corazón ferviente" (Romanos 12:11, DHH). Dios reprendió a su pueblo declarando que todas sus obras eran inmundas (ver Hageo 2:13-14) y que "su contaminación provenía de su desobediencia al no edificar la casa del Señor".[15]

A lo largo de la historia siempre ha habido dos grupos dentro del pueblo de Dios: (1) Los que corren por su propia casa, y les da igual su participación en la obra de Dios. Están representados por "Demas, que *amaba más las cosas de esta vida,* me ha abandonado y se ha ido a Tesalónica" (2 Timoteo 4:10, DHH). En otras versiones dice: "*Se ha dejado seducir por las cosas de este mundo*" (BLP), "pues ama demasiado las cosas de este mundo" (TLA). (2) Los que quieren hacer la diferencia y se comprometen en la misión. ¡Ay de mí si no anunciare el evangelio! (1 Corintios 9: 16), dijo Pablo. "No me avergüenzo del evangelio, porque es poder de Dios para salvación de todo aquel que cree" (Rom. 1:16).

El despertar del pueblo de Dios

No puede haber un profundo despertar y un genuino reavivamiento por medio de palabras bonitas que son agradables al oído, y que a todos nos gusta escuchar. Es una pena que se oyen pocos sermones sobre el arrepentimiento y la confesión de pecados. Las vigilias de oración han pasado de moda en la mayoría de las iglesias. Los días de ayuno y oración, ya no es una práctica común. Vivimos un cristianismo *light* que se acomoda a lo que nos gusta o nos conviene más. Jamás puede haber una reforma a menos que se señale los pecados, a menos que se clame por la unción del Espíritu Santo.

El Señor permitió una sequía para llamar la atención de su pueblo (ver Hageo 1:11). De igual manera, la crisis final que se avecina será un llamado a despertar para el profeso pueblo de Dios.

Tanto los líderes como el pueblo "obedecieron al Señor su Dios. Acataron las palabras del profeta Hageo, a quien el Señor su Dios había enviado. Y el pueblo sintió temor en la presencia del Señor" (Hageo 1:12, NVI). Necesitamos escuchar y obedecer la voz de Dios.

"Y *despertó Jehová* el espíritu de Zorobabel hijo de Salatiel, gobernador de Judá, y el espíritu de Josué hijo de Josadac, sumo sacerdote, y el espíritu de todo el resto del pueblo; y *vinieron y trabajaron* en la casa de Jehová de los ejércitos, su Dios" (vers. 14); y "con ellos los profetas de Dios que les ayudaban" (Esdras 5:1-2). Dios le dijo: "Pues ahora, Zorobabel, esfuérzate, dice Jehová; esfuérzate también, Josué hijo de Josadac, sumo sacerdote; y cobrad ánimo, pueblo todo de la tierra, dice Jehová, y trabajad; porque yo estoy con vosotros, dice Jehová de los ejércitos" (Hageo 2:4). También te dice hoy por tu nombre: "Esfuérzate, no te desanimes, cobra ánimo y pon manos a la obra".

La Palabra de Dios declara: "Siervo mío, dice Jehová, y *te pondré como anillo de sellar*; porque yo te escogí, dice Jehová de los ejércitos" (Hageo 2:23). "Este mensaje personal dirigido a Zorobabel fue registrado para alentar a los hijos de Dios en toda época. Al enviar pruebas a sus hijos, Dios tiene un propósito. Nunca los conduce por otro camino que el que elegirían si pudiesen ver el fin desde el principio y discernir la gloria del propósito que están cumpliendo. Todo lo que les impone como prueba tiene por fin fortalecerlos para obrar y sufrir para él".[16] "Dios no permitirá que uno de sus verdaderos obreros sea dejado para luchar solo contra grandes dificultades y ser vencido. A cada uno cuya vida está escondida con Cristo en Dios, él lo preserva como si fuera una joya preciosa".[17]

Dios obró poderosamente a favor de su pueblo. El decreto de prohibición que fue emitido por Esmerdis ahora fue anulado por su sucesor, Darío, quién después de leer lo que Ciro había hecho por Israel, se unió en este propósito con más fuerza permitiendo a los judíos reanudar la reconstrucción del templo (ver Esdras 6:1-10). También dio una "orden, que cualquiera que altere este decreto, se le arranque un madero de su casa, y alzado, sea colgado en él, y su casa sea hecha muladar por esto. Y el Dios que hizo habitar allí su nombre, destruya a todo rey y pueblo que pusiere su mano para cambiar o destruir esa casa de Dios, la cual está en Jerusalén. Yo Darío he dado el decreto; *sea cumplido prontamente*" (Esdras 6:11-12). Dios es especialista en convertir imposibles humanos en bendiciones divinas. Este milagro de Dios preparó el terreno para la terminación del templo. "Cuando por fe nos aferramos a su fortaleza, él cambiará milagrosamente las perspectivas más desanimadoras y sin esperanza. Lo hará por la gloria de su nombre".[18]

Hay muchos hermanos que se movilizan por su equipo de fútbol con un entusiasmo impresionante, pero hacer algo para la obra de Dios le da una gran pereza, como si estuvieran cómodos y estancados en el sepulcro de la falta de servicio por el Maestro. "Por eso, hermanos míos, ya que Dios es tan bueno con ustedes, les ruego que dediquen toda su vida a servirle y a hacer todo lo que a él le agrada. Así es como se le debe adorar" (Romanos 12:1, TLA).

El Espíritu de Profecía declara: "Ahora, en este tiempo, Dios quiere dar un nuevo y fuerte impulso a su obra. Satanás lo percibe y está decidido a impedirlo".[19] "Si los adventistas del séptimo día se levantan ahora, para cumplir la obra que se les asignó, la verdad será presentada por la potencia del Espíritu Santo de una manera clara y distinta en las ciudades hasta ahora descuidadas".[20] "Si cada uno fuera un misionero activo, el mensaje para este tiempo se proclamaría con rapidez a toda nación, lengua y pueblo. Esta es la obra que se debe realizar antes que Cristo venga con poder y gran gloria".[21]

LA ESENCIA DEL MENSAJE DE ZACARÍAS

Veamos ahora algunos aspectos muy importantes del mensaje de Dios por medio del profeta Zacarías, que si los abrazamos será de gran bendición. En las ocho visiones que Dios le dio a Zacarías resaltaremos algunas frases relevantes que dejarán una marca positiva en nuestras vidas.

1) "Un muro de fuego a su alrededor" (Zacarías 2:5)

La Palabra de Dios señala: "Yo seré para ella, dice Jehová, *un muro de fuego a su alrededor,* y en medio de ella mostraré mi gloria" (Zacarías 2:5, RVR1995). Con este mensaje el Señor quería comunicar a su pueblo un fuerte sentido de protección divina.

Recordemos que los fornidos muros que antes rodeaban a Jerusalén todavía estaban derribados, los que estaban construyendo el templo se encontraban acechados, bajo ataque constate por las naciones circunvecinas, y había quienes temblaban ante la falta de seguridad y protección a las que estaban expuestos. Dios quería que su pueblo entendiese que Él sería un muro de protección contra los enemigos. Es más, en el versículo 8 añade: "porque el que os toca, *toca a la niña de su ojo*".

"¡La protección del Señor rodea a su pueblo desde ahora y para siempre!" (Salmos 125:2, RVC). Mantengámonos firmes en la promesa: "Si Dios es por nosotros, ¿quién contra nosotros?" (Romanos 8:31). "No temáis; estad firmes, y ved la salvación que Jehová hará hoy con vosotros" (Éxodo 14:13); "porque el Señor tu Dios está en medio de ti como guerrero victorioso" (Sofonías 3:17, NVI). El ángel de Jehová acampa alrededor de los que le temen, y los defiende" (Salmos 34:7).

Ante los desafíos y proyectos misioneros necesitamos que Jehová de los Ejércitos sea nuestra Roca, nuestro refugio, nuestro protector. Pídele ahora al Señor que coloque un "muro de fuego", un muro de protección sobre tu vida, tu familia, tu ministerio, tus proyectos. Si lo haces de corazón y con fe, serás testigo de la gloria de Dios al ver su mano poderosa de protección.

2) "Jehová te reprenda, oh Satán" (Zacarías 3:2)

En otra visión que tuvo Zacarías, Dios dijo a Satanás: "Jehová te reprenda, oh Satanás; Jehová que ha escogido a Jerusalén te reprenda. ¿No es éste un tizón arrebatado del incendio?" (Zacarías 3:2). El diablo acusaba a Dios de que ese grupo de israelitas no merecían ser bendecido, que por sus pecados pasados les "pertenecía", y que no eran dignos de gozar del favor divino.

El diablo hace lo mismo hoy en nuestras mentes. Oh, mi hermano querido, cuando te sientas angustiado por pensamientos derrotistas, por sentimientos de culpabilidad de errores pasados, por la debilidad y las ganas de "tirar la toalla"; aférrate al Trono de la Gracia, abraza la misericordia divina y dile al diablo: "Jehová te reprenda". La Biblia dice: "Someteos, pues, a Dios; resistid al diablo, y huirá de vosotros" (Santiago 4:7). Y aunque hayamos caído siempre el Señor nos ayudará si de corazón nos humillamos y nos arrepentimos.

La frase "¿no es éste un tizón arrebatado del incendio?" es una expresión de redención divina hacia nosotros. Dios nos quiere librar de las garras de los pecados que nos amarran a este mundo. Tú y yo hemos sido arrebatados del fuego del pecado mortal por medio del Cordero de Dios. Al aceptar la ayuda del favor misericordioso de Dios somos "como un carbón encendido sacado de entre las brasas" (DHH).

3) "Quitadle esas vestimentas viles"

En una visión el ángel de Jehová, Cristo, "mandó a los que estaban delante de él, diciendo: *Quitadle esas vestiduras viles. Y a él le dijo: Mira* que he quitado de ti tu pecado, y *te he hecho vestir de ropas de gala*" (Zacarías 3:4). Las "vestiduras viles" o "ropas sucias" (DHH) representan la vida de pecado o nuestra justicia propia que es como trapo de inmundicia (ver Isaías 64:6). Quitar las vestiduras sucias significa el perdón de los pecados y la obra redentora de Cristo en el corazón humano.

Dios quiere vestirnos de "ropas de gala", "ropas espléndidas" (NVI), "traje de fiesta" (BLP), "ropa limpia" (TLA), "ropa nueva y fina" (NTV), que representa la justicia de Dios. "Venid luego, dice Jehová, y estemos a cuenta: si vuestros pecados fueren como la grana, como la nieve serán emblanquecidos; si fueren rojos como el carmesí, vendrán a ser como blanca lana" (Isaías 1:18). Dios quiere colocar una "mitra limpia" sobre nuestra cabeza (ver Zacarías 3:5) con la inscripción: "Santidad a Jehová".

"El Dios todopoderoso también me dio este mensaje: 'Grande es mi amor por Jerusalén; y así de grande es también mi enojo contra sus enemigos" (Zacarías 8:2). "Por la misericordia de Jehová no hemos sido consumidos, porque nunca decayeron sus misericordias. Nuevas son cada mañana; grande es tu fidelidad" (Lamentaciones 3:22-23). ¿Por qué no pedirle hoy al Señor que nos quite las vestiduras sucias del corazón y nos vista del manto sagrado de la justicia divina? Necesitamos la vestidura del Cielo, si queremos estar en las bodas del Cordero.

4) "No con ejército, ni con fuerza, sino con mi Espíritu"

Aquí está uno de los secretos del éxito en todo emprendimiento que hagamos para Dios: "No con ejército, ni con fuerza, sino con mi Espíritu, ha dicho Jehová de los Ejércitos" (Zacarías 4:6). Esta es la clave para la victoria constante: la dirección permanente del Espíritu Santo.

Dios le prometió al pueblo quitar la sequía que estaban padeciendo, y les dijo: "Pídanme lluvia en época de sequía y yo haré que llueva en abundancia" (Zacarías 10:1, TLA). Así también, pidámosle a Dios lluvias de bendición, que nos saque de nuestra actual "sequía" familiar, matrimonial, económica, espiritual, profesional, de resultados, etc. Ahora debiéramos clamar y hacer fervientes oraciones por la dirección continua del Espíritu Santo, porque solo así podremos triunfar en las cosas que hagamos para Dios.

El Espíritu Santo es nuestra mayor y más urgente necesidad como hijos de Dios. La sierva del Señor declara: "La promesa del Espíritu Santo es algo en que se piensa poco, y el resultado es sólo lo que puede esperarse: sequía espiritual, oscuridad espiritual, decadencia espiritual y muerte".[22] "Si el poder divino no se combinara con el esfuerzo humano, yo no daría un ápice por todo lo que podría hacer el más grande de los hombres. Falta el Espíritu Santo en nuestra obra".[23]

"No hay nada que Satanás tema tanto como que el pueblo de Dios despeje el camino quitando todo impedimento, de modo que el Señor pueda derramar su Espíritu sobre una iglesia decaída y una congregación impenitente [...] Cuando el camino esté preparado para el Espíritu de Dios, vendrá la bendición".[24] "No tiene límite de utilidad de aquel que, poniendo el yo a un lado, deja obrar al Espíritu Santo en su corazón, y vive una vida completamente consagrada a Dios".[25]

La Biblia es clara: "Pero recibiréis poder cuando haya venido sobre vosotros el Espíritu Santo" (Hechos 1:8). Necesitamos pedirle a Dios cada mañana, así como lo hizo Jesús, por el bautismo diario del Espíritu Santo.

"Volveos a la fortaleza, oh prisioneros de esperanza; hoy también os anuncio que os restauraré el doble" (Zacarías 9:12). "Hoy mismo prometo que les daré dos bendiciones por cada dificultad" (NTV). Querido hermano, si te sientes "prisionero" de las circunstancias, no pierdas la esperanza, porque el Señor tiene preparado una bendición especial para ti. También Dios traerá pronto una poderosa respuesta a tus oraciones, si eres sumiso y obediente a la voz del Espíritu Santo.

La obra fue terminada

Desde que Hageo y Zacarías impulsaron activamente la obra, después de haber detenido por quince años, el templo se finalizó en menos de cinco años. "La reconstrucción del templo se terminó el día tres del mes de *adar*, en el año sexto del reinado de Darío" (Esdras 6:15, NVI), en el 515 a.C. Luego, "los hijos de Israel, los sacerdotes, los levitas y los demás que habían regresado de la cautividad, hicieron la dedicación de esta casa de Dios con gozo" (Esdras 6: 16).

Aunque este templo era inferior en calidad y esplendor que el construido por el rey Salomón, Dios había revelado a Hageo que esa casa sería más gloriosa porque sería visitada por el "Deseado de todas las naciones" (Hageo 2:7), haciendo referencia a la visita de Jesús en su primera venida. Así también, muy pronto, el Rey de Reyes vendrá por segunda vez, en gloria y majestad, para llevar consigo a quiénes dieron prioridad a la Casa de Jehová más que a su propia casa.

A veces nos sentimos un tanto desanimados por la falta de recursos para realizar cierta obra de bien, pero el Señor nos dice como le dijo a Israel: "Mía es la plata, y mío es el oro, dice Jehová de los ejércitos" (Hageo 2:8). Caminemos por fe confiando que Él proveerá. Si Dios es nuestro socio, ¿por qué planificar como un mendigo?

La sierva del Señor declaró que "la obra de Dios en este mundo *no podrá terminarse* hasta que los hombres y las mujeres que componen la feligresía de nuestra iglesia *se interesen en la obra y unan sus esfuerzos* con los de los ministros y dirigentes de la iglesia".[26] "Lo que ahora se necesita es *un esfuerzo ferviente* y unido para terminar la tarea tan bien empezada".[27] La Palabra de Dios dice: "Anímate y esfuérzate, y manos a la obra; no temas, ni desmayes, porque Jehová Dios, mi Dios, estará contigo; Él no te dejará ni te desamparará, hasta que acabes toda la obra" (1 Crónicas 28: 20).

"Y ustedes son las *piedras vivas* con las cuales Dios edifica su *templo espiritual*. Además, son sacerdotes santos. Por la mediación de Jesucristo, ustedes ofrecen sacrificios espirituales que agradan a Dios" (1 Pedro 2:5, NTV). Mientras nosotros pospongamos la edificación de la casa espiritual del Señor, se demorará la terminación de ella.[28]

Si somos fieles en nuestra misión profética, con el poder de Dios, la obra será terminada pronto. Jesús dijo: "Y será predicado este evangelio del reino en todo el mundo, para testimonio a todas las naciones; y entonces vendrá el fin" (Mateo 24:14).

La bandera de Apocalipsis 13 se está elevando como nunca antes

Estamos viviendo en los momentos finales de la historia de este mundo. Satanás sabe que le queda poco tiempo y está haciendo de todo para adormecer al pueblo de Dios y para engañar al mundo entero.

Hay varios movimientos que se han levantado, asociados de alguna manera con Apocalipsis 13; y que contribuyen a elevar la bandera de Apocalipsis 13. Mencionaremos seis de ellos:

1) Movimiento del **descanso dominical**: es impresionante como cada vez más se está realizando una gran campaña de concientización en muchos países del mundo respecto al descanso dominical. Sabemos que, desde el punto de vista profético, pronto se implementará la marca de la bestia, que tiene que ver con la imposición obligatoria del descanso dominical.

2) Movimiento **ecuménico**: es liderado por el Papa Francisco, y hace que las religiones se unan en puntos comunes de doctrinas. Este movimiento favorece a dar más poder al papado. Elena de White afirmó que "no podemos comprar la paz y la unidad sacrificando la verdad".[29] Charles Spurgeon señaló que la "unidad en el error es unidad en la perdición". Martín Lutero declaró que "es mejor estar dividido por la verdad que estar unido por el error".

3) Movimiento contra el **cambio climático**: es muy importante cuidar el planeta y es nuestro deber hacerlo como cristianos. Este movimiento está influenciado por la encíclica papal *Laudato Si*, donde presenta al domingo, en los puntos 71 y 237, como un aspecto importantísimo en el proceso del cuidado del medio ambiente. Los grandes

desastres naturales llevaran a muchos líderes políticos y religiosos a implementar serias medidas, para calmar la "ira de Dios". Una de ellas será el domingo.

4) Movimiento contra el **terrorismo**: damos por sentado que no debemos promover el terrorismo bajo ninguna de sus formas. Se está notando una tendencia creciente de varios gobiernos, en su lucha contra los ataques terroristas, hacia dos direcciones peligrosas: 1) *Control severo de la sociedad*, minando poco a poco la libertad de expresión. 2) *Limitar la libertad religiosa*, tanto para difundir el evangelio como para expresar lo que uno piensa, como ya está sucediendo en Rusia.[30]

5) Movimiento en **defensa del LGBT** (lesbiana, gay, bisexual y transexual): todos tenemos el derecho de elegir nuestra orientación sexual pero no de censurar a quienes sostienen el modelo de familia bíblico y el concepto de sexualidad que Dios presenta allí. Este movimiento promueve el espíritu que caracterizaba a los antediluvianos, impone su adoctrinamiento en las escuelas y es un "caldo de cultivo" para coartar la libertad religiosa.

6) Movimiento en pro de la **unión entre Iglesia y Estado**: la profecía señala que la imagen de la bestia, que es la unión entre iglesia y estado, se terminaría de formar en los Estados Unidos, y que luego los demás países seguirían este ejemplo. Está comprobado en la historia que esta unión siempre lleva a la intolerancia y a la persecución contra la minoría, eliminando la libertad religiosa. Este movimiento está avanzado a pasos acelerados en los Estados Unidos.

Si quieres profundizar más sobre estos seis movimientos y sobre cómo los acontecimientos actuales están preparando el escenario para el cumplimento de las profecías finales, te recomiendo que leas el capítulo 3 y 4 del libro *El mensaje final*.

Si esperamos que llegue el mejor momento para realizar un fuerte pregón, no lo llegará, porque las cosas se irán poniendo de mal en peor. La sierva del Señor declara que "la obra que la iglesia no ha hecho en tiempo de paz y prosperidad, tendrá que hacerla durante una terrible crisis, en las circunstancias más desalentadoras y prohibitivas".[31] Dejemos la terquedad espiritual a un lado, y pongamos manos a la obra. No vale la pena repetir la historia pensando que todavía "no ha llegado el tiempo" para realizar un fuerte pregón en nuestra comunidad.

¡Ahora es el tiempo de levantar la bandera de Cristo!

El Señor viene pronto, necesitamos hoy más que nunca levantar la bandera de Cristo. Dios ha encomendado especialmente a la Iglesia

Adventista del Séptimo Día, el mayor y más urgente desafío del tiempo del fin: *Preparar un pueblo para la venida de Cristo y terminar la obra*. Esta debiera ser nuestra prioridad. Seamos diligentes en nuestra misión profética. Tú y yo somos los Juan Bautistas del tiempo del fin, llamados por Dios para preparar camino para la venida de Cristo.

Despliegue el cristiano su santa bandera, dice el himno 515. Precisamos de una fe que mueva montaña, porque "la fe es la fuerza viva que es capaz de cruzar cualquier barrera, eliminar todos los obstáculos y plantar su bandera en el centro mismo del campo enemigo".[32] Necesitamos ser revestidos de la armadura de Dios (Efesios 6). Precisamos decir como Pablo: "El Señor estuvo a mi lado, y *me revistió de poder*, para que por medio de mí fuese cumplida la predicación, y que todos los gentiles la oyesen" (2 Timoteo 4:17).

"El pueblo de Dios debe despertarse. Debe aprovechar sus oportunidades de diseminar la verdad, porque éstas no durarán mucho [...] Satanás procura mantener al pueblo de Dios en un estado de inactividad, e impedirle que desempeñe su parte en la difusión de la verdad, para que al fin sea pesado en la balanza y hallado falto".[33] "Por pluma y voz hemos de hacer resonar la proclamación [...] Estos mensajes hemos de darlos al mundo por medio de publicaciones y discursos, mostrando en la línea de la historia profética las cosas que han sido y las que habrán de ser".[34]

Ahora es el mejor momento para realizar un pacto con el Señor, un voto de consagración en las tres áreas principales de lo que significa levantar la bandera de Cristo. Comenzaré esta oración, y luego tú la continúas después de los puntos suspensivos de cada voto. Hagamos juntos este pacto con Dios:

Mi voto de fidelidad: "Señor, vengo a ti una vez más. Ten misericordia de mí. Me doy cuenta de que ha habido cierta apatía en mí, sobre la importancia de levantar bien alto la bandera de Cristo. Señor, ayúdame a ser fiel a tu Palabra, a tus mandamientos, a la voz del Espíritu Santo. Siento que ahora necesito mejorar mi fidelidad especialmente en...".

Mi voto de santidad: "Padre, por favor, te entrego mis vestiduras sucias, quiero ahora tu manto de lino puro. Necesito que limpies mi mente y corazón. Saca de mí el dolor y la angustia que llevo adentro. Señor, te confieso mis pecados... y te pido que me ayudes a mejorar en...".

Mi voto de misión: "Oh Dios, necesito de tu unción, del poder del Espíritu Santo. Ayúdame a salir de mi pereza misionera. Me doy cuenta de que he dado más prioridad a mis propios intereses que a los negocios de Dios. Me comprometo Señor a usar más mis talentos para realizar tu obra. Te pido que me des sabiduría y fuerzas para llevar a cabo tu llamado de...".

Si hacemos estos tres votos de todo corazón, como resultado de nuestro buen testimonio y accionar misionero, se cumplirá tarde o temprano lo que Dios le dijo al profeta: "Queremos unirnos a vosotros porque hemos oído que Dios está con vosotros" (Zacarías 8:23, BLP). ¿No es esto maravilloso?

Que nuestra firme decisión exprese lo que el himno 259 declara: "Mi espíritu, alma y cuerpo, mi ser, mi vida entera, cual viva, santa ofrenda te entrego a ti, mi Dios. Mi todo a Dios consagro en Cristo, el vivo altar. Descienda el fuego santo, su sello celestial [...] Sedienta, mi alma anhela, de ti la santa unción". Porque ahora es el tiempo de levantar la bandera de Cristo. ¡Amén!

Referencias

1 Elena de White, *Profetas y reyes*, p. 409.
2 *Ibíd.*, p. 440.
3 *Ibíd.*, p. 450.
4 Elena de White, *Testimonios para la iglesia*, tomo 3, p. 600.
5 *Patriarcas y profetas*, p. 480.
6 *Ibíd.*, p. 597.
7 *Ibíd.*, p. 601.
8 Elena de White, *Servicio cristiano*, p. 39.
9 Elena de White, *Profetas y reyes*, p. 419.
10 Juri Moskala, *Guía de estudio de la Escuela Sabática sobre Esdras y Nehemías*, de octubre a diciembre 2019, (Buenos Aires, Argentina: ACES, 2019), edición de maestro, p. 48.
11 *Comentario bíblico adventista*, tomo 3, p. 1098.
12 Oswald J. Smith, *Pasión por la misión* (Grand Rapids, Michigan: Editorial Portavoz, 1984), p. 83.
13 *Profetas y reyes*, p. 420.
14 *Ibíd.*
15 *Comentario bíblico adventista*, tomo 3, p. 1102.
16 *Profetas y reyes*, p. 424.
17 *Testimonios para la iglesia*, tomo 7, p. 67.
18 *Servicio cristiano*, p. 290.
19 Elena de White, *El otro poder*, p. 31.
20 Elena de White, *Joyas de los testimonios*, tomo 3, p. 300.
21 *Testimonios para la iglesia*, tomo 6, p. 436.
22 Elena de White, *Testimonies*, tomo 8, p. 21.
23 Elena de White, *Mensajes Selectos*, tomo 1, p. 480.
24 Elena de White, *Mensajes selectos*, tomo 1, p. 144.
25 *El Deseado de todas las gentes*, p. 216.
26 *Testimonio para la iglesia*, tomo 9, p. 95.
27 *Ibíd.*, tomo 6, p. 467.
28 *Comentario bíblico adventista*, tomo 3, p. 1098.
29 Elena de White, *Historical Sketches*, p. 197.
30 http://www.univision.com/noticias/religion/corte-suprema-de-rusia-prohibe-el-culto-de-los-testigos-de-jehova-por-extremismo
31 *Eventos de los últimos días*, p. 149.
32 *Testimonios para la iglesia*, tomo 4, p. 163.
33 Elena de White, *Joyas de los testimonios*, tomo 1, p. 88.
34 Elena de White, *El otro poder*, p. 26.

Capítulo 3

¡SÉ MISIONERO HOY, NO MAÑANA!

"Así que, hermanos míos amados, estad firmes y constantes, creciendo en la obra del Señor siempre" (1 Corintios 15:58)

Quisiera comenzar haciéndote una pregunta: ¿Qué significa para ti ser misionero? Muchos, al pensar en ser misionero, imaginan ir a tierras lejanas. Sin embargo, ser misionero es mucho más que ir a lugares distantes, es una decisión diaria de servir a Dios en el lugar donde nos encontramos. *Ser misionero no es un evento, sino un estilo de vida dondequiera que vayamos.* Ser misionero implica colocarnos constantemente en las manos de Dios para que Él nos use de alguna manera.

Según el diccionario, un misionero es aquel que cumple la misión de predicar el evangelio. Lamentablemente, hemos perdido el sentido de la misión. Hemos permitido que los afanes de esta vida, el trabajo, los estudios y el entretenimiento nos desenfoquen de lo que debería ser nuestra prioridad: glorificar a Dios y permitir que Él nos use cada día. Necesitamos retomar el llamado divino de la misión como parte diaria de nuestro estilo de vida.

Es importante tener presente que ser misionero es lo mismo que evangelizar, testificar, servir, predicar, discipular y ser un mensajero de esperanza. Ser misionero *involucra siempre acción*: llevar, compartir, distribuir, esparcir, proclamar, publicar, sembrar, cosechar, etc. No se puede ser misionero solo teniendo una misión, se requiere acción.

La Palabra de Dios dice: "¿Y cómo van a oír, si no hay quien les anuncie el mensaje? ¿Y cómo van a anunciar el mensaje, si no son enviados?" (Romanos 10:14-15, DHH). Somos llamados a ser mensajeros de esperanza, y para ello necesitamos no solo tener el mensaje, sino también salir y anunciarlo. "Dios espera un servicio personal de aquellos a quienes ha confiado el conocimiento de la verdad para este tiempo. No todos pueden ir como misioneros a países lejanos, pero todos pueden ser misioneros en el lugar donde viven, entre sus familiares y vecinos".[1]

"Muchos suponen que el espíritu misionero y las cualidades para el trabajo misionero constituyen un don especial que se otorga a los ministros y a unos pocos miembros de la iglesia, y que todos los demás han de ser meros espectadores. *Nunca ha habido mayor error. Todo verdadero cristiano ha de poseer un espíritu misionero* [...]. El primer impulso del corazón renovado consiste en traer a otros también al Salvador. Aquellos que no poseen ese deseo dan muestras de que han perdido su primer amor".[2] Necesitamos urgentemente experimentar una conversión diaria que avive y renueve continuamente nuestro espíritu misionero.

Un llamado diario a la misión

Hay varios textos bíblicos que dejan claro que el propósito de Dios es que cumplamos la misión todos los días. Mencionaremos algunos de ellos. "Que prediques la palabra; *que instes a tiempo y fuera de tiempo* [...] haz obra de evangelista, cumple tu ministerio" (2 Timoteo 4:2,5, RVR1960). En otras palabras, se nos insta a predicar en toda oportunidad que se nos presente. No solo cuando tengamos tiempo, podamos y queramos, sino también fuera de tiempo, mientras trabajamos, estudiamos, e incluso durante nuestro tiempo libre. La Palabra de Dios es clara: "Tú anuncia el mensaje de Dios en todo momento" (2 Timoteo 4: 2, TLA).

"Por lo tanto, mis queridos hermanos, sigan firmes y constantes, *trabajando siempre más y más en la obra del Señor*, porque ustedes saben que no es en vano el trabajo que hacen en unión con el Señor" (1 Corintios 15:58, DHH). El énfasis está en "siempre más y más", es decir, de manera permanente, no una vez al mes, ni una vez a la semana, ni una vez al día, sino siempre. Así como Pablo dijo "oren sin cesar" (1 Tesalonicenses 5:17, NVI), en este texto se enfatiza la misma idea de continuidad: trabajen para Dios sin cesar, siempre, en todo momento.

En el Antiguo Testamento encontramos un texto clave: "Cantad a Jehová, bendecid su nombre; *anunciad de día en día su salvación*. Proclamad entre las naciones su gloria, en todos los pueblos sus maravillas" (Salmos 96:2-3, RVR1960). Observa que no dice de mes en mes, ni de sábado en sábado, sino día tras día. Tanto en el Antiguo como en el Nuevo Testamento se enfatiza el llamado de Dios a vivir la misión.

"¡Yo te convertiré en luz de las naciones del mundo para que también a ellas les lleves mi salvación!" (Isaías 49:6, NBV). Dios nos llama a ser luz dondequiera que estemos y dondequiera que vayamos. Los verdaderos discípulos de Cristo *"diariamente están aprovechando las oportunidades de servir que están a su alcance. Diariamente están testificando por el Maestro dondequiera que estén,* ora sea en alguna humilde esfera de trabajo o en el hogar, o en un ramo público de utilidad".[3]

Nuestra tarea es esparcir la semilla del evangelio. *"Siembra tu semilla* por la mañana, y por la tarde siémbrala también, porque nunca se sabe qué va a resultar mejor" (Eclesiastés 11:6, DHH). Somos sembradores que colaboramos para el Reino Celestial. A diario debemos sembrar la Palabra de Dios de alguna manera, aunque sea con un simple folleto. Nuestra misión es sembrar en todos los terrenos. Habrá semillas que caerán en "corazones de camino", en "corazones de espinos", en "corazones de piedra", y en "corazones de tierra fértil". El milagro de la germinación es obra de Dios por medio del Espíritu Santo.

Una iglesia misionera por excelencia

La iglesia cristiana en los tiempos de los apóstoles era muy misionera. Así lo señala la Biblia: *"Y todos los días,* en el templo y por las casas, *no cesaban* de enseñar y predicar a Jesucristo" (Hechos 5:42). ¡Guau, qué espíritu y fervor misionero tenían estos hermanos!

Estos cristianos sabían ensamblar bien su trabajo secular con su trabajo celestial. La mayoría de ellos tenían empleos diversos: algunos se dedicaban a la pesca, otros a la ganadería, otros al comercio, otros a la carpintería, otros a la construcción, etc. Sin embargo, su trabajo diario no menguaba su compromiso de esparcir la luz de la verdad.

En este aspecto, dos de nuestros problemas son que no somos verdaderamente conscientes de que tenemos un trabajo celestial y que no hemos priorizado lo suficiente el trabajo para Dios. Pensamos que esa responsabilidad recae únicamente en el pastor, el evangelista, el colportor y otros obreros de nuestra iglesia a tiempo completo. Pero la gran verdad es que Dios ha asignado un trabajo celestial a cada uno de sus hijos: ayudar a nuestro prójimo para que encuentre la salvación en Cristo.

El trabajo terrenal es la actividad o profesión que desempeñamos. Por cierto, Dios ha establecido el trabajo como una bendición para el ser humano. El problema que enfrentamos es que nos enfocamos tanto en nuestro trabajo terrenal que nos "olvidamos" de nuestro trabajo celestial. ¿Estás verdaderamente comprometido con tu trabajo celestial? ¿Le estás dando el valor y la dedicación que merece?

Siendo niño, Jesús dijo: "¿No sabías que en los negocios de mi Padre me es necesario estar?" (Lucas 2:49). Jesús siempre tuvo presente su sentido de misión. Aun cuando trabajaba en la carpintería, nunca fue indiferente hacia su prójimo y siempre se propuso ser de bendición para todos los que lo rodeaban. Nuestro Maestro nos dio el ejemplo de que podemos tener nuestro trabajo secular, pero al mismo tiempo seguir siendo un instrumento útil en cualquier lugar donde estemos.

Satanás sabe muy bien que el día en que salgamos a la calle

diariamente con una mentalidad de servicio, una mentalidad misionera, una disposición de permitir que Dios te use durante ese día de alguna manera, el imperio del diablo temblará. Por eso, el enemigo hace de todo para mantenernos ocupados en cosas superficiales, en entretenimientos y en distracciones que nos desenfocan de uno de nuestros grandes propósitos por los cuales estamos en el mundo: adorar y servir a Dios.

Si realmente viviéramos la misión como lo hacían los cristianos en los tiempos de los apóstoles, ya habríamos terminado de evangelizar el mundo. Así lo señala la sierva del Señor: "*Si cada uno fuera un misionero activo*, el mensaje para este tiempo se proclamaría con rapidez a toda nación, lengua y pueblo. *Esta es la obra que se debe realizar* antes que Cristo venga con poder y gran gloria".[4]

Uno de los cristianos fieles, llamado Apolo, "estaba instruido en el camino del Señor, *y hablaba con mucho entusiasmo enseñando con claridad acerca de Jesús*" (Hechos 18:25, DHH). Y nosotros, ¿cuánto entusiasmo estamos poniendo en la obra misionera del Señor?

"El verdadero espíritu misionero es el Espíritu de Cristo. El Redentor del mundo fue el gran modelo misionero".[5] *"Todos los que tienen el Espíritu de Cristo son misioneros; ellos reciben su entusiasmo y poder del principal Misionero".*[6] La falta de celo en la testificación revela una falta de consagración profunda con Cristo. "*El espíritu de Cristo es un espíritu misionero. El primer impulso del corazón regenerado es el de traer a otros también al Salvador".*[7] ¿Comprendes? Si nos está faltando el espíritu misionero es porque en esencia nos está faltando el espíritu de Cristo, ya que el espíritu de Cristo siempre traerá como consecuencia un fervor por la misión. Si nos falta esa pasión por la misión, es porque nos falta la regeneración o conversión del corazón, porque "una persona verdaderamente convertida no puede vivir una vida inútil y estéril".[8]

Que hoy podamos clamar a Dios como David: "Devuélveme el gozo de tu salvación y espíritu noble me sustente. Entonces enseñaré a los transgresores tus caminos y los pecadores se convertirán a ti" (Salmos 51:12-13). ¡Amén! Ser misionero como estilo de vida es la respuesta natural de un cristiano genuino transformado por Cristo, que experimenta diariamente el gozo de la salvación. Porque "cuanto más concentremos nuestros pensamientos en Cristo, más hablaremos de él a otros, y lo representaremos ante el mundo", afirma Elena de White.[9]

Cuatro enfermedades que están destruyendo al pueblo de Dios

Desde la perspectiva espiritual, hay cuatro enfermedades que más están afectando y destruyendo la vida de un cristiano. Estas son:

1) El cáncer espiritual: surge principalmente cuando hay pecados acariciados en nuestra mente y corazón. Estos pecados roban la felicidad, quitan la paz interior, bloquean la alegría de vivir y propagan emociones negativas. Los pecados acariciados impiden la bendición y el poder de Dios en nuestras vidas. El perdón de Dios es el mejor remedio para el cáncer espiritual. Necesitamos esta poderosa medicina todos los días. Por lo tanto, no deberíamos pasar un día sin acudir al Trono de la Gracia, con humildad, arrepentimiento y confesión sincera.

2) La anemia espiritual: viene principalmente por falta de hierro espiritual, es decir, la Palabra de Dios. Al igual que en la anemia física, la falta de hierro debilita el sistema inmunitario y aumenta la propensión a enfermarse; de manera similar, cuando nos falta el Maná celestial, nuestra vida espiritual se debilita. Necesitamos pasar menos tiempo viendo televisión y más tiempo leyendo la Biblia, menos en las redes sociales y más en el Espíritu de Profecía. El diablo sabe bien que, si logra distraerte para que no leas la Biblia, estarás más débil y vulnerable a las tentaciones. Porque "la fe es por el oír, y el oír, por la palabra de Dios" (Romanos 10:17). Jesús dijo: "No sólo de pan vivirá el hombre, sino de toda palabra que sale de la boca de Dios" (Mateo 4:4). Si queremos prevenir la anemia espiritual, necesitamos consumir el medicamento de la Palabra de Dios cada día, no hay mejor remedio que este.

3) La pulmonía espiritual: se produce principalmente por la falta del aire fresco y diario de la oración. A veces pasamos por la vida "estornudando", con poca vitalidad, como si nos "faltara el aire", el gozo de la salvación. El enemigo procura constantemente intoxicarnos con el "humo" de la mundanalidad, el materialismo y el entretenimiento. Necesitamos orar más. A mayor oración, mayor vitalidad. Elena de White dijo que "la oración es el aliento del alma. Es el secreto del poder espiritual. No puede ser sustituida por ningún otro medio de gracia, y conservar, sin embargo, la salud del alma".[10] El medicamento de la oración es tan importante como el aire puro que respiramos. Necesitamos verdadero oxígeno espiritual, que no se puede obtener a menos que oremos.

4) La obesidad espiritual: cuando se combina el consumo de mucha comida "chatarra" o "basura" con la falta de ejercicio, favorece el sobrepeso. Así como el ejercicio físico diario es una poderosa medicina para contrarrestar el sobrepeso, así también el servicio trae sanidad y bienestar al alma. Si quieres salir de la modorra espiritual en la que te encuentras, de la pereza de involucrarte en las actividades de la iglesia, necesitas echar manos del servicio: el mejor ejercicio misionero para tu alma. Sin ejercicio espiritual diario; es decir, sin espíritu de servicio, no estaremos saludables de manera integral. Necesitamos la medicina del servicio todos los días para aplastar continuamente el egoísmo enraizado que quiere crecer en nuestro corazón cada día. El servicio es como una vacuna altamente efectiva contra el egoísmo y el amor al yo.

El poder medicinal de la dieta misionera

Un gran misionero que trabajó en África, David Livingstone, afirmó: *"El mejor remedio para una congregación enferma es ponerla en una dieta misionera".* Cuán ciertas son estas palabras. Necesitamos urgentemente adoptar una dieta misionera si queremos estar más saludables de manera integral. Ya que el servicio no solo mejora la salud espiritual sino también la salud física, mental y social.

Elena de White afirmó: *"La mejor medicina que podéis dar a una iglesia no es predicar o sermonear, sino planear trabajo para sus miembros. Si se lo pone al trabajo, el desalentado pronto olvidará su desaliento, el débil se hará fuerte, el ignorante inteligente, y todos estarán preparados para presentar la verdad como es en Jesús".*[11]

También señaló: "Hay solamente una cura verdadera para la pereza espiritual, y ésta es el trabajo: *el trabajar por las almas que perecen. Tal es la receta que Cristo prescribió para el alma que desmaya, duda y tiembla".*[12] Por lo general, cuando un médico receta un medicamento, el paciente sigue las indicaciones confiando en lo que el profesional le ha prescrito. Pero cuando el médico de los médicos, Jesucristo, nos da un medicamento poderoso, que es el servicio, lamentablemente no lo estamos aprovechando como debiéramos. Muchas veces parece que tenemos una mejor disposición, en la práctica, para seguir una indicación médica humana que una indicación médica divina.

Hay tres refranes interesantes que invitan a la reflexión. Uno dice: "Una iglesia que no trabaja, da trabajo". Por lo general, las iglesias más problemáticas son las que realizan menos trabajo misionero. Cuando se prioriza trabajar para Dios y servir a la comunidad, los problemas internos tienden a desaparecer y se resuelven con mayor facilidad. Otro dicho popular dice: "Mente desocupada, taller del diablo". Es cierto, el ocio o tiempo libre mal encauzado se convierte en un laboratorio del enemigo que trae maldición. Necesitamos tener nuestras mentes más ocupadas en las cosas de Dios. Y otro refrán dice: "Un cristiano que no vive para servir, no sirve para vivir". Estas palabras pueden parecer un poco duras, pero es verdad. No se puede ser feliz sin tener un espíritu de servicio.

El diablo sabe muy bien del gran efecto positivo que tiene la testificación en el creyente, y hará todo lo posible para que los cristianos sean indiferentes a la misión y permanezcan de brazos cruzados en la evangelización. Al respecto, la sierva del Señor advierte: *"Cuando las iglesias permanecen inactivas,* Satanás cuida de que se mantengan ocupadas en lo que a él le conviene. Ocupa el campo, alista a los miembros en actividades que absorben sus energías, destruyen la espiritualidad, y los hacen caer como pesos muertos sobre la iglesia".*[13]

La dieta misionera desempeña un papel vital en nuestro crecimiento espiritual. Sin dieta misionera es imposible conservar la vitalidad espiritual. ¿Te atreverías a tomar agua que ha estado estancada en un recipiente durante un año? Seguramente que no, ¿verdad? El agua estancada, aunque sea potable, con el tiempo se contamina, se llena de moho y pierde su pureza. Que no nos pase como el Mar Muerto, que solo recibe, pero no da. Jamás experimentarás el poder medicinal de la dieta misionera a menos que la pongas en práctica.

Te pregunto: ¿Estás dispuesto a practicar una dieta misionera que glorifique a Dios? Te animo a que lo hagas, será una de las decisiones más importantes que puedes tomar este año.

Necesitamos urgentemente una misión reavivada

El profeta Habacuc clamó a Dios diciendo: "Oh Jehová, aviva tu obra en medio de los tiempos" (Habacuc 3: 2). Necesitamos un reavivamiento y reforma tanto a nivel de iglesia como a nivel individual. Necesitamos que el Señor consuma el espíritu egoísta que hay en nosotros y encienda en nuestro corazón pasión por las almas.

"Es necesario revivir el espíritu misionero en nuestras iglesias".[14] "La razón por la cual no hay más profundo ardor religioso, ni más fervoroso amor mutuo en la iglesia, *se debe a que el espíritu misionero se ha estado apagando*".[15] Y en tu caso, ¿en qué nivel está tu espíritu misionero: 1) totalmente apagado, 2) encendido al mínimo, o 3) encendido al máximo? "El espíritu misionero debe posesionarse de nuestras almas".[16]

Reflexiona ahora en las siguientes cuatro preguntas y sus respectivas respuestas que nos ayudarán a direccionar nuestros esfuerzos hacia aquello que debemos priorizar tanto como iglesia y como hijos de Dios, y que está relacionado con la misión:

1. ¿Cuál es la mayor y más urgente necesidad del pueblo de Dios? *Es la de un reavivamiento y reforma*. Así lo afirma el Espíritu de Profecía: "La mayor y más urgente de todas nuestras necesidades es la de un reavivamiento de la verdadera piedad en nuestro medio".[17] A lo largo de la historia Dios siempre ha bendecido y obrado poderosamente sobre su pueblo cuando este se humillaba, se arrepentía y clamaba de todo corazón al Señor (lee 2 Crónicas 7:14). Cuánto bien nos haría dedicar al menos un día mensual de ayuno y oración.

2. ¿Cuál es la mayor y más urgente necesidad de un hijo de Dios en el cumplimiento de la misión? *Es la del Espíritu Santo*. "Pero recibiréis poder, cuando haya venido sobre vosotros el Espíritu Santo, y me seréis testigos en Jerusalén, en toda Judea, en Samaria, y hasta lo último de la tierra" (Hechos 1: 8). Jesús fue bien claro a los discípulos que, si querían ser abundantemente bendecidos en sus esfuerzos

misioneros, ellos debían esperar y priorizar el derramamiento del Espíritu Santo. ¿No crees que ha llegado la hora de clamar al Señor por el bautismo diario del Espíritu Santo?

3. ¿Cuál es el mayor y más urgente desafío del pueblo de Dios? *Es preparar un pueblo para la venida de Cristo y terminar la obra de predicación en todo el mundo.* Esta es una misión profética de suma urgencia que debería arder en nuestros corazones. Elena de White afirma: "Debemos esforzarnos para preparar el camino para el segundo advenimiento de Cristo, con el mismo fervor que caracterizó a Elías el profeta y a Juan el Bautista".[18]

4. ¿Cuál es el mayor y más urgente desafío de un hijo de Dios en relación con la misión? *Es cumplir la misión cada día.* Jesús dijo: "Por tanto, id, y haced discípulos a todas las naciones" (Mateo 28:19). "La mies a la verdad es mucha, mas los obreros pocos; por tanto, rogad al Señor de la mies que envíe obreros a su mies" (Lucas 10:2). En nuestro estilo de vida debemos decidir entre evangelizar o fosilizarnos, entre ser discípulos o miembros, entre ser misioneros o ser espectadores, entre ser mensajeros activos o ser mensajeros pasivos, entre vivir la misión o cruzarse de brazos; y la lista podría seguir.

Todos los miembros involucrados

"*Todos los miembros involucrados* (TMI) es un impulso evangelístico de escala mundial que involucra a cada miembro, cada iglesia, cada entidad administrativa, cada tipo de ministerio evangelizador, ya sea de alcance personal o institucional".[19] El objetivo es que cada miembro haga algo para Dios como parte de su estilo de vida. Este plan está siendo promovido por nuestra Iglesia en todo el mundo.

Algunos de los asombrosos resultados de *Todos los miembros involucrados* son: (1) Más de 100.000 personas fueron bautizadas en Ruanda como fruto de las 2.227 campañas evangelísticas realizadas del 13 al 28 de mayo de 2016. Esto fue posible gracias a la PTM.[20] Ted Wilson dijo que este "logro increíble" en Ruanda "no es nada menos que el poder del Espíritu Santo para ayudarnos a ver que pronto vendrá la lluvia tardía". (2) En Kenia, 73.188 personas fueron bautizadas durante las 4.000 reuniones evangelísticas realizadas en marzo de 2017. La hermandad de ese país está orando por 400.000 bautismos durante este año. "Lo que ellos están haciendo allí es algo sin precedente en la historia de nuestra iglesia", dijo Ramón Canales, coordinador mundial de TMI.[21] (3) En Tanzania y Uganda se han bautizado más de 117.000 personas en junio de 2017. Durante esa campaña de evangelización que duró dos semanas, cerca de 24.000 predicadores, la mayoría laicos, estuvieron compartiendo el evangelio en más de 8.000 ciudades de esos dos países.[22] "Alabamos a Dios por la manera en que los laicos se están uniendo al llamado a estar completamente involucrados en la ganancia de almas", expresó Ted Wilson.

(4) En Zambia, donde hay más de un millón de miembros, los recién bautizados son colocados en un programa denominado "Pescadores de hombres", que busca enseñarles a hacer discípulos.[23] Esta es una de las razones de su rápido crecimiento. (5) En Rumania, miles se han bautizado después de las 1.300 campañas de evangelización que se llevaron a cabo en febrero de 2017. "Este es el comienzo de algo más grande", dijo Mario Brito, presidente de la División Inter-Europea. (6) También durante ese mes se realizaron 4.300 reuniones en ocho países del este de Europa. Estas campañas representan la culminación de meses de oración, clases de cocina, seminarios de salud, distribución de literatura y otros preparativos. "Esta experiencia ha cambiado profundamente las vidas de nuestros miembros de la iglesia", dijo Michael Kaminskiy, presidente de la División Euro-Asia.

"Cada uno alcanzando a uno, no perdiendo a ninguno, y discipulando a todos", es uno de los lemas principales de la TMI.[24] El desafío es testificar en la casa, en la iglesia, en la escuela, en el trabajo, en la comunidad, mientras viajas, y más allá.[25] "Toda la iglesia necesita estar imbuida [instruida, persuadida, contagiada y empapada] con el espíritu misionero".[26] "Una iglesia que trabaja es una iglesia viva".[27] Pongamos manos a la obra y trabajemos para el Señor todos los días.

Tu llamado es ser misionero siempre

El llamado a ser misionero es para todo creyente. La sierva del Señor declara: "Todo cristiano debe ser un misionero".[28] "Todo hijo e hija de Dios está llamado a ser misionero; somos llamados para el servicio de Dios y de nuestro prójimo".[29] "Cada persona es traída al reino para ser un misionero".[30] *"Cada verdadero discípulo nace en el reino de Dios como misionero".*[31] Desde el día en que has aceptado a Cristo de corazón has recibido una comisión celestial, un llamado a ser misionero. Cumplir la misión cada día es nuestro mayor y más urgente desafío.

Tal vez tu profesión sea ser un enfermero, pero tu llamado es ser un misionero. Tal vez tu profesión sea ser un mecánico, pero tu llamado es ser un misionero. Tal vez tu profesión sea trabajar en la construcción, pero tu llamado es ser misionero. Tal vez tu profesión sea limpiar casas, pero tu llamado es ser un misionero. Tal vez tu profesión sea ser un comerciante, pero tu llamado es ser un misionero. La lista incluye lo que tú haces ¿Comprendes? No importa cuál sea tu profesión, eso es secundario. Lo prioritario es ser misionero, tu profesión es solo un medio para cumplir la misión.

El Dr. Carlos Japas, un médico adventista de la ciudad de Fort Worth (Texas), ejemplifica lo que significa convertir su profesión en un ministerio. Además de brindar atención médica, el Dr. Japas conversa con sus pacientes sobre temas espirituales, los anima a mejorar sus hábitos alimenticios y de estilo de vida, ora con ellos, los invita a asistir a la iglesia y luego a almorzar en su casa. También les ofrece estudios bíblicos. A través de su influencia, él ha llevado a muchas personas a Cristo.

Jesús nos dice hoy: "Desde ahora serás un pescador de hombres" (Lucas 5: 10). Esto no significa necesariamente que tienes que dejar tu trabajo y estudiar teología para ser pastor, sino que desde ahora vivirás con un sentido de misión, sabiendo que tu llamado es ser un misionero. Y no ocacionalmente, sino siempre. El día que cambiemos este concepto en nuestro mente, cambiará radicalmente nuestra visión de vivir cada día. Habrá mucho más gozo y poder espiritual.

El Espíritu de Profecía señala: "Cada uno tiene su lugar en el plan eterno del cielo. Cada uno ha de trabajar en cooperación con Cristo para la salvación de las almas. Tan ciertamente como hay un lugar preparado para nosotros en las mansiones celestiales, hay un lugar designado en la tierra donde hemos de trabajar para Dios".[32] *La más alta de todas las ciencias es la de ganar almas*. La mayor obra a la cual pueden aspirar los seres humanos es la de convertir en santos a los pecadores".[33]

"Todos deben ministrar [...] Todos están moralmente obligados a dedicarse activamente y sin reservas al servicio de Dios. Deben cooperar con Jesucristo en la gran obra de ayudar a otros [...] No todos están llamados a entrar en el ministerio, y sin embargo deben ministrar a otros. Es un insulto para el Espíritu Santo de Dios el que alguien prefiera una vida de complacencia propia".[34] Tu llamado es ser un misionero siempre.

Nuestra misión es servir y salvar

La esencia de la obra misionera es servir y salvar. Servimos cuando realizamos obras de caridad para los necesitados y brindamos ayuda al prójimo que atraviesa alguna crisis o dificultad. Dios nos llama a ser los buenos samaritanos del tiempo del fin. Pero si hacemos solamente esto, estamos cumplimiento la misión a medias. ¿Cómo así? Sí, nuestro chamado profético no es solo hacer asistencialismo, no somos apenas una ONG, sino que nuestro llamado es todavía más amplio: seguir haciendo eso, pero también invitando a las personas a unirse al Reino de Dios mediante la proclamación del evangelio. Aquí es donde debemos concentrar nuestros esfuerzos con mayor determinación.

Precisamos testificar no solamente con palabras y actos de bondad sino también con acciones misioneras intencionadas como, por ejemplo, buscar interesados para estudiar la Biblia. Te animo a que en esta semana te propongas ofrecer a alguien de tu entorno la oportunidad de estudiar la Biblia contigo. "¿Conmigo?", sí, tú mismo puedes dar los estudios bíblicos. *Alguien en el pasado dio estudios bíblicos para ti, ahora te toca a ti estudiar la Biblia con alguien.* Dale una leída al apéndice 1, allí encontrarás algunas orientaciones que te pueden ser útiles.

La misión del reino de Dios es servir y salvar. No se trata solo de servir ni solo de salvar, el llamado de Dios es hacer las dos cosas. *Siempre que hagas una acción de servicio procura combinarla con una acción misionera, porque sirviendo y salvando podemos impactar mucho más. Sirviendo haces la diferencia en esta vida, salvando haces la diferencia por la eternidad.* Te animo a que leas el apéndice 3, donde encontrarás cien maneras de servir y salvar para que continúes creciendo.

Cuatro secretos para ser misionero cada día

Compartiré ahora contigo cuatro simples secretos para ser misionero cada día. Te aseguro que serán de bendición en tu vida si los pones en práctica.

1) **Ora a Dios cada mañana para que Él te use como misionero ese día**. Estas son oraciones que Dios siempre responde. ¿Cuándo fue la última vez que le pediste a Dios por la mañana que te use en ese día como misionero? La mayoría de nuestras oraciones matutinas están centradas en nuestras cosas (trabajo, estudios, familia, quehaceres, etc.). Son pocos los que le piden a Dios de corazón que los use durante el día de alguna manera. Necesitamos incorporar este hábito cada mañana, pidiendo la guía del Espíritu Santo para sembrar la semilla del evangelio cada día, al menos a una persona. Una de las razones por las que Dios no nos usa es porque no se lo pedimos de verdad. ¿Podrá Dios darnos algo que no se lo pedimos? El gran problema es que no vemos su importancia real. Te animo a que mañana, antes de salir de tu casa, le pidas a Dios que te use como misionero en ese día. El Señor no puede usarte como Él quisiera a menos que se lo pidas de todo corazón.

2) **Pide perdón al Señor por tu pereza misionera**. Necesitamos confesar y arrepentirnos de nuestra negligencia hacia el servicio y la misión. Si queremos un cambio real de nuestra parte hacia la misión, necesitamos sincerarnos con Dios y pedirle perdón por nuestra flojera y falta de fervor profundo en la difusión del Reino de Dios. Cuando hay indiferencia y apatía hacia la misión es porque el egoísmo y el amor al yo son mayores que el espíritu de servicio. Te pregunto: ¿cuándo fue la última vez que le pediste perdón a Dios por tu "pereza misionera"? ¿O será que no hace falta pedirle perdón por

esto? Pienso que ser infieles al llamado de hacer discípulos es una manera de deshonrar y desobedecer a Dios, al igual que retener el diezmo o no guardar el santo sábado. Necesitamos pensar más seriamente en lo que implica ser un verdadero discípulo del Maestro (ver Lucas 9:23-26; 57-62). "Esfuércense, no sean perezosos y sirvan al Señor con corazón ferviente" (Rom. 12:11, DHH).

3) **Lleva siempre material misionero al salir de tu casa.** Es importante que cuando salgas de tu casa, te lleves contigo (ya sea en la mochila, en tu auto, en tu cartera, bolsillo de tu vestimenta, etc.) algunos materiales (que pueden ser folletos, revistas o libros) para compartir con las personas que contactes diariamente. *En medio de la guerra espiritual por salvar almas, necesitas "artillería misionera".* ¿Acaso algún soldado va a la guerra sin sus armas? Ninguno. Así tampoco nosotros debemos hacerlo, especialmente en la batalla contra el imperio del diablo. *No puedes salir a la calle desarmado*, lleva siempre tu *"armamento espiritual"* para compartir a las personas. ¿Qué opinarías de una persona que va a la guerra, al frente de la batalla y no lleva su fusil? Si deseas que el Señor te use más, lleva tu paquete misionero y haz la obra de Dios cada día.

4) **Consagra tu día para sembrar el Reino de Dios.** Necesitamos consagrar cada día nuestro trabajo, pasatiempo, estudios y actividades diarias para sembrar el Reino de Dios. Uno de nuestros grandes problemas en la vida cristiana es que los negocios de Dios es algo secundario, no es nuestra prioridad. Con frecuencia no vivimos la misión y hacemos muy poco para sembrar la semilla de la verdad. Consagremos ahora nuestros trabajos y talentos para la gloria de Dios y la expansión de su Reino.

Te animo a que hagas una prueba durante al menos dos semanas: pon en práctica estos cuatro secretos para ser misionero cada día. Serás muy bendecido al hacerlo; y, sobre todo, te sentirás más útil en la viña del Señor. Por favor, no pierdas la bendición de seguir esta simple pero poderosa receta misionera que traerá una renovada frescura en tu vida cristiana. No postergues esta decisión y pon manos a la obra.

Dile a Jesús: "Ayúdame Señor a salvar uno más"

A fines del 2016 salió la película *Hasta el último hombre,* que relata la inspiradora historia de Desmond Doss, un enfermero adventista del séptimo día. Él salvó alrededor de 75 soldados de infantería heridos en la batalla de Okinawa. Doss fue el primer objetor de conciencia en recibir la Medalla de Honor por el gobierno americano.

Impacta al menos cuatro aspectos clave de su vida:

1) *Su fidelidad al llamado de Dios*: Doss se mantuvo fiel en su compromiso de servicio en salvar vidas, incluso arriesgando la suya propia. Nuestra fidelidad al llamado de Dios en la misión refleja nuestro compromiso con Él. Sería maravilloso que también se pudiera decir de nosotros: "Porque con fidelidad se consagraban a las cosas santas" (2 Crónicas 31: 18).

2) *Su pasión por el servicio*: Fue impresionante el ímpetu, el "fuego interno" y el entusiasmo de Doss en salvar vidas heridas al borde de la muerte. Si pudieras calificar, del uno al diez, tu grado de pasión que tienes por Dios y su misión ¿qué notas te darías? Una vez leí: "No predicar el Evangelio es como negar la medicina al enfermo".

3) *Su convicción profunda hacia su vocación*: "Ayúdame Señor a salvar uno más" era uno de sus lemas que impulsaba su vida hacia la misión. ¿Cuáles son tus lemas de vida en estos momentos? El apóstol Pablo decía: "No me avergüenzo del evangelio, porque es poder de Dios para salvación a todo aquel que cree" (Romanos 1:16) "¡Ay de mí si no predico el evangelio!" (1 Corintios 9:16, RVC).

4) *Su espíritu de sacrificio sin temor a las consecuencias.* Doss fue herido varias veces, pero aun así siguió salvando soldados en el frente de batalla. "Me esforcé a predicar el evangelio" (Romanos 15:20), dijo Pablo. Ponte a pensar: ¿Qué he "sacrificado" por la misión en las últimas semanas o meses? ¿Cuánto de tu tiempo y dinero has "sacrificado"?

Medita en las siguientes citas inspiradoras: *"El espíritu misionero es un espíritu de sacrificio personal.* Hemos de trabajar dondequiera y en todas partes al máximo de nuestra capacidad, para la causa de nuestro Maestro".[35] "No es la cantidad de trabajo que se realiza o los resultados visibles, sino el espíritu con el cual la obra se efectúa lo que le da valor ante Dios [...] No son los grandes resultados que obtenemos, sino los motivos que nos inducen a obrar, lo que pesa ante Dios".[36]

Cuando el Señor venga, dirá a los fieles: "Buen siervo y fiel; sobre poco has sido fiel, sobre mucho te pondré; entra en el gozo de tu señor" (Mateo 25:23). Tal vez no recibamos una Medalla de Honor en esta Tierra como Doss, pero sí podemos recibir la Corona de vida eterna, la cual tendrá estrellas que representan las almas que hemos alcanzado con la ayuda de Dios. "Pueden estar seguros de que quien haga volver al pecador de su mal camino salvará a esa persona de la muerte y traerá como resultado el perdón de muchos pecados" (Santiago 5: 20, NTV).

Que tu lema sea: "Vivo la misión, soy un mensajero"

Uno de los testimonios más inspiradores que he escuchado recientemente sobre lo que significa vivir la misión cada día, es la de Andressa Barragana. Ella fue una adolescente oriunda de Brasil que vivía la misión: "En cualquier lugar donde yo estoy procuro evangelizar de alguna manera", acostumbraba a decir.

Te comparto como era una semana de Andressa. Durante los domingos ella iba a la radio por una hora para compartir una meditación para los niños. De lunes a viernes asistía a la escuela por la mañana. Los lunes de tarde dedicaba unas horas para dar estudios bíblicos. Los martes de tarde visitaba un asilo para cantar con las personas. Los miércoles de tarde realizaba una actividad de asistencia social en su casa para aprender a hacer manualidades útiles y productos artesanales. Los jueves de tarde tenía un grupo pequeño de oración intercesora. Los viernes de tarde hacía los preparativos para el sábado. Los sábados de mañana se levantaba más temprano para ir a buscar a los niños para ir a la iglesia. "Yo quiero que los niños aprendan, para que luego hagan lo mismo que yo hago", decía.

Cuando ella se bautizó a los 12 años, al siguiente sábado montó su grupo pequeño. Ella, como la mayoría de los niños, dedicaba tiempo para sus estudios, para jugar, para estar con su familia, pero no descuidaba de vivir la misión cada día. "Jesús nos da a todos 24 horas. Si empleamos al menos una hora diaria para alguna actividad misionera, ya sea dar un estudio bíblico, compartir alguna literatura [...] Si no hacemos nuestra parte ahora, quizás cuando queramos hacer algo ya no haya tiempo", afirmaba Andressa. Lamentablemente para ella no hubo más tiempo, porque el 22 de marzo de 2008, al finalizar un ciclo de conferencias de Semana Santa, mientras se dirigía a predicar en su iglesia, el coche en el que viajaba chocó accidentalmente con un camión y falleció al instante, junto con tres personas más.

En lo poco que ella vivió, hizo mucho. Llevó a más de cien personas al bautismo y con su ejemplo influyó positivamente en muchas personas, tanto niños como adultos. Hizo todo lo que pudo mientras podía. Aunque no entendemos por qué Dios permitió que ella fuera al descanso tan joven y de esa manera, su testimonio sigue siendo una inspiración para miles de personas alrededor del mundo.

Alguien dijo: "La persona más feliz del mundo es la más ocupada en servir a otros. La más miserable es la más ocupada en servirse a sí misma". Elena de White declaró: "No hemos de vivir para nosotros mismos, sino para los demás. Solo olvidándonos de nosotros mismos y participando un espíritu amable y ayudador, podemos hacer de nuestra vida una bendición".[37] "La verdadera felicidad solo se encuentra en una vida de servicio. El que vive una vida inútil y egoísta es desdichado. Está insatisfecho consigo mismo y con todos los demás".[38]

"Hagan brillar su luz delante de todos" (Mateo 5:16, NVI). "No nos cansemos de hacer el bien, porque a su debido tiempo cosecharemos si no nos damos por vencidos" (Gálatas 6:9, NVI). John Wesley decía: "Haz todo el bien que puedas, por todos los medios que puedas, de todas la maneras que puedas en todos los lugares que puedas, a toda la gente que puedas, durante todo el tiempo que puedas". Te propongo estos dos lemas que puedes hacer tuyos durante las próximas semanas: "Vivo la misión, soy un mensajero" y "con la ayuda de Dios, seré un misionero cada día". ¡Repítelos, créelos y vívelos!

Sé un misionero más completo y con mayor alcance

El mandato de Jesús es claro: "Por tanto, id, y haced discípulos a todas las naciones" (Mateo 28:19). "[...] y me seréis testigos en Jerusalén, en toda Judea, en Samaria y hasta lo último de la tierra" (Hechos 1:8). Somos llamados por Dios para servir y salvar en todo lugar, a "toda nación, tribu, lengua y pueblo" (Apocalipsis 14:6).

Podríamos dividir esta misión expansiva del reino de Dios en siete sectores misioneros: *1) Mi familia:* Esta es nuestra primera obra misionera por excelencia. Tenemos una gran misión que hacer con nuestros hijos, enseñándoles el evangelio y preparándolos para que vivan la misión. También compartir el mensaje a nuestros familiares directos y más lejanos. *2) Mi iglesia:* sirviendo en nuestra iglesia local con nuestros dones y talentos, en el ministerio al cual Dios nos llame. *3) Mi comunidad* (barrio, pueblo/ciudad): realizando muchas y variadas actividades para servir y salvar. ¿Por qué no te propones dedicar dos a tres horas a la semana al servicio activo para Dios? *4) Mi región* (provincia o estado): ¿por qué no planificas dedicar el próximo año una, dos o tres semanas para servir como voluntario en alguna zona de tu región? *5) Mi país:* Dios quiere que sigamos esparciendo la luz de la verdad en muchos lugares, ¿por qué no dedicas al menos una vacación de tu vida para algún proyecto misionero en tu país de origen? *6) Otros países:* la misión de Dios es internacional. Si eres joven, ¿por qué no planeas consagrar un año para ir a otro país como misionero? *7) Hasta lo último de la tierra:* hay muchos lugares del mundo que se necesitan urgente de misioneros. Por ejemplo, tenemos el gran desafío de evangelizar los países que están en la ventana 10/40. Si no pudiéramos ir, podemos hacer nuestra contribución con ofrendas generosas para proyectos misioneros internacionales.

Y en cuanto a tiempo personal invertido, podríamos dividirlo así: *1) Misionero como estilo de vida:* significa tener una mentalidad y un espíritu misionero constante, aprovechando toda oportunidad que se presente para compartir un mensaje de esperanza todos los días. *2) Misionero por temporada:* dedicando algunos meses para la misión en algún lugar. *3) Misionero exclusivo a tiempo parcial:* dedicando algunas horas a la semana para la misión, que pueden ser 15, 10, 5, o 3 horas por semana. *4) Misionero exclusivo a tiempo completo:* aquí se encuentran los pastores, evangelistas, médicos misioneros, obreros bíblicos, colportores, etc. *5) Misionero en el extranjero:* son aquellos que van por uno o varios años como misioneros a otros países.

Te animo a que sigas creciendo como un misionero más completo y de mayor alcance para la gloria de Dios. Cuanto más tiempo invirtamos en la misión, cuantos más sectores abarquemos, cuantos más esfuerzos diversificados hagamos y cuanto más combinemos todo lo anterior; con certeza, más personas podremos alcanzar con el evangelio. Hoy se necesitan más hombres y mujeres dispuestos a sacrificarse por la causa del Señor. En especial, se necesitan más jóvenes consagrados que quieran vivir la misión. Un gran movimiento misionero se está formando en este tiempo, ¿quieres ser parte de él?

¡Sé misionero hoy, no dejes para mañana!

Tal vez te preguntes porque el énfasis en el hoy y no en el mañana. ¿Por qué tiene que ser hoy? El hoy es el mejor día para hacer la obra. No mañana, no significa que mañana no hagas misión, sino que el objetivo es que te concentres en el hoy. Por lo general, tenemos una tendencia a postergar la bendición del servicio para más adelante.

La Palabra de Dios dice: "No dejes para mañana la ayuda que puedas dar hoy" (Proverbios 3:28, DHH). "Si hoy puedes ayudar a tu prójimo, no pospongas la ayuda para mañana" (Proverbios 3:28, RVC). "Aprovechen cada oportunidad que tengan de hacer el bien" (Efesios 5:16, TLA). "El que no sirve a Dios en donde se encuentra, no servirá a Dios en ninguna otra parte", afirmó Charles Spurgeon.

El Espíritu de Profecía señala: "La invitación a ponerlo todo sobre el altar del servicio le llega a cada uno [...] Dios nos pide que demos a su servicio el primer lugar en nuestra vida, *que no dejemos transcurrir un día sin hacer algo* que haga progresar su obra en la tierra".[39] "A cada uno de los que lleguen a participar de su gracia, el Señor indica una obra que ha de hacer en favor de los demás. Individualmente debemos levantarnos y decir: "Heme aquí; envíame a mí." Sea que uno sirva como ministro de la Palabra o como médico, o como negociante o agricultor, profesional o mecánico, la responsabilidad descansa sobre él. Su obra es revelar a otros el Evangelio de su salvación. Cada empresa a la cual se dedique debe ser un medio hacia este fin".[40]

"El mundo necesita misioneros, misioneros locales consagrados, y nadie será registrado en los libros del cielo como cristiano si no tiene un espíritu misionero. Si los miembros de la iglesia no emprenden individualmente esta obra, demuestran que no tienen relación viva con Dios. Su nombre está registrado como el de siervos perezosos".[41] Presta atención a este consejo inspirado: *"Conságrate a Dios todas las mañanas*; haz de esto tu primer trabajo. Sea tu oración: 'Tómame ¡oh Señor! como enteramente tuyo. Pongo todos mis planes a tus pies. *Úsame hoy en tu servicio.* Mora conmigo, y sea toda mi obra hecha en ti'. *Este es un asunto diario"*.[42] "Señor, úsame hoy como misionero" debe ser parte fundamental de nuestras oraciones de cada mañana.

"Dios no obliga a nadie a entrar en su servicio. [...] El cielo queda atónito al ver la insensatez espiritual que ha prevalecido. Cada persona tiene que abrir personalmente su orgulloso corazón al Espíritu de Dios. *Todos necesitamos santificar nuestra mente para el servicio divino"*.[43] Piensa, ¿cuándo fue la última vez que has santificado tu mente para el servicio de Dios? ¡Ahora es el mejor momento para hacerlo!

Elena de White afirma que "el mayor gozo y la más elevada educación se encuentra en el servicio".[44] La Palabra de Dios dice: "Cada uno de ustedes ha recibido de Dios alguna capacidad especial. Úsela bien en el servicio a los demás" (1 Pedro 4:10, TLA). "Hacer otra cosa en la iglesia y no evangelizar es como reacomodar los muebles cuando la casa está en llamas", afirma David Watson.

"Cada seguidor de Jesús tiene una obra que hacer como misionero para Cristo en la familia, en el vecindario, y en el pueblo o ciudad donde vive".[45] "Si sólo una persona va al cielo por tu causa, tu vida habrá hecho una diferencia por la eternidad".[46] ¡Vale la pena todo esfuerzo en la obra de salvar vidas! La Palabra de Dios dice: *"El que gana almas es sabio"* (Proverbios 11:30). ¿Por qué no le abres tu corazón a Dios una vez más y le pides que te haga un misionero de verdad cada día?

Precisamos urgentemente salir del sedentarismo misionero

Elena de White dice que "ha habido sólo poco espíritu misionero entre los adventistas".[47] "Es un misterio que no haya cientos de personas trabajando donde ahora hay sólo una. El universo celestial está pasmado de la apatía, la frialdad y la indiferencia de los que profesan ser hijos e hijas de Dios".[48] "En el cielo no habrá ningún salvado con una corona sin estrellas. Si entráis allí, habrá algún alma en las cortes de gloria que ha entrado por vuestro intermedio".[49] "Si tú no estás llevando a nadie para el cielo, es porque no estás yendo para allá", decía Charles Spurgeon.

Uno de los pecados más frecuentes entre el pueblo de Dios, y del cual la mayoría no quiere arrepentirse, es el pecado del sedentarismo misionero. Este pecado está directamente relacionado con la indiferencia, la negligencia y la pereza misionera, la falta de sacrificio y abnegación en el discipulado, el sedentarismo, la ociosidad y obesidad espiritual, y la falta de verdadero amor a Cristo. Para que haya un cambio radical en nuestra visión y práctica misionera que glorifique a Dios, necesitamos urgentemente: 1) Tener un espíritu humilde y sumiso a la voluntad de Dios, 2) confesar el pecado del sedentarismo misionero y arrepentirnos de todo corazón, 3) pedir todos los días que Dios nos use como misioneros, 4) desarrollar un estilo de vida misionero.

"La ociosidad y la religión no pueden andar juntas; y la causa de nuestra gran deficiencia en la vida y en la experiencia cristiana es la inactividad en la obra de Dios. Los músculos de nuestro cuerpo se debilitarán si no se mantienen en ejercicio, y así ocurre con la naturaleza espiritual".[50] Trabajar muy poco para Cristo denota muy poco amor hacia Él. No involucrarse en la misión es desobedecer a Dios, siendo tan pecaminoso como mentir y robar. Los siervos negligentes no entrarán en el Reino de Dios. No estar activo en la misión menosprecia y traiciona el santo llamado de Jesús al discipulado. "El cielo se indigna al ver la negligencia manifestada en cuanto a las almas de los hombres".[51] "¡Maldito el que haga con negligencia la obra del Señor!" (Jeremías 48:10, RVA 2015), dice la Palabra de Dios.

El sedentarismo misionero y la negligencia voluntaria en la obra del Señor es pecado. Tenga cuidado de no seguir el ejemplo de los habitantes de Meroz, que no se involucraron en la batalla del Señor. La Biblia dice: "Y el ángel del Señor exclamó: "¡Maldigan a Meroz, sí, maldíganlo! ¡Maldigan con dureza a sus habitantes *por no acudir al llamado del Señor* ni acudir en ayuda de sus valientes!" (Jueces 5:23, RVC); *"porque no vinieron a ayudar al ejército de Dios, ¡no quisieron luchar por él!"* (TLA).

"Sus habitantes, aunque israelitas y vecinos, *no ayudaron* a las fuerzas de Débora e Barac. Esta negligencia deliberada era pecado. Por no haber actuado como israelitas, habían de compartir la maldición de los cananeos".[52] "Entonces, *¿por qué se quedaron sentados en las trincheras*, oyendo a los pastores llamar a sus ovejas? Los hombres valientes de Rubén pensaban mucho en la guerra, *pero se quedaron en casa* escuchando música" (Jueces 5:16, PDT). "Los israelitas que vivían a cierta distancia del conflicto no participaron cuando se necesitaba su ayuda".[53]

Y tú, ¿vas a comprometerte de verdad? ¿Vas a ayudar activamente en la obra de Dios? ¿O vas continuar "pensando" y haciendo muy poco por ahora? El Espíritu de Profecía dice que hay cristianos que siguen el ejemplo de los habitantes de Meroz. "Hay una clase representada por Meroz. *El espíritu misionero nunca ha tomado posesión de sus almas.* [...] ¿Qué cuenta rendirán a Dios los que no están haciendo nada en su causa, nada para ganar almas para Cristo? Los tales recibirán la denuncia: *"Malo y negligente siervo"* [...] Como ilustración de que *habéis fallado en acudir a colaborar en la obra de Dios*, como era vuestro privilegio hacerlo, se me han señalado estas palabras: "Maldecid a Meroz, dijo el ángel de Jehová [...]".[54] Y en tu caso, ¿ya se ha apoderado el espíritu misionero en tu vida? Precisamos urgentemente salir del sedentarismo y la negligencia misionera. Pide a Dios la unción del Espíritu Santo ahora mismo, a fin de que reavive en tu vida el fuego y la pasión por la misión. Pero esto nunca acontecerá a menos que tú des el primer paso.

Es mejor hacer un esfuerzo ahora que arrepentirse después

Hace años escuché una historia que me estremeció y me hizo reflexionar bastante. Un joven salió de su escuela secundaria, como de costumbre al concluir las clases, para ir a tomar el autobús que lo llevaba a su casa. En esa tarde soleada estaba este muchacho, de unos 17 años, esperando con ansia el autobús en la parada que se encontraba después de cruzar un puente. Debajo de ese puente pasaba un río donde muchos niños y adultos se bañaban y disfrutaban del hermoso parque que había en la orilla.

Mientras el joven estaba allí sentado esperando, vio que se acercaba su autobús. Pero unos veinte segundos antes de llegar, escuchó un grito desesperado de un niño, de unos siete años, que decía: "¡Ayúdenme por favor, me estoy ahogando!". El joven se sorprendió ante este pedido de auxilio y tuvo la intención de bajar y salvar al niño. Pero de repente, llegó el autobús y el chofer le tocó la bocina, haciéndole señal de que se subiera o se iba. Después de esos pocos segundos de indecisión, el joven optó por subirse al autobús para no tener que esperar una hora la llegada del próximo, en esa tarde de intenso calor.

Mientras iba sentado en el autobús, tratando de calmar su conciencia que le recriminaba de por qué no intentó salvar a ese niño, pensaba: "Estoy seguro de que alguien lo habrá salvado. Allí siempre hay personas adultas". Aun así, resonaba en su mente ese grito inocente que le pareció familiar, aunque no pudo distinguirlo claramente por la música alta que había en el autobús cuando se detuvo.

Después de una hora, el joven llegó a su casa con muchas ganas de tomarse un refresco y ver televisión. Al abrir la puerta, para su sorpresa, encontró a su madre llorando a gran voz, desesperadamente y sin consuelo. "Pero qué pasa mamá", dijo el joven. "Hijo, hijo, estoy devastada. La policía me acaba de informar que tu hermano menor ha muerto ahogado en el río que cruza el puente cerca de tu parada de autobús", dijo la madre, llena de lágrimas y profunda tristeza.

"¡En serio mamá, no lo puedo creer!", decía mientras se agarraba los pelos en señal desesperación. Se puso pálido, entró a su habitación dándole un portazo a la puerta y golpeando su mano contra la pared, mientras exclamaba: "¿Por qué? ¿por qué no me bajé a salvarlo? Si hubiera sabido que ese niño era mi hermano, jamás me habría subido al autobús. ¿Por qué fui tan cómodo y pensé solo en mí?" Pero lamentablemente ya era demasiado tarde, su hermano había muerto. Por eso, es mejor tomar buenas decisiones y hacer un esfuerzo ahora que arrepentirse después.

Muchos hoy se suben en el "autobús" del trabajo, de los estudios, del entretenimiento, y no logran escuchar el clamor silencioso de almas necesitadas por ayuda. Se necesitan gente con la sensibilidad humana y el espíritu del buen samaritano de la parábola, que fue "movido a misericordia". Pero la realidad es que muchos cristianos actúan como el sacerdote y el levita, que "pasaron de largo" (Lucas 10:31-32); y solo les importa su propio mundo, sus propias casas, sus propios negocios. Necesitamos reflexionar sobre el hecho de que aquellos que están a nuestro alrededor son también nuestros hermanos, y no debemos ser indiferentes ni "pasar de largo".

Recibe el bautismo diario del Espíritu Santo

Si queremos cumplir la misión con el poder de Dios, necesitamos clamar por el bautismo diario del Espíritu Santo. Elena de White escribió: "Insto a los miembros de iglesia de todas las ciudades a que se aferren del Señor con esfuerzo determinado para obtener el *bautismo del Espíritu Santo*".[55] Esta es *nuestra mayor y más urgente necesidad diaria como discípulos* de Cristo a fin de ser más efectivo en la misión.

Jesús "*diariamente recibía un nuevo bautismo del Espíritu Santo*. En las primeras horas del nuevo día, Dios lo despertaba de su sueño, y su alma y sus labios eran ungidos con gracia para que pudiese impartir a los demás".[56] De igual manera, "*cada obrero debiera elevar su petición a Dios por el bautismo diario del Espíritu*. Debieran reunirse grupos de obreros cristianos para solicitar ayuda especial y sabiduría celestial para hacer planes y ejecutarlos sabiamente. Debieran orar especialmente porque Dios bautice a sus embajadores escogidos en los campos misioneros con una rica medida de su Espíritu".[57]

La lluvia tardía del Espíritu Santo, que se dará previo al fuerte pregón final, tiene relación directa con el espíritu misionero. "El gran derramamiento del Espíritu de Dios que ilumina toda la tierra con su gloria, no acontecerá hasta que tengamos un pueblo iluminado, que conozca por experiencia lo que significa ser colaboradores de Dios. *Cuando nos hayamos consagrado plenamente y de todo corazón al servicio de Cristo*, Dios lo reconocerá por un derramamiento sin medida de su Espíritu; *pero esto no ocurrirá mientras que la mayor parte de la iglesia no colabore con Dios*".[58]

La lluvia temprana del Espíritu Santo, que Dios desea enviarnos todos los días, tiene relación directa con el espíritu misionero. Dios no nos enviará diariamente el Espíritu Santo si no permitimos que Él nos use cada día. Este bautismo diario no es para que hagamos más dinero sino para que sirvamos más y mejor cada día. *Si no hay un interés y un compromiso diario en la misión de mi parte, Dios no me enviará el bautismo del Espíritu Santo*; no porque Él no quiera, sino porque yo no quiero. Te animo a que, a partir de mañana, le pidas a Dios de corazón el bautismo diario del Espíritu Santo. Por favor, no lo hagas solo por un día. Has la prueba durante al menos 21 días. Te sorprenderás al ver los resultados maravillosos en tu vida.

Charles H. Spurgeon afirmó: "Si tuviéramos al Espíritu sellando nuestro ministerio con poder, para poca cosa serviría el talento. Los hombres podrían ser pobres y poco instruidos, las palabras de ellos serían entrecortadas y con mala gramática; pero si el poder del Espíritu los acompañase, el evangelista más humilde sería más eficaz que el más erudito de los teólogos, o que el más elocuente de los predicadores".[59]

El Espíritu de Profecía dice: "Despertad, hermanos y hermanas, despertad. No continuéis durmiendo. '¿Por qué estáis todo el día ociosos?' Jesús os llama diciendo: '*Ve hoy a trabajar en mi viña*'. Todo el que haya recibido el Espíritu Santo lo manifestará; pues empleará todas sus facultades en el servicio más activo. Todos los que reciben en verdad a Cristo por la fe, trabajarán. Sienten una gran preocupación por las almas".[60]

Haz conmigo ahora esta oración: "Padre Celestial, vengo a tu Trono de Gracia para pedirte misericordia una vez más. Señor, te pido perdón por mi pereza misionera. Me doy cuenta que he dedicado demasiado tiempo a mis propios negocios y pasatiempos. Quiero que los negocios de mi Padre sean una prioridad en mi vida. Te consagro ahora mi tiempo, mis talentos y mis recursos. Acepto tu llamado, quiero salir de mi zona de confort y vivir la misión de verdad. Ayúdame a poner en práctica los cuatro secretos para ser misionero cada día. Por favor, oh Dios, dame hoy el bautismo del Espíritu Santo para que pueda ser un instrumento útil en tus manos. Que hoy pueda sembrar tu Palabra, de alguna manera, aunque sea a una sola persona. Te lo pido en el nombre bendito de Jesús, mi poderoso Salvador, amén".

Referencias

[1] Elena de White, *Testimonios para la iglesia*, tomo 9, p. 25.
[2] *Joyas de los testimonios*, tomo 2, p. 126.
[3] *Los hechos de los apóstoles*, p. 45.
[4] *Ibíd.*, tomo 6, p. 436.
[5] *Testimonios para la Iglesia*, tomo 5, p. 362.
[6] Elena de White, *Manuscritos Inéditos*, tomo 2 (contiene los manuscritos 97-161), p. 37.
[7] Elena de White, *El Conflicto de los siglos*, p. 67.
[8] *Palabras de vida del gran Maestro*, p. 223.
[9] *Review and Herald*, 12 de junio de 1888.

10 Elena de White, *La oración*, p. 15.
11 *El evangelismo*, p. 261.
12 *Servicio cristiano*, p.135.
13 *Testimonio para la iglesia*, tomo 6, p. 424.
14 *Testimonios para la iglesia*, tomo 6, p. 37.
15 *Joyas de los testimonios*, tomo 2, p. 128.
16 *Testimonios para la iglesia*, tomo 9, p. 105.
17 Elena de White, *Mensaje Selectos*, tomo 1, p. 14.
18 Elena de White, *Maranata: El Señor viene*, p. 23.
19 http://tmi.adventist.org/about
20 http://www.adventistreview.org/church-news/story4172-baptisms-reach-100000-in-wonderful-miracle-in-rwanda
21 https://www.adventistmission.org/19000-receive-free-adventist-medical-care-in-kenya
22 https://news.adventist.org/en/all-news/news/go/2017-07-10/tanzania-and-uganda-on-fire-with-117000-baptisms/?utm_source=Adventist%20News%20Network&utm_campaign=d95e382723-ANN_Bulletin_July_11_2017_A_B_Subject_Lin7_11_2017&utm_medium=email&utm_term=0_fc8bee3d88-d95e382723-315060589&cHash=678fb65d39e494fc8d019cc0bab90458
23 *Adventist World Magazine*, correspondiente al mes de agosto de 2015.
24 http://www.adventistreview.org/church-news/story4227-essential-keys-to-total-member-involvement
25 http://tmi.adventist.org/tmi-brochure.pdf
26 Elena G. de White, *Pamphlet 113: Words of Encouragement to Self-supporting Workers*, p. 28.
27 *Joyas de los testimonios*, tomo 3, p. 68.
28 *Servicio Cristiano*, p. 29.
29 *Servicio Cristiano*, p. 82.
30 Elena de White, *Practical missionary work*, oct. 1898
31 *Servicio cristiano*, p. 14.
32 *Ibíd.*, p. 126.
33 *El ministerio de curación*, p. 310.
34 *Mente, carácter y personalidad*, tomo 1, p. 342.
35 *Joyas de los testimonios*, tomo 2, p. 127.
36 *Servicio cristiano*, p. 130.
37 *Patriarcas y profetas*, p. 138.
38 Elena de White, *Review and Herald*, 2 de mayo de 1907.
39 *Profetas y reyes*, p. 166.
40 *Ibíd.*
41 *Servicio cristiano*, p. 110.
42 *El camino a Cristo*, p. 70.
43 *Sermones escogidos*, tomo 1, p. 81.
44 Elena de White, *La educación*, p. 77.
45 *Testimonios para la iglesia*, tomo 2, p. 559.
46 Rick Warren, *Una vida con propósito*, (Miami, Florida: Editorial Vida, 2003), p. 309.
47 *Servicio Cristiano*, p. 45.
48 *Servicio Cristiano*, p. 112.
49 *Eventos de los últimos días*, p. 286.
50 *Servicio Cristiano*, p. 107.
51 *Servicio Cristiano*, p. 116.
52 Comentario de la *Biblia de Estudio de Andrews*, sobre Jueces 5:23.
53 Comentario de la *Biblia de Estudio de Andrews*, sobre Jueces 5:16.
54 *Servicio Cristiano*, p. 46.
55 *Consejos sobre la salud*, p. 549.
56 *Palabras de vida del gran Maestro*, p. 105.
57 *Servicio cristiano*, p. 313.
58 *Ibíd.*, p. 314.
59 Oswald J. Smith, *Pasión por las almas*, (Grand Rapids, Michigan: Editorial Portavoz, 1984), p. 39.
60 *Servicio cristiano*, p. 102.

Capítulo 4

SIETE MARCAS DISTINTIVAS DE UN VERDADERO DISCÍPULO

"Si alguno quiere venir en pos de mí, niéguese a sí mismo, tome su cruz cada día, y sígame" (Lucas 9:23)

Un joven le escribió un mensaje de WhatsApp a su novia: "Mi princesa, mi amada, mi flor. No me alcanzan las palabras para decirte cuánto te amo. Mi corazón palpita de emoción por verte nuevamente. Por ti sería capaz de hacer cualquier cosa para estar a tu lado. Cruzaría nadando un lago lleno de cocodrilos solo para abrazarte. Estaría dispuesto a caminar de rodillas diez kilómetros solo para que me des un beso. Por favor, no olvides nuestra cita inolvidable que tendremos el próximo jueves. *Allí estaré... con una condición, si no llueve*".

Como dice el refrán popular: "Del dicho al hecho, hay mucho trecho". Una cosa es decir "Yo soy un discípulo de Cristo" y otra cosa es serlo. ¿Sabes cuáles son las marcas distintivas de un verdadero discípulo? Este capítulo te ayudará a descubrirlo.

Para comenzar, el término discípulo viene de la palabra griega *mathetes* que está asociado con alumno, estudiante, aprendiz y seguidor de un maestro. Jesús dijo que "el discípulo no es superior a su maestro, pero el que complete su aprendizaje será como su maestro" (Lucas 6:40, RVC). El propósito de estar con el Maestro, como sus discípulos, es aprender de Él para llevar a cabo el plan de Dios para nuestras vidas.

Jesús tuvo varios tipos de seguidores durante sus tres años de ministerio en la Tierra. Entre ellos estaban: (1) *Los miembros interesados*, quienes lo seguían por los "panes y los peces", para así obtener alguna ventaja. (2) *Los miembros pasivos*, aquellos de la multitud que querían estar, escuchar o tocar a Jesús, pero que se asociaban con él según les convenía y si las circunstancias eran favorables. (3) *Los miembros secretos*, quienes le seguían a escondidas sin involucrarse mucho por temor al qué dirán. (4) *Los discípulos de verdad*, que estaban dispuesto a dejarlo todo para seguir al Maestro.

Los evangelios relatan que, aunque Jesús tuvo muchos discípulos o seguidores, la mayoría de ellos lo abandonaron. "Desde entonces muchos de sus discípulos *volvieron atrás, y ya no andaban con él*" (Juan 6:66). En otras versiones dice: "A partir de ese momento, muchos de sus discípulos *se apartaron de él y lo abandonaron*" (NTV), "Desde entonces muchos de sus discípulos *le volvieron la espalda*" (NVI). Ser cristiano no es sinónimo de ser un verdadero discípulo. Tristemente la mayoría de los que profesan seguir a Cristo son solo miembros de alguna iglesia. Necesitamos recobrar el sentido real de lo que involucra el discipulado.

El precio del discipulado

Ser un verdadero discípulo de Cristo es más que asistir todas las semanas a la iglesia. Es más que decir yo creo en Dios. Es más que dar diezmos y ofrendas. Es más que ser una buena persona. Es más que apoyar ciertos proyectos de la iglesia. Es más que dar una mano a alguien. Es más que hacer algo por Dios. Ser discípulo tiene un precio que la mayoría no está dispuesto a pagar; no en el sentido monetario o de méritos humanos, sino en el sentido de sacrificarse, dejarlo todo y entregarse de lleno por amor a Cristo y a las almas. Billy Graham decía: "La salvación es gratis, mientras que el discipulado cuesta todo".

Siete marcas distintivas de un verdadero discípulo

Veremos ahora siete marcas distintivas que definen con certeza a un discípulo de Cristo. Ellas están presentadas en los evangelios, principalmente en el libro de Lucas capítulo 9 y 14. Te animo a que, mientras vayas leyendo cada una de ellas, reflexiones si las estás aplicando en tu vida diaria; y, sobre todo, le pidas a Dios que las grabe en tu mente y corazón. Lo que más necesita el mundo hoy son discípulos de verdad. Tú y yo podemos ser uno de ellos con la ayuda de Dios.

1) Negarse a sí mismo y tomar la cruz de Cristo cada día

Una de las frases más impactantes de Jesús fue: "Si alguno quiere venir en pos de mí, niéguese a sí mismo, tome su cruz cada día, y sígame" (Lucas 9:23). En otra versión dice: "Si alguno quiere ser mi discípulo, tiene que olvidarse de hacer lo que quiera. Tiene que estar siempre dispuesto a morir y hacer lo que yo mando" (Lucas 9:23, TLA). Aquí se encuentra una de las clave más importantes de un verdadero discípulo.

Esta advertencia no era solo para sus doce discípulos sino para todos los que le seguían. El mismo versículo en Marcos 8:34 comienza así: "Y llamando a la gente y a sus discípulos". En otras palabras, este mensaje no es solo para los que ahora están trabajando a tiempo completo en la viña del Señor, como los pastores, colportores, obreros bíblicos, etc.; sino también para todo el que quiere seguir a Jesús.

El texto bíblico hace énfasis en tres cosas: (1) Negarse a sí mismo, que es sinónimo de completa sumisión a Dios. (2) Tomar su cruz cada día, que implica entregarse enteramente al Señor y a su servicio. (3) Seguir a Cristo, que significa ser un siervo de Dios que hace su voluntad.

Negarse a sí mismo es renunciar a sí mismo, es dejar mis planes y sueños personales por los planes del Señor, es someterme completamente a la voluntad de Dios. Negarse a sí mismo está muy asociado con "morir al yo". Pablo decía: "Cada día muero" (1 Corintios 15:31). Necesitamos morir al yo cada día. "Debemos olvidar el yo por el deseo de hacer bien a otros. A muchos les falta decididamente amor por los demás. En vez de cumplir fielmente su deber, procuran más bien su propio placer".[1] El negarse a sí mismo va de la mano con tomar la cruz, ya que no se puede tomar la cruz si primero uno no muere al yo.

Recordemos que "la guerra contra el yo es la batalla más grande que jamás se haya librado".[2] "El enemigo a quien más hemos de temer es el yo [...] Ninguna victoria que podamos ganar es tan preciosa como la victoria sobre nosotros mismos", dice el Espíritu de Profecía.[3] Necesitamos crucificar el yo a los pies de Jesús todos los días, porque el amor al yo está enraizado en nuestra naturaleza pecaminosa. La sierva del Señor clamaba a Dios diciendo: "Levanta y envía mensajeros que tengan conciencia de su responsabilidad, mensajeros en quienes la idolatría del yo, fuente de todo pecado, sea crucificada".[4] Y Martín Lutero decía: "Pensé que el viejo hombre había muerto en las aguas del bautismo, pero descubrí que el infeliz sabía nadar. Ahora tengo que matarlo todos los días".

Elena de White afirmó que "*el amor hacia las almas por las cuales Cristo murió significa crucificar al yo*".[5] "*Cuando muera el yo, se despertará un deseo intenso por la salvación de otros*, un deseo que llevará a esfuerzos perseverantes para el bien".[6] Porque "el egoísmo es muerte. Ningún órgano del cuerpo podría vivir si limitase su servicio a sí mismo. Si el corazón dejase de mandar sangre a la mano y a la cabeza, no tardaría en perder su fuerza [...] El alma que se niega a impartir perecerá".[7] El servicio da vida y es una vacuna poderosa contra el yo (egoísmo).

De hecho, la cruz "era el instrumento del suplicio mortal más cruel y humillante"[8] que los romanos utilizaban para castigar y matar a los peores criminales. Jesús ordenó "a sus discípulos que tomaran la cruz para llevarla en pos de él. Para los discípulos, sus palabras, aunque vagamente comprendidas, señalaban su sumisión a la más acerba humillación, *una sumisión hasta la muerte por causa de Cristo*. El Salvador no podría haber descrito una entrega más completa".[9]

El mayor ejemplo de lo que significa negarse a sí mismo y tomar la cruz en su máxima expresión nos lo dio Jesús, quien *"se despojó a sí mismo, tomando forma de siervo"* y *"se humilló a sí mismo, haciéndose obediente hasta la muerte, y muerte de cruz"* (Filipenses 2:7-8). Siendo Dios, Jesús se hizo siervo (del griego "doulos", que significa esclavo). "Un esclavo no tiene voluntad propia; hace lo que su señor le ordena".[10] "Haya, pues, en vosotros este sentir que hubo también en Cristo Jesús" (vers. 5). En otras palabras, debemos seguir el ejemplo de Jesús, que incluye despojarnos del deseo de ser servido y de morir al yo.

Respecto a tomar la cruz, el Maestro destacó que debe ser cada día, no de vez en cuando. Este acto de sumisión y entrega total debe ser practicado todos lo días. Tomar la cruz de Cristo también implica consagrarme cada día como misionero, sin importar la profesión que uno tenga. Si no estás buscando a Dios de corazón cada mañana pidiéndole amor por las almas, es porque no estás tomando la cruz de Cristo. Si mis pensamientos diarios giran en torno a mí y a mis intereses, descuidando el llamado al servicio, es porque no estoy tomando la cruz de Cristo.

Jesús dijo de manera enfática: "Y el que no lleva su cruz y viene en pos de mí, *no puede ser mi discípulo*" (Lucas 14: 27). "Y el que no toma su cruz y sigue en pos de mí, *no es digno de mí*" (Mateo 10: 38). Jesús dejo bien claro que aquel que no esté dispuesto a tomar la cruz de Cristo cada día, "no puede ser mi discípulo" y "no es digno de mí".

La mayoría de los judíos en el tiempo de Jesús habían caído en un formalismo y legalismo tal, centrado en sí mismo, que habían hecho desaparecer el espíritu de compasión y de servicio desinteresado hacia el prójimo. *"La ambición egoísta, el amor de la ostentación y el lucro absorbían los pensamientos"* de ellos. *"El egoísmo era el principio dominante"* que los ataba en las redes de Satanás.[11] Lo mismo nos puede pasar a nosotros si no estamos dispuestos a tomar la cruz cada día.

¿Por qué la mayoría de los fariseos, escribas, sacerdotes y doctores de la ley no querían ser seguidores de Cristo? Principalmente por la confianza en sí mismo (autosuficiencia), el alto concepto que tenían (orgullo), no era el mesías que ellos esperaban (incredulidad), no estaban dispuesto a ser sus colaboradores (egoísmo manifestado en el confort y el materialismo). De igual manera, corremos el peligro de ser infectados por estos pecados que nos impiden ser verdaderos discípulos de Cristo.

2) Estar con el Maestro y predicar el evangelio

"Y estableció a doce, para que estuviesen con él, y para enviarlos a predicar" (Marcos 3:14). La razón principal del discipulado es estar con

Jesús y predicar el evangelio. El Maestro quiere que primero estemos con él, que disfrutemos de su compañía, que aprendamos de él. No podemos ser discípulos de Cristo a menos que dediquemos tiempo cada día para estar a sus pies. Que no nos pase como Marta, que afanada por sus quehaceres y trabajos cotidianos, tenía poco tiempo de calidad para estar con Jesús. Debemos imitar a María, quién disfrutaba de estar con Cristo, de hablar con él y escuchar su voz. Necesitamos tener el equilibro entre estar con el Maestro y predicar el evangelio. A veces podemos estar tan ocupados en la misión que olvidamos al Señor de la misión.

Cuando Jesús llamó a Leví Mateo a seguirle, él "no vaciló ni dudó, ni recordó el negocio lucrativo que iba a cambiar por la pobreza y las penurias. Le bastaba estar con Jesús, poder escuchar sus palabras y unirse con él en su obra".[12] El estar con Jesús me impulsa de manera instantánea a hacer algo por el Maestro. Alguien dijo: *"Puedes intentar servir a Dios sin amarle, pero no puedes amar a Dios sin servirle"*. "Es imposible acercarse al corazón del Maestro, sin acercarse a la misión del Maestro", señala Larry Moyer.

No somos discípulos de Jesús sino estamos comprometidos en la misión de predicar el evangelio. El Espíritu de Profecía dice: "Es imposible que alguien retenga el amor y el favor de Dios, y disfrute de comunión con él, y no sienta responsabilidad por las almas por las cuales Cristo murió [...] Si los que profesan ser seguidores de Cristo no resplandecen como luminarias en el mundo, el poder vital los abandonará y se volverán fríos y sin la semejanza de Cristo. El embrujo de la indiferencia se apoderará de ellos, junto con una mortal pereza espiritual, que los convertirá en cadáveres en lugar de representantes vivientes de Jesús".[13]

Hoy muchos cristianos están en una indiferencia letal respecto a la misión. "Mi corazón está oprimido porque un número tan grande de los que podrían trabajar no hacen nada. Son juguetes de las tentaciones de Satanás".[14] "Todos deben tomar una parte activa en fomentar la causa de Dios. Cualquiera que sea nuestra vocación, como cristianos tenemos una obra que hacer para dar a conocer a Cristo al mundo. *Hemos de ser misioneros y tener por blanco principal ganar almas para Cristo"*.[15]

3) Ser valiente y estar dispuesto a morir por Cristo

El Maestro dijo: "Porque todo el que quiera salvar su vida, la perderá; y todo el que pierda su vida por causa de mí, éste la salvará" (Lucas 9:24). "Si alguno piensa que su vida es más importante que seguirme, entonces la perderá para siempre. Pero el que prefiera seguirme y elija morir por mí, ése se salvará" (TLA). "Pues ¿qué aprovecha al hombre, si gana todo el mundo, y se destruye o se pierde a sí mismo?" (vers. 25). "De nada sirve que una persona sea dueña de todo el mundo, si al final se destruye a sí misma y se pierde para siempre" (TLA).

Jesús no quiere un servicio o lealtad a medias. Te hago una pregunta: ¿Te consideras que eres un ferviente discípulo de Cristo o eres término medio? Mira lo que la sierva del Señor dijo: *"Todos los que no son fervientes discípulos de Cristo, son siervos de Satanás".*[16] Palabras fuertes, ¿verdad? Es duro escuchar que alguien te diga que eres un siervo de Satanás por el hecho de llevar un discipulado a medias. Pero es así, o estás con Cristo del todo, o no lo estás nada. El termino medio o la tibieza le "da náucias" a Dios (lee Apocalipsis 3:15-16).

Son inspiradoras las siguientes palabras de Pablo: "Si somos muertos con él, también viviremos con él; si sufrimos, también reinaremos con él; si le negáremos, él también nos negará" (2 Timoteo 2:11-12). "Salvo que el Espíritu Santo por todas las ciudades me da testimonio, diciendo que me esperan prisiones y tribulaciones. *Pero de ninguna cosa hago caso, ni estimo preciosa mi vida para mí mismo,* con tal que acabe mi carrera con gozo, y el ministerio que recibí del Señor Jesús, para dar testimonio del evangelio de la gracia de Dios" (Hechos 20:23-24).

Es inspirador el testimonio de Dietrich Bonhoeffer, proveniente de una familia aristocrática. Él fue un pastor luterano, profesor, teólogo y activista alemán durante el régimen nazi. Fue arrestado por la Gestapo y encarcelado por estar en contra de las políticas antisemitas de Hitler y por su papel en rescatar a judíos. Finalmente fue ahorcado en un campo de concentración el 9 de abril de 1945, a sus 39 años. El doctor que fue testigo de la ejecución escribió: "Se arrodilló a orar antes de subir los escalones del cadalso, valiente y sereno. En los cincuenta años que he trabajado como doctor nunca vi morir un hombre tan sumiso y entregado a la voluntad de Dios". Bonhoeffer fue un héroe de la fe, cuyas profundas convicciones le costaron la vida. Durante su ministerio escribió el libro *El coste del discipulado.* Algunas de sus frases más populares fueron: "Cuando Cristo llama a un hombre, lo invita a ir y morir"; "solamente el hombre que está muerto a su propia voluntad puede seguir a Cristo".[17]

Aunque no perdamos la vida por ser fieles, sí necesitamos ser valientes para defender la verdad de Cristo y para compartir su palabra. "Porque el que se avergonzare de mí y de mis palabras, de éste se avergonzará el Hijo del Hombre cuando venga en su gloria, y en la del Padre, y de los santos ángeles" (Lucas 9:26). Si tenemos vergüenza o miedo de hablar de Cristo y de predicar el evangelio de alguna manera es porque nuestro discipulado es mediocre, sin sal y falta el Espíritu Santo en nuestras vidas. Pablo decía: "No me avergüenzo del evangelio, porque es poder de Dios para salvación a todo aquel que cree" (Romanos 1:16). "¡Ay de mí si no predico el evangelio!" (1 Corintios 9:16).

Por favor, no me digas que estás dispuesto a morir por Cristo si ante muchas pruebas pequeñas pierdes el dominio propio. No te engañes pensado que darás tu vida por Cristo si ante los obstáculos y dificultades te desalientas fácilmente. No te ilusiones de que sacrificarás tu vida por el Maestro si no estás dispuesto a sacrificar ni una hora a la semana de tu tiempo para alguna actividad misionera. No sueñes que serás fiel hasta la muerte si no eres fiel en tus compromisos cotidianos. Porque el que no es valiente y fiel en lo poco jamás lo será en lo mucho.

Pedro le dijo a Jesús: "Estoy dispuesto a morir por ti" (Juan 13:37, NTV). "Jesús le contestó: ¿En verdad estás dispuesto a morir por mí? Te aseguro que, antes de que el gallo cante, tres veces dirás que no me conoces" (Juan 13:38, TLA). Podemos profesar seguir a Jesús, pero negarle ante circunstancias comprometedoras. Así le paso a Pedro mientras estaban juzgando a Jesús. "Pedro estaba allí de pie, calentándose, y le dijeron: ¿Acaso no eres tú uno de sus discípulos? Él lo negó, y dijo: "No lo soy" (Juan 18:25, RVC). Fue luego de su caída y fracaso, al negar a Cristo, que Pedro se convirtió en un discípulo de verdad, y años más tarde sufrió el martirio de la cruz. Quien no está dispuesto a morir por Cristo no es un verdadero discípulo.

4) Ir siempre a donde Dios te mande y hacer lo que Él te pida

En los evangelios se relata que Jesús "envió mensajeros delante de Él, los cuales fueron y entraron en una aldea de los samaritanos para hacerle preparativos" (Lucas 9:52). Aunque esta misión era simple desde el punto de vista humano, estos mensajeros fueron con entusiasmo. No importa la magnitud de la misión, si es pequeña o grande, lo que importa es ir a donde Dios te manda. "Debemos considerar todo deber, por muy humilde que sea, como sagrado por ser parte del servicio de Dios".[18]

Uno de los mayores ejemplos de lo que significa ir a donde Dios te mande y de hacer lo que Él te pida fue Abraham. Me impacta principalmente dos aspectos importantes de su vida: (1) Cuando respondió al llamamiento divino de salir de su tierra, de Ur de los Caldeos, para ir a la tierra que Dios le mostraría. No fue una decisión fácil, tuvo que dejar todo "y salió sin saber a dónde iba" (Hebreos 11:8). "El lugar más feliz de la tierra para él era dónde Dios quería que estuviese".[19] (2) Cuando estuvo dispuesto a sacrificar a su único hijo, Isaac, por hacer lo que Dios le estaba pidiendo. "Porque Abram estuvo dispuesto a entregar todo a Dios, recibió todo lo que Dios tenía para él", señaló Norm Lewis.

"Ir a donde Dios me mande", dice el punto ocho de la ley de los JA. Significa estar dispuesto a compartir mi fe y hacer el bien como lo hizo Jesús.[20] Un ejemplo de esta decisión de ir a donde Dios me necesite, fue la del discípulo llamado Ananías, a pesar de que le parecía raro el llamado de ir a ver a Saulo de Tarso, el mayor perseguidor de los cristianos (ver Hechos 9:10-19). A veces el Señor nos manda a ir a ver a personas que, desde el aspecto humano, vemos pocas señales de interés espiritual, pero que están listas para recibir un mensaje de Dios.

Otras veces el Señor nos envía a lugares que no nos entusiasma ir. Le pasó a Jonás, él no quería ir a predicar a Nínive. Es mejor evitar pasar por la "experiencia de la ballena" y responder a la primera al llamado de Dios, porque ir a a donde Dios nos manda siempre es lo mejor. Los planes de Señor son siempre mejores que los nuestros. "La voluntad de Dios nunca te llevará a donde su gracia no te pueda sostener", decía Jim Elliot.

La obediencia tiene mucho que ver con el discipulado. Jesús dijo: "Si vosotros permanecéis en mi palabra, seréis verdaderamente mis discípulos" (Juan 8:31). "Si se mantienen fieles a mis enseñanzas, serán realmente mis discípulos" (NVI). El que no está dispuesto a hacer todo lo que Dios pide no puede ser discípulo de Cristo.

Que las palabras del himno 247, *Yo te seguiré*, sean nuestra firme decisión: "Yo te seguiré, ¡Oh Cristo!, dondequiera que estés; donde tu me guíes, sigo; sí, Señor, te seguiré". Que tú y yo podamos ser de los que "siguen al Cordero por dondequiera que va" (Apocalipsis 14:4).

5) Hacer sacrificios personales y sufrir penalidades

Uno de los seguidores del Maestro le dijo: "Señor, te seguiré adondequiera que vayas". "Y le dijo Jesús: Las zorras tienen guaridas, y las aves de los cielos nidos; mas el Hijo del Hombre no tiene dónde recostar la cabeza" (Lucas 9:58). En otras palabras, la senda estrecha del Maestro no es fácil, habrá muchas dificultades en el camino, el diablo tratará de destruirte de mil maneras. Muchos quieren seguir a Jesús dentro de su zona de confort, y no quieren "recostar su cabeza" en el terreno de la abnegación. No digas que seguirás a Cristo a todo lugar donde Él te mande si a menudo evitas de hacer sacrificios personales para hacer la obra de Dios. Si quieres estar en un "ambiente cómodo" cumpliendo la misión, estás en el equipo incorrecto, no tienes el perfil que se necesita.

Si tú no estás dispuesto a transpirar la camiseta por la misión, no eres un verdadero discípulo de Cristo. El apóstol Pablo dijo: "Sufro penalidades, hasta prisiones a modo de malhechor; mas la palabra de Dios no está presa. Por tanto, todo lo soporto por amor de los escogidos, para que ellos también obtengan la salvación que es en Cristo Jesús con gloria eterna" (2 Timoteo 2:9-10). "Es necesario que a través de muchas tribulaciones entremos en el reino de Dios" (Hechos 14:22). "Tú, pues, sufre penalidades como buen soldado de Jesucristo" (2 Timoteo 2:3).

Hace tiempo leí una noticia que me impactó. Un cristiano arriesga su propia vida para llevar 100.000 Biblias en Vietnam.[21] Me pregunto: ¿Qué estamos arriesgando para compartir el evangelio? Lamentablemente, muchas veces no arriesgamos ni siquiera diez minutos a la semana para la obra misionera, ni siquiera dos dólares a la semana para proyectos misioneros, ni siquiera una oración de cinco minutos pidiendo que el Señor derrame su Espíritu Santo para que nos use como misioneros. Muchos cristianos no quieren comprometerse ni arriesgarse por la misión. Jesús ya arriesgó su propia vida en la cruz del Calvario para salvarte, ¿qué estás dispuesto arriesgar tú por para salvar a otros?

Necesitamos "sacrificar" más nuestro bolsillo o billetera, invirtiendo más recursos para la obra de Dios. En primer lugar, porque al hacerlo es como medicina para nuestra alma. "La benevolencia constante y abnegada es el remedio de Dios para los pecados ulcerosos del egoísmo y la codicia [...] Dar continuamente da muerte a la codicia".[22] Y, en segundo lugar, porque muchas más personas pueden ser alcanzadas con el evangelio. ¿Por qué no haces una prueba este mes y apartas cierto dinero para algún proyecto misionero que sientas el deseo de apoyar?

"Si no estamos dispuestos a hacer sacrificios especiales para salvar a las almas que están a punto de perecer, ¿Cómo podremos ser considerados dignos de entrar en la ciudad de Dios?".[23] "Cristo es nuestro ejemplo. Él dio su vida como sacrificio por nosotros, *y nos pide que demos nuestras vidas como sacrificio por los demás*. Así podremos desechar el egoísmo que Satanás se esfuerza constantemente por implantar en nuestros corazones. Este egoísmo significa la muerte de toda piedad, y puede vencerse únicamente mediante la manifestación de amor a Dios y a nuestros semejantes. Cristo no permitirá que ninguna persona egoísta entre en los recintos del cielo".[24]

6) Priorizar a Cristo y su misión por sobre todo lo demás

En cierta oportunidad, dice los evangelios, que "grandes multidudes" (Lucas 14:25) seguían a Jesús, y volviéndose les dijo lo que implicaba ser seguidor o discípulo de Él: "Si alguno viene a mí *y no me ama más que a su padre, a su madre, a su esposa, a sus hijos, a sus hermanos y a sus hermanas, y aun más que a sí mismo, no puede ser mi discípulo*" (Lucas 14:26, DHH). En otras versiones utiliza el verbo *aborrecer* (a padre, madre, hermanos, a uno mismo). No significa que debemos odiarlos, sino que debemos amarlos menos que a Dios. El verdadero discípulo de Cristo prioriza a Cristo y a la misión *por sobre todas las personas*.

Jesús también dijo: "Así, pues, cualquiera de vosotros que *no renuncia a todo lo que posee, no puede ser mi discípulo*" (Lucas 14:33). "Si quieren ser mis discípulos, tendrán que abandonar todo lo que tienen" (TLA). "Él nos pide que le cedamos muchas cosas, pero al hacerlo nos despojamos nada más que de aquello que nos impide avanzar hacia el cielo".[25] El verdadero discípulo de Cristo prioriza a Cristo y a la misión por sobre todas las cosas.

En cierta ocasión Jesús invitó a uno a seguirle, pero éste le respondió: "Señor, déjame que primero vaya y entierre a mi padre. Jesús le dijo: Deja que los muertos entierren a sus muertos; y tú ve, y anuncia el reino de Dios" (Lucas 9:59-60). Por supuesto, que Jesús no está en contra de enterrar a familiares recién fallecidos. En este relato, era probable que su padre estaba en un proceso de enfermedad terminal rumbo a la muerte, en la que al hijo le iba a requerir de varios meses de cuidado intensivo a su padre. El llamado de Dios era para ahora y no para más adelante. La realidad es que las prioridades que ponemos en el día a día muestran quien realmente es nuestro Señor. Dejemos todo tipo de entretenimientos, programas y actividades "muertas", que no edifican y sin valor eterno; y concentrémonos en anunciar el reino de Dios. No permitamos que los "muertos" espirituales, ya sea mundanos o creyentes tibios, nos desvíen de priorizar a Cristo y su misión.

Otro que quería seguir a Jesús se excusó diciendo: "Te seguiré, Señor; pero déjame que me despida primero de los que están en mi casa. "Y Jesús le dijo: *Ninguno que poniendo su mano en el arado mira hacia atrás, es apto para el reino de Dios*" (Lucas 9:61-62). Según la costumbre del Cercano Oriente este tipo de despedida requería de varios meses para arreglar asuntos familiares y de bienes. Hermano, mucho cuidado con posponer el llamado de Dios. Si no dejas a un costado tus peros, tus excusas y tus justificaciones, no puedes ser discípulo de Cristo. "Mirar hacia atras" significa falta de compromiso, poca dedicación, concentración dispersa, ganas de hacer otra cosa, añoranza por lo que has dejado y no tener el corazón en la obra. Si al colocar tus manos en el "arado" de la misión, lo haces con flojera y te pones a "mirar atrás", no eres apto para el reino y pierdes la bendición que Dios quiere darte.

El apóstol Pablo dijo: "Porque para mí el vivir es Cristo, y el morir es ganancia" (Filipenses 1:21), *"porque Cristo es la razón de mi vida"* (BLP), *"porque para mí, vivir es servir a Cristo"* (PDT). Una persona que no está enfocada en el servicio a Dios no puede ser un verdadero discípulo, ni tampoco ser apta para el Reino. "La misma vida de la iglesia depende de su fidelidad en cumplir el mandato del Señor. Descuidar esta obra es exponerse con seguridad a la debilidad y decadencia espiritual".[26]

Si la misión es algo secundario en tu vida estás perdido. No significa que si no predicas o testificas te vas a perder. Nadie se salva por predicar, como tampoco nadie se salva por orar, ayunar, o estudiar la Biblia. La salvación viene de Cristo, y es únicamente por su gracia que podemos ser salvos mediante la fe en Él. Pero, si no testificas es una señal que no estás convertido de verdad, falta algo en tu vida espiritual, no eres un verdadero discípulo de Cristo; eres solo un miembro.

Necesitamos enfocarnos en lo que Dios nos ha llamado, acorde a nuestros talentos y dones, ya que así podremos ser más útiles en la obra. Los doce apóstoles así lo hicieron: "Entonces los doce convocaron a la multitud de los discípulos, y dijeron: *No es justo que nosotros dejemos la palabra de Dios, para servir a las mesas*" (Hechos 6:2). Ellos solicitaron que buscaran a otras personas que hagan este trabajo, "*y nosotros persistiremos en la oración y en el ministerio de la palabra*" (Hechos 6:4).

Para Jesús, "en todos los hombres veía almas caídas a las cuales era su misión salvar".[27] Su mayor deseo era la salvación de las almas. Siguiendo su ejemplo, "cualquiera sea la vocación de uno en la vida, *su primer interés debe ser ganar almas para Cristo*".[28] Porque "la obra misionera no es simplemente una cosa que la iglesia debería llevar adelante; es su principal y más importante tarea", señala John R. Mott. Y como dice William Jones, "el gran uso de la vida es de invertirla en algo que durará toda la eternidad".

Elena de White menciona que "la falta de actividad y fervor en la causa de Dios es espantosa. Este estupor mortal proviene de Satanás".[29] Ahora, "todo discípulo de Cristo debe preguntar seriamente: ¿Señor, qué quieres que haga?".[30] Porque quien no prioriza a Cristo y su misión por sobre todo lo demás no puede ser un discípulo verdadero de Jesús. Que podamos decir a Jesús: "nosotros lo hemos dejado todo, y te hemos seguido" (Marcos 10:28).

7) Ser un formador de nuevos discípulos constantemente

"Por tanto, id, y *haced discípulos...*" (Mateo 28:19) dijo Jesús. Recordemos que la meta de la Gran Comisión no es solo bautizar sino hacer discípulos. Nuestro mandato no es hacer miembros de iglesia sino hacer discípulos que hagan otros discípulos. Kerry A. Olson asevera que "podemos enviar obreros hasta el fin del mundo, bautizar, y enseñar todas las cosas; sin embargo, si no producimos discípulos, hemos fallado con la tarea de la Gran Comisión". También Billie Hanks y Williams Shell afirman que "el trabajo de evangelización nunca será completo hasta que el evangelizado se convierta en un evangelizador".[31]

Me parece muy completa la siguiente definición de misión, que incluye formar discípulos: "La evangelización es el proceso de proclamar claramente y en forma persuasiva el evangelio del Señor Jesucristo, de modo que las personas lo acepten como su salvador personal y lo sigan como Señor, y que lleguen a ser discípulos y formadores de discípulos".[32]

Russell Burrill afirma que "el cristiano que no se reproduce creando otros discípulos no es realmente un discípulo. Es imposible, entonces, ser un seguidor de Jesús y no compartirlo. Los discípulos no solo deben compartir sus creencias, sino también hacer discípulos; de otra manera, ellos mismos no podrán ser considerados discípulos. El discipulado de Jesús invita a los creyentes a hacer discípulos durante toda la vida".[33] "Al nuevo discípulo se le debería dar suficiente instrucción, y permitirle que adquiera suficiente experiencia como para comenzar el proceso de engendrar discípulos. Este proceso necesita convertirse en parte integral del llamado inicial a ser cristiano. Uno nunca debería ser llamado al discipulado sin experimentar previamente el llamado a formar discípulos".[34]

Hay un refrán que dice: "Dale a un hombre un pez, y lo alimentarás un día; enséñale a pescar, y lo alimentarás a él y a su familia mientras viva". En este aspecto, Jesús fue el mejor ejemplo de lo que significa formar discípulos hacedores de discípulos. Durante tres años, Jesús estuvo preparando y formando a los doce. La iniciativa vino de Él: "Venid conmigo y os haré pescadores de hombres" (Mateo 4:19, BLP).

La responsabilidad de formar nuevos discípulos es tuya. ¿Mía?, sí hermano. Debemos preocuparnos no solo de presentar a Cristo y enseñar doctrinas, sino también de producir discípulos, hombres y mujeres que entren en el campo del servicio. Esto es parte de nuestro llamado. Cada creyente debe ser un ministro formador de discípulos.

Diferencias entre un miembro y un discípulo

Hace unos años leí un poema impactante que presenta claramente la diferencia entre un miembro de iglesia y un discípulo. Dice así: "El miembro quiere recibir pan y pez, el discípulo es un pescador. El miembro desea crecer, el discípulo desea reproducirse. El miembro es conquistado, el discípulo es formado. El miembro no quiere dejar los bancos de la iglesia, el discípulo está dispuesto a salir y servir. El miembro gusta de comodidad, el discípulo está dispuesto a sacrificarse. El miembro entrega parte de sus recursos, el discípulo entrega su vida. El miembro permanece en la rutina, el discípulo es un innovador. El miembro espera que definan su tarea, el discípulo va en busca de sus responsabilidades".

"El miembro murmura y reclama, el discípulo obedece y se niega a sí mismo. El miembro espera por oportunidades, el discípulo crea oportunidades. El miembro espera que lo visiten, el discípulo va y hace visitas. El miembro permanece en la trinchera, el discípulo va para el frente del combate. El miembro está preocupado en preservar el territorio conquistado, el discípulo en conquistar nuevas fronteras. El miembro mantiene la tradición, el discípulo quiebra los paradigmas. El miembro sueña con la iglesia ideal, el discípulo trabaja para volverla real. El miembro no quiere repartir literatura misionera, el discípulo comparte materiales misioneros. Para el miembro el evangelismo es un evento, para el discípulo un estilo de vida. El miembro tiene mucha pereza misionera, el discípulo tiene mucha pasión por la misión. El miembro es muy pasivo al compartir el mensaje, el discípulo es un mensajero muy activo".

"La meta del miembro es ganar el cielo, la meta del discípulo es ganar almas para estar en el cielo con ellas. El miembro predica el evangelio para conquistar nuevos miembros, el discípulo, para hacer nuevos discípulos. El miembro asiste series de evangelismo, el discípulo realiza evangelismo. El miembro espera un reavivamiento, el discípulo participa del reavivamiento. Al miembro le agrada un banco confortable, el discípulo se dispone a cargar la cruz. El miembro dice: "Lo a voy a pensar", el discípulo dice: "Heme aquí". El miembro es valioso, el discípulo es indispensable". ¿Qué te parece este poema? Es mucho mejor ser discípulo antes que miembro, ¿verdad? ¡Avancemos juntos en esta dirección!

Iglesias hacedoras de discípulos = crecimiento multiplicador

El mayor y más urgente desafío que tenemos como iglesia respecto al discipulado activo entre todos los miembros es implementar una estructura sólida de formación para cada recién bautizado, de manera que cada convertido pueda ser colocado en algún tipo de ministerio, según los talentos y el llamado que cada uno de ellos tengan.

Así lo dice la sierva del Señor: "A todos los recién llegados a la fe hay que educarlos en lo que atañe a su responsabilidad personal y a la actividad individual en la búsqueda de la salvación del prójimo".[35] "Cuando las almas se convierten, ponedlas al trabajo en seguida. Y a medida que trabajen, de acuerdo con su habilidad, se irán haciendo más fuertes. [...] "Enseñadles dándoles algo que hacer, en alguna clase de trabajo espiritual, para que su primer amor no muera sino que aumente en fervor".[36]

Según Russell Burril, "la tragedia del adventismo actual es que hemos erigido una iglesia repleta de numerosos miembros que no han pasado por el discipulado. Por lo tanto, pocos participan en algún tipo de ministerio. Reeducar a los miembros puede ser una tarea difícil. Quizá sea mucho más fácil comenzar con los nuevos conversos, mediante un cambio en el proceso de evangelización. El objetivo será que todos los que se unan a la iglesia lo hagan con el entendimiento de que deben identificar su lugar en el ministerio".[37] Él propone que los nuevos creyentes: (1) sean puestos en grupos pequeños que se preocupen de ellos y les ayude en su crecimiento. (2) Sean ordenados al ministerio de todos los creyentes como discípulos por medio de la imposición de manos. (3) Deben ser ayudados a descubrir sus dones espirituales. (4) Deben ser ayudados de inmediato a trabajar por la salvación de sus familiares y amigos. (5) Ser instruidos para no depender de la visitación o de los sermones de un pastor como factor principal de su crecimiento. Es decir, ser *Cristo dependiente* y no *ser pastor dependiente*.[38]

Hablando sobre la distribución de los dones Pablo es claro al decir que la finalidad es: "perfeccionar a los santos para la obra del ministerio" (Efesios 4:12), "capacitar al pueblo de Dios para la obra de servicio" (NVI). En esta dirección, Elena de White afirma que "debe hacerse una obra bien organizada en la iglesia, para que sus miembros sepan cómo impartir la luz a otros, y así fortalecer su propia fe [...] *Una iglesia que trabaja es una iglesia viva*".[39] "Si se diera la instrucción adecuada, si se siguieran los métodos debidos, cada miembro de iglesia haría su obra como miembro del cuerpo. Haría obra misionera cristiana. Pero las iglesias se están muriendo, y necesitan que un pastor les predique".[40]

"Dios no encomendó a sus ministros la obra de poner en orden las iglesias. Parecería que apenas es hecha esa obra es necesario hacerla de nuevo. Los miembros de iglesia en favor de los cuales se trabaja con tanta atención, llegan a ser débiles en lo religioso. *Si las nueve décimas del esfuerzo hecho en favor de quienes conocen la verdad se hubiesen dedicado a los que nunca oyeron la verdad, ¡cuánto mayor habría sido el progreso hecho! Dios nos ha privado de sus bendiciones porque su pueblo no obró en armonía con sus indicaciones*".[41]

Actualmente en casi todas las iglesias se gasta la mayoría del presupuesto local en hacer programas para mantener a los santos y no para alcanzar a los de afuera. "La mayoría de nuestro presupuesto debería ser usado en hacer discípulos, no simplemente presentando programas, llevando a cabo reuniones de comités y apagando incendios de controversias entre los santos",[42] señala el pastor Abraham Guerrero. Se necesita una reforma en la administración del dinero, de modo que se invierta mucho más en la misión y en hacer discípulos.

El Espíritu de Profecía señala: "La mejor ayuda que los predicadores pueden dar a los miembros de nuestras iglesias, no consiste en sermonearlos, sino en trazarles planes de trabajo. Dad a cada uno un trabajo que ayude al prójimo".[43] "Si se dedicara menos tiempo a sermonear y más al servicio personal, se conseguirían mayores resultados".[44] "En toda iglesia, los miembros deben ser adiestrados de tal manera que dediquen tiempo a ganar almas para Cristo".[45] "A cada uno que se añada a las filas por la conversión ha de asignársele su puesto de deber".[46]

"Muchos trabajarían con gusto si se les enseñara cómo empezar. Necesitan ser instruidos y alentados. *Cada iglesia debe ser una escuela práctica para obreros cristianos*. Sus miembros deberían aprender cómo dar estudios bíblicos, cómo dirigir y enseñar clases en la escuela sabática, cómo auxiliar al pobre y cuidar al enfermo, y cómo trabajar en pro de los inconversos. Debería haber escuelas de higiene, escuelas de cocina, y clases en diversos ramos de la obra de auxilio cristiano. Debería haber no sólo enseñanza teórica, sino trabajo práctico bajo la dirección de instructores experimentados".[47] El mensaje es muy claro: cada iglesia debe organizar una escuela misionera con el objetivo de servir mejor a su comunidad y predicar el evangelio de manera más efectiva.

"Los ancianos y los que tienen puestos directivos en la iglesia deben dedicar más pensamiento a los planes que hagan para conducir la obra. Deben arreglar los asuntos de tal manera que *todo miembro de la iglesia tenga una parte que desempeñar*, que nadie lleve una vida sin propósito, sino que todos realicen lo que pueden hacer de acuerdo con su propia capacidad. [...] *Es muy esencial que tal educación sea dada a los miembros de la iglesia* para que éstos se conviertan en obreros abnegados, devotos, eficientes para Dios; y es solamente por una conducta semejante como puede evitarse que la iglesia llegue a ser infructífera y a estar muerta. [...] *Todo miembro de la iglesia ha de llegar a ser un obrero activo*".48 Si cada iglesia local recobrara el sentido de formar hacedores de discípulos, habría un crecimiento multiplicador sorprendente.

Acciones de discipulado para formar una iglesia misionera

Estas son algunas acciones de discipulado que cada iglesia local podría implementar para formar una iglesia misionera: (1) **Cinco minutos misioneros**: consagrando unos minutos todos los sábados antes del sermón, para compartir algún testimonio, consejos prácticos o información misionera de la iglesia. (2) **Sermón misionero**: dedicando un sábado al mes para predicar un sermón misionero durante el culto divino del sábado de mañana. Puede ser el primer sábado del mes. (3) **Sábado de evangelismo**: realizando un programa especial de evangelismo mensual, donde se anima a la iglesia a invitar a un amigo, compañero de trabajo o conocido para ir a la iglesia ese sábado. Puede ser el segundo sábado del mes, y con almuerzo en la iglesia. (4) **Escuela Sabática de visitas**: un grupo exclusivo para los no adventistas que están empezando asistir a la iglesia. Se puede estudiar la *Fe de Jesús*. (5) **Clases bíblicas**: conviene hacerlo por edades (para niños, para jóvenes y para adultos) en cada iglesia. Debe ser dirigida especialmente para los no adventistas y para aquellos que asisten a la iglesia pero que todavía no han sido bautizados. Se puede hacer semanal durante el sábado de tarde. (6) **Escuela misionera**: consiste en un proceso constante de formación teórico-práctica, que puede realizarse un sábado al mes por la tarde, unas dos horas. (7) **21 días de maratón misionera**: se puede hacer anualmente con toda la iglesia, en una fecha determinada. Recomendamos hacer una breve meditación online de mañana (6:15-6:30), y las puedes ver en el capítulo ocho. (8) **Proyecto misión esperanza**: movilizando a los miembros de iglesia para obtener interesados en estudiar la Biblia y dar estudios bíblicos, utilizando la encuesta *Proyecto Esperanza*. (9) **Proyecto mensajero de esperanza**: animando a los miembros a compartir al menos un libro por semana y un folleto por día (usando la cartera misionera). (10) **Congreso distrital misionero**: para realizar en la iglesia principal del distrito, durante un fin de semana o un sábado de cada semestre (uno en marzo y otro en septiembre), con un fuerte enfoque misionero (testimonios, predicaciones, capacitaciones, etc.).

Imagina lo que pasaría en tu iglesia si estas acciones se pusieran en práctica. Querido hermano o hermana, *tú puedes ser un instrumento de Dios para promover estas y otras acciones*, con el objetivo de formar nuevos discípulos en la iglesia que te congregas. ¿Pero cómo? (1) Hablando con tu pastor, anciano y director de ministerio personal sobre la importancia de activar algunos de los diez puntos del párrafo anterior. (2) Prestando o regalando este libro a un hermano interesado en trabajar más para Dios. (3) Compartiendo estos temas en pequeños grupos o predicándolos en tu iglesia. No te quede con los brazos cruzados, pon manos a la obra, y el Señor te ayudará.

Sé un discipulador que prioriza los estudios bíblicos

Una de las maneras más eficientes de ganar almas para Cristo es estudiando la Biblia con otras personas. El verdadero discípulo de Jesús, que tiene un espíritu misionero, prioriza los estudios bíblicos.

Para muchos, las excusas más comunes para no dar estudios bíblicos son: (1) *"No tengo el don para dar estudios bíblicos".* Lo más importante es que te coloques en las manos de Dios y hagas lo mejor de tu parte, el Espíritu Santo hará el resto. Lo que Dios más anhela no es talento sino disposición. (2) *"La gente no tiene interés en estudios bíblicos":* Sí, hay mucha gente interesada. Si no ofrecemos estudios bíblicos, ¿cómo vamos a levantar interesados? Te aseguro que, si en esta semana le ofreces a diez personas diferentes, es muy probable que por lo menos una te diga que sí. (3) *"Es sacrificado dar estudios bíblicos".* Necesitamos salir de nuestra zona de confort. ¿Te parece mucho sacrificio dedicar dos horas por semana para dar estudios bíblicos? (4) *"No me gusta golpear puertas de desconocidos".* Puedes estudiar con personas conocidas (hijo/a, madre/padre, familiares, amigos, vecinos, compañeros de trabajo, etc.). (5) *"No me siento preparado todavía".* Si no te animas a dar estudios bíblicos, puedes acompañar a un hermano con experiencia. (6) *"Prefiero no dar estudios bíblicos".* En ese caso puedes aprovechar las oportunidades que Dios te da durante la semana para conseguir interesados en estudiar la Biblia entre las personas con las que interactúas día a día, y otro se ocupará de dar esos estudios bíblicos. (7) *"Trabajo mucho y no tengo tiempo para dar estudios bíblicos".* Si te va bien en tu trabajo puedes entonces dar una ofrenda especial que ayude a cubrir los gastos de un obrero bíblico en tu iglesia por algunos meses.

Imagina el gran impacto de ganancias de almas si en cada iglesia hubiera un buen grupo de hermanos dando estudios bíblicos (dedicando unas dos horas a la semana) y al menos un obrero bíblico a tiempo completo. Los resultados serian maravillosos con el poder de Dios.

En resumen, *puedes participar en este reavivamiento misionero con estudios bíblicos de cuatro maneras: (1) Levantando interesados en estudiar la Biblia, (2) dando tú mismo algunos estudios bíblicos, (3) acompañando a alguien para aprender a dar estudios bíblicos, o (4) donando una ofrenda especial para Dios, que ayude en parte a sostener un obrero bíblico. Te pregunto, ¿cuál de estas cuatro opciones prefieres por ahora? ¡Escoge una, ora y manos a la obra! No dejes de leer el apéndice 1.*

12 bendiciones de ser un discípulo de Cristo

Dios siempre provee todo lo que tú irás a necesitar para llevar a cabo la misión por la cual Él te está llamando. El Señor es el mayor interesado en ayudarte y bendecirte, ya que la misión no es tuya, es de Dios. Los beneficios del discipulado son mayores en comparación con el precio del discipulado. Nadie que procure de corazón ser un verdadero discípulo de Cristo, se irá a arrepentir o lamentar en el futuro por el sacrificio realizado. Muchas son las promesas y las bendiciones que Dios quiere darte. Estas son algunas de ellas:

(1) Dios te dará poder y autoridad: "Habiendo reunido a sus doce discípulos, les dio poder y autoridad sobre todos los demonios, y para sanar enfermedades" (Lucas 9:1). "El que llamó a los pescadores de Galilea está llamando todavía a los hombres a su servicio. Y está tan dispuesto a manifestar su poder por medio de nosotros como por los primeros discípulos. Por imperfecto y pecaminosos que seamos, el Señor nos ofrece asociarnos consigo, para que seamos aprendices de Cristo. Nos invita a ponernos bajo la instrucción divina para que unidos con Cristo podamos realizar las obras de Dios".[49]

(2) Dios te abrirá y enderezará caminos: "Yo iré delante de ti, y enderezaré los lugares torcidos; quebrantaré puertas de bronce, y cerrojos de hierro haré pedazos; y te daré los tesoros escondidos, y los secretos muy guardados, para que sepas que yo soy Jehová, el Dios de Israel, que te pongo nombre" (Isaías 45: 2-3).

(3) Dios te dará vigor y fuerza: "Pero los que esperan a Jehová tendrán nuevas fuerzas; levantarán alas como las águilas; correrán, y no se cansarán; caminarán, y no se fatigarán" (Isaías 40: 31). "Todos los que consagran su alma, cuerpo y espíritu a Dios, recibirán constantemente una nueva medida de fuerzas físicas y mentales. Las inagotables provisiones del Cielo están a su disposición".[50]

(4) Dios te envía ángeles para que te acompañen: "He aquí yo envío mi Ángel delante de ti para que guarde en el camino, y te introduzca en el lugar que yo te he preparado" (Éxodo 23:20). "Los que trabajan para beneficiar a otros trabajan en la unión con los ángeles celestiales. Tienen su compañía constante, su ministerio incesante. Los ángeles de luz y poder están siempre cerca para proteger, consolar, sanar, instruir, inspirar".[51]

(5) Dios te dirigirá y te dará sabiduría: "Te haré entender, y te enseñaré el camino en que debes andar; sobre ti fijaré mis ojos" (Salmos 32:8). "Encomienda a Jehová tu camino, confía en él; y el hará" (Salmos 37:5). "El Señor hará más que cumplir las más altas expectativas de aquellos que ponen su confianza en él. Les dará la sabiduría que exigen sus variadas necesidades".[52]

(6) Dios te auxiliará y protegerá siempre: "Dios es nuestro amparo y fortaleza, nuestro pronto auxilio en las tribulaciones" (Salmos 46:1). "Mas con nosotros está Jehová nuestro Dios para ayudarnos y pelear nuestras batallas" (2 Crónicas 32:8). "Esforzaos y cobrad animo; no temáis, ni tengáis miedo de ellos: que Jehová tu Dios es el que va contigo: no te dejará, ni te desamparará" (Deuteronomio 31:6).

(7) Dios suplirá todas tus necesidades: "Cuando os envié sin bolsa, sin alforja, y sin calzado, ¿os faltó algo? Ellos dijeron: Nada" (Lucas 22:35). "Mas buscad primeramente el reino de Dios y su justicia, y todas estas cosas os serán añadidas" (Mateo 6:33). "De cierto os digo que no hay ninguno que haya dejado casa, o hermanos, o hermanas, o padre, o madre, o mujer, o hijos, o tierras, por causa de mí y del evangelio, *que no reciba cien veces más ahora en este tiempo*" (Marcos 10:29-30). "Jesús no nos llama a seguirlo para luego abandonarnos. Si entregamos nuestra vida a su servicio, nunca podremos hallarnos en una posición para lo cual Dios no haya hecho provisión".[53]

(8) Dios pulirá tu carácter y te hará mejor persona: "Me probará, y saldré como oro" (Job 23:10). "Dios toma a los hombres tales como son y los prepara para su servicio, si quieren ser disciplinados y aprender de Él. No son elegidos porque sean perfectos, sino a pesar de sus imperfecciones, para que mediante el conocimiento y la práctica de la verdad, y por la Gracia de Cristo, puedan ser transformados a su imagen".[54]

(9) Dios te habilitará y capacitará para el servicio: "Y me dijo Jehová: No digas: Soy un niño; porque a todo lo que te envíe irás tú, y dirás todo lo que te mande" (Jeremías 1: 7). "Entonces viendo el denuedo de Pedro y de Juan, y sabiendo que eran hombres sin letras y del vulgo, se maravillaban; y les reconocían que habían estado con Jesús" (Hechos 4: 13). "La gracia de Dios amplía y multiplica sus facultades y toda perfección de la naturaleza divina los auxilia en la obra de salvar almas. Por la cooperación con Cristo, son completos en él, y en su debilidad humana son habilitados para hacer las Obras de la Omnipotencia".[55]

(10) Dios te enviará el Espíritu Santo: Él está dispuesto a enviarte el Espíritu Santo para que prediques con poder y fervor el evangelio. "pero recibiréis poder, cuando haya venido sobre vosotros el Espíritu Santo" (Hechos 1:8). "Pero cuando venga el Espíritu de verdad, él os guiará a toda la verdad [...] y os hará saber las cosas que habrán de venir" (Juan 16:13). El Espíritu Santo te guiará y te dará discernimiento espiritual. Sin la obra del Espíritu Santo será mediocre los resultados.

(11) Dios promete bendecir tu trabajo: "Y por la mano de los apóstoles se hacían muchas señales y prodigios en el pueblo" (Hechos 5: 12). "Y los que creían en el Señor aumentaban mas, gran número así de hombres como de mujeres" (Hechos 5: 14). "Y el Señor añadía cada día a la iglesia los que habían de ser salvos" (Hechos 2:47). "Cuando trabajemos con diligencia para la salvación de nuestros semejantes, Dios dará éxito a todos nuestros esfuerzos".[56]

(12) Dios te dará la corona de la vida eterna: "Sabiendo que del Señor recibiréis la recompensa de la herencia, porque a Cristo el Señor servís" (Colosenses 3:24). "Cuando los redimidos comparezcan ante Dios, almas preciosas responderán a sus nombres diciendo que están allí gracias a los esfuerzos fieles y pacientes hechos en su favor gracias a las súplicas y a la persuasión ferviente para que acudieran a la Fortaleza. De este modo, aquellos que en este mundo hayan sido colaboradores de Dios recibirán su recompensa".[57]

Un verdadero discípulo da muchos frutos para la gloria de Dios

El Maestro dijo: "En esto es glorificado mi Padre, en que llevéis mucho fruto, y seáis así mis discípulos" (Juan 15:8). "Cuando producen mucho fruto, demuestran que son mis verdaderos discípulos. Eso le da mucha gloria a mi Padre" (NTV). Quien permanece en Cristo lleva mucho fruto; quien tiene pocos frutos es porque le falta estar más unido a la vid verdadera que es Cristo; y quien no lleva fruto será quitado y echado al fuego (lee Juan 15:1-8). De paso, los resultados o logros obtenidos en la misión no siempre son sinónimo de espiritualidad. Pero sí podemos estar seguros de algo, que un verdadero discípulo siempre dará buenos frutos.

Jesús también dijo: "En esto conocerán todos que sois mis discípulos, si tuviereis amor los unos con los otros" (Juan 13:35) "Si se aman los unos a los otros, todo el mundo se dará cuenta de que son discípulos míos" (DHH). Un discipulado que no está basado en el amor es como címbalo que retiñe y de nada sirve (lee 1 Corintios 13:1-8).

La iglesia en el tiempo de los apóstoles se caracterizó por vivir la misión y llevar muchos frutos. "Y crecía la palabra del Señor, *y el número de los discípulos se multiplicaba grandemente* en Jerusalén; también muchos de los sacerdotes obedecían a la fe" (Hechos 6:7). *"Y los discípulos estaban llenos de gozo y del Espíritu Santo"* (Hechos 13:52).

Es muy importante informar a la iglesia de los avances de la obra. Este era un hábito de los discípulos en el tiempo de Jesús y de los apóstoles (lee Marcos 6:30, Hechos 14:27, 15:4). Los dos objetivos principales al informar son: (1) Glorificar a Dios, no con la intención de jactarse uno mismo por los logros alcanzados, sino testificar de lo que el Señor ha hecho. (2) Inspirar y motivar a la iglesia a hacer algo más por el Maestro. Los testimonios tienen un tremendo impacto en la mente de los que escuchan. Piensa ahora, si tuvieras que informar a tu iglesia de tus esfuerzos misioneros más recientes, ¿qué dirías?

La cantidad de frutos y utilidad que tengamos en la obra de Dios dependerá de nuestro grado de entrega y disposición en permitir que el Espíritu Santo obre en nuestras vidas. "El que más ame a Cristo hará la mayor suma de bien. *No tiene límite la utilidad* de aquel que, poniendo el yo a un lado, deja obrar al espíritu Santo en su corazón, y vive una vida *completamente consagrada* a Dios".[58] Más amor es igual a más servicio, más entrega resulta en más utilidad, menos yo es más bendición, y una consagración completa produce más frutos para la gloria de Dios.

Mi plan de acción como discípulo de Cristo

No permitas que tu trabajo secular eclipse tu discipulado. "Mientras estamos en el mundo, debemos tratar con las cosas del mundo. Siempre será necesaria la transacción de negocios temporales de carácter secular; *pero éstos no deben llegar a absorberlo todo* [...] Cualquiera sea nuestro ramo de trabajo, en la casa, en el campo, o en las actividades intelectuales, podemos cumplirlo para gloria de Dios, mientras damos a Cristo el primero, el último y el mejor lugar en todo. Pero, además de esos empleos mundanales, *ha sido dado a cada discípulo de Cristo un trabajo especial para edificar su reino*, un trabajo que requiere esfuerzo personal para la salvación de los hombres. *No es una obra que haya de ser cumplida una vez por semana simplemente, en el local del culto, sino en todo tiempo y en todo lugar"*.[59]

Recuerda las siete marcas de un discípulo verdadero que hemos visto en este capítulo: (1) Negarse a sí mismo y tomar la cruz de Cristo cada día. (2) Estar con el Maestro y predicar el evangelio. (3) Ser valiente y estar dispuesto a morir por Cristo. (4) Ir siempre a donde Dios te mande y hacer lo que Él te pida. (5) Hacer sacrificios personales y sufrir penalidades. (6) Priorizar a Cristo y su misión por sobre todo lo demás. (7) Ser un formador de nuevos discípulos constantemente.

Toma unos minutos para reflexionar y responder a estas dos preguntas: ¿Cuáles de estas siete marcas necesitas más en tu vida en este momento? ¿Qué vas a hacer de ahora en adelante para ser un verdadero discípulo con la ayuda de Dios?

Haz tu plan de acción como discípulo de Cristo y escríbe aquí lo más importante que te propones hacer en las próximas semanas:

Si realmente quieres contar con la bendición de Dios tienes que poner tu corazón en la obra. "Nadie puede tener éxito en el servicio de Dios *a menos que todo su corazón esté en la obra*, y tenga todas las cosas por pérdida frente a la excelencia del conocimiento de Cristo. *Nadie que haga reserva alguna puede ser discípulo de Cristo, y mucho menos puede ser su colaborador.* Cuando los hombres aprecien la gran salvación, se verá en su vida el sacrificio propio que se vio en la de Cristo. *Se regocijarán en seguirle adondequiera que los guíe"*.[60]

Alguien dijo: "Señor, permite que el fuego que está en mi corazón derrita el plomo de mis pies". Te animo a que busques ahora el himno adventista 268: "Puedo oír tu voz llamando". Búscalo en YouTube, usando tu móvil o tu computadora. No dejes pasar esta oportunidad. Escucha y canta este precioso himno que elevará tu alma al Trono de la Gracia. Que las palabras del coro, "seguiré do tu me guíes", sea también tu deseo sincero de servir al Maestro. Y que el Señor te haga un verdadero discípulo que lleve muchos frutos para la gloria de Dios ¡Amén!

Referencias

[1] Elena de White, *Joyas de los testimonios*, tomo 1, p. 204.
[2] *Testimonios para la iglesia*, tomo 3, p. 121.
[3] Elena de White, *El colportor evangélico*, p. 202.
[4] *Joyas de los testimonios*, tomo 3, p. 295.
[5] *El Deseado de todas las gentes*, p. 386.

6 Elena de White, *La oración*, p. 50.
7 *El Deseado de todas las gentes*, p. 386.
8 *Ibíd.*, p. 385.
9 *Ibíd.*
10 Alejandro Bullón, *El líder sabio* (Buenos Aires, Argentina: ACES, 2017), p. 32.
11 *El ministerio de curación*, p. 100.
12 *El Deseado de todas las gentes*, p. 238.
13 Elena de White, *Cada día con Dios*, p. 209.
14 *Joyas de los Testimonios*, tomo 3, p. 294.
15 *Testimonios para la iglesia*, tomo 6, p. 426.
16 *El conflicto de los siglos*, p. 498.
17 Dietrich Bonhoeffer, *El costo del discipulado* (Buenos Aires, Argentina: Peniel, 2017), p. 99.
18 *El colportor evangélico*, p. 192.
19 *Patriarcas y profetas*, p. 118.
20 https://www.adventistas.org/es/conquistadores/ideales-de-los-conquistadores/
21 https://www.noticiacristiana.com/misiones/evangelismo/2017/11/cristiano-biblias-vietnam-vida-arriesga.html
22 *Testimonios para la iglesia*, tomo 3, p. 601.
23 *Testimonios*, tomo 9, p.103.
24 Elena de White, *Consejos sobre mayordomía*, p. 29.
25 *El colportor evangélico*, p. 191.
26 *El Deseado de todas las gentes*, p. 765.
27 *Ibíd.*, p. 319.
28 *Ibíd.*, p. 761.
29 *Joyas de los testimonios*, tomo 1, p. 88.
30 *El conflicto de los siglos*, p. 659.
31 José Espinoza, *De laicos a discípulos*, (Nampa, Idaho: Pacific Press Publishing Association, 2007), p. 51.
32 Carlos Marín, *Lecciones de la Escuela Sabática*, abril – junio 2012, (Miami Florida: Asociación Publicadora Interamericana, 2012, edición tres en uno, p. 10.
33 Russell Burrill, *Reavivamiento del discipulado*, (Bogotá, Colombia: APIA, 2007), p. 39.
34 *Ibíd.*, p. 41.
35 *El Evangelismo*, p. 260.
36 *Evangelismo*, p. 261.
37 Russell Burrill, *Reavivamiento del discipulado*, p. 40
38 *Ibíd.*, p. 115-117.
39 *Testimonios para la iglesia*, tomo 6, p. 434.
40 *Evangelismo*, p. 280.
41 *Testimonios para la iglesia*, tomo 7, p. 21.
42 Abraham Guerrero, *Escape de la mecedora*, (Kissimmee, Florida: Triunfo Publicaciones, 2014), p. 126.
43 *Joyas de los testimonios*, tomo 3, p. 323.
44 *El ministerio de curación*, p. 102.
45 *Joyas de los testimonios*, tomo 3, p. 69.
46 *Servicio cristiano*, p. 94.
47 *Servicio cristiano*, p. 75.
48 *Ibíd.*, p. 78.
49 *El Deseado de todas las gentes*, p. 264.
50 *Ibíd.*, p. 767.
51 *Obreros evangélicos*, p. 532.
52 *Profetas y reyes*, p. 285.
53 *Obreros evangélicos*, p. 277.
54 *El Deseado de todas las gentes*, p. 261.
55 *Ibíd.*, p. 767.
56 *Joyas de los testimonios*, tomo 3, p. 324.
57 *Eventos de los últimos días*, p. 247.
58 *El Deseado de todas las gentes*, p. 216.
59 *Testimonios para la iglesia*, tomo 5, p. 434.
60 *El Deseado de todas las gentes*, p. 239.

Capítulo 5

MENSAJEROS DE ESPERANZA, LLAMADOS POR DIOS

"Oí la voz de Dios que decía: '¿A quién voy a enviar? ¿Quién será mi mensajero?' Yo respondí: 'Envíame a mí, yo seré tu mensajero'"
(Isaías 6: 8, TLA)

En una oportunidad Hudson Taylor entrevistó a una persona que sólo tenía una pierna, y le preguntó: "¿Por qué teniendo esta discapacidad quieres ir a China como misionero?" Respondió diciendo: "¡Porque los que tienen dos pies no van!" Por esta respuesta y por su gran disposición de servir y de ser un mensajero de esperanza de todo corazón, esta persona fue aceptada y enviada a China, a pesar de sus grandes limitaciones físicas. Para hacer la obra de Dios, tener una gran capacidad no basta, se necesita una gran disposición. Tener mucho conocimiento teórico no es suficiente, se precisa mucha acción práctica.

Vale la pena destacar que un mensajero es aquel que lleva un mensaje específico a una o a varias personas. Para ser un mensajero se necesitan dos cosas: (1) El mensaje y (2) llevarlo. No se puede ser mensajero solo con el mensaje, se necesita la acción de llevarlo, distribuirlo, compartirlo, publicarlo, predicarlo, proclamarlo. Sin la acción el mensaje no cumple su objetivo. "¿Y cómo predicarán si no son enviados? Como está escrito: ¡Cuán hermosos son los pies de los que anuncian la paz, de los que anuncian buenas nuevas!" (Romanos 10:15).

Llama la atención que no hay ningún versículo en toda la Biblia que mencione la palabra misionero. Sumado a esto, hay solo dos versículos que utilizan la palabra misión (en 1 Samuel 15:18, 20). Pero sí hay 104 versículos con la palabra mensajero o mensajeros y 126 versículos con la palabra enviado. Desde el punto de vista bíblico, el misionero es un mensajero llamado por Dios o un enviado de Jehová que lleva un mensaje especial de parte de Dios a una persona, ciudad o nación. Los dos mejores sinónimos para misionero es *enviado* y *mensajero*. "Cristo nos envió para que hablemos de parte suya" (Juan 20:21, TLA). "Somos embajadores en nombre de Cristo" (2 Corintios 5:20), representantes del Reino de Dios en la Tierra. El apóstol Pablo también decía: "hablamos con sinceridad [...] *como enviados de Dios* que somos" (2 Corintios 2:17, NVI), "hablamos la verdad [...] *como mensajeros de Dios*" (2 Corintios 2:17, NCV).

Somos llamados por Dios para cumplir la misión. La palabra misión proviene del latín *missio* que tiene que ver con la acción de enviar. Según la Real Academia española, "misión es la facultad que se da a alguien de ir a desempeñar algún cometido".[1] En este sentido, Dios nos ha encomendado un gran cometido, que tiene que ver con la salvación de las almas. El Señor nos envía como mensajeros activos que inspiren y lleven esperanza a las personas. Tenemos un mensaje que vale mucho más que oro, pero no puede cumplir su propósito a menos que hagamos nuestra parte de llevarlo.

¿Por qué debo testificar y ser un mensajero de esperanza?

El llamado de Dios a la testificación es para todo creyente, no importa la edad, el sexo, la profesión, el estatus social, ni la raza. Pero, ¿por qué es muy importante que yo testifique y sea un mensajero de esperanza? Presentaremos **siete razones** principales para ello. Es probable que sepamos cuáles son, pero vale la pena repasarlas, ya que estimulará nuestro espíritu a comprometernos más con Cristo y su misión.

1) Es un llamamiento y un mandato de Dios

Jesús dijo en sus últimas palabras antes de ascender al cielo: "Por tanto, id, y haced discípulos a todas las naciones, bautizándolos en el nombre del Padre, y del Hijo, y del Espíritu Santo; enseñándoles que guarden todas las cosas que os he mandado; y he aquí yo estoy con vosotros todos los días, hasta el fin del mundo. Amén" (Mateo 28:19-20). Esta es la gran comisión, *no la gran invitación, no la gran sugerencia ni la gran opción*. Esta es una orden, un imperativo divino, un mandato de Dios que sus hijos deben cumplir; no por obligación sino por amor.

En estos versículos hay cuatro verbos que definen nuestra misión: (1) *Id*: no se puede ir a ningún lugar si uno no está dispuesto a salir de donde está. Ir es lo contrario a quedarse, a cruzarse de brazos, a no hacer nada. No debemos esperar que la gente venga a nosotros sino nosotros ir a ellos. (2) *Haced discípulos*: es hacer nuevos seguidores de Jesús. También involucra formar a los nuevos discípulos para que hagan otros discípulos, como hemos visto en el capítulo 4. (3) *Bautizándolos*:

nuestra misión no es solo sembrar la Palabra de Dios sino cosechar almas con la ayuda de Dios. Es animar a las personas a que se unan a Cristo por medio del bautismo. (4) *Enseñándoles*: significa instruirlos en las enseñanzas de la Biblia para que las pongan en práctica. No es solo enseñar para informar sino enseñar para transformar.

Esta encomienda divina es para todo seguidor de Cristo. "En la comisión dada a los primeros discípulos, se hallan incluidos los creyentes de todas las edades. Todo el que aceptó el Evangelio, recibió una verdad sagrada para impartirla al mundo [...] Todo el que ha recibido a Cristo está llamado a trabajar por la salvación de sus prójimos".[2] Alguien dijo: "La Gran Comisión se hace con los pies de los que van, las rodillas de los que oran y las manos de los que dan".

Uno de los pecados más comunes de los creyentes de hoy es la indiferencia al llamado de Dios en cumplir la gran comisión en su vida diaria. *Este es un mandato para ser obedecido y no para ser considerado.* Además, no olvidemos que este llamado no viene de una ONG, sino del Salvador del mundo. No viene de tu jefe de trabajo sino del Dueño del universo. No viene de tu pastor ni de tu iglesia, sino del Rey de Reyes y Señor de Señores. "Tal como tú me enviaste al mundo, así yo los he enviado al mundo" (Juan 17:18, RVC), dijo Jesús. "Porque así nos mandó el Señor: 'Te he puesto como luz de las naciones, para que lleves mi salvación" (Hechos 13:47, DHH).

Russell Burrill señala: "Para los adventistas, que profesamos ser una iglesia que guarda los mandamientos, es imperativo que continuamente intentemos ser mejores observadores de este gran mandamiento de Jesús: la Gran Comisión".[3] "Sería imposible ser la iglesia remanente y guardar los mandamientos de Dios, si no guardamos el más categórico de los mandamientos de Jesús: la Gran Comisión".[4]

Recordemos que "cada verdadero discípulo nace en el reino de Dios como misionero",[5] dice el Espíritu de Profecía. Desde el momento que tú has aceptado a Cristo como tu salvador personal naces también como misionero, con un llamado al servicio y al discipulado activo. En otras palabras, la testificación y la acción de ser un mensajero de esperanza es la consecuencia natural de haber aceptado a Cristo como tu salvador personal. No hacerlo indica que algo anda mal en nuestra vida espiritual.

"Testificar no es un don del Espíritu Santo sino un llamado para el cristiano"[6], dice Mark Finley. No es, como algunos piensan, un don especial que Dios confiere solo a algunos escogidos. Los dones y talentos son las herramientas que Dios me ha dado para llevar a cabo la gran comisión en el área donde puedo ser más útil y eficaz. Hay diferentes dones, pero el llamado a servir es el mismo, solo que en diferentes maneras.

Tenemos una misión individual. Elena de White declara: "A cada uno se le ha asignado una obra, y nadie puede reemplazarlo. Cada uno tiene una misión de maravillosa importancia, que no puede descuidar o ignorar [...] Todos debemos ser obreros juntamente con Dios. Ningún ocioso es reconocido como siervo suyo". [7] "Tan ciertamente como hay un lugar preparado para nosotros en las mansiones celestiales, hay un lugar designado en la tierra donde hemos de trabajar para Dios [...] Los seguidores de Cristo han sido redimidos para servir". [8] Detrás del llamado al servicio, el Señor tiene abundantes bendiciones para sus hijos.

Dios es un Dios misionero, y su misión es implantar su Reino en la Tierra. Dios es el mayor misionero del universo, porque envió a su amado hijo Jesucristo para salvar este mundo (Juan 3:16). El Señor es dueño de la misión, la obra misionera es de Dios (ver Mateo 9:38). Dios nos invita a participar en Su misión como mensajeros de esperanza. Él es quien llama, capacita, envía y sustenta a sus mensajeros. Él es el más interesado en llevar Su misión al mundo. [9] Toda persona que se dedica a la misión de salvar almas está en el camino del Señor, haciendo Su voluntad. "Bíblica y teológicamente, no es posible involucrarse con Aquel que es el Gran Misionero y no ser influenciado o impactado por el amor a la misión". [10]

2) Es la razón de ser de la iglesia

La Palabra de Dios dice: "Mas vosotros sois linaje escogido, real sacerdocio, nación santa, pueblo adquirido por Dios, *para que anunciéis* las virtudes de aquel que os llamó de las tinieblas a su luz admirable" (1 Pedro 2:9). Dios levantó la iglesia como un instrumento útil para anunciar y predicar las buenas nuevas de salvación.

La iglesia no es un club social para participar de un programa entretenido. La iglesia fue fundada por Jesucristo con el objetivo de predicar el evangelio. La sierva del Señor declara: "La iglesia de Cristo es la intermediaria elegida por Dios para salvar a los hombres. Su misión es llevar el Evangelio al mundo. Esta obligación recae sobre todos los cristianos". [11] "La iglesia de Cristo está organizada para servir. Tal es su consigna [...] Todo miembro de la iglesia debe empeñarse en alguna manera de servir al Maestro". [12] "Dondequiera se establezca una iglesia, todos los miembros deben empeñarse activamente en la obra misionera". [13]

Me impacta las siguientes palabras de Oswald J. Smith: "La suprema tarea de la iglesia es la evangelización del mundo. Cualquier iglesia que no está seriamente involucrada en ayudar a cumplir la Gran Comisión, ha perdido su derecho bíblico de existir". También agrega: "¡La iglesia que no evangeliza, se fosiliza!". "Debemos ser pescadores de hombres, no guardianes del acuario", señala Mike Fracen.

El pastor José Espinosa afirma que "La mayoría de las iglesias declaran que su misión es la de predicar el evangelio, sin embargo la organización que implementan generalmente está enfocada en su propio mantenimiento".[14] Necesitamos realizar en nuestras iglesias locales más programas para la gente de afuera que programas de autoconsumo.

Debemos fomentar en nuestras iglesias el espíritu de servicio. Porque "el espíritu de servicio es el espíritu del cielo".[15] "Nadie está inactivo en el cielo, y en las mansiones de los bienaventurados no entrará nadie que no haya manifestado amor a Cristo, y que no se haya esforzado por la salvación de los demás".[16] Si el servicio no es parte de nosotros, ¿para qué queremos ir al cielo si allí todo está basado en el servicio? Quien no sirve aquí en la Tierra tampoco servirá en el cielo.

Una iglesia que no vive la misión tiende a debilitarse espiritualmente. "Mientras los miembros de la iglesia no hagan esfuerzo para impartir a otros la ayuda que ellos recibieron, habrá forzosamente gran debilidad espiritual".[17] "Cada alejamiento del verdadero esfuerzo misionero, cada rechazo del espíritu misionero ha producido una reacción en la iglesia y se ha manifestado una declinación de la espiritualidad. Pero todo esfuerzo ferviente hecho en los diferentes aspectos de la obra misionera ha traído salud espiritual a la iglesia, y no sólo ha aumentado la feligresía, sino el santo celo y la alegría de la iglesia".[18]

Piensa por un minuto, si tu iglesia local desapareciera hoy, ¿la extrañarían las personas del barrio o ni se darían cuenta?, ¿se preocuparían los vecinos en saber por qué no está más, o bien les daría lo mismo? Cuando no somos relevante en el barrio, se debe a nuestro sedentarismo misionero. *La iglesia que realmente va a impactar al mundo no es aquella a la que estás yendo, sino la que tú estás siendo y haciendo para Cristo.* Una vida de servicio misionero activo y constante es lo que realmente hará la diferencia en tu comunidad para la gloria de Dios.

El Espíritu de Profecía señala: "Procurad que los miembros de nuestras iglesias se conviertan en misioneros para el Maestro; no dejen que ellos se queden en la comodidad y la indiferencia, sino haced que salgan a trabajar para Dios. Sus músculos espirituales se han casi paralizado por la inacción [...] Trabajemos hoy en la viña del Señor".[19] Si nuestras iglesias no dan a la misión la prioridad que merece estaremos "castrando" el objetivo de su existir. Y la mejor señal de que una iglesia es grande de verdad, no es por la cantidad de bancas que pueda tener, sino por la cantidad de misioneros activos que posean.

Sobre el pastor y los líderes de tu iglesia local recae la gran responsabilidad de movilizar a la acción. Este es un gran desafío, ya que en la mayoría de las iglesias solo un diez por ciento de la membrecía está de alguna manera activa en la misión. "Los pastores pueden predicar discursos agradables y poderosos, y puede realizarse mucha labor para edificar y hacer próspera la iglesia; pero a menos que sus miembros individuales desempeñen su parte como siervos de Jesucristo, la iglesia estará siempre en tinieblas y sin fuerza".[20]

Si cada iglesia tiene un buen plan de evangelización y discipulado, de acuerdo con sus dones; y, sobre todo, si son estimulados correctamente a la acción, muchos más hermanos se involucrarían. Elena de White dice: "Si los hombres de vida humilde fuesen estimulados a hacer todo el bien que podrían hacer, y ninguna mano refrenadora reprimiese su celo, habría cien personas trabajando para Cristo donde hay actualmente una sola".[21] Necesitamos aunar más fuerzas en esta dirección.

También agrega: "Los hermanos han oído demasiados sermones; pero, ¿se les ha enseñado a trabajar para aquellos por quienes Cristo murió? ¿Se les ha propuesto y presentado algún ramo de trabajo de tal manera que cada uno haya visto la necesidad de tomar parte en la obra? [...] Las iglesias se están marchitando porque no han empleado sus talentos en difundir la luz [...] *Aprovéchense las reuniones misioneras para enseñar a la gente a hacer trabajo misionero.* Dios espera que su iglesia discipline y prepare a sus miembros para la obra de iluminar al mundo [...] Así se lograrán grandes cosas para el Maestro".[22]

3) La gente necesita con urgencia recibir el mensaje de Dios

Cuando el apóstol Pablo estaba evangelizando en la ciudad de Corintios, se encontró con la frialdad espiritual del lugar, se desanimó en continuar predicando allí y pensó que lo mejor era mudarse a otro lugar más fértil para el evangelio. Pero recibió una visión de Dios que le dijo: "Porque yo estoy contigo, y ninguno pondrá sobre ti la mano para hacerte mal, *porque yo tengo mucho pueblo en esta ciudad"* (Hechos 18:10). Había muchas personas receptivas al evangelio en Corintios que Pablo todavía no las había contactado, y en los planes de Dios era su propósito que siguiera allí por un tiempo más.

Aunque a veces pensemos: "Las personas aquí están en otra, no quieren saber nada de Dios"; sin embargo, hay miles de personas afuera que están esperando algún mensajero que les comparta palabras que den vida y salvación. El Espíritu de Profecía afirma: "Muchos están en el umbral del reino, esperando únicamente ser incorporados en él".[23] "Muchas almas descienden a la ruina por falta de una mano que se extienda para salvarlas".[24] Por eso, "¡levántate y resplandece, que tu luz ha llegado! ¡La gloria del Señor brilla sobre ti!" (Isaías 60:1, NVI).

La gente necesita urgente recibir un mensaje de Dios. La mayoría está con el corazón vacío, sin esperanza, buscando respuestas existenciales, deseando tener paz interior y felicidad abundante. El mensaje de la Palabra de Dios sería para ellos agua de vida y maná celestial. Están esperando que alguien les dé lo que realmente necesitan en el fondo de su corazón. *Si estás en la iglesia es porque alguien se preocupó por ti, ahora a ti te toca preocuparte por otros.*

"La pregunta más persistente y urgente sobre la vida es, ¿qué estamos haciendo por los demás?", afirmó Martin Luther King. Jesús "dijo a sus discípulos: Son muchos los que necesitan entrar al reino de Dios, pero son muy pocos los discípulos para anunciarles las buenas noticias. Por eso, pídanle a Dios que envíe más discípulos, para que compartan las buenas noticias con toda esa gente" (Mateo 9:37-38, TLA). Faltan más obreros dispuestos a llevar el mensaje y a utilizar sus talentos y dones para ministrar y servir a los demás. La Biblia dice: "cada uno ponga al servicio de los demás el don que haya recibido, administrando fielmente la gracia de Dios en sus diversas formas" (1 Pedro 4:10, NVI).

Tenemos una responsabilidad ante Dios por alcanzar a las almas. La Biblia dice: "Haz cuanto puedas por salvar a los que van camino de muerte, porque Dios todo lo sabe y no podrás alegar ignorancia. ¡Si no lo haces, recibirás tu merecido! (Proverbios 24: 11-12, TLA). Porque "a los que aseveran tener comunión con Dios y sin embargo han sido indiferentes a las necesidades de sus semejantes, les declarará en el gran día del juicio: No os conozco de donde seáis; apartaos de mí todos los obreros de iniquidad",[25] afirma Elena de White.

"¿Dónde está tu hermano Abel?" fue la pregunta que Dios le hizo a Caín. La respuesta de él fue: "¿Acaso soy yo el que debe cuidar a mi hermano?" (Génesis 4:9, NVI). Dios nos sigue haciendo la misma pregunta con respecto a las personas que nos relacionamos y conocemos bien. Hasta el día de hoy el ser humano sigue cometiendo el mismo error de Caín de "lavarse las manos", una despreocupación y falta de empatía por el prójimo. ¿No crees que es hora de cambiar nuestra visión hacia las personas que nos rodean?

4) Tenemos la misión de terminar la obra[26]

Jesús dijo: "Y será predicado este evangelio del reino en todo el mundo, para testimonio a todas las naciones; *entonces vendrá el fin*" (Mateo 24:14). La buena noticia es que el evangelio va a ser predicado a todo el mundo, Jesús mismo lo confirmó. Él no dijo "quizás sea predicado" sino "y será predicado"; es decir, es un hecho que será así. Pero esto no significa que nos quedemos con los brazos cruzados esperando que Dios a su debido tiempo cumpla con esta profecía.

Tal vez tengas la duda: ¿Será que realmente Mateo 24:14 es una profecía o es más bien una alegoría misionera? Según la sierva del Señor este texto se refiere a una "profecía que volverá a cumplirse".[27]

Nuestra actitud correcta debiera ser la de tomar acción inmediata y ser parte de este cumplimiento profético, como es el plan de Dios.

"Esta señal del tiempo del fin, la de predicar a todo el mundo, depende en gran medida de nuestra participación activa. Jesús mismo dejó claro que el fin no vendrá hasta que el evangelio sea predicado en todo el mundo. Cabe destacar que el tiempo de Dios para terminar la obra *no está basado en su elección arbitraria sino en la respuesta de su iglesia*. En otras palabras, la tardanza o el acortamiento del tiempo para terminar la obra depende mayormente de nuestra preparación espiritual y compromiso misionero como pueblo de Dios".[28]

Dios tiene planes de terminar la obra en este tiempo, y tiene a su amado pueblo como su principal instrumento. Así lo confirma la sierva del Señor: "Debemos ser colaboradores de Dios; *pues Él no terminará su obra sin los instrumentos humanos*".[29] Glorificado sea el nombre del Altísimo, que nos permite ser parte de este privilegio inmerecido de terminar la obra en esta tierra.

Roberto Speer afirma: "No hay nada en el mundo o en la iglesia que haga imposible terminar de evangelizar al mundo en esta generación, excepto la desobediencia de la iglesia misma". John Stott señala: "Tenemos los medios para poder evangelizar a nuestro país, lamentablemente están dormitando en las bancas de nuestras iglesias". Doug Batchelor señaló: "¡La única manera en que nosotros predicaremos el evangelio de forma exponencial es *formando* a una multitud de miembros para que lleguen a ser *un ejército de evangelistas*!"[30] Y Ted Wilson declaró: "Dediquemos nuestras vidas, energías, talentos, recursos y tiempo para terminar la obra de Dios".[31]

"Si la iglesia de Cristo hubiese hecho su obra como el Señor le ordenaba, todo el mundo habría sido ya amonestado, y el Señor Jesús habría venido a nuestra tierra con poder y grande gloria".[32] "*Si cada miembro de la iglesia fuese un misionero vivo*, el evangelio sería anunciado en poco tiempo en todo país, pueblo, nación y lengua".[33] "[La venida del Señor] no demorará más que el tiempo que tome la tarea de presentar el mensaje a toda nación, lengua y pueblo."[34]

"Me llama la atención que Jesús fue categórico al afirmar que cuando se termine de predicar, el fin vendrá. Este "vendrá" da la idea de inmediatez. Es evidente que Jesús nos dejó bien claro que la terminación de la misión es una de las señales más determinantes para que Él venga. Hermano, presta atención, se pueden estar cumpliendo diez mil señales a nuestro alrededor, pero *Jesús jamás vendrá a menos que se termine la obra de predicación a todo el mundo*".[35]

"Si no hay un cambio radical en nuestro compromiso misionero individual y de toda la iglesia, no concluiremos nunca la comisión celestial en esta generación. ¿Qué vamos a hacer entonces? ¿No es maravilloso ser parte del cumplimiento de esta profecía predicha por Jesús? Si realmente tomáramos conciencia de esto y pusiéramos manos a la obra, podríamos con el poder de Dios terminar la predicación en esta generación, ¿no te parece?"[36]

El Espíritu de profecía declara: *"Lo que ahora se necesita es un esfuerzo ferviente y unido para terminar la tarea tan bien empezada"*.[37] Ken McFarland escribe: "¿Qué le parece si decidimos darlo todo para terminar la misión que Dios nos ha encomendado?"[38] Que podamos decir como el apóstol Pablo: "Sólo aspiro a terminar mi carrera y a culminar la tarea que me encomendó Jesús" (Hechos 20:24, BLP). "He completado la proclamación del evangelio de Cristo por todas partes" (Romanos 15:19, NVI).

5) Es parte de nuestra misión profética como adventistas

En Apocalipsis 14:6-12 se presenta la misión profética para el tiempo del fin. Dios levantó a la Iglesia Adventista del Séptimo Día como un movimiento profético y con un mensaje profético de urgencia. El Señor comisionó a su pueblo, que pasaría por la experiencia del gran chasco, lo que deberían realizar: "Es necesario que profetices otra vez ante muchos pueblos, y naciones, y lenguas, y reyes" (Apocalipsis 10:11).

"La Iglesia Adventista del Séptimo Día es uno de los principales instrumentos en las manos de Dios para comunicar el último mensaje de amonestación a este mundo, preparar un pueblo para el pronto regreso de Jesús y terminar la obra de predicación en todo el mundo".[39] Si bien es cierto la evangelización es una tarea de todo cristiano, no importa la denominación a la que pertenece, sobre los adventistas recae más la responsabilidad en compartir la verdad presente, por el hecho de haber recibido mucho más luz.

La sierva del Señor dice: *"En un sentido muy especial,* los adventistas del séptimo día han sido colocados en el mundo como centinelas y transmisores de luz. *A ellos ha sido confiada la tarea de dirigir la última amonestación a un mundo que perece*. La Palabra de Dios proyecta sobre ellos una luz maravillosa. Una obra de la mayor importancia les ha sido confiada: proclamar los mensajes del primero, segundo y tercer ángeles. Ninguna otra obra puede ser comparada con esta y nada debe desviar nuestra atención de ella".[40]

"La obra para estos últimos días es en un sentido especial una obra misionera. La divulgación de la verdad presente, desde la primera letra del alfabeto hasta la última, significa esfuerzo misionero".[41] "El pueblo de Dios debe despertarse. Debe aprovechar sus oportunidades de diseminar la verdad, porque éstas no durarán mucho... Satanás procura mantener al pueblo de Dios en un estado de inactividad, e impedirle que desempeñe su parte en la difusión de la verdad, para que al fin sea pesado en la balanza y hallado falto".[42]

El Espíritu de Profecía dice: "Ahora, en este tiempo, Dios quiere dar un nuevo y fuerte impulso a su obra. Satanás lo percibe y está decidido a impedirlo".[43] "Si los adventistas del séptimo día se levantan ahora, para cumplir la obra que se les asignó, la verdad será presentada por la potencia del Espíritu Santo de una manera clara y distinta en las ciudades hasta ahora descuidadas".[44]

6) Debemos preparar un pueblo para la venida de Cristo

"He aquí, yo envío mi mensajero, el cual preparará el camino delante de mí" (Malaquías 3:1). Si bien este versículo tiene una aplicación literal a Juan el Bautista, preparando camino para la venida del mesías; también tiene una aplicación espiritual, para el pueblo remanente llamado a preparar camino para la segunda venida de Cristo. "He aquí, yo os envío el profeta Elías, antes que venga el día de Jehová, grande y terrible" (Malaquías 4:5). El tercer Elías representa a los adventistas dispuestos, comprometidos y activos en la proclamación del mensaje final de Dios.

El Espíritu de Profecía afirma: "Como pueblo debemos preparar el camino del Señor bajo la dirección poderosa del Espíritu Santo".[45] "Ahora, justamente antes de la venida de Cristo en las nubes del cielo, ha de efectuarse una obra como la que realizó Juan el Bautista. El Señor llama a hombres que preparen a un pueblo que esté firme en el gran día del Señor".[46] "¡Preparen el camino para la venida del Señor!" (Mateo 3:3, NTV), dice la Palabra de Dios.

"No podemos cometer el mismo error del pueblo judío, que no estuvo dispuesto a preparar el camino para la primera venida de Cristo. Ellos se concentraron en mantener la organización y sus ritos eclesiásticos. Sin embargo, Dios levantó a un hombre, Juan el Bautista, quien en verdad estuvo dispuesto a sacrificarse y ser una herramienta útil en las manos de Dios. Él fue el instrumento clave que Dios usó para preparar el camino del Mesías. Me pregunto: ¿dónde están los Juan Bautistas de hoy? Tú puedes ser como aquella voz que clamó en el desierto, ahora en el tiempo del fin, si te dejas usar ya por el Maestro".[47]

"Lamentablemente, una gran parte de los adventistas, no estamos verdaderamente convencidos, o ni siquiera sabemos que tenemos que preparar el camino para la segunda venida de Cristo. Y muchos de los que sabemos de este llamado de Dios, no estamos dispuestos a pagar el precio de lo que significa ser un misionero o una voz que clama en el desierto. Pero, a pesar de esta triste realidad, *Dios está levantando ahora mismo una generación de Juan Bautistas*: hombres y mujeres entregados al Señor, dispuestos a preparar su venida y a terminar su obra. ¡Tú y yo podemos ser parte de esta generación!"[48]

Juan el Bautista "fue un prototipo de los que vivirían en los últimos días con el cometido divino de proclamar a la gente las verdades sagradas, con el fin de preparar el camino para la segunda venida de Cristo".[49] "Así como Juan preparó el camino para la primera venida del Salvador, debemos nosotros preparar el camino para su segunda venida".[50] Pero tal vez te preguntes, ¿qué significa preparar camino para la segunda venida de Cristo? Significa principalmente involucrarse de manera activa en la obra de proclamar el mensaje de Dios y de hacer discípulos para su reino. Si el preparar camino para la segunda venida de Cristo no es una prioridad en nuestras vidas será porque probablemente no estamos preparados para recibir a Jesús.

"¿Cómo podemos nosotros, un movimiento llamado a preparar el camino para la pronta segunda venida de Cristo, ser apáticos en la ganancia de almas? Apatía por las almas es la antítesis de los que deberíamos ser",[51] señala Nick Kross.

Si eres un líder en tu iglesia, sea cual sea el departamento, tu visión sobre el trabajo misionero con respecto a la venida de Cristo influenciará, en buena medida, a quienes estén bajo tu liderazgo. Por eso la sierva del Señor declara: "Si los dirigentes que profesan creer las verdades solemnes e importantes que han de ser una prueba para el mundo en este tiempo *no manifiestan un celo ardiente* a fin de preparar un pueblo que esté en pie en el día de Dios, debemos esperar que la iglesia sea descuidada, indolente y amante de los placeres".[52]

Las señales actuales nos muestran claramente que la venida de Cristo es inminente. "Hay pruebas inequívocas de la inminencia del fin. La amonestación debe darse en lenguaje firme y directo. *Es necesario preparar el camino delante del Príncipe de paz que viene sobre las nubes de los cielos.* Queda aún mucho que hacer en las ciudades que todavía no han oído la verdad para nuestra época... debemos proseguir la obra del Señor en su nombre con la perseverancia y el celo incansable que puso el Salvador en su obra".[53] Tenemos la misión profética de preparar camino para la venida de Cristo, y ésta debiera ser nuestra prioridad.

¿Cuál es la razón más importante para testificar, por la cual Dios quiso darnos un lugar en el plan de salvar al hombre?

Si tuvieras que elegir entre las seis razones para testificar que hemos visto hasta ahora, ¿cuál piensas que es la más importante?: (1) Es un llamamiento y mandato de Dios. (2) Es la razón de ser de la iglesia. (3) La gente necesita con urgencia recibir un mensaje de Dios. (4) Tenemos la misión de terminar la obra. (5) Es parte de nuestra misión profética como adventistas. (6) Debemos preparar un pueblo para la venida de Cristo. Por favor, has una pequeña pausa, toma unos segundos para elegir en tu mente una de estas seis... elige una ahora... Bien, ¿cuál has elegido?

Desde el punto de vista humano, pienso que es válida la que has elegido, independientemente de cuál sea. Partimos de la base de que todas son importantes y complementarias. Pero hay una razón que fue la más determinante, que movió a Dios a darnos el privilegio de ser mensajeros de esperanza y de hacernos parte en el plan de salvar al hombre. Te sorprenderás al saber, que ninguna de las primeras seis es la razón principal por la cual Dios decidió dar al hombre una participación importante en la obra de salvar almas.

Tal vez te preguntes: "Pero ¿cómo es posible? ... ¿entonces cuál es?" Puede ser que te pongas un poco a la defensiva al saber que la razón más importante es la número siete que *es vital para nuestro crecimiento espiritual* y que estudiaremos a continuación. Te animo a que no saques una conclusión apresurada antes de terminar de leer este capítulo.

En primer lugar, el Espíritu de Profecía fue categórico al decir que "Dios podría haber alcanzado su objeto de salvar a los pecadores, *sin nuestra ayuda*",[54] y que "Dios podría haber proclamado su verdad mediante ángeles inmaculados, *pero tal no es su plan*".[55] Los ángeles celestiales, con apariencia humana, podrían hacer el trabajo de testificar mil veces mejor que nosotros. Pero Dios les negó a los ángeles la predicación del evangelio y nos la dio a nosotros porque el Señor sabía y sabe que es imprescindible para nuestro crecimiento espiritual.

Presta ahora mucha atención: *Si el servicio y la misión no tuviera un impacto vital en nuestro crecimiento espiritual, el Señor hubiera optado por los ángeles u otros medios para predicar el evangelio, y no por nosotros.* Pero la misericordia de Dios es tan grande que está dispuesto a enviarnos el Espíritu Santo y la compañía de los ángeles para ayudarnos en este proceso. El Señor quiere que tú y yo seamos parte de *su equipo evangelizador*, haciendo sociedad con nosotros para llevar a cabo sus propósitos; en primer lugar, en nuestras vidas y, en segundo lugar, en las vidas de los demás.

7) Es vital para nuestro crecimiento espiritual

El plan de Dios es que crezcamos constantemente en la obra del Señor. "Así que, hermanos míos amados, estad firmes y constantes, creciendo en la obra del Señor siempre, sabiendo que vuestro trabajo en el Señor no es en vano" (1 Corintios 15:58). Puede ser que digas: "¿Por qué este énfasis especial de crecer siempre, a cada momento, haciendo la obra de Dios relacionada al servicio y a la salvación de las almas? Sobre esto, Elena de White escribió: "El esfuerzo por hacer bien a otros se tornará en bendiciones para nosotros mismos. *Tal era el designio de Dios al darnos una parte que hacer en el plan de redención.* El concedió a los hombres el privilegio de ser hechos participantes de la naturaleza divina y de difundir a su vez bendiciones para sus hermanos. Este es el honor más alto y el gozo mayor que Dios pueda conferir a los hombres".[56] De esta cita, se desprenden cuatro puntos clave: (1) Los primeros y más bendecidos somos nosotros mismos. (2) Estamos participando de la naturaleza divina dentro del plan de redimir y salvar al hombre. (3) Podemos llevar bendiciones a nuestro prójimo. (4) Es un honor y privilegio ser mensajeros de esperanza, aunque no lo merecemos.

Como dijimos anteriormente, *si el servicio y la misión no tuviera un impacto vital en nuestro crecimiento espiritual, el Señor no nos hubiera tenido en cuenta.* Pero como Dios sabe del enorme impacto positivo que tiene sobre nuestras vidas la medicina del servicio, el negárnosla equivaldría a la muerte espiritual de los creyentes y, como consecuencia final, esto puede conducir a la pérdida de la vida eterna. En otras palabras, la testificación es de suma importancia, necesaria, indispensable y vital para nuestro crecimiento espiritual.

El Señor siempre quiere lo mejor para nosotros. Desechemos de una vez por todas el engaño satánico de que le estamos haciendo un favor a Dios, a la iglesia, a la gente, cuando servimos y predicamos el evangelio. Hermano, si estás haciendo un favor a alguien, en primer lugar, es a ti mismo. Repito, el más bendecido es uno mismo. Elena de White afirma que "el que procura dar la luz a otros, será él mismo bendecido".[57]

¿Por qué testificar es tan vital para mi crecimiento espiritual? ¿Por qué el discipulado es tan crucial en mi propia salvación? ¿Por qué la constante insistencia divina a que yo sea parte de su equipo evangelizador? ¿Por qué debiera ser mi prioridad ser un mensajero de esperanza activo cada día? Hay al menos **doce razones irrefutables** como respuesta a estas preguntas:

(1) Testificar te acerca mucho más a Dios: "Mediante una vida de servicio a favor de otros, *el hombre se pone en íntima relación con Cristo.* La ley del servicio viene a ser el eslabón que nos une a Dios y a nuestros semejantes".[58] "El que no hace nada más que orar, pronto dejará de hacerlo, o sus oraciones llegarán a ser una rutina formal".[59] La oración y el estudio de la Biblia jamás reemplazarán a la testificación.

(2) Testificar fortalece tu fe en gran manera. "Mientras impartan aquello que recibieron de Dios, *serán confirmados en la fe.* Una iglesia que trabaja es una iglesia viva".[60] "Donde no hay labor activa por los demás, se desvanece el amor, y se empaña la fe".[61] El ser negligente en la testificación conduce a una fe débil, ciclotímica y "carretilla" (que necesita de alguien con fe que lo esté empujando constantemente).

(3) Testificar evidencia de que tú estás convertido de verdad. "Cada persona verdaderamente convertida *estará intensamente interesada en llevar a otros* de las tinieblas del error a la maravillosa luz de la justicia de Jesucristo".[62] "Una persona verdaderamente convertida no puede vivir una vida inútil y estéril [...] Hay peligro para los que hacen poco o nada para Cristo. La gracia de Dios no permanecerá largo tiempo en el alma de aquel que, teniendo grandes privilegios y oportunidades, permanece en silencio".[63] Una persona convertida siempre testificará, y el espíritu misionero siempre mantendrá vivo el espíritu de conversión.

(4) Testificar es la única manera en que Dios te puede usar. "La proclamación del evangelio *es el único medio* por el cual Dios puede emplear a los seres humanos como instrumentos suyos para la salvación de las almas".[64] Hermano querido, no hay otra manera en la que Dios te pueda usar si no es a través del servicio, la testificación y el discipulado. El Señor quiere usarnos como instrumentos útiles en el esparcimiento y el crecimiento del Reino de Dios. La única manera en que Dios te puede usar es cuando tú te colocas en sus manos.

(5) Testificar es un remedio eficaz para la tibieza y la pereza espiritual. "Hay solamente una cura verdadera para la pereza espiritual, y ésta es el trabajo: *el trabajar por las almas que perecen. Tal es la receta que Cristo prescribió para el alma que desmaya, duda y tiembla*".[65] Si quieres estás más fuerte espiritualmente y no perder el gozo de la salvación, sigue la receta del Maestro: trabaja por las almas. Porque la testificación es una vacuna eficaz contra la tibieza y la pereza espiritual.

(6) Testificar es un poderoso antídoto contra la apostasía y la parálisis espiritual. "El cristiano que no quiere ejercitar las facultades que Dios le dio, no sólo deja de crecer en Cristo, sino que pierde la fuerza que ya tenía; se convierte en un paralítico".[66] "La verdad que no se práctica, que no se comunica, pierde su poder vivificante, su fuerza curativa. Su beneficio no puede conservarse sino compartiéndolo".[67]

(7) Testificar ayuda a resolver tus problemas internos. Hay quienes dicen ¿cómo voy a ayudar a otros si estoy mal? El que ayuda a los demás se ayuda a sí mismo. "Al ayudar a otros ellos mismos serán ayudados a salir de sus dificultades".[68] Cuando tú te ocupes de ayudar a otros a resolver sus problemas, verás que muchos de tus problemas se resolverán solos.

(8) Testificar aumenta grandemente tus ganas de vivir y ser feliz. Es imposible ser feliz sin ayudar y servir al prójimo. El secreto para ser feliz siempre está conectado con el servicio. "La verdadera felicidad solo se encuentra en una vida de servicio. El que vive una vida inútil y egoísta es desdichado. Está insatisfecho consigo mismo y con todos los demás".[69] "No sé cuál va a ser el destino de ustedes, pero sí se una cosa. De entre ustedes, los únicos que serán felices de verdad son los que busquen y encuentren una forma de servir", señala Albert Schweizer.

(9) Testificar es fundamental para desarrollar un mejor carácter. "Dios podría haber alcanzado su objeto de salvar a los pecadores, sin nuestra ayuda; pero a fin de que podamos desarrollar un carácter como el de Cristo, debemos participar en su obra".[70] "El trabajo desinteresado por otros da al carácter profundidad, firmeza y una amabilidad como la de Cristo".[71] El servicio activo para Dios pule y mejora el carácter.

(10) Testificar juega un papel fundamental en tu preparación para ser salvo. "El que alguien pueda salvarse en la indolencia e inactividad es completamente imposible",[72] afirmó Elena de White. Si bien la testificación no es causa de salvación, sí es parte fundamental en tu preparación para ser salvo durante nuestro proceso continuo de santificación. Sin duda, *solo Cristo salva*; pero sin la oración, la fe, el estudio de la Biblia y la testificación es imposible mantenerse salvos, ya que estos cuatro elementos son clave para nutrir nuestra relación con Cristo.

(11) Testificar es una acción que honra y obedece a Dios. Esta debiera ser una razón más que suficiente para motivarnos a testificar. Cada vez que testificamos estamos honrando y obedeciendo al Señor. Mientras más servimos más glorificamos el nombre de Dios.

(12) Testificar produce muchos frutos y grandes recompensas. Aunque a veces tengamos que esperar, siempre se ven los frutos. En primer lugar, en uno mismo y, en segundo lugar, en las personas que compartimos el mensaje. "Si sólo una persona va al cielo por tu causa, tu vida habrá hecho una diferencia por la eternidad".[73] La Biblia dice: "Irá andando y llorando el que lleva la preciosa semilla, pero al volver vendrá con regocijo trayendo sus gavillas" (Salmos 126:6, RVR1995).

Mensajeros de esperanza siempre activos

La Palabra de Dios dice: "¡Cuán hermosos son sobre los montes los pies del que trae alegres nuevas, del que anuncia la paz, del que trae nuevas del bien, del que publica salvación, del que dice a Sion: ¡Tu Dios reina!" (Isaías 52:7). "No dejes para mañana lo que puedes hacer hoy", dice el refrán. Decide ser un mensajero de esperanza siempre activo. Te comparto algunas ideas que te pueden ayudar en este proceso:

Confía siempre en el poder de Dios: Necesitamos confiar menos en nuestras propias capacidades y mucho más en lo que Dios puede hacer con nosotros y por nosotros. "Lo primero que deben aprender todos los que quieran trabajar con Dios, es la lección de desconfianza en sí mismos".[74] "Cuán a menudo intentamos trabajar para Dios siguiendo el límite de nuestra incompetencia en lugar de seguir el límite de la omnipotencia de Dios", decía Hudson Taylor.

Predica el evangelio como parte de tu estilo de vida: "Te encarezco delante de Dios y del Señor Jesucristo... *que prediques la palabra; que instes a tiempo y fuera de tiempo*" (2 Timoteo 4:1-2). Proponte todos los días sembrar una semilla de esperanza de alguna manera, aunque sea a una sola persona. "¿Sabes cuál es la mejor edad para evangelizar? La que uno tiene", señala Joaquín Fernández.

Sigue el método de Cristo: "Sólo el método de Cristo será el que dará éxito para llegar a la gente. El Salvador trataba con los hombres como quien deseaba hacerles bien. Les mostraba simpatía, atendía a sus necesidades y se ganaba su confianza. Entonces les decía: Seguidme".[75] Si queremos impactar al mundo con el evangelio debemos seguir el modelo de evangelización del Maestro.

Cuenta tu testimonio personal a menudo: una de las maneras más poderosa de testificar es mediante tu testimonio personal, compartiendo lo que el Señor ha hecho por ti y cómo ha cambiado tu vida para mejor (lee Lucas 8:39). Cuenta como el Señor te ha ayudado, fortalecido y bendecido en los últimos meses y años. Proponte hacer esto a menudo, aunque sea una vez a la semana con alguna persona. Alguien dijo: "Dios necesita más testigos que abogados".

Lleva una vida íntegra todos los días: "Si fuéramos bondadosos, corteses, compasivos y piadosos, habría cien conversiones a la verdad donde ahora hay una sola".[76] El testimonio silencioso de una vida transformada tiene una gran influencia positiva sobre los demás. El cristianismo práctico vivencial es un testimonio irrefutable para bien que inspira y motiva a otros a seguir en el mismo camino.

Emplea tus talentos y dones para Dios: Alguien dijo: "Tu talento es un regalo de Dios para ti. Lo que haces con él es tu regalo para Dios". Recuerda la parábola de los talentos: si no usas las capacidades que Dios te dio, te serán quitadas; pero si las empleas sabiamente, recibirás nuevos dones. Enfócate en los talentos que tienes, en lo que más te gusta hacer, en lo que te apasiona; y has de esto tu ministerio, para servir y bendecir a otros. "Te recomiendo que avives el fuego del don que Dios te dio" (2 Timoteo 1:6, DHH).

Consagra tu billetera y teléfono para Cristo: esto debiera ser parte de nuestras oraciones diarias. La manera como usamos nuestro dinero y nuestro teléfono dice mucho donde está nuestro corazón. Te desafío, en el nombre de Señor, a que consagres ahora tu billetera y teléfono para

Cristo. No dejes pasar varios días sin enviar un mensaje de texto o un WhatsApp, aunque sea a una sola persona, sobre algo que inspire esperanza, amor, fe y salvación.

Utiliza las redes sociales para sembrar esperanza: Si usas las redes sociales a menudo, aprovecha este medio para compartir mensajes de esperanza. Proponte de enviar constantemente mensajes de Dios, ya sea un versículo bíblico, una música que eleva, un vídeo motivador, un enlace de sermón, etc. Tenemos que utilizar la tecnología, el Internet y las redes sociales para evangelizar y sembrar esperanza.

Reparte constantemente literatura misionera: especialmente con las personas que contactes diariamente. A veces no se da el momento para hablar abiertamente de Cristo, pero puedes aprovechar para sembrar el mensaje escrito. "Que todo creyente esparza volantes, folletos y libros que contengan el mensaje para este tiempo",[77] afirmó Elena de White. "Lleva contigo literatura misionera dondequiera que vayas, y compártela con las personas que te encuentres",[78] señaló Ted Wilson.

Evalúate a ti mismo a menudo y planifica para Dios: Es importante hacer introspección y evaluarse de vez en cuando; es parte del crecimiento para analizar las áreas que uno necesita mejorar. Por ejemplo, "si lo que predicas no está tocando a otros, es porque no te ha tocado primero a ti", señaló Curry R. Blake. Al mismo tiempo que uno hace esta evaluación, debe hacer una buena planificación misionera.

Vive la misión, sé un mensajero de esperanza

Recuerda que tú eres un mensajero de esperanza, un misionero llamado por Dios, un evangelista que predica la verdad, un embajador del cielo, un soldado de Jesucristo, un pescador de hombres, un siervo de Dios, un ministro del evangelio, un hombre o una mujer enviada por Dios. Procura vivir la misión como un estilo de vida.

Comienza sirviendo a Dios en las cosas pequeñas y en lo que tienes a mano para realizar, y hazlo con alegría. A veces el Señor te coloca para hacer ciertas tareas que tal vez no sean de tu agrado, pero las tienes que hacer. No te molestes ni digas: "Esto no lo hago porque no me gusta, que lo haga otro". Imagina si José hubiera tomado esta actitud mientras estaba como esclavo de Potifar o cuando estaba en la cárcel, jamás hubiera llegado a ser el gran gobernador de Egipto.

Sigamos el consejo bíblico: "Siembra tu semilla por la mañana, y por la tarde siémbrala también, porque nunca se sabe qué va a resultar mejor" (Eclesiastés 11:6, DHH). "El que con lágrimas siembra, con regocijo cosecha" (Salmos 126:5, NVI) *¡El que persevera en sembrar salvará a muchos!* (ver Juan 4:36-39). "Te pregunto: ¿Por qué seguir esperando como un simple espectador si ya podemos comenzar esta semana un plan de siembra y de rescate que glorifique a Dios? ¡Ve y has ahora tu parte como evangelista! ¡Dios hará el resto!".[79]

El Señor "dondequiera que vamos nos usa para hablar a otros y para esparcir el evangelio como perfume fragante" (2 Corintios 2:14, NVB). Medita ahora sobre tu vida diaria de testimonio, ¿qué se asemeja más: a un *"perfume abierto"* que esparce constantemente la fragancia de Cristo, o un *"perfume cerrado"* que no cumple su función de perfumar o difundir las buenas nuevas de la salvación?

El apóstol Pablo se preguntaba: "¿Será que no han oído? ¡Por supuesto que sí! *La voz de los mensajeros ha resonado en todo el mundo* y sus palabras han llegado hasta el último rincón de la tierra" (Romanos 10:18, BLP). Para que esto se cumpla en nuestro tiempo es vital que decidamos servir y ser mensajeros de esperanza todos los días.

Que hoy podamos decir con convicción: *"Vivo la misión, soy un mensajero"*. Tal vez digas: "es que me siento indigno, me siento estancado en la obra. Me falta el fuego interno, no tengo esa pasión que algunos tienen". Si nos ponemos a negociar con estos pensamientos estamos en peligro. El diablo ganará la victoria. ¿Por qué no pedirle a Dios que toque tus labios con "carbón encendido", así como lo hizo con Isaías? (Isaías 6:5-8). ¡Vive la misión, sé un mensajero de esperanza!

¿Cuáles son mis motivaciones como mensajero de esperanza?

Hay ciertas tendencias que muchos cristianos experimentan frente al llamado de Dios a la misión. La mayoría de ellas son negativas y traen malos efectos en la espiritualidad de un creyente. Daremos algunos ejemplos de las tendencias y motivaciones más comunes:

Miedosa (se siente intimidado por casi todo): "Prefiero no decir nada para no pasar vergüenza", "si no lo hago, Dios me puede castigar". **Forzada** (siente que le están "obligando"): "Me siento presionado a hacer algo que no me gusta", "que pesado es este pastor, está exagerando un poco en relación a la misión". **Excusadora** (con muchos peros y justificaciones): "No me siento bien como para hablar a otros", "no tengo el don", "no estoy preparado lo suficiente", "no tengo tiempo". **Conformista** (quiere hacer lo mínimo posible): "Ya tengo un cargo en la iglesia y ya es suficiente", "hay que ser equilibrado, ¿para qué sacrificarse tanto?". **Interesada** (motivada por la codicia o la envidia): "Quiero recibir el premio del que más bautizó en mi iglesia", "si trabajo duro, voy a poder conquistar un puesto como líder en mi iglesia". **Facilista** (busca lo más fácil y cómodo): "No hay que ser extremista ni fanático, Dios no es tan exigente", "yo predico con mi testimonio y basta". **Meritoria** (pretende ganar "puntos" para su salvación): "Voy hacer algo para Dios para no perderme, ya que si no tengo una estrella en mi corona no seré salvo". **Aparentosa**

(vive de apariencia): "¿Qué va a decir la iglesia si no me involucro?", "no me gusta que piensen que hago poco en la iglesia". **Criticona**: "No me involucro mucho en esta iglesia porque son todos unos hipócritas". **Egoísta** (busca que le sirvan): "La iglesia tiene que velar por mis intereses". **Narcisista** (busca hacerse ver y llamar la atención): "Eso lo tengo que hacer yo, porque lo hago mejor". Te pregunto: ¿con cuáles de estas motivaciones te identificas, aunque sea parcialmente, y están infectando tu vida en este momento? **Redentora** (por amor a Dios y a las almas): "Deseo servir mejor a mi Maestro", "no puedo callar, hay algo que me impulsa", "siento que Dios me está llamando...", "Señor, aviva tu obra...", "prefiero gastarme y ser gastado...", "iré a donde Dios me mande". Esta debiera ser la razón principal que nos impulse a trabajar para Dios. La Biblia dice: "Y todo lo que hagáis, hacedlo de corazón, como para el Señor y no para los hombres" (Colosenses 3: 23).

Respecto a las motivaciones erróneas para la misión, recordemos a Judas Iscariote. Él fue un discípulo que quería estar con Jesús, predicó el evangelio y dejó la mayoría de las cosas por seguir a Cristo. El gran problema de Judas es que amaba más el dinero que al Maestro. Amaba más lo que podía obtener que lo que podía dar. Amaba más el puesto que el sacrificio. De igual manera, corremos el peligro de permitir que ciertas motivaciones hacia la misión ocupen el primer lugar en vez de la que debería ser nuestra prioridad: nuestro amor a Dios y a las almas.

"Hazme, oh Dios, un mensajero de esperanza de verdad"

Hace varios años escuché una historia de un pastor que me hizo reflexionar. Él era muy activo en la obra de Dios, querido por los hermanos de iglesia y un gran evangelista. Muchos fueron los resultados obtenidos en su ministerio. Llegó a ser campeón en ganancia de almas en su Asociación por varios años seguidos. Cierta noche tuvo un sueño que le conmovió en lo más profundo. Un ángel se le apareció diciendo que vino para evaluar su ministerio. El pastor estaba contento pensando que el ángel lo felicitaría por la buena trayectoria que él había desempeñado como obrero en los últimos años. El ángel le dijo: "No he venido a evaluar tus resultados sino tus verdaderas motivaciones que te impulsaron a hacer lo que hiciste". El pastor, un tanto preocupado, expresó: "Tú sabes que yo amo a Jesús, he dado mi vida por la misión". El ángel le respondió: "Yo sé que amas a Jesús, pero no como prioridad. Yo sé que amas a las personas, pero no lo suficiente. Hay otras cosas que tú amas más". "Pero ¿cómo? no entiendo, por qué me dices esto, respondió el pastor.

El ángel, mirándole a los ojos, le dijo: "Querido... (llamándole por su nombre), esta es la radiografía de tus verdaderas motivaciones en el ministerio: 30 % de amor al yo, 20 % de amor al estatus y a la reputación,

117

17 % de amor a los resultados y al reconocimiento, 15 % de amor al poder y al dinero, 10 % de amor a las almas y 8 % de amor a Dios. A menos que cambies drásticamente este porcentaje y priorices el amor a Dios y a las almas de verdad, estarás perdido para siempre". En ese momento el pastor despertó del sueño asustado y con el corazón palpitando. Se dio cuenta que necesitaba arrepentirse, recapacitó y le pidió al Señor de todo corazón que transforme sus motivaciones erradas. A partir de allí, su vida cambió para la gloria de Dios.

Si un ángel se te apareciera hoy para evaluar tus verdaderas motivaciones en la obra, ¿qué imaginas que te diría? Hacemos bien en reflexionar sobre esto y permitir que el Espíritu Santo nos hable. Pidámosle a Dios que transforme nuestro corazón, que extirpe nuestras motivaciones mundanales, que ponga en nosotros una actitud redentora, donde la prioridad sea Cristo y las almas. Porque solamente así podremos ser verdaderos mensajeros de esperanza.

Referencias

[1] http://dle.rae.es/?id=POYSszU
[2] *Los hechos de los apóstoles*, p. 90.
[3] Russell Burrill, *Reavivamiento del discipulado*, (Bogotá, Colombia: APIA, 2007), p. 46.
[4] *Ibíd.*, p. 16.
[5] *Servicio cristiano*, p. 14.
[6] https://www.youtube.com/watch?v=GncBOAMXMvQ (al minuto 40)
[7] *Servicio cristiano*, p. 15.
[8] *Palabras de vida del gran Maestro*, p. 262.
[9] https://www.esbocosermao.com/2014/12/o-que-e-missao.html
[10] https://metodista.br/faculdade-de-teologia/ex-alunos/o-que-e-missao
[11] *El camino a Cristo*, p. 81.
[12] *El ministerio de curación*, p. 107.
[13] *Servicio cristiano*, p. 17.
[14] José Espinosa, *Discipulado en acción* (Montemorelos, México. Publicaciones Universidad de Montemorelos, 2011), p. 77.
[15] *Ministerio de curación*, p. 313.
[16] *Testimonios para los ministros*, p. 205.
[17] *Testimonios para la iglesia*, tomo 7, p. 21.
[18] *Testimonios para los ministros*, p. 205.
[19] Elena de White, *Review and Herald*, 1 de enero de 1889.
[20] *Servicio cristiano*, p. 87.
[21] *El Deseado de todas las gentes*, p. 216.
[22] *Testimonios para la iglesia*, tomo 6, p. 430.
[23] *Los hechos de los apóstoles*, p. 89.
[24] *Palabras de vida del gran Maestro*, p. 150.
[25] *El Deseado de todas las gentes*, p. 765.
[26] Esta sección fue sacada en su mayoría del libro *El Mensaje Final*, de las p. 20-22 y 232-235. Para ampliar más sobre este tópico, recomendamos leer el capítulo 1 y 8 de ese libro, también escrito por el pastor Esteban Griguol.
[27] Elena de White, *El Deseado de todas las gentes*, p. 585.
[28] Esteban Griguol, *El mensaje final* (cuarta edición, 2023), p. 21.
[29] *Servicio cristiano*, p. 13.

30 Doug Batchelor, *Being a Fearless Witness* [Sé un testigo valiente], boletín mensual de Amazing Facts, marzo 2014.
31 *Adventist World Magazine*, edición de junio 2015, p. 10.
32 *Eventos de los últimos días*, p. 38.
33 *Servicio cristiano*, p. 99.
34 *El evangelismo*, p. 505.
35 Esteban Griguol, *El mensaje final* (cuarta edición, 2024), p. 22.
36 *Ibíd.*
37 *Testimonios para la iglesia*, tomo 6, p. 467.
38 *Los llamados, los escogidos*, p. 178.
39 Esteban Griguol, *El mensaje final* (tercera edición, 2024), p. 88.
40 *Eventos de los últimos días*, p. 43.
41 Elena de White, *Consejos sobre salud*, p. 213.
42 *Joyas de los testimonios*, tomo 1, p. 88.
43 Elena de White, *El otro poder*, p. 31.
44 *Joyas de los testimonios*, tomo 3, p. 300.
45 *Notas biográficas de Elena de White*, p. 454.
46 Elena de White, *Alza tus ojos*, p. 306.
47 Esteban Griguol, *El mensaje final* (cuarta edición, 2024), p. 54.
48 *Ibíd.*
49 *Consejos sobre la salud*, p. 71.
50 Elena de White, *Testimonios para la iglesia*, tomo 7, p. 136.
51 Nick Kross, *Revista Adventista* (edición de España), junio 2015, p.11.
52 Elena de White, *The Southern Watchman*, 29 de marzo de 1904.
53 Elena de White, *Joyas de los testimonios*, tomo 3, p. 293.
54 *El Deseado de todas las gentes*, p. 116.
55 *Los hechos de los apóstoles*, p. 266.
56 *El camino a Cristo*, p. 79.
57 *El Deseado de todas las gentes*, p. 116.
58 *Palabras de vida del gran Maestro*, p. 262.
59 *El camino a Cristo*, p. 101.
60 *Joyas de los testimonios*, tomo 3, p. 68.
61 *El Deseado de todas las gentes*, p. 765.
62 Elena de White, *Recibiréis poder*, p. 312.
63 *Servicio cristiano*, pp.112, 113.
64 Elena de White, *Review and Herald*, 13-10-1904.
65 *Servicio cristiano*, p.135.
66 *Obreros evangélicos*, p. 87.
67 *El ministerio de curación*, p. 107.
68 Elena de White, *Mente, carácter y personalidad*, tomo 2, p. 78.
69 Elena de White, *Ser semejante a Jesús*, p. 70.
70 *El Deseado de todas las gentes*, p. 116.
71 *El camino a Cristo*, p. 80.
72 *Servicio cristiano*, p. 105.
73 Rick Warren, *Una vida con propósito*, (Miami, Florida: Editorial Vida, 2003), p. 309.
74 *El Deseado de todas las gentes*, p. 214.
75 *El ministerio de curación*, p. 102.
76 *Testimonios para la iglesia*, tomo 9, p. 152.
77 *El colportor evangélico*, p. 22.
78 Ted Wilson, *Almost Home*, p. 139.
79 Esteban Griguol, *El mensaje final* (cuarta edición, 2023), p. 151.

Capítulo 6

LOS VALDENSES DEL SIGLO XXI

"Ustedes son un pueblo elegido por Dios, sacerdotes al servicio del Rey, una nación santa, y un pueblo que pertenece a Dios" (1 Pedro 2:9, PDT)

Recuerdo que mientras estudiaba teología en Argentina, uno de mis profesores pasó un video que trataba sobre los valdenses. La verdad que me impactó en gran manera su valentía y fe inquebrantable por defender y predicar la Palabra de Dios. Recuerdo que dije: "Estos sí que eran misioneros con todas las letras". Tal vez te preguntes: "Pero, ¿quiénes fueron realmente los valdenses? ¿Valdrá la pena saber sobre ellos?

En primer lugar, los valdenses fueron un pueblo obediente a Dios durante cientos de años antes de la reforma protestante. Vivieron en Europa, principalmente en los Valles del Piamonte y los Alpes al norte de Italia. Ellos mantuvieron en alto la antorcha de la verdad. Fueron uno de los pueblos más fieles y misioneros de todos los tiempos.

Eran cristianos ejemplares. "Llevaban una vida sencilla, eran modestos en el vestir, huían del lujo [...] Vivian de su trabajo [...] No amontonaban riquezas, conformándose con lo necesario [...] Se distinguían por la sencillez de su fe, la pureza de su vida y la integridad de sus costumbres".[1] Son llamados también el *Israel de los Alpes*.

Elena de White dice que su historia *"está escrita en el cielo*, aunque ocupa escaso lugar en las crónicas de la humanidad".[2] En los registros del cielo se guarda como un especial tesoro la historia de este pueblo olvidado por la mayoría. ¿Qué clase de historia te gustaría que se guarde de ti? ¿Qué se habrá escrito sobre ti en el *Libro de las Memorias* esta última semana? ¿Testificará de nuestro amor por Dios y celo por su obra o todo lo contrario?

La Palabra de Dios dice: "Pero ustedes son un pueblo elegido por Dios, sacerdotes al servicio del Rey, una nación santa, y un pueblo que pertenece a Dios. Él los eligió para que anuncien las poderosas obras de aquel que los llamó a salir de la oscuridad para entrar en su luz maravillosa" (1 Pedro 2:9, PDT). Tú y yo somos parte del Israel espiritual, con un llamado profético para este tiempo: preparar camino para la venida de Cristo y terminar la obra de evangelización.

Las raíces del pueblo valdense

Según la tradición valdense, este movimiento empezó en la ciudad de Lyon (Francia), alrededor del año 1170. Fue iniciado por Pedro Valdo, quien fue un comerciante rico y un devoto católico. En su búsqueda sincera por la verdad, tuvo acceso a una Biblia. La leyó con toda avidez y deseo de aprender; su mensaje cambió su vida.

Cierto día Pedro le pidió un consejo a un amigo de lo que debía hacer para agradar más a Dios. Él le leyó un pasaje de los evangelios donde Jesús le dijo al joven rico: "Si quieres ser perfecto, anda, vende lo que tienes, y dalo a los pobres, y tendrás tesoro en el cielo; y ven y sígueme" (Mateo 19:21). Conmovido por este texto, Pedro decidió vender todo lo que tenía; y la mayoría de lo recaudado se lo dio a los pobres y lo invirtió para esparcir las buenas nuevas del evangelio. Se quedó con una pequeña parte para mantener a su familia.

Luego comisionó a dos sacerdotes para traducir los evangelios y otros libros de la Biblia en el idioma del pueblo de esa región, que era el occitano. Después empezó a predicar en la ciudad de Lyon, persuadiendo a los habitantes a que despertaran espiritualmente y regresaran a la verdadera fe, tal como la enseñó Jesús y sus apóstoles. Formó un grupo de seguidores y de predicadores itinerantes de tiempo completo que fueron llamados los "Pobres de Lyon". Fue tal el impacto, que miles de personas fueron alcanzadas por el evangelio. También muchos lo dejaron todo, al igual que Valdo, para predicar.

El obispo de Lyon, envidioso y molesto por este nuevo despertar, prohibió la predicación en público y la difusión de las enseñanzas de Valdo. Sin embargo, Pedro y sus seguidores continuaron predicando a pesar de las amenazas, respondiendo a la jerarquía católica con la Palabra de Dios: "Es necesario obedecer a Dios antes que a los hombres" (Hechos 5:29). Pasado un tiempo, el papa Alejandro III excomulgó en 1184 a todos los implicados en este nuevo movimiento. Mandó a que se los persiguiera, encarcelara y matara, en especial a los misioneros.

El Papa, al darse cuenta de que el martirio no tenía el efecto deseado, "envió a varios eruditos monjes a predicar entre los valdenses, y a tratar de convencerlos de lo erróneo de sus opiniones. Entre estos monjes había uno llamado *Dominico*, que se mostró muy celoso por la causa del papado".[3] Este fraile fue el fundador de la orden de los frailes dominicos, que existe al día de hoy. Esta fue la primera orden inquisidora oficial de Roma. En el siglo XVI se levantó otra orden más poderosa, los jesuitas, que nacieron con el objetivo de destruir el protestantismo.

A raíz de la terrible persecución, los valdenses tuvieron que huir y refugiarse en la clandestinidad. Muchos de ellos se asentaron en los valles del Piomonte (Italia). Pero aun así, seguían predicando y difundiendo el evangelio por toda Europa. "Valdo llegó con su predicación hasta Polonia y Rusia".[4] Exiliado en Bohemia (República Checa), continuó fervorosamente predicando el evangelio, y falleció en 1217.

John Foxe, autor de *El libro de los mártires*, asevera que los valdenses fueron la continuación de los reformados, que eran los creyentes fieles de los siglos anteriores a Pedro Valdo.[5] Algunos historiadores protestantes señalan que el nombre de valdense procede del país de *Vaud* (palabra derivada de la palabra latina *vallis*, que significa valle), y se refiere a los cristianos fieles que fueron perseguidos y se refugiaron en los valles alpinos de Francia e Italia a partir del siglo IV. Elena de White afirmó que los valdenses mantuvieron "encendida la luz de la verdad en medio de la oscuridad de la Edad Media. *Allí los testigos de la verdad conservaron por mil años la antigua fe*".[6] Ella da a entender que los orígenes de este pueblo se remontan a varios siglos antes de Pedro Valdo.

Siete señales distintivas de los valdenses

El corazón de este capítulo se centra en siete señales distintivas del pueblo valdense que seguramente serán de gran inspiración para nuestras vidas. Los conceptos fundamentales están basados principalmente en el Espíritu de Profecía, especialmente en el capítulo cuatro del libro *El conflicto de los siglos*, que retrata la historia de ellos.

Estas señales que veremos a continuación dejaron un legado bendecido por Dios, no solo a las siguientes generaciones sino al mundo entero. Estas "marcas de fuego" prepararon a los valdenses para afrontar las terribles persecuciones en la época más oscura del mundo: durante los 1,260 años de supremacía papal.

Son éstas las mismas señales que hoy necesitamos cultivar más que nunca como hijos de Dios, si realmente queremos fortalecer nuestra vida espiritual en un nivel mucho más alto del que ahora tenemos. Y en el contexto de la crisis final que se avecina, estas características distintivas serán requeridas por todos aquellos que deseen mantenerse fiel hasta la venida de Cristo. Muy pronto grandes eventos sacudirán al mundo, y solo aquellos que tomen en serio estas siete características podrán hacer frente a la más grande crisis que sobrevendrá. ¡Vale la pena reflexionar en ellas!

1) Eran estudiosos de la Biblia

"Los valdenses se contaron entre los primeros de todos los pueblos de Europa que poseyeron una traducción de las Santas Escrituras. Centenares de años antes de la Reforma tenían ya la Biblia manuscrita en su propio idioma. Tenían pues la verdad sin adulteración y esto los hizo objeto especial del odio y de la persecución".[7] Ellos recibieron el apodo de ser *"el pueblo de la Biblia"*, por su gran conocimiento de las Sagradas Escrituras y por su pasión en difundir la Palabra de Dios.

Elena de White dice que *"la Biblia era para ellos el estudio principal"*.[8] ¿Será que se podría decir también esto de nosotros? ¿O será que las redes sociales son nuestro "estudio principal"? ¿O quizás la televisión u alguna otra cosa que está desviando nuestra atención de lo más importante? Para los valdenses dedicar tiempo para *leer la Biblia era una prioridad diaria*. Así debería ser para nosotros también.

Ellos no solo leían la Biblia, sino que la escudriñaban. Eran diligentes en investigar y saber más sobre las verdades de la Palabra de Dios. El estudio de la Biblia fue para ellos el principal medio para conservar la luz de verdad en medio de la gran oscuridad espiritual que hubo en la Edad Media. Pasaban horas leyendo la Biblia y meditando en el mensaje que leían. *Las Escrituras era su Maná diario* que nutría su fe. Porque "no sólo de pan vivirá el hombre, sino de toda palabra que sale de la boca de Dios" (Mateo 4:4), dijo Jesús.

Los valdenses "apreciaban los principios de verdad más que las casas, las tierras, los amigos y parientes, más que la vida misma".[9] Ellos buscaban primeramente el reino de Dios (Mateo 6:33), todo lo demás era secundario. Ellos preferían seguir los principios del Escrito Está, antes que gozar de los bienes materiales y de los placeres de este mundo. El mensaje de la Palabra de Dios era mucho más valioso que las riquezas. Muchos de ellos dedicaban un promedio de dos horas diarias para leer la Palabra de Dios. Este era uno de los secretos de su fortaleza espiritual.

Recordemos que tener una Biblia completa en aquella época era muy difícil, todavía no existía la imprenta. Había gente sincera que estaba dispuesta a pagar fortunas por tener una Biblia. Muchos se maravillaban al tener algunas porciones de la Biblia. Lamentablemente hoy en día muchos cristianos la valoran muy poco. ¡Qué gran contraste!

Una de las estrategias principales del diablo en aquella época era evitar que la gente tuviera un ejemplar de la Palabra de Dios en sus hogares. Es más, no era permitido tener una Biblia, solo los sacerdotes la podían tener. Ahora al diablo no le preocupa tanto el que uno tenga una Biblia en casa, sino que uno la lea diligentemente. Por eso, su estrategia principal hoy es saturar de información al creyente y colocar un montón de distractores, de modo que el creyente pierda la prioridad, el gusto o el interés por la lectura de las Sagradas Escrituras.

Los valdenses *tenían el hábito de memorizar la Palabra de Dios.* Elena de White dice que "se aprendían de memoria sus preciosas palabras. *Muchos podían recitar grandes porciones del Antiguo Testamento y del Nuevo*".[10] No es que se sabían solamente el Salmo 23, sino grandes porciones de la Biblia, que incluía muchos capítulos y varios libros. Era costumbre entre los valdenses que cuando un niño cumplía los doce años debía recitar y saber de memoria los evangelios: Mateo, Marcos, Lucas y Juan. No era el propósito de que aprendieran de memoria como "loros" para cumplir un requisito, sino para "inyectar" en todo su ser la mejor medicina del mundo: ¡la Palabra de Dios!

Ponte a pensar, ¿cuántos versículos de la Biblia sabes de memoria? La gran mayoría de los cristianos sabe muy pocos versículos, no supera los veinte de los 31.104 versículos que tiene toda la Biblia. Te animo a que puedas aprender de memoria sobre todo las promesas de Dios. Escoge las 40 promesas que más te gusten, y proponte aprender de memoria una por semana. Al hacerlo estarás fortaleciendo tus "músculos" espirituales. Además, las promesas de Dios son como vitaminas para el alma. Si lo comienzas a hacer esta semana, estarás tomando una decisión que el Cielo aprueba. Por favor, no digas "voy a ver si lo hago", sino "lo voy a hacer con la ayuda de mi Señor".

La Palabra de Dios estaba impregnada en todo su ser. Seguían el consejo de Moisés, que también es para nosotros: "Y estas palabras que yo te mando hoy, estarán sobre tu corazón; y las repetirás a tus hijos, y hablarás de ellas estando en tu casa, y andando por el camino, y al acostarte, y cuando te levantes. Y las atarás como una señal en tu mano, y estarán como frontales entre tus ojos; y las escribirás en los postes de tu casa, y en tus puertas" (Deuteronomio 6:5-9).

León Tolstoy decía: "El desarrollo moral del niño y de toda persona es imposible sin leer la Biblia". Emmnucl Kant señaló: "La existencia de la Biblia como un libro para el pueblo, es el beneficio más grande que la raza humana ha experimentado". Isaac Newton afirmó: "Considero las Sagradas Escrituras como la sublime filosofía". "La naturaleza nos forma, la cultura nos informa, pero solamente la Biblia nos transforma", dijo un predicador. "La Biblia es el libro más grandioso de todos; estudiarla es la más noble de todas las ocupaciones; entenderla, la más elevada de todas las metas", afirmó Charles C. Ryrie.

La Biblia es el mejor libro de educación que jamás haya existido. "Un amplio conocimiento de la Biblia vale más que una carrera universitaria", dijo Theodore Roosevelt. "Tener conocimiento de la Biblia sin un curso universitario, es de mayor valor que tener un curso universitario sin el conocimiento de la Biblia", afirmó William Phels. La Palabra de Dios declara: "Nunca dejes de leer el libro de la Ley; estúdialo de día y de noche, y ponlo en práctica, para que tengas éxito en todo lo que hagas" (Josué 1:8).

El Espíritu de Profecía dice: "No hay ninguna cosa mejor para fortalecer la inteligencia que el estudio de las Santas Escrituras. Ningún otro libro es tan potente para elevar los pensamientos, para dar vigor a las facultades, como las grandes y ennoblecedoras verdades de la Biblia. Si se estudiara la Palabra de Dios como se debe, los hombres tendrían una grandeza de espíritu, una nobleza de carácter y una firmeza de propósito que raramente pueden verse en estos tiempos".[11]

Así como el estudio de la Biblia fue fundamental para los valdenses hacer frente a la persecución papal, también lo será para los fieles creyentes que pasen la crisis final que se aproxima. Elena de White escribe: *"Sólo los que hayan estudiado diligentemente las Escrituras* y hayan recibido el amor de la verdad en sus corazones, serán protegidos de los poderosos engaños que cautivarán al mundo".[12] "Todos aquellos cuya fe no esté firmemente cimentada en la Palabra de Dios serán engañados y vencidos".[13] "Solo los que hayan fortalecido su espíritu con las verdades de la Biblia podrán resistir en el último gran conflicto".[14]

Oremos de corazón a Dios y pidámosle que nos ayude a priorizar la lectura de la Biblia de ahora en adelante. Pon esta petición en tu lista de oración. Que no pase un día sin leer tu Biblia al menos diez minutos. Es más, hoy tenemos una gran ventaja, podemos descargar la Biblia en audio y escucharla en nuestros teléfonos móviles mientras viajamos, ya sea en el tren, el autobús o el automóvil. "La fe es por el oír, y el oír, por la palabra de Dios" (Romanos 10:17). Aprovecha tu tiempo mientras viajas para escuchar el audio de la Biblia, de algunos libros del Espíritu de Profecía, o un buen sermón que te eleve.

2) Eran gente de mucha oración

Los valdenses dedicaban tiempo para orar, para abrir su corazón a Dios. Ellos estudiaban la Biblia "con oración y lágrimas".[15] Antes de abrir las Sagradas Escrituras, hacían oraciones fervorosas para que el Espíritu Santo los guiará a toda la verdad.

"Constantemente elevaban su corazón a Dios pidiéndole sabiduría".[16] No solo oraban de mañana y a la noche antes de dormir, sino que llevaban un espíritu constante de oración en todo momento. "Orad sin cesar" (1 Tesalonicenses 5:17) dijo Pablo. "La oración debe ser la llave del día y el cerrojo de la noche", decía Charles Spurgeon.

Es interesante lo que dijo Edmud M. Bounds: "La oración es la condición señalada para conseguir la ayuda de Dios. Esta ayuda es tan múltiple e ilimitada como el mismo poder de Dios y tan vasta como la misma necesidad del hombre". También lo que Arthur Keough señaló: "La oración hace posible más cosas de lo que jamás el mundo ha soñado".

El Espíritu de Profecía señala: "Las mayores victorias de la iglesia de Cristo o del cristiano no son las que se ganan mediante el talento o la educación, la riqueza o el favor de los hombres. Son las victorias que se alcanzan en la cámara de audiencia con Dios, cuando la fe fervorosa y agonizante se ase del poderoso brazo de la omnipotencia".[17] Recuerda: poca oración, poco poder; mucha oración, mucho poder.

"La oración es la vida del alma. La oración de fe es el arma con la cual podemos resistir con éxito cada ataque del enemigo".[18] "Satanás no puede soportar que se recurra a su poderoso rival, porque teme y tiembla ante su fuerza y majestad. Al sonido de la oración ferviente, toda la hueste de Satanás tiembla".[19]

Para los valdenses la oración fue la fuente de su fortaleza. De igual manera, "del lugar secreto de oración fue de donde vino el poder que hizo estremecerse al mundo en los días de la gran Reforma. Allí, con santa calma, se mantenían firmes los siervos de Dios sobre la roca de sus promesas".[20] Mientras más eran perseguidos los valdenses más se aferraban a las promesas de Dios y más tiempo dedicaban a la oración.

"La oración es la herramienta del éxito establecida por el cielo. Exhortaciones, peticiones y ruegos entre hombre y hombre, mueven a los hombres y desempeñan una parte en el control de los asuntos de las naciones. Pero *la oración mueve al cielo*. Sólo ese poder que viene en respuesta a la oración hará a los hombres sabios en la sabiduría del cielo y los capacitará para trabajar en la unidad del Espíritu, unidos por el vínculo de la paz. La oración, la fe y la confianza en Dios ponen en juego un poder divino que coloca las maquinaciones humanas en su verdadero valor: cero".[21] ¡Wau, qué pensamiento poderoso!

La Palabra de Dios dice: "Clama a mí, y yo te responderé; te daré a conocer cosas grandes y maravillosas que tú no conoces" (Jeremías 33:3, RVC). "El Señor está cerca de quienes lo invocan, de quienes lo invocan en verdad. Cumple los deseos de quienes le temen; atiende a su clamor y los salva" (Salmos 145:18-19. NVI). "La oración es la llave en la mano de la fe para abrir el almacén del cielo, donde están atesorados los recursos infinitos de la Omnipotencia".[22]

"Si permitimos que el exceso de trabajo nos aleje de nuestro propósito de buscar diariamente al Señor, cometeremos los mayores errores; incurriremos en pérdidas, porque el Señor no está con nosotros; así hemos cerrado la puerta para que él no tenga acceso a nuestras almas".[23] Nuestra pereza diaria para orar es una de las mayores causas de nuestros fracasos y malas decisiones que tomamos.

El diablo hará de todo para que tú no ores lo suficiente. "Bien sabe Satanás que todos aquellos a quienes pueda inducir, a descuidar la oración, y el estudio de las Sagradas Escrituras serán vencidos por sus ataques. De aquí que invente cuanta estratagema le es posible para tener las mentes distraídas".[24]

Necesitamos dedicar más tiempo para la oración. No te desanimes, el caminar en la oración es un proceso de crecimiento. Comienza a orar cinco minutos más cada día. Abre tu corazón a Dios cada día, cuéntale todo lo que te preocupa, confiesa tus debilidades y tentaciones para que el Señor te dé fuerzas para vencer, agradécele por sus bendiciones, pídele con fe lo que más necesitas y entrégate al Señor cada día como misionero. Forma el hábito de elevar tu pensamiento al Trono de la Gracia, varias veces al día, mientras realizas tus actividades diarias.

3) No se quejaban por las dificultades de su vida

Con relación a la actitud de los valdenses ante las pruebas, el Espíritu de profecía señala: *"No se quejaban por las dificultades de su vida*; y nunca se sentían solos en medio de la soledad de los montes. Daban gracias a Dios por haberles dado un refugio donde librarse de la crueldad y de la ira de los hombres. Se regocijaban de poder adorarle libremente".[25] Humanamente hablando tenían muchísimas razones para quejarse. Pero como Pablo decían: "He aprendido a estar satisfecho en cualquier situación en que me encuentre" (Filipenses 4:11, NVI).

En contraste, si analizamos la historia del pueblo de Israel en el Antiguo Testamento, veremos que la mayoría se caracterizaba por la murmuración, el descontento, el chisme, la crítica destructiva y las quejas constantes. Este "virus" dañino también ha infectado como epidemia nuestras iglesias. Este mal espíritu destruye la fe, bloquea la bendiciones de Dios, causa desunión, debilita la misión, desgasta las fuerzas de los líderes, y abre las puertas a los demonios.

Dios aborrece, detesta y maldice el espíritu de quejas. Por ejemplo, en una ocasión cuando los israelitas se quejaron contra Moisés y con Dios, "lo oyó Jehová, y ardió su ira, y se encendió en ellos fuego de Jehová, y consumió uno de los extremos del campamento" (Números 11:1). En otra vez, cuando el pueblo de Israel escuchó los informes de los doce espías, "se quejaron contra Moisés y contra Aarón todos los hijos de Israel" (Números 14:2). Como consecuencia de ese espíritu de quejas que ahogaba la fe en el Todopoderoso, Jehová decidió que ninguno entraría a la tierra de Canaán, excepto Josué y Caleb, por cuanto hubo en ellos un "espíritu diferente" (Números 14:24). Dios también dijo: "¿Hasta cuándo voy a soportar las quejas de este pueblo malvado?" (Números 14:27, TLA). *"El espíritu de murmuración era la maldición de Israel"*,[26] señala Elena de White.

Los valdenses, aunque sufrieron muchas privaciones, siguieron firmes en la fe. "Las persecuciones que por muchos siglos cayeron sobre esta gente temerosa de Dios *fueron soportadas por ella con una paciencia y constancia* que honraban a su Redentor".[27] ¿Cómo está tu "amortiguador" espiritual frente a las dificultades? Seguramente muchos valdenses podían decir como Job: "Jehová dio, y Jehová quitó; sea el nombre de Jehová bendito" (Job 1:21). "Mas Él conoce mi camino; me probará, y saldré como oro" (Job 23:10).

Dios permite que pasemos por ciertas experiencias difíciles y dolorosas a fin de que podamos ayudar mejor a las personas que pasan por circunstancias similares. "Él nos consuela en todos nuestros sufrimientos, para que nosotros podamos consolar también a los que sufren, dándoles el mismo consuelo que él nos ha dado a nosotros" (2 Corintios 1:4, DHH). Tu historia de vida puede ser de bendición para otros si compartes lo que el Señor ha hecho por ti. Aldous Huxley dijo: "La experiencia no es lo que te pasa a ti, es lo que haces con lo que te pasa". Así que, no te lamentes ni deprimas por todo lo que sufriste, úsalo para ayudar a otros.

"Queridos hermanos, no se extrañen de verse sometidos al *fuego de la prueba*, como si fuera algo extraordinario. Al contrario, alégrense de tener parte en los sufrimientos de Cristo, para que también se llenen de alegría cuando su gloria se manifieste" (1 Pedro 4:12-13, DHH). "Pero si alguno padece como cristiano, no se avergüence, sino glorifique a Dios por ello" (1 Pedro 4:16, lee también 1 Pedro 1:6-7; 3:14-15; 4:19; 5:10).

Las pruebas, las dificultades y los obstáculos en el camino son necesario para nuestro crecimiento y madurez espiritual. "El Señor disciplina a sus obreros, a fin de que estén preparados para ocupar los puestos que les señala [...] Dios prepara a algunos haciéndoles sufrir desilusión y aparente fracaso. Es propósito suyo que aprendan a dominar las dificultades [...] Dios les presentará claramente su camino. Obtendrán éxito mientras luchen contra dificultades aparentemente insuperables".[28]

4) Tenían un gran espíritu misionero

El evangelismo y la predicación eran su estilo de vida. Tenían pasión por predicar el evangelio. La sierva del Señor dijo: "El espíritu de Cristo es un espíritu misionero. El primer impulso del corazón regenerado es el de traer a otros también al Salvador. Tal era el espíritu de los cristianos valdenses".[29] Necesitamos contagiarnos más de este buen espíritu.

"Los valdenses ansiaban compartir el pan de vida".[30] "Su mayor gozo era infundir esperanza a las almas sinceras y agobiadas por el peso del pecado, que no podían ver en Dios más que un juez justiciero y vengativo. Con voz temblorosa y lágrimas en los ojos y muchas veces hincados de hinojos, presentaban a sus hermanos las preciosas promesas que revelaban la única esperanza del pecador".[31] Vale la pena reflexionar:

¿Cuál es mi mayor gozo de cada día? ¿Realmente tengo un fuerte deseo de compartir la buenas nuevas de salvación?

Los predicadores valdenses fueron llamados "barbas". Eran personas campesinas con muy escasos recursos económicos. Durante el invierno se juntaban en el colegio de los barba para seguir aprendiendo a leer y escribir, fortalecerse entre ellos, estimular a otros para hacer lo mismo, formarse en la sana doctrina, y mejorar su estrategia de evangelización. Este pequeño colegio eran varias casitas de piedra en Pra del Torno (en el valle de Angroña), a pocos kilómetros del actual pueblo Torre Pellice (que recibió el apodo de "Ginebra italiana", por la libertad religiosa que había). A los pastores valdenses se les exigía que estuvieran como evangelistas y misioneros por tres años en tierras distantes para recién cuidar de una iglesia.

El Espíritu de Profecía nos amonesta: "Sería bueno que todos nuestros obreros estudiaran la historia de los misioneros valdenses e imitaran su ejemplo de sacrificio y abnegación".[32] También nuestros pioneros se caracterizaron por este mismo ejemplo. "Si se manifestase en el cumplimiento actual de la obra la misma diligencia y abnegación que se vio en sus comienzos, veríamos resultados cien veces mayores que los alcanzados ahora".[33] Hoy por hoy, ¿cómo está en la práctica tu espíritu de sacrificio y abnegación por la misión?

La sierva del Señor escribió: "La más alta de todas las ciencias es la de salvar almas. La mayor obra a la cual pueden aspirar los seres humanos es la de convertir en santos a los pecadores".[34] La Palabra de Dios dice: "Entréguense completamente a Dios [...] como un instrumento para hacer lo que es correcto para la gloria de Dios" (Romanos 6:13, NTV).

"Un celo intenso debe posesionarse ahora de nosotros. Nuestras energías adormecidas deben despertarse y consagrarse a un esfuerzo incansable. Obreros consagrados deben ir al campo, para preparar el camino del Rey".[35] "Ha de efectuarse una gran obra; han de trazarse planes más amplios [...]. Los hombres cuya fe es débil y vacilante no son los que han de llevar adelante la obra en esta importante crisis. Necesitamos el valor de los héroes y la fe de los mártires".[36]

Los valdenses pusieron las bases de la Reforma Protestante. Elena de White señala: "Fue el poder del Espíritu Santo lo que durante la época del obscurantismo permitió a los cristianos valdenses contribuir a la preparación del terreno para la Reforma".[37] El legado de los valdenses dio fruto en la Reforma Protestante y en el movimiento adventista.

"Muchas veces nuestro "silencio" en la testificación es más bien un acto de cobardía que un acto de prudencia. ¿Sabías que los cobardes no entrarán en el reino de los cielos? (Apocalipsis 21:7-8). Dios nos llamó para ser valientes y no cobardes (Josué 1:9)".[38] *Porque no nos ha dado*

Dios espíritu de cobardía, sino de poder... Por tanto no te avergüences de dar testimonio de nuestro Señor" (2 Timoteo 1:7-8).

Recordemos que nuestro cometido no termina en la ciudad donde vivimos, sino que empieza allí. Jesús dijo: "Me seréis testigos en Jerusalén, en toda Judea, en Samaria, y hasta lo último de la tierra" (Hechos 1:8). Esto incluye nuestra ciudad, nuestra provincia o estado, nuestro país y el resto del mundo. Te animo a que hagas serios planes de dedicar al menos un mes o tres meses para tener una experiencia misionera a tiempo completo fuera de tu ciudad. Es más, si puedes ir un año como misionero en otro país, será de gran bendición para tu vida en primer lugar. Esto enriquecerá y ampliará tu visión de la misión.

Necesitamos renovar cada día nuestro voto de consagración al servicio. "Mañana tras mañana, cuando los heraldos del Evangelio se arrodillan delante del Señor y *renuevan sus votos de consagración*, él les concede la presencia de su Espíritu con su poder vivificante y santificador. Y al salir para dedicarse a los deberes diarios, tienen la seguridad de que el agente invisible del Espíritu Santo los capacita para ser colaboradores juntamente con Dios".[39]

5) Eran fieles a Dios hasta la muerte

Los valdenses se caracterizaron por su fidelidad a Dios. Por supuesto, no todos se mantuvieron fieles, hubo quienes hicieron concesiones con Roma y abandonaron la fe por temor a perder sus bienes y hasta su vida misma. Pero la mayoría de los valdenses en la Edad Media se mantuvieron fieles hasta la muerte. Como Pablo podían decir: "Yo estoy dispuesto, no solamente a ser atado sino también a morir [...] por causa del Señor Jesús" (Hechos 21:13, DHH).

Elena de White escribió: "Mas entre los que resistieron las intrusiones del poder papal, los valdenses fueron los que más sobresalieron".[40] "Una y otra vez fueron asolados sus productivos campos, destruidas sus habitaciones y sus capillas".[41] "Los valdenses habían sacrificado su prosperidad mundana por causa de la verdad".[42] Te pregunto, ¿qué has sacrificado últimamente por Dios y la misión? Muchas veces lo que llamamos "sacrificio" es apenas una "migaja" de servicio.

Ellos fueron considerados como herejes por la Iglesia Católica. Miles fueron torturados y asesinados. Hubo varias acciones militares represivas coordinadas por la Iglesia de Roma. En algunas de ellas fueron protegidos por Dios y salieron victoriosos, pero en muchas sufrieron el golpe letal de sus enemigos. Por ejemplo, en 1655 y en 1685 las tropas de Saboya efectuaron una gran masacre en las tierras valdenses, por no querer someterse a las doctrinas de Roma. Los que sobrevivieron emigraron a otros países donde había libertad religiosa.

En cierta oportunidad algunos monjes escribieron falsos informes al Duque de Saboya diciendo, entre otras cosas, que los valdenses eran como monstruos, que "los niños de los herejes tenían un ojo en medio de la frente y cuatro hileras de dientes negros y vellosos". El duque pidió traer a algunos de estos niños y cuando los vio exclamó: "¡Son las más hermosas criaturas que haya visto!"[43]

La sierva del Señor afirma que los valdenses "*conservaron su fe en medio de las más violenta y tempestuosa oposición*. Aunque degollados por la espada de Saboya y quemados en la hoguera romanista, defendieron con firmeza la Palabra de Dios y su honor".[44] "Grandes cantidades de valdenses fueron ahorcados, ahogados, destripados, atados a los árboles, despeñados, quemados, apuñalados, torturados en el potro del tormento hasta morir, crucificados cabeza abajo, devorados por perros, etc. Los que huyeron fueron privados de todos sus bienes, y sus casas quemadas".[45]

El 27 de abril de 1487, el papa Inocencio VIII lanzó una bula de exterminio "contra los sectarios de aquella perniciosísima y abominada secta de malvados llamados los valdenses". El papa, con el fin de reclutar más soldados entre los feligreses católicos, escribió también en esa bula: "A cualquiera que mate a un valdense, sus pecados le serán enteramente perdonados, y cualquiera que se apodere de sus bienes, los disfrutará como posesión legítima".[46]

En *El libro de los mártires* se presentan muchos testimonios desgarradores y aterradores que muestran claramente el infame y satánico comportamiento de Roma contra los valdenses. Os comparto textualmente siete de ellos, con nombre y apellido: (1) "*Sara Rastingnole des Vignes*, una mujer de sesenta años [...] recibió la orden de que les rezara a algunos santos; al rehusar, le clavaron una hoz en el vientre, la destriparon, y luego le cortaron la cabeza". (2) "*Martha Constantine*, una hermosa joven, fue tratada con gran indecencia y crueldad por varios soldados, que primero la violaron, y luego la mataron cortándole los pechos. Luego la frieron, y se la dieron a algunos de sus camaradas, que los comieron sin saber de qué se trataba". (3) "*David Baridona*, al negarse a renunciar a su religión [...] le arrancaron las carnes con tenazas al rojo vivo, hasta que expiró". (4) "*Giovanni Pulhus* [...] al llegar a la horca, se acercaron varios monjes, e hicieron todo lo posible por persuadirle a renunciar a su religión [...] Al ver la inflexibilidad de este hombre, los monjes gritaron: "¡Acaba con él!", lo que el verdugo hizo de inmediato; el cuerpo fue después despedazado y echado al río". (5) "A *Jacobo Roseno* le ordenaron que orara a los santos, lo que rehusó en absoluto hacer [...] Lo golpearon violentamente con garrotes para hacerle obedecer [...] Mientras estaba agonizando, le chillaban: "¿Vas a rezar a los santos?", a lo que respondía: "¡No! ¡No!". Entonces uno de los soldados, con una espada le partió la cabeza en dos" (6) "Al ser preguntado *Cipriano Bustia* si se retractaría y haría católico, éste contesto: "Prefiero morir que renunciar a mi fe" [...] Lo arrastraron a la cárcel, donde quedó mucho tiempo sin alimento, hasta morir de inanición". (7) "*Jacobo Birone* rehusó cambiar de religión, lo desnudaron del todo, lo arrastraron por las calles [...] Mientras lo golpeaban le decían: ¿Irás a la misa? El persistía contestando que no, por lo que finalmente le cortaron la cabeza".[47] Miles de atrocidades espantosas ocurrieron en los valles valdenses, promovidas por los monjes y sacerdotes católicos.

"Yo traigo en mi cuerpo las marcas del Señor Jesús" (Gálatas 6:17), dijo el apóstol Pablo. "Llevo marcadas en mi cuerpo las señales de lo que he sufrido en unión con Jesús" (DHH). En 1 Corintios 11:24-28, Pablo presenta todo lo que tuvo que sufrir por predicar el evangelio. Y nosotros, ¿cuánto hemos sufrido por esparcir la luz de Cristo?

Recuerdo en diciembre de 2016 cuando visité la iglesia de la cueva en Torre Pellice. Es una cueva natural en la que entraban más de 200 personas. Esa era la iglesia y refugio de muchos en tiempos de persecución. La Biblia dice: "No temas en nada lo que vas a padecer [...] Sé fiel hasta la muerte, y yo te daré la corona de la vida" (Apocalipsis 2:10).

En cierto sentido, desde una óptica positiva, la persecución fue y es una bendición por siete razones: (1) zarandea y purifica a la iglesia. (2) Fortalece muchísimo la fe del verdadero creyente. (3) Impulsa grandemente la difusión del evangelio. (4) Es una señal de que hay reavivamiento y reforma. (5) Desenmascara al diablo y vindica el nombre de Dios. (6) Permite reflejar mejor la imagen de Cristo en nuestro carácter. (7) "Bienaventurados los que padecen persecución por causa de la justicia, porque de ellos es el reino de los cielos" (Mateo 5:10).

El Espíritu de Profecía señala que "de todos los dones que el Cielo pueda conceder a los hombres, la comunión con Cristo en sus padecimientos es el mayor cometido y el más alto honor".[48] "Pues a ustedes se les dio no solo el privilegio de confiar en Cristo sino también el privilegio de sufrir por Él" (Filipenses 1:29, NTV). "Éstos son los que han pasado por la gran tribulación, los que han lavado sus ropas y las han blanqueado en la sangre del Cordero" (Apocalipsis 7:14, DHH).

Cinco razones principales del odio y la persecución de Roma

Haciendo un paréntesis, antes de continuar con las últimas dos marcas distintivas, presentaremos brevemente las cinco razones principales del odio y la persecución de Roma contra los valdenses. Esta serán las mismas razones por las que los valdenses del siglo XXI, hombres y mujeres fieles a Dios, también serán perseguidos muy pronto:

(I) Guardaban el sábado: El hecho de que los valdenses guardaban el sábado bíblico era causa especial de odio y persecución de parte de la Iglesia Católica. Elena de White señala: "Entre las causas principales que motivaron la separación entre la verdadera iglesia y Roma, se contaba el odio de ésta hacia el sábado bíblico".[49]

De igual manera, en el contexto de la crisis final, "el sábado será la gran piedra de toque de la lealtad; pues es el punto especialmente controvertido".[50] El Estado y la Iglesia (política y religión) se unirán en la implementación obligatoria del descanso dominical.

Elena de White señala que "*hay una fuerza satánica que favorece el movimiento dominical, pero está oculta*".[51] También predijo que "los dignatarios de la Iglesia y del Estado se unirán para hacer que todos honren el domingo, y para ello apelarán al cohecho, a la persuasión o a la fuerza. *La falta de autoridad divina se suplirá con ordenanzas abrumadoras...* La libertad de conciencia que tantos sacrificios ha costado no será ya respetada".[52] Y "no sólo prohibirán que se trabaje en domingo, sino que procurarán mediante la fuerza que se trabaje los sábados".[53]

"Cuando los defensores de la verdad se nieguen a honrar el domingo, unos serán echados en la cárcel, otros serán desterrados y otros aún tratados como esclavos. Ante la razón humana todo esto parece ahora imposible; pero a medida que el espíritu refrenador de Dios se retire de los hombres y éstos sean dominados por Satanás, que aborrece los principios divinos, *se verán cosas muy extrañas*".[54]

(II) Distribuían publicaciones misioneras. "Roma no podía tolerar el que se negasen a entregar las Sagradas Escrituras. *Determinó raerlos de la superficie de la tierra*. Entonces empezaron las más terribles cruzadas contra el pueblo de Dios en sus hogares de las montañas".[55] Si los valdenses hubieran dejado de escribir y difundir las Sagradas Escrituras, Roma no los hubiera perseguido con tanta furia satánica.

De igual manera, el diablo se pone rabioso cuando el pueblo de Dios procura realizar un fuerte pregón con las publicaciones. El Señor desea que se distribuya tantos materiales misioneros (biblias, libros, revistas, estudios bíblicos, folletos, e-books, etc.) como hojas de otoño.

Hablando sobre la proclamación del mensaje final, justo antes de la venida de Cristo, Elena de White escribió: "*Los argumentos ya fueron presentados*. Sembrada está la semilla, y brotará y dará frutos. *Las publicaciones distribuidas por los misioneros han ejercido su influencia* [...] A pesar de los poderes coligados contra la verdad, un sinnúmero de personas se alistará en las filas del Señor".[56] Las publicaciones tienen un papel fundamental en el fuerte pregón final.

La sierva del Señor también señaló: "*El clero hará esfuerzos casi sobrehumanos* para sofocar la luz por temor de que alumbre a sus rebaños.

Por todos los medios a su alcance los ministros tratarán de evitar toda discusión sobre esas cuestiones vitales. La iglesia apelará al brazo poderoso de la autoridad civil y en esta obra los papistas y los protestantes irán unidos [...] Se los amenazará con multas y encarcelamientos; a algunos se les ofrecerán puestos de influencia y otras ventajas para inducirlos a que renuncien a su fe".[57]

Cada vez habrá más leyes de control en la sociedad y pronto serán confiscados por el gobierno todo lo que no esté en "armonía" con su agenda. Por supuesto, será mucho más fácil para los gobiernos vetar o confiscar canales de televisión, radio y programas de Internet, que confiscar los materiales misioneros que estén dentro de los hogares de la gente. Ahora es donde más tenemos que apoyar nuestros medios masivos de comunicación adventista, porque pronto serán vetados y confiscados la mayoría de ellos, especialmente los que prediquen toda la verdad presente. Y es precisamente ahora cuando tenemos que hacer la gran siembra profética con publicaciones.[58]

(III) No aceptaban el orden que Roma les quería imponer: "En su pureza y sencillez, las iglesias valdenses se asemejaban a la iglesia de los tiempos apostólicos. *Rechazaban la supremacía de papas y prelados*, y consideraban la Biblia como única autoridad suprema e infalible".[59] El ecumenismo y el bien común están siendo canalizados por Roma como una estrategia más para implementar su agenda opresora.

Tengamos presente que dos de las consignas del ecumenismo son: "Las doctrinas no son tan importante como el amor entre los hermanos", "el amor une, las doctrinas dividen". Suena bonito, pero minimiza el poder de la verdad. "La teoría según la cual nada importa lo que los hombres creen, es uno de los engaños que más éxito da a Satanás", afirmó Elena de White.[60] Una postura de conveniencia, populista y ecuménica *siempre llevará a sacrificar* alguna verdad fundamental del Escrito Está por el llamado "bien común", "paz mundial" o "unión de los cristianos".[61]

Tenemos que fomentar la unidad, pero la unidad en Cristo y en sus enseñanzas. Elena de White declara: "Debemos unirnos, pero no sobre la plataforma del error".[62] "Que los centinelas que están en los muros de Sión no se unan con los que están invalidando la verdad".[63] "No podemos comprar la paz y la unidad sacrificando la verdad".[64] Como dijo Charles Spurgeon: "Unidad en el error es unidad en la perdición"; o Martín Lutero: "Es mejor estar dividido por la verdad que estar unido por el error".

En una oportunidad se escondieron más de 3000 valdenses (entre niños, jóvenes y adultos) en una cueva bien grande entre las montañas. Pero el ejército enemigo los encontró, y pusieron mucha leña en la entrada de la cueva. Después de unas horas, el humo asfixió y mató a todos.[65] El "crimen" que habían cometido era rechazar las falsas doctrinas y no querer aceptar el "orden" que Roma les quería imponer.

"Terrible será la crisis a que llegará el mundo [...] Todos los que se nieguen a someterse serán castigados por la autoridad civil, y finalmente se decretará que son dignos de muerte".[66] Los que se opongan al "bien común", al ecumenismo y a las leyes de control impuestas serán tildados de fanáticos, extremistas, legalistas y enemigos del gobierno.

(IV) Vivían la fe de Jesús y denunciaban el error con amor: Los valdenses no solo tenían la fe de Jesús, sino que la vivían, y guardaban sus mandamientos. Ellos *"tenían la verdad sin adulteración* y esto los hizo objeto especial del odio y de la persecución".[67] La Iglesia Católica sabía que lo que enseñaban los valdenses echaba por tierra sus falsas enseñanzas. Doctrinalmente sabían que no podían refutar a los valdenses, por eso usaban el engaño y la fuerza para contrarrestar.

Así también, el diablo en el tiempo del fin, a través de sus instrumentos humanos, le hace guerra especialmente a los que guardan los mandamientos de Dios y tienen la fe de Jesús (ver Apocalipsis 12:17). Cuanto más vivamos y compartamos la verdad, más el diablo se enfurecerá y nos atacará de muchas maneras.

"La misma existencia de estos creyentes que *guardaban la fe de la primitiva iglesia* era un testimonio constante contra la apostasía de Roma, y por lo tanto despertaba el odio y la persecución más implacables".[68] La integridad de los valdenses producía envidia en los religiosos de la Iglesia Católica.

Cuando los profetas amonestaban, no decían lo que uno quería escuchar sino lo que necesitaba cambiar, y muchas veces ese mensaje era como una "bofetada" al orgullo, al egoísmo, o a cierto pecado acariciado. Esto producía ira en los que no querían arrepentirse. La gran mayoría de los profetas fueron perseguidos, incluso por el mismo pueblo de Dios. Exaltar la verdad y desenmascarar el error, mismo que sea con amor, ha desatado rechazo en los que se oponen y no quieren aceptarla.

En el contexto de la crisis final habrá miles de fieles adventistas que denunciarán la caída de Babilonia (Apocalipsis 14:8). "El Espíritu de Dios vino sobre ellos como había venido sobre Elías [...] *no pudieron dejar de proclamar* las declaraciones terminantes de la Biblia que habían titubeado en presentar. Se vieron forzados a *declarar diligentemente la verdad y señalar los peligros* que amenazaban a las almas".[69] Tenemos que exaltar las verdades distintivas para este tiempo siempre con amor.

(V) No cesaban de predicar la verdad: "En todas partes esparcían la preciosa semilla".[70] "No obstante las cruzadas lanzadas contra ellos y la inhumana matanza a que fueron entregados, *siguieron enviando a sus misioneros* a diseminar la preciosa verdad". [71] Esto fue objeto de persecución. Los valdenses podrían haber dicho: "Ahora las cosas están muy difíciles, vamos a dejar de predicar por un tiempo hasta que pase la persecución; y luego vemos que hacemos". Pero no, ellos siguieron enviando misioneros.

Los valdenses, *"sin temer las consecuencias*, pronunciaban las palabras que el Señor les ponía en la boca, y el pueblo se veía constreñido a oír la amonestación".[72] Esta valentía es lo que falta en nuestras iglesias. A veces pesa más nuestra propia imagen o la imagen de la iglesia que el honor y la gloria de Dios. Cuanto mayor alcance sea la misión que estás emprendiendo, mayores serán los ataques de Satanás, pero mayores aún serán las bendiciones de Dios.

De igual manera los apóstoles, aunque intimidados, amenazados, encarcelados y azotados; aun así, seguían predicando con valentía sin temor a las consecuencias, porque su amor por Cristo y la misión era superior a las pérdidas temporales de este mundo (lee Hechos 4:17-20; 5:28-29, 40-42). Si tuvieras que calificarte del uno al diez, midiendo tu grado de entrega y espíritu de sacrificio por la misión, ¿qué nota te pondrías?

Corremos el peligro de ser atalayas comparados a "perros mudos" como dijo el profeta (Isaías 56:10), o "como perros guardianes silenciosos que no advierten cuando viene el peligro" (versión NTV). Juan Calvino decía: "Un perro ladra cuando su amo es atacado. Yo sería un cobarde si es atacada la verdad de Dios y permanezco en silencio". Juan Hus predicaba: "Ama la verdad, vive la verdad, predica la verdad, defiende la verdad. Porque el que no habla la verdad, traiciona la verdad".

"Nuestra mayor defensa como pueblo de Dios no es el silencio, sino la predicación de la verdad".[73] Martín Lutero afirmaba: "No oponerse al error es aprobarlo, no defender la verdad es negarla"; y "usted no es solamente responsable de lo que dice, sino también de lo que no dice".

Elena de White escribió: "¿Por qué, entonces, parece adormecida la persecución en nuestros días? El único motivo es que la iglesia se ha conformado a las reglas del mundo y por lo tanto no despierta oposición [...] Revivan la fe y el poder de la iglesia primitiva, y el espíritu de persecución revivirá también y el fuego de la persecución volverá a encenderse".[74]

"A medida que se acerca el fin, los testimonios de los siervos de Dios se harán más decididos y poderosos".[75] Cuando seamos amenazados y criticados, oremos como los discípulos: "Ahora, Señor, escucha sus amenazas y *ayúdanos a nosotros* que somos tus siervos *a anunciar tu mensaje con valentía*" (Hechos 4:29, PDT).

6) Eran personas entendidas en los tiempos

Este pasaje de la Biblia bien se podría aplicar a los valdenses: "De los hijos de Isacar, doscientos principales, *entendidos en los tiempos, y que sabían lo que Israel debía hacer*, cuyo dicho seguían todos sus hermanos" (1 Crónicas 12:32). Los valdenses fueron personas entendidas en los tiempos por tres razones principales:

(I) Tenían un sentido de inminencia de la venida de Cristo: Los valdenses *"creían que no distaba mucho el fin de todas las cosas*, y al estudiar la Biblia con oración y lágrimas, tanto más los impresionaban sus preciosas enseñanzas *y la obligación que tenían de dar a conocer a otros sus verdades"*.[76] En sus predicaciones confortaban a sus oyentes "a esperar la pronta venida de Cristo".[77] Eran verdaderos adventistas.

Elena de White dice que "siempre hemos de tener presente el solemne pensamiento del pronto regreso del Señor".[78] Que constantemente podamos decir: "¡Maranata!" (1 Corintios 16:22, LBLA) que significa "¡El Señor viene!" (1 Corintios 16:22, RVC).

Ahora es el tiempo de tocar la trompeta: ¡Cristo viene! El Espíritu de Profecía señala: "Ha llegado el tiempo en que el mensaje de la pronta venida de Cristo ha de resonar por todo el mundo [...] La trompeta debe producir una nota certera porque estamos en el gran día de la preparación del Señor [...] Tenemos una obra que debemos realizar ahora, porque pronto será más difícil hacerlo de lo que nos imaginamos [...] Todos los discursos que damos han de revelar claramente que estamos esperando, trabajando y orando por la venida del Hijo de Dios [...] La verdad de que Cristo viene debe ser mantenida ante toda mente".[79]

"Hay pruebas inequívocas de la inminencia del fin. La amonestación debe darse en lenguaje firme y directo".[80] "¡Clama a voz en cuello, no te detengas, alza tu voz como una trompeta!" (Isaías 58:1). El sentido de inminencia nos impulsa hacia un sentido de urgencia, preparación y compromiso para con Dios y la misión. "El saber que Cristo está a la puerta debe movernos a trabajar con más empeño por la salvación de nuestros semejantes".[81] No podemos ser personas entendidas en los tiempos si perdemos el sentido de inminencia de la venida de Cristo.

(II) Estudiaban y comprendían las profecías de Daniel y Apocalipsis: Los valdenses tenían claro el papel de Roma en las profecías. "Declaraban que la iglesia de Roma era la Babilonia apóstata del Apocalipsis, y con peligro de sus vidas se oponían a su influencia y principios corruptores".[82] Se esforzaban por estudiar las profecías bíblicas.

Dios desea que sus hijos profundicen en el estudio de las profecías, porque "sin profecía el pueblo se desenfrena" (Proverbios 29:18). "Bienaventurado el que lee, y los que oyen las palabras de esta profecía, y guardan las cosas en ella escritas; porque el tiempo está cerca"

(Apocalipsis 1:3). Sigamos el consejo bíblico: "Tenemos también la palabra profética más segura, a la cual *hacéis bien en estar atentos* como a una antorcha que alumbra en lugar oscuro" (2 Pedro 1:19).

La sierva del Señor afirma que "hay necesidad de un estudio mucho más profundo de la Palabra de Dios. Especialmente se debería prestar atención a Daniel y Apocalipsis como nunca antes en la historia de nuestro trabajo".[83] "Si nuestro pueblo estuviera sólo medio despierto, si se percatara de la cercanía de los acontecimientos descritos en el Apocalipsis, se efectuaría una reforma en nuestras iglesias, y muchos más creerían el mensaje".[84] "¿Tendrán en cuenta nuestros hermanos que estamos viviendo en medio de los peligros de los últimos días? Leed el Apocalipsis en relación con Daniel. Enseñad estas cosas".[85]

Si queremos ser personas entendidas en los tiempos necesitamos abrazar el mensaje profético de la Palabra de Dios y estar atento a las señales de los tiempos. Porque "grandes cambios están a punto de producirse en el mundo, y los movimientos finales serán rápidos".[86] "La profecía se está cumpliendo rápidamente. Debiera decirse mucho, mucho más, sobre estos temas tremendamente importantes".[87] "Les ruego que no desprecien el cumplimiento de las señales de los tiempos, que con tanta claridad indican que el fin se acerca",[88] dice Elena de White.

(III) Eran dedicados, comprometidos y fieles en su sacerdocio familiar: La educación de los hijos era una piedra fundamental para los valdenses a fin de perpetuar el conocimiento de Dios en las siguientes generaciones. "*Desde niños se les acostumbraba a sufrir penurias*, a ser sumisos y, sin embargo, capaces de pensar y obrar por sí mismos. Desde temprano se les enseñaba a *llevar responsabilidades, a hablar con prudencia y a apreciar el valor del silencio*".[89] "*La economía y la abnegación* más rigurosa formaban parte de la educación que recibían los niños [...] Se les enseñaba que todas sus facultades pertenecían a Dios y que todas debían ser aprovechadas y desarrolladas para servirle".[90]

La Biblia dice: "Instruye al niño en su camino y cuando fuere viejo no se apartará de él" (Proverbios 22:6). "Un pacto sagrado con Dios nos impone la obligación de educar a nuestros hijos para servirle. Rodearlos de una influencia que los lleve a escoger una vida de servicio, y darles la educación necesaria para ello, tal es nuestro primer deber".[91] "El hogar es la primera escuela del niño y allí deben echarse los cimientos de una vida de servicio".[92] A nuestros hijos "debe enseñárseles a ser diligentes en la obra misionera; y desde los primeros años debe inculcárseles la abnegación y el sacrificio en favor del bienestar ajeno y del progreso de la causa de Cristo, a fin de que sean colaboradores con Dios".[93]

"El conocimiento de Dios es el fundamento de toda verdadera educación y de todo servicio verdadero".[94] "La negligencia religiosa en el hogar, el descuidar la educación de los hijos, es algo que desagrada mucho a Dios".[95] "En cada familia debería haber una hora fija para el culto matutino y vespertino".[96] A fin de mantener viva la iglesia del hogar es vital levantar el altar familiar cada día. Debiéramos dedicar al menos quince minutos todos los días para realizar un breve culto de familia: cantar un himno, orar y leer algunos pasajes de la Palabra de Dios.

Nuestro primer campo misionero es la familia, y el más importante. Alguien dijo: "Ningún éxito en la vida justifica el fracaso en la familia". "La ocupación principal de vuestras vidas es la de ser misioneros en vuestro propio hogar. [...] Nuestra obra por Cristo ha de empezar con la familia, en el hogar. No hay campo misionero más importante que éste. Por precepto y por ejemplo, los padres, han de enseñar a sus hijos a trabajar por los inconversos".[97] No podemos ser personas entendidas en los tiempo si descuidamos el sacerdocio familiar, que incluye principalmente la educación de nuestros hijos y el culto familiar diario.

7) Eran mensajeros de las publicaciones

Durante siglos, antes de la invención de la imprenta, muchos valdenses dedicaron muchas horas al día para escribir la Palabra de Dios. "Trabajando con paciencia y tenacidad en profundas y obscuras cavernas de la tierra, alumbrándose con antorchas, copiaban las Sagradas Escrituras, versículo por versículo, y capítulo por capítulo".[98] Para escribir toda una Biblia, una persona necesitaba de al menos seis meses para lograrlo. Mayormente se enfocaban en escribir los evangelios o ciertos pasajes específico de la Biblia.

Los misioneros valdenses sabían algún oficio o profesión, generalmente eran comerciantes. De esta manera se "escondían" bajo el disfraz de comerciante para realizar su labor principal, que era esparcir la buenas nuevas de salvación. Ellos viajaban de un pueblo a otro vendiendo mercaderías para lograr entrar en las casas.

Ofrecían joyas, telas y otros adornos. Cuando le preguntaban si tenían otras joyas, contestaban: "Sí, tenemos joyas más preciosas que estas. Si prometen no denunciarnos, se las mostraremos", y cuando obtenían esa seguridad, proseguían: "Tenemos una piedra preciosa tan brillante, que su luz permite ver a Dios; y tan radiante que puede encender el amor de Dios en el corazón del que la posee. Estamos hablando en lenguaje figurado, pero lo que decimos es la pura verdad." Luego extraían de debajo de su ropa alguna parte de la Biblia, la leían, explicaban y vendían a quien la quería.[99]

"Constantemente elevaban su corazón a Dios pidiéndole sabiduría para poder exhibir a las gentes un tesoro más precioso que el oro y que las joyas que vendían. Llevaban siempre ocultos ejemplares de la Biblia entera, o porciones de ella, y siempre que se presentaba la oportunidad llamaban la atención de sus clientes a dichos manuscritos".[100] De los valdenses viene la palabra colportaje, que significa "colgar en el cuello" en francés, por llevar escondidos la Palabra de Dios.

Si bien algunos tienen el llamado al colportaje, *todos podemos ser mensajeros de las publicaciones*, compartiendo algún material misionero con alguna persona. La sierva del Señor señala: "Las iglesias de todos los lugares deben sentir *el más profundo interés* en la labor misionera con nuestras publicaciones".[101] "Que todo creyente esparza volantes, folletos y libros que contengan el mensaje para este tiempo".[102]

El zarandeo, los valdenses y la iglesia adventista

Los valdenses fueron zarandeados a lo largo de su historia. La mayoría de ellos fueron fieles a Dios durante cientos de años. Este pueblo fiel pasó la antorcha de la verdad a la Reforma Protestante. A principios del siglo XVI, los valdenses se pusieron en contacto con los reformadores protestantes de las mayores ciudades europeas. "En 1532, en la asamblea de Chanforan (en el Valle Pellice), los valdenses decidieron unirse a los principios teológicos de la Reforma y publicar una traducción de la Biblia en lengua francesa".[103]

"No fue sino hasta 1848 que se le dieron finalmente plenos derechos civiles y libertades".[104] Muchas de sus creencias fueron sacrificadas, redujeron bastante sus hábitos devocionales y se enfrió su celo misionero. Si bien hoy existe la iglesia evangélica valdense con 30.000 miembros en todo el mundo, ya no son lo que eran en la Edad Media.

La Iglesia Adventista del Séptimo Día fue la que retomó muchos de los conceptos que los valdenses predicaban. Ser parte de la iglesia adventista es un gran privilegio pero al mismo tiempo una gran responsabilidad, ya que tenemos una misión profética en el tiempo del fin: preparar camino para la venida de Cristo y terminar la obra de evangelización a todo el mundo.

Muy pronto habrá también un gran zarandeo que sacudirá a la Iglesia Adventista. La buena noticia es que "las filas diezmadas serán llenadas por aquellos a quienes Cristo representó como los que asistirían a la fiesta en la hora undécima".[105] Este zarandeo vendrá principalmente por cuatro razones: (1) El testimonio directo, (2) las falsas doctrinas, (3) el rechazo a los escritos de Elena de White y (4) la persecución.[106] Este gran zarandeo será permitido por Dios para purificar a su iglesia. Quienes saldrán victoriosos seguirán al Cordero, y "los que lo siguen son sus llamados, sus elegidos y sus fieles" (Apocalipsis 17:14, NBV). Que tú y yo podamos ser de los que se mantengan fieles a Dios hasta el fin.

Los valdenses del siglo XXI

A manera de repaso, recordemos las siete características distintivas del pueblo valdense: (1) Eran estudiosos de la Biblia. (2) Eran gente de mucha oración. (3) No se quejaban por las dificultades de su vida. (4) Tenían un gran espíritu misionero. (5) Eran fieles a Dios hasta la muerte. (6) Eran personas entendidas en los tiempos. (7) Eran mensajeros de las publicaciones. Piensa en cuáles de estas siete marcas más necesitas hoy mejorar en tu vida. Pídele al Señor que las grabe a fuego en tu mente y corazón. Haz tu parte con determinación que el Señor hará la suya.

Aplicar estas marcas es una excelente preparación para estar listo si la muerte nos alcanza antes de la venida de Cristo. También, poner por obra estas siete señales distintivas de los valdenses *es la mejor preparación* para la crisis final que se avecina. De paso, te recomiendo que veas el documental titulado *El Israel de los Alpes*. Lo puedes ver en YouTube, dura como una hora y veinte. Te aseguro que será de inspiración para ti. Has planes de mirar este video durante esta semana.

¿Sabías que Elena de White ya había profetizado que la obra y espíritu de los valdenses continuaría hasta la venida de Cristo? Ella dice: "Esparcidos por muchas tierras, arrojaron la semilla de la Reforma que brotó en tiempo de Wiclef, se desarrolló y echó raíces en días de Lutero, *para seguir creciendo hasta el fin de los tiempos mediante el esfuerzo de todos cuantos estén listos para sufrirlo todo* "a causa de la Palabra de Dios y del testimonio de Jesús".[107] Tú y yo podemos ser un valdense del siglo XXI. Dios está buscando hombres y mujeres dispuestos, así como valdenses, que quieran entregarlo todo por la causa de Dios y ser un instrumento útil en la predicación del evangelio.

Puede ser que te sientas pequeño si te comparas con los valdenses de la Edad Media y digas: "Es que me falta mucho, no le llego ni a los talones en cuanto a entrega, fe, valentía y otras virtudes que ellos tenían. Siento que me faltan las fuerzas y sobre todo la unción de Dios en mi vida". Hermano querido, pon ahora tu debilidad y todo lo que te preocupa en el Trono de la Gracia. "Entrega al Señor todo lo que haces; confía en él, y él te ayudará" (Salmos 37:5, NTV). Di como David: "Tú aumentarás mis fuerzas como las del búfalo; seré ungido con aceite fresco" (Salmos 92:10). Pídele a Dios de corazón que te fortalezca y que te dé "aceite fresco", para revitalizar con poder tu ministerio y avanzar en el gozo de la salvación. Ruega al Señor que te ayude a ser un valdense del siglo XXI, poniendo en práctica las siete marcas que hemos estudiado. ¡Amén!

Referencias

[1] Luis Jourdan, *Compendio de historia de los valdenses* (Uruguay: Colonia Valdense, 1901), p. 16.
[2] *El conflicto de los siglos*, p. 59.

3 John Foxe, *El Libro de los mártires* (Barcelona, España: Editorial Clie, 1991), p. 70.
4 http://protestantedigital.com/magacin/13014/Los_valdenses_y_su_misterioso_origen
5 John Foxe, *El Libro de los mártires* (Barcelona, España: Editorial Clie, 1991), p. 70.
6 *El conflicto de los siglos*, p. 63.
7 *Ibíd.*, p. 63.
8 *Ibíd.*, p. 65.
9 *Ibíd.*, p. 64.
10 *Ibíd.*, p. 64.
11 *El camino a Cristo*, p. 90.
12 *El conflicto de los siglos*, p. 609.
13 *Ibíd.*, p. 547.
14 *Ibíd.*, p. 580.
15 *Ibíd.*, p. 69.
16 *Ibíd.*, p. 68.
17 *El colportor evangélico*, p. 84.
18 *La oración*, p. 112.
19 *Joyas de los testimonios*, tomo 1, p. 122.
20 *El conflicto de los siglos*, p. 192.
21 Elena de White, *Dios nos cuida*, p. 324.
22 *El camino a Cristo*, p. 95.
23 *Consejos sobre la salud*, p. 421.
24 *El conflicto de los siglos*, p. 510.
25 *Ibíd.*, p. 64.
26 *Patriarcas y profetas*, p. 351.
27 *El conflicto de los siglos*, p. 74.
28 *Obreros evangélicos*, p. 284.
29 *El conflicto de los siglos*, p. 67.
30 *Ibíd.*, p. 69.
31 *Ibíd.*, p. 70.
32 *El colportor evangélico*, p. 102
33 *Consejos para la iglesia*, p. 113.
34 *El ministerio de curación*, p. 310.
35 *Joyas de los testimonios*, tomo 3, p. 307.
36 *Servicio Cristiano*, p. 290.
37 *Hechos de los apóstoles*, p. 44.
38 Esteban Griguol, *El mensaje final* (tercera edición, 2018), p. 165.
39 *Hechos de los apóstoles*, p. 44.
40 *El conflicto de los siglos*, p. 62.
41 *Ibíd.*, p. 72.
42 *Ibíd.*, p. 65.
43 Luis Jourdan, *Compendio de historia de los valdenses* (Uruguay: Colonia Valdense, 1901), p. 19.
44 *El conflicto de los siglos*, p. 63.
45 John Foxe, *El Libro de los mártires* (Barcelona, España: Editorial Clie, 1991), p. 125.
46 Luis Jourdan, *Compendio de historia de los valdenses* (Uruguay: Colonia Valdense, 1901), p. 23.
47 John Foxe, *El Libro de los mártires* (Barcelona, España: Editorial Clie, 1991), p. 136 - 144.
48 *El ministerio de curación*, p. 379.
49 *El conflicto de los siglos*, p. 62.
50 *Ibíd.*, p. 591.
51 Elena de White, *Review and Herald*, 01-01-1889.
52 *El conflicto de los siglos*, 578.
53 Elena de White, The *Southem Work*, p. 69.
54 *El conflicto de los siglos*, p. 593.
55 *Ibíd.*, p. 72.
56 *Ibíd.*, p. 597.
57 *Ibíd.*, p. 593.
58 Para saber más del papel profético del ministerio de las publicaciones, leer los capítulos 5 y 7 del libro *El mensaje final* (tercera edición 2018).
59 *El conflicto de los siglos*, p. 65.
60 *Ibíd.*, p. 511.

[61] Esteban Griguol, *El mensaje final* (tercera edición, 2018), p. 98.
[62] Elena de White, *Carta al Dr. W. H. Riley*, 3 de agosto de 1904.
[63] Elena de White, *Review and Herald*, 3 de marzo de 1896.
[64] Elena de White, *Historical Sketches*, p. 197.
[65] https://www.youtube.com/watch?v=YbaB5KZoAog (en el minuto 36)
[66] *El conflicto de los siglos*, p. 590.
[67] *Ibíd.*, p. 63.
[68] *Ibíd.*, p. 72.
[69] *Ibíd.*, p. 591.
[70] *Ibíd.*, p. 68.
[71] *Ibíd.*, p. 74.
[72] *Ibíd.*, p. 591.
[73] Esteban Griguol, *El mensaje final* (tercera edición, 2018), p. 206.
[74] *El conflicto de los siglos*, p. 45.
[75] *Eventos de los últimos días*, p. 172.
[76] *El conflicto de los siglos*, p. 69.
[77] Luis Jourdan, *Compendio de historia de los valdenses* (Uruguay: Colonia Valdense, 1901), p. 17.
[78] Elena de White, *Dios nos cuida*, p. 188.
[79] *El evangelismo*, p. 162 - 164.
[80] *Joyas de los testimonios*, t. 3, p. 293.
[81] Elena de White, *Cristo nuestro salvador*, p. 167.
[82] *El conflicto de los siglos*, p. 63.
[83] Elena de White, *El otro poder*, p. 65.
[84] *Testimonios para la iglesia*, t. 6, p. 68.
[85] Elena de White, *Testimonios para los ministros*, p. 115.
[86] *Eventos de los últimos días*, p. 11.
[87] *Ibíd.*, p. 16.
[88] *Consejos para la iglesia*, p. 647.
[89] *El conflicto de los siglos*, p. 64.
[90] *Ibíd.*, p. 65.
[91] *El hogar cristiano*, p. 440.
[92] *El ministerio de curación*, p. 311.
[93] *Testimonios para la iglesia*, tomo 6, p. 428.
[94] *El ministerio de curación*, p. 318.
[95] *Consejos para la iglesia*, p. 269.
[96] *Ibíd.*, p. 272.
[97] *Servicio Cristiano*, p. 255.
[98] *El conflicto de los siglos*, p. 66.
[99] https://es.wikipedia.org/wiki/Pedro_Valdo
[100] *El conflicto de los siglos*, p. 68.
[101] *El colportor evangélico*, p. 30.
[102] *Ibíd.*, p. 22.
[103] Centro Cultural Valdense de Torre Pellice (Italia), Folleto *"Los valles valdenses"*, p. 7.
[104] https://www.youtube.com/watch?v=YbaB5KZoAog (en el 1:15 hora)
[105] *Eventos de los últimos días*, p. 186.
[106] Para profundizar más sobre el zarandeo, leer p. 176-177 del libro *El mensaje final*.
[107] *El conflicto de los siglos*, p. 74.

Capítulo 7

ALCANZANDO LOS SUEÑOS DE DIOS

"El Dios de los cielos nos dará éxito. Nosotros, sus siervos, pondremos manos a la obra" (Nehemías 2:20, BLP)

Supongamos que un ángel se te apareciera hoy y te dijera: "He venido de parte de Dios para concederte tres deseos. He sido enviado para ayudarte a hacer realidad tres sueños en tu vida. Dime ... (mencionando tu nombre), ¿qué tres sueños te gustarían que se hagan realidad en los próximos dos años?" ¿Qué le responderías? ¿Tendrías claro lo que quieres o tendrías que pensar un buen rato? ¿Estarías convencido que esos tres sueños son también sueños de Dios, y no solo deseos personales?

En este capítulo hablaremos de los sueños de Dios, porque sus planes y sueños son siempre mejores que los nuestros. "Así como los cielos son más altos que la tierra, también mis caminos y mis pensamientos son más altos que los caminos y pensamientos de ustedes" (Isaías 55:9, RVC). "Porque yo sé muy bien los planes que tengo para ustedes —afirma el Señor—, planes de bienestar y no de calamidad, a fin de darles un futuro y una esperanza" (Jeremías 29:11, NVI).

Los sueños de Dios tienen que ver, en primer lugar, con nuestra salvación y la de las demás personas. En segundo lugar, con nuestra familia, salud, trabajo, estudios, etc. El Señor desea bendecirnos en todas las áreas de nuestras vidas. "Amado, deseo que seas prosperado en todo, y que tengas salud, a la vez que tu alma prospera" (3 Juan 2:1, RVC). ¿Te gustaría alcanzar los sueños de Dios para tu vida? Por supuesto que sí, ¿verdad?

Veremos ahora la historia de Nehemías alcanzando un sueño de Dios. Su historia es de gran inspiración para los que queremos hacer la voluntad de Dios. En aquel tiempo Nehemías desempeñaba un cargo de gran influencia en la corte de Persia. Era copero del rey Artajerjes, en

Susa, la capital del reino más poderoso en ese tiempo. "Gracias a sus dotes personales y su fidelidad, llegó a ser el consejero del monarca".[1]

Un sueño derribado (Nehemías 1:2-5)

Si analizamos el contexto de los israelitas que residían en Jerusalén, según los primeros cinco versículos del capítulo uno, la condición del pueblo era triste, preocupante y muy desalentadora. La situación era caótica: los muros alrededor de la ciudad seguían derribados, las puertas quemadas por el fuego, la gente estaba muy desanimada, se encontraban "en una situación muy difícil y vergonzosa" (Nehemías 1:3, DHH), "enfrentando una gran calamidad y humillación" (NVI). "Estaban profundamente amargados por las burlas de los agresores idólatras, que les decían: '¿Dónde está tu Dios?'."[2]

Al recibir estas malas noticias de los mensajeros, el corazón de Nehemías quedó agobiado. Él ya sabía que los muros habían sido derribados unos 160 años antes (586 a.C.) por el ejército de Babilonia. También sabía del primer retorno a Jerusalén liderado por Zorobabel (536 a.C.) y del segundo retorno liderado por Esdras (457 a.C.). Pero no podía entender cómo su pueblo que estaba allí hiciera tan poco en la reconstrucción de la muralla por tantos años. Fue tanto su dolor, que reaccionó así: "me senté a llorar, y por algunos días estuve muy triste, ayunando y orando ante el Dios del cielo" (Nehemías 1:4, DHH). Porque humanamente hablando, reconstruir la muralla, con todos los impedimentos que tenían, era imposible. Era un sueño hecho pedazos. Aunque el templo había sido construido y restaurado el culto, faltaban todavía las murallas para protegerse de sus enemigos. Pasaron unos 90 años desde el primer retorno hasta el tercer retorno. La mayoría de los israelitas había perdido la esperanza de reconstruir totalmente los muros de Jerusalén.

Piensa ahora en tu vida, ¿hay algún sueño o sueños que todavía no has alcanzado? O incluso has perdido la esperanza o lo ves muy difícil de que se haga realidad algún día. ¿Será que nosotros nos encontramos en una situación más desfavorable de la que se encontraba Israel en ese momento? Es muy probable que no. Pero si seguimos los pasos que tomó Nehemías veremos las grandes cosas que Dios hará con nosotros.

Nehemías, a pesar de que se encontraba a unos 1200 kilómetros de Jerusalén, dedidió luchar por ese sueño que tenía en su corazón, de ver su amada ciudad reedificada y triunfante a corto plazo. En su aflicción buscó a Dios de todo corazón, con arrepentimiento y confesión de pecado, reclamando las promesas de Dios (Nehemías 1:5-11). Más adelante daremos mas detalles de esta oración que hizo la diferencia. Un predicador señaló: "Cuanto más desesperada es la situación del hombre tanto mayor es la oportunidad de Dios de manifestarse".

Visión del fracaso y del éxito respecto a los sueños de Dios

Vivimos en una sociedad materialista, consumista y exitista. Toda gira en torno al dinero, la belleza, la fama y el poder. La visión del fracaso y del éxito del mundo es muy diferente respecto a los sueños de Dios para nosotros. Necesitamos discernimiento espiritual para que no nos dejemos llevar por la corriente de este mundo, priorizando el éxito mundanal en vez de los sueños de Dios. Sin la bendición del Señor, jamás podremos alcanzar los sueños de Dios, porque "si Jehová no edificare la casa, en vano trabajan los que la edifican" (Salmos 127:1).

Desde una perspectiva espiritual respecto a los sueños de Dios para nosotros, tanto el éxito como el fracaso humano pueden ser una bendición como una maldición. A veces el Señor permite que fracasemos en aquello que más dominamos para enseñarnos a depender de Él. "Hay ciertas lecciones que jamás se aprenderán a menos que sea a través del fracaso. Pedro llegó a ser una mejor persona después de su caída".[3]

En ciertas situaciones Dios permite que fracasemos para reencausar nuestras vidas hacia una mejor dirección. Cuando una puerta se cierra es porque Dios quiere abrir una mejor. "Muchas veces nuestros planes fracasan para que los de Dios respecto a nosotros tengan éxito".[4] "La humillación de la derrota resulta a menudo en una bendición al mostrarnos nuestra incapacidad para hacer la voluntad de Dios sin su ayuda".[5] "Nuestros planes no son siempre los de Dios. Puede suceder que él vea que lo mejor para nosotros y para su causa consiste en desechar nuestras mejores intenciones, como en el caso de David [...] Si él ve que es mejor no acceder a los deseos de sus siervos, compensará su negativa concediéndoles señales de su amor y encomendándoles otro servicio".[6]

Necesitamos mejorar nuestra visión pesimista del fracaso. "El fracasado no es aquel que cae sino aquel que no quiere levantarse". "Fracasar es la oportunidad de comenzar de nuevo, más inteligentemente", dijo Henry Ford. "Cada fracaso enseña al hombre algo que necesita aprender", señaló Charles Dickens. "En cada fracaso hay una semilla de éxito" (anónimo). Elena de White dijo que "los que trabajan para Cristo nunca han de pensar, y muchos menos hablar acerca de los fracasos en su obra. El Señor es nuestra eficiencia en todas las cosas".[7]

Cuando tenemos éxito en algo corremos el peligro de volvernos orgullosos y autosuficientes. La sierva del Señor afirmó: "El Señor debe probar a sus obreros, muchos de los cuales no están capacitados para soportar el éxito, que si viniera a ellos, exaltarían al yo".[8] "Al aumentar la actividad, si los hombres tienen éxito en ejecutar algún trabajo para Dios, hay peligro de que confíen en los planes y métodos humanos. Propenden a orar menos y a tener menos fe. Como los discípulos, corremos el riesgo de perder de vista cuánto dependemos de Dios y tratar de hacer de nuestra actividad un salvador. Necesitamos mirar constantemente a Jesús comprendiendo que es su poder lo que realiza la obra".[9]

Todo verdadero éxito está asociado a nuestra fidelidad al Escrito Está y a nuestra sumisión y entrega a la voluntad de Dios. En relación a esto, Elena de White escribió: "Si nos sometemos a su cuidado y buscamos su aprobación, tendremos buen éxito doquiera estemos y no importa qué hagamos. Sin la bendición de Dios, la mayor prosperidad dejará de ser éxito".[10] También añadió: "La razón por la cual no tenemos más éxito en la obra de Dios consiste en que dependemos de nuestros propios esfuerzos en lugar de confiar en la ayuda que Dios nos quiere dar".[11]

El verdadero éxito consiste en descubrir cuál es el plan de Dios para tu vida y llevarlo a cabo. "Son muchos los que, al idear planes para un brillante porvenir, fracasan completamente. Dejad que Dios haga planes para vosotros [...] Dios no guía jamás a sus hijos de otro modo que el que ellos mismos escogerían, si pudieran ver el fin desde el principio y discernir la gloria del designio que cumplen como colaboradores con Dios".[12] "Usted es propiedad de Cristo tanto por creación como por redención, y la gloria de Dios está implicada en su éxito personal".[13]

Estas son algunas de las diferencias sobre la visión del éxito según el mundo y según Dios:

ÉXITO SEGÚN EL MUNDO	ÉXITO SEGÚN DIOS
Parte del sueño personal	Parte del sueño de Dios
Lo impulsa la actitud positiva	Lo impulsa la fe en el Salvador
Es el resultado del esfuerzo personal y el espíritu emprendedor	Es el resultado del esfuerzo personal más la bendición de Dios
Es más importante los resultados que lo que me motiva a hacerlo	Es más importante el por qué lo hago que los resultados obtenidos
Dice: "Yo lo puedo alcanzar todo"	Dice: "Todo lo puedo en Cristo que me fortalece"
Se mide superando a los demás	Se mide superándose a sí mismo
Sus móviles son la fama, el poder, la riqueza, el prestigio	Sus móviles son el servicio, la salvación, el prójimo, el carácter
Produce sentimientos de orgullo, egoísmo, codicia, autosuficiencia	Produce sentimientos de gozo, gratitud, paz, amor
Radica en cómo los demás te ven	Radica en cómo Dios te ve
Sus prioridades son: yo, placeres, trabajo, familia y Dios por último	Sus prioridades son: Dios primero, familia, prójimo, yo y trabajo
Los frutos que más quiere es el dinero y el reconocimiento	Los frutos que más quiere son las vidas transformadas

Está enfocado en los negocios de este mundo	Está enfocado en los negocios de Dios
Es transitorio y perecedero	Dura toda la vida y tiene un impacto por la eternidad
Es un momento específico de éxtasis que depende solo de ti	Es un estilo de vida que depende constante de Dios
Glorifica al hombre	Glorifica a Dios

7 principios de éxito para alcanzar los sueños de Dios en tu vida

Veremos ahora siete principios de excelencia que Nehemías aplicó en su propia vida. Si nosotros ponemos en práctica estas siete claves de éxito, los resultados que tendremos serán más abundantes para la gloria de Dios, aunque al principio sea un proceso duro y difícil. Porque como bien señala Hudson Taylor, "la obra de Dios, hecha a la manera de Dios, no tendrá falta del apoyo de Dios".

Reflexionemos juntos al ir leyendo estos principios y, sobre todo, pidámosle al Señor fortaleza de lo alto para incorporarlos en nuestras vidas. Porque si tú y yo llevamos a la práctica estos principios de excelencia, mayores serán los resultados y bendiciones que recibiremos.

1) Sentido de propósito (Nehemías 2:17,20,12)

Nehemías reunió al pueblo y les dijo: "Ustedes saben bien que nos encontramos en una situación difícil, pues Jerusalén está en ruinas y sus puertas quemadas. *Únanse a mí y reconstruyamos la muralla de Jerusalén*, para que ya no seamos objeto de burla" (Nehemías 2:17, DHH). Él sabía bien lo que quería, tenía un fuerte sentido de propósito.

Una de sus frases más célebres fue: "El Dios de los cielos nos dará éxito. Nosotros, sus siervos, pondremos manos a la obra" (Nehemías 2:20, BLP). Tenía la convicción de que Dios es el dador de los sueños. Este no era un capricho personal de Nehemías para hacerse ver y tomar ventaja de su pueblo, sino que era un sueño de Dios. Él mismo dijo: "lo que *Dios había puesto en mi corazón* que hiciese en Jerusalén" (Nehemías 2:12). Aquí está la esencia de un sentido de propósito santificado: ¡Abrazar los sueños de Dios!

Nehemías, aunque tenía un excelente trabajo, una buena posición social, una economía estable; en su corazón lo que más quería era hacer la voluntad de Dios. Le interesaban más los sueños de Dios que sus sueños personales. Él estaba dispuesto a realizar cualquier sacrificio para llevar a cabo los planes de Dios. Si nosotros no estamos dispuestos a salir de nuestra zona de confort, así como lo hizo Nehemías, jamás alcanzaremos los sueños de Dios. Graba estas tres frases en tu mente: (1) Rechazar un sueño de Dios es una manera de rechazar al Dador de los sueños. (2) El que no está dispuesto a priorizar los sueños de Dios por encima de los suyos, no está a la altura de los tiempos en que vivimos. (3) Si Dios te puso un sueño en el corazón, es porque Él sabe que tú lo puedes realizar con su ayuda y bendición.

Este primer principio de excelencia se basa en la premisa: *Dios siempre bendice a aquellos que abrazan los sueños de Dios.* Responde a la pregunta: *¿Qué quiero lograr?* Si uno no está seguro de lo que quiere, es muy probable que ande a la deriva. El que sabe bien lo que quiere tiene mucha más probabilidad de alcanzar el objetivo. "Nuestros planes se malogran por falta de objetivos. No hay vientos favorables para el marinero que no sabe qué rumbo poner", afirmó Séneca.

El verdadero sentido de propósito, para que tenga mayor efecto positivo, tiene que estar asociado a la prudencia, la previsión, la planificación elaborada y las metas definidas. En primer lugar, tenemos que tener mucho cuidado a quién, cuándo, qué y cómo compartimos ciertos planes. Hay personas que no vale la pena contarles, porque serán un problema: despertará envidia, intentarán robar tus sueños o serán un "palo en la rueda". En segundo lugar, así como Nehemías fue muy prudente y previsivo en todos los pasos que daba, también nosotros debemos actuar con mucha cautela. Cuando llegó a Jerusalén, antes de comunicar el sueño de Dios, dedicó tres días para ver la situación real del pueblo y de la ciudad. En tercer lugar, debe hacerse una planificación detallada, organizada y sabia. Sin esto, es imposible tener buenos resultados. Al menos un tercio del éxito en cualquier proyecto depende de la planificación que se haga. Necesitamos dedicar tiempo suficiente para reflexionar profundamente, pedir sabiduría a Dios y realizar una buena planificación. Recuerda esta frase: "Fallar en prepararse es prepararse para fallar".

En cuarto lugar, las metas definidas son clave. "El camino al infierno está poblado de buenas intenciones", dice un proverbio inglés. Las metas te dan dirección, te motivan, te dan perspectiva de crecimiento, generan disciplina, etc. "Las metas son el combustible en el horno del logro", señaló Brian Tracy. "La gente con metas triunfa porque saben a dónde van", señaló Earl Nightingale. Elena de White afirmó: "El éxito en cualquier actividad requiere una meta definida. El que desea lograr verdadero éxito en la vida debe mantener constantemente en vista esa meta digna de su esfuerzo".[14] El apóstol Pablo dijo: "Prosigo a la meta, al premio del supremo llamamiento de Dios en Cristo Jesús" (Filipenses 3:14).

Vale la pena tener en cuenta estos consejos prácticos: (1) *Coloque sus metas por escrito*: al escribir asumes un compromiso mayor y evita a que caiga en el olvido. "Las metas por escrito son sueños con fecha límite", dijo Brian Tracy. (2) *Sea específico y realista*: no divagues en asuntos generales. No seas tan idealista de alcanzar algo demasiado alto. (3) *Enmárquelo en plazos de tiempo*: incluya fechas para alcanzar esas metas. (4) *Hazlo con calma y dedicación*: revísalo varias veces durante varios días. (5) *Pide opinión a algunas personas de confianza*: que pueden ser tu padre, madre, esposa, mejor amigo, etc. Algunos de sus consejos te serán de gran ayuda. Busca a alguien experto en ese tema para que te asesore. (6) *Has un balance semanal o mensual*: mientras más te evalúes mejor, ya que en el proceso irás puliendo y reencauzando tus metas. (7) *Permite que Dios te dirija en su providencia*: no limitemos el poder de Dios y sigamos los pasos de su providencia.

Un verdadero sentido de propósito debe ser santificado en el Trono de la Gracia, fortalecido con objetivos claros y desafiantes, y alimentado con planificación estratégica. Sigue esta fórmula poderosa: Jesús + oración y ayuno + sueños y metas + planificación = ¡sentido de propósito santificado y de éxito! Sí, sueña en grande para la gloria de Dios. Abraza los sueños de Dios para tu vida, porque si el Señor puso un sueño en tu corazón, es porque Él mismo quiere ayudarte a realizarlo.

Vivir una vida con propósito y metas santificadas contribuye a la felicidad personal y a la de las demás personas. Alguien dijo: "Una vida sin propósito es una muerte viviente". "Las personas envejecen no porque pasa el tiempo, sino principalmente porque abandonan sus sueños". "El futuro pertenece a quienes creen en la belleza de sus sueños", dijo Eleanor Roosevelt. No te estanques, ve por más en tu vida.

Dios nos ha creado con un gran potencial. Elena de White señala que "muchos que son aptos para hacer una obra excelente logran muy poco porque a poco aspiran [...] No os deis por satisfechos con alcanzar un bajo nivel. No somos lo que podríamos ser, ni lo que Dios quiere que seamos".[15] Mahatma Gandhi declaró: "La diferencia entre lo que hacemos y lo que somos capaces de hacer, alcanzaría para solucionar la mayoría de los problemas del mundo".

Habrá personas que darán valor a tus sueños y otras que procurarán boicotearlos. "Si tu no trabajas por tus sueños alguien te contratará para que trabajes por los suyos", dijo Steve Jobs. No permitas que nadie arruine los sueños de Dios para tu vida. "Demasiados de nosotros no vivimos nuestros sueños porque vivimos nuestros miedos", dijo Les Brown. No todos los que lo intentan tienen éxito, pero sí todos los que tuvieron éxito lo intentaron. Es mejor que lo intentes, aunque fracases, antes de que te quedes con la espina por años: ¿Por qué no lo intenté?

Recuerda que Dios es el dador de los sueños. H. Tassinari señaló: "Dios no te hubiera dado la capacidad de soñar sin darte también la oportunidad de convertir tus sueños en realidad". "Dios siempre da lo mejor que tiene a aquellos que dejan la elección a Él", dijo Jim Elliot. La mejor manera de encontrar sentido a la vida es abrazando los planes y sueños de Dios para ti. John L. Mason señaló: "Busque primero a Dios y las cosas que quiere le buscarán a usted".

Es muy inspirador el testimonio de Nick Vujicic. Él nació sin brazos ni piernas en Australia. Sus padres son oriundos de Serbia. Vivió una niñez y adolescencia muy difícil. Fue objeto de constantes burlas de muchos niños. A pesar del amor y cuidado de sus padres, tuvo depresión por varios años y dos intentos de suicidio. Nick no entendía por qué Dios permitió que naciera así, sintiéndose una carga y sin poder vivir una vida normal como los demás. Durante mucho tiempo le decía a Dios: "Señor, ¿por qué me has dado la espalda?". Hasta que un día encontró el sentido y la alegría de vivir en Cristo Jesús. Se aceptó a sí mismo y decidió vivir una vida con propósito que fuera útil para la gloria de Dios. Ahora Nick es un gran ejemplo de superación. Él es un excelente motivador y evangelista que viaja por todo el mundo y cautiva los corazones de miles de personas con su testimonio y mensajes que comparte. El logra predicar y dar su testimonio en lugares donde la mayoría de los predicadores no pueden entrar: sede de gobiernos, televisión, aviones, etc. Ha escrito varios libros y es un gran ejemplo de superación.[16] Es el director de una organización sin fines de lucro: *Life Without Limbs*. Ha participado de un cortometraje: *El circo de las mariposas*. Se ha casado y tiene dos hijos. Lo que Nick pensaba que era un castigo de Dios, el haber nacido así, fue su más grande bendición para poder alcanzar a millones; porque Dios está usando sus grandes limitaciones humanas para realizar una obra extraordinaria que, de otra manera, jamás hubiera impactado tanto.[17]

¿Cómo descubrir los sueños de Dios? La mejor manera es buscando a Dios en oración pidiendo sabiduría y que Él nos dirija en su providencia. La Palabra de Dios declara: "Deléitate asimismo en Jehová, y él te concederá las peticiones de tu corazón. Encomienda a Jehová tu camino, confía en él; y él hará" (Salmos 37:4-5). El Espíritu de Profecía afirmó: "El Señor nos enseñará nuestro deber tan voluntariamente como a alguna otra persona. Si acudimos a él con fe, nos dirá sus misterios a nosotros personalmente [...] Los que decidan no hacer, en ningún ramo, algo que desagrade a Dios, sabrán, después de presentarle su caso, exactamente qué conducta seguir".[18]

La gente con propósito quiere algo mejor, luchan por sus sueños, tienen metas en sus vidas, tienen limitaciones, pero su deseo es más fuerte, quieren hacer una diferencia en su vida y en la vida de los demás. Digamos como David: "Jehová cumplirá su propósito en mí" (Salmos 138:8). Porque cuando abrazamos los sueños de Dios se enciende en el corazón el "fuego" de la pasión que mantiene viva la visión, y nos impulsa a la acción con una fuerza capaz de conquistar cualquier desafío.

2) Espíritu de fe (Nehemías 4:14,6)

Nehemías vio que muchos se sentían atemorizados por sus enemigos. En vez de mirar lo que Dios podía hacer estaban mirando lo poderosos que eran sus oponentes, otros se miraban a sí mismos y se desanimaban. Nehemías los reunió y les dijo con firmeza: "No tengan miedo: Recuerden que el Señor es grande y poderoso. ¡Peleen por sus amigos, por sus familias y por sus hogares!" (Nehemías 4:14, NBV). "Nuestro Dios luchará por nosotros" (BLP).

Este principio de excelencia se basa en la premisa: *Dios siempre bendice a aquellos que depositan su fe y confianza en el Todopoderoso.* Responde a la pregunta: *¿Cómo lo quiere ver?* Todo depende del "anteojo" que llevemos puesto. La fe de Nehemías no estaba fundada en su confianza propia sino en lo que Dios había prometido y podía hacer a través de él.

Tanto Nehemías como el pueblo tuvieron ánimo y le pusieron muchas ganas a lo que hacían. "Edificamos, pues, el muro, y toda la muralla fue terminada hasta la mitad de su altura, *porque el pueblo tuvo ánimo para trabajar*" (Nehemías 4:6). "Lo que hicimos lo logramos porque el pueblo trabajó con mucho entusiasmo" (PDT). "El tramo siguiente lo *reconstruyó con entusiasmo* Baruc, hijo de Zacay" (Nehemías 3:20). La palabra "entusiasmo" en griego significa "poseído por Dios". "Los años arrugan la piel, pero renunciar al entusiasmo arruga el alma", afirmó Albert Schwaitzer. No pretendas que otros se entusiasmen con tu proyecto si tú no estás apasionado por el mismo.

El espíritu de fe es mucho más que actitud positiva. Puedes tener actitud positiva pero no espíritu de fe. El espíritu de fe siempre tendrá como fruto una actitud positiva. En el mundo de los negocios, con actitud positiva basta; pero en las batallas espirituales, se necesita espíritu de fe, ya que sin esto es imposible vencer al diablo.

Mira estos pensamientos inspiradores: "El pesimista ve dificultades en todas las oportunidades, mientras que el optimista ve oportunidades en todas las dificultades", dijo Winston Churchill. "Una mala actitud es como un neumático viejo, no llegarás a ningún lado hasta que lo cambies", dijo alguien. Victor Frankl señaló: "Nosotros no podemos elegir lo que nos pasa, pero sí podemos decidir cómo vivir lo que nos pasa". Dwight L. Moody afirmó: "Hay tres modos de mirar: si quieres ser desgraciado, mira hacia adentro; si quieres ser perturbado, mira alrededor; pero si quieres tener paz mira hacia arriba". En el letrero de una oficina estaba escrito lo siguiente: "Si tú pudieras dar patadas a la persona responsable por la mayoría de tus problemas, no podrías sentarte por semanas enteras". ¿Qué te parece?

Es inspirador el testimonio de *Alejandro Ruiz*. Él no tiene sus dos pies, pero todos los días camina arrastrándose con sus manos para ir a su trabajo y sube 82 escalones cada día. Él no se hace la víctima ni se queja, tiene un espíritu tan positivo que es de admirar, teniendo en cuenta sus limitaciones. Así es, la decisión de ser feliz está en la mente, no en la figura del cuerpo. Nuestra mayor discapacidad no es la falta de una parte del cuerpo sino nuestras propias excusas y temores que bloquean nuestro potencial de crecimiento y capacidad de superación.

Evita decir: "No va a resultar", "imposible", "no voy a poder", "nunca hice esto antes". Deja de criticar, reclamar, culpar a los otros por tu falta de éxito. Las personas triunfadoras no buscan excusas y justificaciones sino responsabilidades y compromisos. "El 99 % de los fracasos corresponden a personas que tienen por costumbre dar excusas", dijo George Carven. Uno de los problemas que enfrentamos muchas veces no es la dimensión de los desafíos o sueños que tenemos por delante, sino que permitimos que nuestros miedos, prejuicios y excusas, paralicen nuestra fe y nos impidan abrazar con fuerza los planes de Dios para nuestras vidas. Elbert Hubbard decía: "El mayor error que una persona puede cometer es tener miedo de cometer un error".

Un predicador dijo: "Algunos se quejan de que Dios haya puesto espinas en las rosas, mientras que otros le alaban por haber puesto rosas entre las espinas". Otro señaló: "Cuando te enfrentas con un problema del tamaño de Goliat, ¿De qué manera respondes: es demasiado grande para darle o, como David: es demasiado grande para fallar el tiro?". Alimenta tu fe y tus dudas morirán de hambre. Este principio de excelencia se resume así: "Todo lo puedo en Cristo que me fortalece" (Filipenses 4:13) y "porque separados de mí nada podéis hacer" (Juan 15:5).

Elena de White escribió: "Dios dará experiencia admirable a los que digan: 'Creo en tu promesa; no fracasaré ni me desalentaré'".[19] "No pienses que no puedes, sino di: "Yo puedo, y lo haré". Dios ha prometido su Espíritu para ayudarte en todo esfuerzo decidido".[20] Di como Isaías: "Ya que el Señor Dios me ayuda, no me desanimaré. Esa es la razón por la que me mantengo firme como roca, y sé que venceré" (Isaías 50:7, NBV).

Recuerda que "sin fe es imposible agradar a Dios" (Hebreos 11:6). Los discípulos le preguntaron a Jesús porque no pudieron realizar cierto milagro. Él respondió: "Por vuestra poca fe; porque de cierto os digo, que si tuviereis fe como un grano de mostaza, diréis a este monte: Pásate de aquí allá, y se pasará; y nada os será imposible. Pero este género no sale sino con oración y ayuno" (Mateo 17:20-21). Jesús te dice hoy: "Si puedes creer, al que cree todo le es posible" (Marcos 9:23). Que nuestra respuesta sea: "Creo; ayuda mi incredulidad" (Marcos 9:24)

La gente con espíritu de fe cree que se puede, no se detiene a mirar los problemas, sino que busca soluciones, le pone ganas a todo lo que hace, está dispuesta a aprender, abraza las promesas de Dios, avanza con fe sin temor a las consecuencias.

3) Compromiso total (Nehemías 6:3,11)

Nehemías estaba ciento por ciento comprometido con lo que hacía. En varias ocasiones Nehemías recibió invitaciones a banquetes y otras reuniones, en las cuales él sabía que había dobles intensiones y que el diablo podría obtener ventajas de esas situaciones. El respondió: "*Yo hago una gran obra, y no puedo ir*; porque cesaría la obra, dejándola yo para ir a vosotros" (Nehemías 6:3).

En una ocasión trataron de intimidar a Nehemías para que huyera y se escondiera ante un posible ataque, pero él respondió así: "¿Acaso debería una persona en mi posición huir del peligro? ¿Acaso debería alguien en mi posición entrar al templo para salvar su vida? ¡No lo haré!" (Nehemías 6:11, NTV). En otra versión dice: "Los hombres como yo no corren a esconderse. ¡Y menos en el templo! ¡No por salvar mi vida voy a esconderme!" (RVC). Querido hermano, ¿qué tipo de invitaciones estás recibiendo que te están desviando del objetivo?

Este principio de excelencia se basa en la siguiente premisa: *Dios siempre bendice a quienes se comprometen ciento por ciento*. Responde a la pregunta: *¿Hasta dónde quiero jugarme?* Tú decides el grado de compromiso que irás a tener. A mayor compromiso mayor bendición. Dios quiere un compromiso total de nuestra parte. Jesús dijo que "ninguno que poniendo su mano en el arado y mira hacia atrás, es apto para el reino de Dios" (Lucas 9:62).

Algunos pensamientos sobre el compromiso: "El compromiso es lo que convierte una promesa en realidad", declaró Abraham Lincoln. "El logro de tu meta está asegurada el momento en que te comprometes con ella", señaló Mack R. Douglas. "No hay éxito duradero sin compromiso", afirmó Tony Robbins. "Sin compromiso, no puede haber profundidad en nada, ya se trate de una relación, un negocio o un hobby", aseveró Neil Strauss. "Para aumentar tu eficacia, haz tus emociones subordinadas a tus compromisos", dijo Brian Koslow.

"El carácter nos saca de la cama, el compromiso nos mueve a la acción y la disciplina nos permite continuar", afirmó Zig Ziglar. "Un compromiso sin actuación tiene el mismo valor que una bicicleta sin ruedas; no lleva a ninguna parte", afirmó alguien. "Por muchos obstáculos que haya y que surjan, un compromiso tiene la fuerza de superarlos a todos", dijo otra persona. "La productividad nunca es un accidente. Siempre es el resultado de un compromiso con la excelencia, planificación inteligente y esfuerzo concentrado", señaló Paul J. Meyer.

Un ejemplo de compromiso es el testimonio de *Tony Meléndez*. El nació en Nicaragua sin las dos manos. Tuvo una infancia muy difícil, principalmente debido a las burlas de muchos niños de la escuela. Su padre tenía una guitarra en la que Tony jugaba con ella de niño. De joven Dios le puso en su corazón un fuerte deseo de aprender a tocar la guitarra. Aunque no tenía manos, lo intentó con los dedos de sus pies. El practicaba un promedio de seis horas al día durante varios meses, hasta que finalmente aprendió a hacerlo bien. Estaba comprometido con el sueño que Dios le había puesto en su corazón. Comenzó a viajar cantando y evangelizando en muchos países. En un video él dice: "Yo veo una persona como usted que tiene todo, manos y brazos, y dicen: 'No puedo, es difícil'. Me han preguntado a mí donde están los milagros, y yo les digo: cuando veo una mano levantarse ese es un milagro. Por favor, no me digas que no puedes, porque sí puedes hacerlo con la ayuda de Dios".

La falta de compromiso en el mundo y en los miembros de iglesia es lamentable. Imagina por un minuto: ¿Qué pasaría en tu iglesia si hubiera un compromiso total con la misión? ¿Qué pasaría contigo si te comprometieras más y dieras menos excusas? Tu participación sin compromiso es como ir a ver una película, nada irá a cambiar. Deja de ser espectador y sé protagonista en los sueños de Dios.

En la mayoría de las iglesias, menos del diez por ciento de sus miembros está comprometido con la misión. Elena de White escribió: "Debe haber cien creyentes comprometidos activamente en la obra misionera personal donde ahora hay sólo uno. El tiempo está pasando rápidamente. Hay mucha labor por realizar antes que la oposición satánica obstruya el camino".[21]

La gente comprometida lucha por lo que quieren, se juega todo por el todo, no se deja paralizar por el miedo al fracaso, no se deja llevar por lo que otros dicen, no busca excusas sino responsabilidades.

No "tires la toalla" cuando el diablo te ataque duro

Nehemías tuvo muchos ataques de sus adversarios. Cuanto más grande es el desafío o el sueño, mayores son los obstáculos y ataques que enfrentar. Los tres más grandes enemigos de Nehemías fueron Sambalat el horonita, Tobías el oficial amonita y Guesem el árabe. Ellos se burlaron, y con desprecio decían: "¿Qué se traen ustedes entre manos? ¿Acaso piensan rebelarse contra el rey?" (Nehemías 2:19, DHH). Ellos trataron por todos los medios a su alcance paralizar e impedir la reconstrucción de la muralla. "Se disgustaron en extremo que alguien viniese a procurar el bien de los israelitas" (Nehemías 2:10).

Así también, el diablo y sus agentes humanos procurarán desanimarte y te atacarán de muchas formas, usando a la gente de a fuera y también a algunos de adentro de tu iglesia. Algunas estrategias que el enemigo utiliza son: (1) *La intimidación y el miedo* (Neh. 6:9). (2) *La mentira y los falsos informes* (Neh. 6:6). (3) *La burla y el menosprecio* (Neh. 2:19). (4) *La murmuración y la crítica destructiva* (4:1-2). (5) *El entretenimiento y los distractores* (Neh. 6:2,10). (6) *El espíritu de descontento y la división* (Neh. 6:17-18). (7) *El soborno y la difamación* (Neh. 6:12-13). (8) *La irá y la persecución* (Neh. 2:7-8,11). ¿Cuáles crees que son tus "Sambalat", "Tobías" o "Gesem" en este momento que te están intimidando o bloqueando para que no sigas avanzando en ese sueño, proyecto o meta que Dios ha puesto en tu corazón?

No te desanimes cuando te encuentres con personas que malinterpretan tus acciones, te critican despiadadamente y quieren que hagas las cosas a su manera. A veces lo mejor es ignorarlas, aunque te difamen, no te pongas a discutir con ellas. "Cuando te remontas tan alto como el águila, atraes cazadores", dijo alguien. "Los cometas se elevan en contra del viento, y no a su favor", afirmó Winston Churchill. La sierva del Señor escribió: "Los hombres fuertes son los que han sufrido oposición y contradicción [...] Los conflictos y las perplejidades invitan a confiar en Dios, y determinan la firmeza que desarrolla el poder".22

El diablo ha lanzado su ataque para derribar los sueños de Dios para tu vida. Puede ser que te haya sacado ventaja en los últimos años, intentando destruir tu credibilidad, tu familia o tu ministerio. No te rindas, "prosigue tu obra. No te acobardes porque los leones rujan. No te detengas a lanzar piedras contra los perros de Satanás. No te hagas semejante a ellos; ¡déjalos! Realiza tu obra. Deja que los mentirosos mientan, que los fanáticos discutan, que las organizaciones resuelvan, que el diablo haga cuanto quiera; pero jamás permitas que nada te impida hacer la obra que Dios te encomendó".23 Que podamos decir como Nehemías: "Nuestro Dios peleará por nosotros" (Nehemías 4:20).

Es impactante esta cita de Elena de White: "Aquellos que puedan ser sobornados o seducidos, desanimados o aterrorizados, no serán de ayuda en la guerra cristiana... Todos los que quieran ser soldados de la cruz de Cristo, deben ceñirse la armadura y prepararse para el conflicto. No deben dejarse intimidar por las amenazas, o aterrorizados por peligros. Se debe ser cauteloso en el peligro, pero firme y valiente al enfrentar al enemigo y dar la batalla por Dios".24

Por otro lado, Nehemías no se expuso innecesariamente a los ataques del enemigo. Él mandó a los trabajadores a vivir dentro del muro como prevención contra los ataques del enemigo y para que el pueblo estuviera más concentrado en su trabajo. Cuántas veces nos colocamos innecesariamente en situaciones donde somos vulnerables a las tentaciones y a los ataques de Satanás.

Creo que la mayoría de nuestros fracasos no son la voluntad de Dios, sino frutos de nuestras malas decisiones, por no estar dentro del muro de los principios de Dios. Por supuesto, Dios es misericordioso y nos dará nuevas oportunidades si fallamos, solo que el proceso se hará más largo. Piensa ahora: ¿Cómo está tu muro de los principios y de la fidelidad a Dios? ¿Cuáles son las puertas que tú tienes que cerrar al enemigo? ¿Cuáles crees que son las medidas que tienes que tomar ahora urgente?

4) Esfuerzo, disciplina y perseverancia (Nehemías 4:21,9)

El pueblo trabajó duro de corrido, desde el amanecer hasta el anochecer, haciendo breves descanso para comer o reponer las fuerzas. "Desde la salida del sol hasta que aparecían las estrellas trabajábamos en la obra, mientras la mitad de nosotros se mantenía lanza en mano" (Nehemías 4:21, RVC). "Nosotros trabajábamos de sol a sol en la obra" (DHH). Hubo mucho esfuerzo, disciplina y perseverancia.

Este principio de excelencia se basa en la premisa: *Dios siempre bendice a quienes perseveran, poniendo lo mejor de su parte*. Responde a la pregunta: *¿Qué estoy dispuesto hacer?* Nehemías sabía que Dios no iba hacer lo que él mismo podía hacer. Él no dijo: "Y bueno, que sea la voluntad de Dios", y se quedó con los brazos cruzados. Él sabía que debía poner lo mejor de su parte y dejar el resto para Dios. "Pero nosotros oramos a nuestro Dios y pusimos guardias en las murallas para que vigilaran día y noche" (Nehemías 4:9, PDT).

Dios no bendice a los vagos, a los mediocres, a los que siempre están dando excusas para no hacer su parte como corresponde. Nehemías "hizo todo lo que era posible para la energía humana, y luego pidió con fe la ayuda divina. El secreto del éxito estriba en la unión del poder divino con el esfuerzo humano. Los que logran los mayores resultados son los que confían más implícitamente en el Brazo todopoderoso".[25] "La diligencia en cumplir el deber señalado por Dios es una parte importante de la religión verdadera. [...] Una acción pronta y decisiva en el momento apropiado obtendrá gloriosos triunfos, mientras que la dilación y la negligencia resultarán en fracaso y deshonrarán a Dios".[26]

Hay dos refranes conocidos que dicen: "A Dios orando, pero con el mazo dando", y "al que madruga Dios le ayuda". Me encanta este pensamiento de Agustín de Hipona: "Trabaja como si todo dependiera del ti y ora como si todo dependiera de Dios". En otras palabras, pon lo mejor de ti y espera lo mejor de Dios. Para alcanzar los sueños de Dios, el talento no es suficiente, se requiere de mucho trabajo y mucha oración. Abraham Lincoln decía: "Nunca tuve otro principio que dar lo mejor de mí a todos y cada uno de los días de mi vida".

"Es mejor desgastarse que corroerse", declaró Bishop Cumberland.

"Cada trabajo es un auto retrato del que lo hace". "Firma todos tus trabajos con excelencia", dijo alguien. "No nos atrevemos a muchas cosas porque son difíciles, pero son difíciles porque no nos atrevemos a hacerlas", decía Seneca. Si no hacemos nuestra parte, no llegaremos a ninguna parte. La indecisión prolongada y la falta de acción en el tiempo correcto son asesinos de los sueños.

Mi padre *Nicolás* fue para mí un gran ejemplo de esfuerzo y perseverancia. Fue un hombre muy trabajador que amaba lo que hacía. Era un carpintero muy dedicado que inculcó este lindo oficio a todos sus hijos varones desde que éramos niños. Somos nueve hermanos, siete varones y dos mujeres. Yo soy el más pequeño de todos. Recuerdo, desde que tenía seis años, que comencé a trabajar en la carpintería, al menos media hora al día, juntando el aserrín en bolsas. Y en la medida que iba creciendo mi padre me daba más tareas para realizar. Unos años antes que yo naciera, ocurrió un siniestro, se incendió la carpintería, quemándose todas las maderas y trabajos ya listo para entregar a una clínica en construcción (más de 50 puertas). La mayoría de las máquinas quedaron inservibles. Imagina la tristeza y el desespero de mi padre por haber perdido todo. Aun así, volvió a comenzar, siguió adelante y se recuperó económicamente, dando buena estabilidad a la familia. Lamentablemente mi padre falleció cuando tenía once años. Sin embargo, dejó en mí el legado del esfuerzo, la perseverancia y el amor al trabajo.

Además del esfuerzo, la disciplina es fundamental para el éxito, que requiere de entrega y dedicación. "Todos los deportistas se entrenan con mucha disciplina. Ellos lo hacen para obtener un premio que se echa a perder; nosotros, en cambio, por uno que dura para siempre" (1 Corintios 9:25, NVI). Pablo también dijo: "Disciplino mi cuerpo como lo hace un atleta, lo entreno para que haga lo que debe hacer. De lo contrario, temo que, después de predicarles a otros, yo mismo quede descalificado" (1 Corintios 9:27, NTV). "La disciplina es el fuego refinador por el cual el talento se convierte en habilidad", dijo Roy L. Smith. "El desafío más grande es mantenerse enfocado. Es tener disciplina cuando hay tantas cosas en juego", señaló Alexa Hirschfeld. "Las personas indisciplinadas son esclavas de los cambios de humor, de los apetitos y las pasiones", afirmó Stephen Covey.

Jim Rohn declaró: "La disciplina es el puente entre las metas y los logros. Todos tenemos que sufrir uno de dos dolores: el dolor de la disciplina o el dolor del pesar. La diferencia está en que la disciplina pesa unas cuantas onzas, y el pesar, toneladas". La autodisciplina es fundamental para los grandes logros, y está muy asociado con el dominio propio y la constancia. Salomón aseveró: "Una persona sin control propio es como una ciudad con las murallas destruidas" (Proverbios 25:28, NTV).

Necesitamos formar buenos hábitos de disciplina, y no dejar las cosas para última hora como a veces hacemos. "Primero formamos los hábitos y luego ellos nos forman. Conquiste sus malos hábitos o ellos lo conquistarán a usted", dijo Rob Gilbert. "Practiquen el dominio propio y manténganse alerta" (1 Pedro 5:8, NVI), afirmó Pablo.

La perseverancia es clave para cualquier cosa que emprendamos. "El que persevera siempre triunfa", dice el dicho popular. Hay que perseverar a pesar de las grandes dificultades, aunque tropecemos en el camino. "La única garantía de fracasar es dejar de intentarlo", dice John C. Maxwell. "El genio se compone del 2% de talento y del 98% de perseverancia", afirmó Beethoven. Charles Spurgeon dijo que "por perseverancia el caracol llegó al arca de Noé". La perseverancia es esencial en nuestro camino al cielo. Jesús declaró: "El que persevere hasta el fin, éste será salvo" (Mateo 10:22).

El Espíritu de Profecía afirmó: "*No os sentéis en el sillón de Satanás para no hacer nada, mas levantaos y esforzaos para alcanzar la elevada norma que es vuestro privilegio alcanzar*".[27] "Los que procuran dar lo menos posible de sus facultades físicas, mentales y morales, no son los obreros a quienes Dios puede bendecir abundantemente".[28]

La gente que persevera hace todo lo que tienen que hacer, tienen valor para luchar por lo que quieren, caen y fracasan muchas veces, pero se levantan de nuevo, no esperan las oportunidades, sino que las buscan. "Levántate, porque esta es tu obligación, y nosotros estaremos contigo; esfuérzate, y pon mano a la obra" (Esdras 10:4).

No te desanimes cuando el "escombro" es mucho

Después de algunas semanas de trabajar muy duro, dijeron a Nehemías: "Las fuerzas de los acarreadores se han debilitado, y el escombro es mucho, y no podemos edificar el muro" (Nehemías 4:10). Muchos se cansaron y se desalentaron al ver los miles de escombros que todavía tenían que sacar, para luego construir la muralla; y, además, muchos escombros eran muy pesados (más de 300 kilos). Para que tengamos una idea de la multitud de escombros que había, antes de que los muros fueran derribados por el ejército de Nabucodonosor, la muralla tenía cerca de cinco kilómetros de largo, alrededor de quince metros de altura y unos cuatro metros de ancho.

Los "escombros" de hoy representan todos los obstáculos que tenemos en el camino que dificultan hacer la obra de Dios. Podrían ser: los "peros" de ciertos líderes de tu iglesia, las constantes negativas de personas de a fuera, la falta de apoyo de tu familia para hacer esa obra, tus miedos internos, etcétera. Reflexiona en estas preguntas: ¿Te sientes muy motivado a seguir con la obra que Dios te encomendó o estás cansado y agotado? ¿Cuáles son los grandes "escombros" que tienes que quitar? ¿Tienes algún "escombro" en tu mente que te está desanimando?

Lo peor que puedes hacer es dar "patadas" a los "escombros", ya que te vas a lastimar. No pierdas el tiempo discutiendo con las personas "escombros". Simplemente colócalo, con tranquilidad y paciencia, fuera del camino. Pero, si tu esposa es el "escombro", un líder de iglesia, u otra persona querida, es mejor que en vez de "tirar ese escombro", lo emplees para construir el muro de ese sueño o proyecto santificado. Hay "escombros" que no te sirven, pero otros, puliéndolos, pueden llegar a ser "piedras" fundamentales.

La vista de muchos del pueblo estaba tan centrada en la dura realidad de los escombros que eclipsaba su fe en el poder de Dios. Nehemías les dijo: "Acordaos del Señor grande y terrible, y pelead por vuestros hermanos, por vuestros hijos" (Nehemías 4:14). En otras palabras, recuerden los grandes milagros que Dios ha hecho en el pasado, confíen en lo poderoso que es el Señor. "No estén tristes, pues el gozo del Señor es nuestra fortaleza" (Nehemías 8:10, NVI).

Los que trabajaban en la construcción del muro, "con una mano trabajaban en la obra, y en la otra tenían la espada" (Nehemías 4: 17). Necesitamos la espada de la Palabra de Dios y el aliento de sus promesas para defendernos de los constantes ataques: "no se puede, es muy difícil", "dedícate a otra cosa", "la gente no le interesa lo que haces", etc. La Palabra de Dios dice: "Anímate y esfuérzate, y manos a la obra; no temas, ni desmayes, porque Jehová Dios, mi Dios, estará contigo; él no te dejará ni te desamparará, hasta que acabes toda la obra para el servicio de la casa de Jehová" (1 Crónicas 28: 20).

Por favor, ¡no tires la toalla, sigue luchando! Hay momentos en que sentimos que la carga de la responsabilidad es demasiado pesada para ser sobrellevada. Hay veces que nos pareciera que hay demasiados "escombros" como para llevar a cabo ese plan o esa misión. Hay momentos en que hay tantos problemas por resolver, que nos vemos muy tentado a desistir. Digamos como Nehemías: "Ahora, pues, oh Dios, fortalece tú mis manos" (Nehemías 6:9); y como David: "Pero tú aumentarás mis fuerzas como las del búfalo" (Salmos 92:10).

El Espíritu de Profecía declaró: "Dios tendrá hombres que aventurarán cualquier cosa para salvar almas. Aquellos que no quieran avanzar hasta que puedan ver cada paso del camino claramente delante de ellos, no serán de ningún beneficio en este tiempo para hacer progresar la verdad de Dios".[29] Si no estás dispuesto a abrir camino quitando "escombros" para llevar a cabo cierto sueño de Dios, no eres la persona indicada para liderar ese proyecto de fe.

Las pruebas y dificultades, cuando no las encaramos con fe y determinación, conducen al miedo, al desánimo y a la derrota. Te animo a que emprendas las próximas semanas y meses, fijando tu vista no en la cantidad de escombros sino en la cantidad de promesas que Dios tiene para ti. "Mira que te mando que te esfuerces y seas valiente; no temas ni desmayes, porque Jehová tu Dios estará contigo en dondequiera que vayas" (Josué 1:9).

5) Trabajo en equipo (Nehemías 2:18,20)

Desde el inicio de la obra, Nehemías estaba consciente que, si no trabajaban en equipo de manera unida y organizada, la obra jamás podría ser realizada. A fin de motivar al pueblo a poner manos a la obra, los reunió y dio un testimonio poderoso de cómo el Señor había abierto camino y había obrado en el corazón del rey. Esto era un milagro, un sueño de Dios en la que todos podían hacer parte. Animado el pueblo respondió: "Levantémonos y edifiquemos" (Nehemías 2:18). "Nosotros, sus siervos, pondremos manos a la obra" (Nehemías 2:20, BLP).

Este principio de excelencia se basa en la premisa: *Dios siempre bendice a quienes trabajan en equipo.* Responde a la pregunta: *¿Quiénes formarán parte de mi grupo?* La respuesta a esta pregunta es crucial para el éxito. Nehemías, como gobernador de Jerusalén, fue un gran líder que trabajó en equipo.

Como dice el refrán: "La unión hace la fuerza", "hombres unidos nunca serán vencidos". La Biblia declara: "Alguien que está solo puede ser atacado y vencido, pero si son dos, se ponen de espalda con espalda y vencen; mejor todavía si son tres, porque una cuerda triple no se corta fácilmente" (Eclesiastés 4:12, NTV). Un simple copo de nieve produce poco impacto, pero una tormenta de nieve puede parar el tráfico. Así también, el trabajo en equipo tiene mucho más impacto.

¿Cómo es posible que cuando nace en nuestro corazón un plan misionero, le ponemos todas las ganas, pero cuando lo planeó otro, ni siquiera queremos involucrarnos? Al contrario, nos ponemos en posición de jueces, buscándole errores y defectos a los planes ajenos, y finalmente no hacemos nada. Es nuestro orgullo lo que impide que la obra crezca. Por favor, apoya los proyectos misioneros, involúcrate, no te "laves las manos". No digas: "esto no es de mi Departamento", "a mí no me compete". Aunque tú no lo dirijas, al menos sé un constructor de sueños, un facilitador y no un "palo en la rueda" que frene lo que Dios ha puesto en el corazón de otros. No te olvides de esto: "El que se enoja contra un siervo de Dios, se enoja contra Dios. El que se opone a un proyecto de Dios, se opone a Dios".[30] Si el Señor quiere que se realice cierto plan misionero, ¿quién eres tú para frenar esa obra? Es mejor que apoyes antes que Dios te quite del camino y tengas que "comer" tierra.

Por otra parte, hay ciertos líderes con más influencia que tú, que se acercan pretendiendo trabajar en equipo, pero que, en vez de sumar y aportar, quieren reencausar tu plan hacia otra dirección que a ellos les conviene. Con el pretexto de hacer un plan integrado más amplio, ahogan y asfixian ese plan específico que Dios quiere que tú implementes. El verdadero plan integrado hace florecer los planes más pequeños, y no los anula a fin de imponer otros. Si hay algo que está funcionando bien, ¿para qué reemplazarlo por otro plan?

Para que un equipo funcione bien se necesita, al menos: (1) *Un buen líder*: una persona de fe, íntegra, entregada y sumisa a los planes de Dios. Un líder lleva a la gente a realizar cosas que no harían por sí mismas. "Si tus acciones inspiran a otros a soñar más, aprender más, hacer más y ser más, eres un líder", dijo John Quincy Adams. (2) *Seleccionar tu equipo de líderes*: Jesús lo hizo al elegir a los doce apóstoles. También lo hizo Nehemías. Equivocarse en esta elección puede echar a perder el proyecto. Este grupo es tu brazo derecho de más confianza. (3) *Delegar las tareas a las personas correctas*: significa colocar ciertas responsabilidades en las personas que mejor puedan y quieran hacerlo. (4) *Reclutar las personas adecuadas*: no es la cantidad sino la calidad de las personas involucradas. (5) *Decir no a los ventajeros y aprovechadores*: hay personas que quieren ser parte de tal plan no por lo que pueden aportar sino por el interés de sacar provecho. (6) *Aplica la disciplina redentora*: a veces hay que reprender o poner en su sitio a ciertas personas que te están "intoxicando" el plan (Nehemías 5:7; 13:11). Recuerda el refrán: "Una manzana podrida, echa a perder todo el cajón". (7) *Plan de seguimiento continuo*: aproximadamente un 20 % de las personas son de "motor propio", la mayoría necesita motivación constante, de alguien que los esté empujando hacia adelante. Dedica mucho más de tu tiempo con ese 20 % que darán más del 80 % de los resultados.

Algunos pensamientos interesantes sobre el trabajo en equipo: "Ninguno de nosotros es tan bueno como todos nosotros juntos", aseveró Ray Kroc. "Llegar juntos es el principio. Mantenerse juntos, es el progreso. Trabajar juntos es el éxito", dijo Henry Ford. "Los individuos marcan goles, pero los equipos ganan partidos", señaló Zig Ziglar. "Trabajar en equipo divide el trabajo y multiplica los resultados" (anónimo). "Un bote no va hacia delante si cada uno rema a su propia manera", dice un proverbio suajili. "Yo hago lo que tú no puedes. Tú hace lo que no puedo. Juntos podemos hacer grandes cosas", afirmó Teresa de Calcuta.

Elena de White escribió: "Si los cristianos obrasen en concierto y adelantasen como un solo hombre bajo la dirección de un solo Poder, para la realización de un propósito, conmoverían al mundo".[31] La gente que trabaja en equipo sirve más y manda menos, quiere que todos crezcan, aúna esfuerzos con un objetivo común, busca la unidad en la diversidad, potencia los dones y talentos de cada integrante, sigue las orientaciones de sus líderes.

6) Oración constante (Nehemías 1:11; 2:4,8)

Nehemías planificaba con Dios en oración. Antes de tomar una decisión importante buscaba la dirección divina. No hacía nada sin primero escuchar la voz de Dios y recibir su aprobación.

La oración de Nehemías 1:5-11 quedó registrada en la Biblia, ya que es un modelo inspirador de oración para los líderes y personas como tú que quieren hacer realidad los sueños de Dios. Los ingredientes claves de esta oración: (1) *Oración humilde*: "Te ruego, oh Jehová". Necesitamos acercarnos a Dios con actitud reverente, sumisa y de adoración. (2) *Oración perseverante*: "Yo hago delante de ti día y noche". Él no oro una vez sino muchas veces durante meses. (3) *Oración intercesora*: "Por los hijos de Israel". Sin intercesión no hay restauración. (4) *Oración de confesión*: "Confieso los pecados de los hijos de Israel [...] Yo y la casa de mi padre hemos pecado". Sin confesión y arrepentimiento verdadero no se puede recibir la bendición del Trono de la Gracia. (5) *Oración de pacto*: "Pero si os volviereis a mi y a mis mandamientos". La obediencia a Dios es condición fundamental para que Dios cumpla sus promesas. (6) *Oración de gloria*: "Quienes desean reverenciar tu nombre". La motivación de Nehemías no era su gloria personal sino la gloria a Dios. (7) *Oración de éxito*: "*concede ahora buen éxito a tu siervo*, y dale gracia delante de aquel varón" (Nehemías 1:11). Nehemías rogó a Dios que le prosperara y le abriera camino para cuando hablara con el rey.

Este principio de excelencia se basa en la premisa: *Dios siempre bendice a quienes buscan constantemente la dirección de Señor y la sabiduría divina*. Responde a la pregunta: *¿Qué quiero de Dios?* Así como Dios le dijo al ciego Bartimeo, nos dice a nosotros hoy: "¿Qué quieres que haga por ti?" (Marcos 10:51, DHH). "El ciego le contestó: —Maestro, quiero recobrar la vista".

Nehemías perseveró en oración. Desde que hizo su oración, que está en el capítulo uno, pasaron como cuatro meses hasta presentar el caso al rey. El rey le dio el visto bueno para que emprendiera su viaje a Jerusalén y además le proveyó de ciertos recursos. Le dijo: "¿Qué cosa pides?" Antes de pedir cualquier cosa, Nehemías dijo: "Entonces oré al Dios de los cielos" (Neh. 2:4). Nosotros muchas veces oramos cuando las cosas nos están yendo mal, nos encontramos en aprietos o entre "la espada y la pared". Muchos problemas se podrían evitar si siguiéramos el ejemplo de Nehemías, de orar en todo momento, especialmente antes de avanzar al siguiente paso de cierta meta o desafío.

Luego de hacer una breve oración en su mente, Nehemías le pidió al rey una escolta militar de protección, cartas reales para cruzar las diferentes provincias, carta para proveer de madera que necesitaría para la reconstrucción. "El rey me dio todo lo que le pedí, porque mi buen Dios me estaba ayudando" (Nehemías 2:8). La Palabra de Dios dice: "Pon todo lo que hagas en manos del Señor, y tus planes tendrán éxito". (Proverbios 16:3, NTV). Alguien dijo: "Nunca debes permitir que la adversidad te haga caer, excepto de rodillas".

Me pregunto: ¿Qué pasaría si clamáramos a Dios de todo corazón? El Señor nos dice: "Clama a mí, y yo te responderé, y te enseñaré cosas grandes y difíciles que tú no conoces" (Jeremías 33:3). Ten presente que el único obstáculo de los planes de Dios para nuestras vidas son nuestras propias decisiones. Para Dios el diablo no es un impedimento, si hay algún impedimento somos nosotros, porque Él respeta nuestras decisiones. Ahora más que nunca debemos clamar al Señor y pedir, diariamente y en todo momento, por su bendición en todo lo que emprendamos. John Wesley decía: "Dios no hace nada si no es en respuesta a la oración".

Algunos pensamientos interesantes sobre la oración: "Se han forjada más cosas por la oración de las que este mundo sueña", afirmó Tennyson. Alguien dijo: "Pon todo en las manos de Dios y verás la mano de Dios en todo". "La verdadera oración es el ejercicio espiritual por el cual armonizamos nuestros sueños y deseos con los planes de Dios", señaló Robert Schuller. Elena de White escribió: "La oración y la fe harán lo que ningún poder en la tierra podrá hacer [...] Cristo manda continuamente mensajes a los que escuchan su voz".[32] "La oración mueve el brazo de la Omnipotencia".[33] "Una súplica elevada al cielo por el santo más humilde es más temible para Satanás que los decretos gubernamentales o las órdenes reales".[34]

No ores para que Dios te responda, ora para preparar tu corazón a fin de recibir la respuesta que Dios ya tiene para ti. No te preguntes dónde está Dios cuando más lo necesitas, sino dónde estás tú cuando Dios más quiere ayudarte. "Cada mañana, conságrate a Dios por ese día. Somete todos tus planes a él, para ponerlo en práctica o abandonarlos, según te lo indicaré su providencia".[35] Mira que lindo epitafio: "Ciertamente David, después de servir a su propia generación conforme al propósito de Dios" (Hechos 13:36, NVI).

La gente de oración constante busca la dirección y bendición de Dios para hacer su voluntad. Tienen debilidades, pero claman a Dios por fortaleza. Marcas y limitaciones, pero claman al Señor por misericordia. No saben que hacer, pero ruegan a Dios por sabiduría. Ellos esperan y confían en Dios, y Él nunca los abandona.

7) La gloria para Dios (Nehemías 1:11; 2:18; 5:15)

Nehemías le pidió de corazón a Dios que respondiera sus oraciones y las de su pueblo ya que su *único deseo es honrarte*" (Nehemías 1:11, DHH). En otras versiones dice: "Nos deleitamos en darte honra" (NTV). "Escucha la oración de quienes *se deleitan en darte gloria y honra*" (NBV). El Señor responde las oraciones de quienes promueven su gloria.

Este principio de excelencia se basa en la premisa: *Dios siempre bendice a quienes glorifican a Dios en todo lo que hacen.* Responde a la pregunta: ¿Para quién lo hago? Fuimos creados para glorificar el nombre de Dios. Nuestra prioridad debiera ser siempre la gloria de Dios y no la mía. "Entonces les conté cómo la bondadosa mano de Dios había estado conmigo" (Nehemías 2:18). "En su obra, Nehemías siempre tuvo en cuenta el honor y la gloria de Dios".[36]

Algunos gobernadores anteriores a Nehemías fueron ventajeros, querían crecer a costa de los demás. Les importaba más su propio beneficio que el beneficio del pueblo. Tenían más interés en su propio ego que en el honor de Dios. "Pero yo no lo hice así, por respeto a Dios" (Nehemías 5:15). Aquí podemos ver claramente la motivación santificada de este gran siervo de Dios.

Cuando Jesús estuvo en la tierra, no buscó su propia gloria sino la de su Padre. Hubo muchos judíos que, aunque creyeron en Él, "no lo confesaban por temor a los fariseos, para no ser expulsados de la sinagoga. Porque amaban más la gloria de los hombres que la gloria de Dios" (Juan 12:42-43) En otras versiones dice: "Apreciaban más tener una buena reputación ante la gente, que tenerla ante Dios" (Juan 12:43, BLP) "porque amaban más la aprobación humana que la aprobación de Dios" (Juan 12:43, NTV). Quien no está dispuesto a ser valiente en confesar públicamente y testimoniar de Cristo a las personas, es porque ama más la gloria de los hombres que la gloria de Dios.

El apóstol Pablo decía: "Yo no busco la aprobación de los hombres, sino la aprobación de Dios" (Gálatas 1:10, DHH). "Mas el que se gloría, gloríese en el Señor; porque no es aprobado el que se alaba a sí mismo, sino aquel a quien Dios alaba" (2 Corintios 10:17-18). "En conclusión, ya sea que coman o beban o hagan cualquier otra cosa, háganlo todo para la gloria de Dios" (1 Corintios 10:31, NVI).

El no dar la gloria para Dios lleva a la incredulidad. "¡Con razón les cuesta creer! Pues a ustedes les encanta honrarse unos a otros, pero no les importa la honra que proviene del único que es Dios" (Juan 5:44, NTV). El no dar la gloria para Dios atrae maldiciones. "Si no oyereis, *y si no pusiereis en vuestro corazón el dar gloria a mi nombre*, dice Jehová de los ejércitos, yo enviaré maldición sobre vosotros, y maldeciré vuestras bendiciones" (Malaquías 2:2).

Mucho cuidado en querer robar para uno mismo la gloria que le pertenece solo a Dios. Nabucodonosor, rey de Babilonia, quiso apropiarse de la gloria de Dios, pero por su gran orgullo fue aplastado, y tuvo que "comer tierra" y hierbas como un animal por siete años. Cuando se arrepintió de corazón, Dios lo sanó de su locura; y dijo: "Ahora yo, Nabucodonosor, alabo, engrandezco y glorifico al Rey del cielo, porque todas sus obras son verdaderas y sus caminos justos; y él puede humillar a los que andan con soberbia" (Daniel 4:37).

Necesitamos cultivar el espíritu de dar la gloria a Dios. "Cuando los hombres se ensalzan a sí mismos, y se consideran necesarios para el éxito del gran plan de Dios, el Señor los hace poner a un lado. Queda demostrado que el Señor no depende de ellos. La obra no se detiene porque ellos sean separados de ella, sino que sigue adelante con mayor poder".[37] Jesús dijo que "el que a sí mismo se engrandece, será humillado; y el que se humilla, será engrandecido" (Mateo 23:12, DHH).

Nuestra naturaleza pecaminosa tiene la tendencia al ensalzamiento propio y a la vanagloria cuando tenemos éxito en algo. Necesitamos morir constantemente al yo. El Espíritu de Profecía declaró: "El espíritu de ensalzamiento propio es el espíritu de Satanás".[38] "Cuando los hombres tienen éxito en la causa del Señor, es porque Dios les ha dado ese éxito, y no para su gloria personal, sino para Gloria de Dios. Quien trate de robar un rayo de luz de la gloria del Señor verá que tendrá que ser castigado por su presunción".[39] "El observa con aprobación a los que tienen en cuenta la gloria divina. Les dará habilidad, comprensión y adaptabilidad para su obra".[40]

"Cuenta todo lo que Dios ha hecho contigo, pero no digas nada de lo que tú haces para Dios. No promuevas aplausos, promueve su gloria", dijo Charles Spurgeon. "Los que sean fieles a su llamado como mensajeros de Dios no buscarán honra para sí mismos. El amor al yo será absorbido en el amor por Cristo".[41] Recordemos que uno de los cinco pilares de la Reforma Protestante fue: *solo a Dios la gloria*. Por favor, no olvidemos que el corazón del mensaje de los tres ángeles es: "Temed a Dios, y dadle gloria" (Apocalipsis 14:7).

El rey Salomón dijo en su oración al dedicar el templo: "Tuya es, oh Jehová, la magnificencia y el poder, la gloria, la victoria y el honor" (1 Crónicas 29:11). Es un mal común entre muchos cristianos llamar la atención a sí mismos con el fin de hacerse ver y "procurar la propia gloria" (Proverbios 25:27, RVC). Porque "el fin de todo el discurso oído es este: Teme a Dios, y guarda sus mandamientos; porque esto es el todo del hombre" (Eclesiastés 12:13). Encontramos el verdadero sentido a la vida cuando aprendemos a dar la gloria a Dios en todo.

Elena de White escribió: "El deseo de glorificar a Dios debería ser la motivación más poderosa de todas para nosotros [...] Los intereses egoístas deben mantenerse constantemente bajo sujeción, porque si se les permite actuar, debilitan el intelecto, endurecen el corazón y menoscaban el valor moral".[42] "Dios ha concedido talentos a cada ser humano para que su nombre sea glorificado, no para que el hombre sea aplaudido y alabado, honrado y glorificado, mientras el Dador sea olvidado".[43]

Que podamos decir como David: "¿Quién es este Rey de gloria? Jehová el fuerte y valiente, Jehová el poderoso en batalla" (Salmos 24:8). "Dad a Jehová la gloria debida a su nombre" (Salmos 29:2). "En Dios nos gloriaremos todo el tiempo" (Salmos 44:8). "Proclamad entre las naciones su gloria, en todos los pueblos sus maravillas" (Salmos 96:3).

La gente que promueve la gloria de Dios disfruta de lo que hace, ama a Cristo, se deleita en obedecer y honrar al Rey del universo, prioriza el reino de Dios. Quienes promuevan la gloria de Dios irán al cielo. Que nuestro lema sea: "Motivados por su gloria alcanzaremos la victoria". Y que podamos decir como Isaías: "Señor, [...] el deseo de nuestro corazón es glorificar tu nombre" (Isaías 26: 8, NTV).

Cuidado con la comparación, los celos, la envidia y la codicia

Si te concentras en compararte con los demás, el diablo procurará robarte el gozo del servicio por medio del desánimo, ya que siempre habrá gente que hará mejor el trabajo que tú; y por medio del orgullo, ya que siempre habrá gente menos eficiente que tú. Alguien dijo: "El éxito personal no se determina comparándonos con otros, sino comparando nuestros logros con nuestras capacidades".

La Biblia dice: "El éxito en la vida despierta envidias" (Eclesiastés 4:4, NVI). Fue por envidia que Caín mató a Abel. Fue por envidia que entregaron a Jesús (Marcos 15:10). Fue por envidia que los hermanos de José lo vendieron (Hechos 7:9). Si eres una persona de éxito, siempre habrá alguien que estará celoso de tus logros y mal interpretará tus acciones. El éxito de tu hermano no debe ser motivo de envidia sino fuente de inspiración. "La envidia es una de las peores características satánicas que existen en el corazón humano".[44] "La envidia te destruye por completo" (Proverbios 14:30, TLA).

El apóstol Pablo nos aconseja: "Presta mucha atención a tu propio trabajo, porque entonces obtendrás la satisfacción de haber hecho bien tu labor y no tendrás que compararte con nadie" (Gálatas 6:4, NTV). "No nos hagamos vanidosos ni nos provoquemos unos a otros ni tengamos envidia unos de otros" (Gálatas 5:26, NTV). "¡Cómo voy a osar igualarme o compararme con esos que se hacen su propia propaganda! Al medirse con la medida que ellos mismos fabrican y compararse con ellos mismos, demuestran que son necios" (2 Corintios 10:12, BLP).

Si estás en una posición de liderazgo y ves que alguien debajo tuyo es más talentoso y más competente que tú, no trates de anularlo ni aplastarlo. No permitas que el espíritu de celos envenene tu corazón, así como pasó con el rey Saúl respecto a David. No es fácil decir como Juan el Bautista: "Es necesario que él crezca, y que yo decrezca" (Juan 3:30, RVC). El espíritu de envidia y celos traen división en el pueblo de Dios y obstaculizan la proclamación del Evangelio. Es mejor decir como Chelsea Handler: "Me gusta dejar que otros brillen porque eso hace que todos brillemos más".

El diablo intentará infectarte con el veneno de la comparación, los celos, la envidia y la codicia. No permitas que estos cuatro grandes destructores te roben el gozo de alcanzar los sueños de Dios.

¡Un sueño realizado! (Nehemías 6:15-16)

Nehemías y el pueblo que estaba en Jerusalén, después de haber aplicado estos siete principios de excelencia, alcanzaron resultados extraordinarios y sorprendentes. La reconstrucción de la muralla fue hecha en un tiempo récord. "Fue terminado, pues, el muro, el veinticinco del mes de Elul, *en cincuenta y dos días*" (Nehemías 6:15). Lo que ellos podrían haber realizado en dos años a un ritmo tranquilo, lo hicieron en solo 52 días. ¡Guau, impresionante!

La muralla de Jerusalén que había sido destruida en su mayoría hacía 140 años (586 a.C.) desde que Nehemías llegó (444 a.C.); *en solo 52 días ya estaba reconstruida completamente*. Por medio del ministerio de Nehemías como gobernador, *Jerusalén fue restaurada totalmente*. Hoy se necesitan hombres y mujeres como Nehemías que hagan la diferencia en sus iglesias y en el lugar donde viven. Tú eres el Nehemías que el Señor quiere levantar en este tiempo para hacer una gran obra de reforma en tu ciudad y en tu país, siendo el instrumento clave en las manos de Jesús para ejecutar ciertos planes y sueños de Dios.

Las naciones vecinas quedaron maravillados por la rapidez con que se construyó el muro, no lo podían creer. "Cuando nuestros enemigos se enteraron de esto, los países vecinos tuvieron miedo y se sintieron avergonzados, *porque comprendieron que esta obra se había realizado con la ayuda de nuestro Dios*" (Nehemías 6:16, TLA). El impacto fue tal, que el nombre de Dios fue glorificado de manera asombrosa. "La esperanza postergada aflige al corazón, pero un sueño cumplido es un árbol de vida" (Proverbios 13:12, NTV).

Un breve repaso de los siete principios de excelencia

Daría para escribir un libro profundizar en esta temática. Recordemos los siete principios de excelencia para alcanzar los sueños de Dios:

(1) Sentido de propósito, (2) espíritu de fe, (3) compromiso total, (4) esfuerzo, disciplina y perseverancia, (5) trabajo en equipo, (6) oración constante, y (7) la gloria para Dios. Si hoy tuvieras que autoevaluarte, ¿qué nota te darías, del uno al diez, en cada uno de estos siete puntos?

Si no vives tus sueños tendrás que vivir tus pesadillas, la decisión está en tus manos. Es mejor poner en práctica las llaves del éxito que las marcas del fracaso. Imagina lo lejos que llegarías si vivieras ciento por ciento estos principios que Nehemías aplicó en su vida. ¿Por qué seguir aplazando ciertos sueños de Dios? Quita de ti todo tipo de mediocridad, y busca la excelencia en Cristo. Hermano, ¡manos a la obra! Pon en práctica estos siete principios de excelencia y permite que el Señor te lleve hacia nuevas alturas en tu vida.

En resumen, graba bien esto en tu mente: ¡La gente con propósito vuela alto! ¡La gente con espíritu de fe hace las cosas acontecer! ¡La gente comprometida llega más rápido! ¡La gente que persevera siempre triunfa! ¡La gente que trabaja en equipo obtiene mejores resultados! ¡La gente de oración constante hace la diferencia! ¡La gente que promueve la gloria de Dios disfruta mucho más del éxito obtenido!

Hagamos un pacto fiel con Dios (Nehemías 9:38)

Nehemías tenía el hábito de hacer pactos con Dios. Un pacto es un compromiso entre dos personas. ¿Cuándo fue la última vez que has hecho un pacto con Dios de verdad? Recordemos que Dios es nuestro socio. "Si Dios es tu socio, planifica en grande", dijo Dwight L. Moody. Si Dios es tu socio, no planifiques como un mendigo. "Los secretos del Señor son para los que le temen, y Él les dará a conocer su pacto" (Salmos 25:14, LBLA).

En cierta oportunidad, después de haber terminado la muralla, comenzaron haber algunos problemas en el pueblo de Dios. Nehemías tuvo que reprender a varias personas que no estaban haciendo las cosas bien (ver Nehemías 5:6-8; 13:25). "En la obra de reforma que debe ejecutarse hoy, se necesitan hombres que, como Esdras y Nehemías, no reconocerán paliativos ni excusas para el pecado, ni rehuirán de vindicar el honor de Dios".[45] Nehemías y los líderes consideraron necesario hacer un pacto por escrito. "*Nosotros hacemos un pacto fiel por escrito*; y en el documento sellado *están los nombres de* nuestros jefes, nuestros levitas *y* nuestros sacerdotes" (Nehemías 9: 38, LBLA).

También Esdras, uno de los líderes dijo: "Ahora, pues, hagamos pacto con nuestro Dios" (Esdras 10:3, RVR 1995). De igual manera, esta es la invitación divina para nosotros. Te animo a que ahora busques una hoja en blanco o abras un archivo en Word en tu computadora; y hagas un pacto con Dios por escrito, colocando todos tus sueños y metas específicas, dividido en tres: a corto plazo (de uno a tres meses), a mediano plazo (de cuatro a doce meses) y a largo plazo (de uno a cinco años). Y que puedas decir: "Yo me propongo ahora hacer un pacto con el Señor" (2 Crónicas 29:10, NVI).

Hoy Dios te está dando una oportunidad para que seas socio de verdad con el Todopoderoso. "El verdadero éxito no es el resultado de la casualidad ni del destino [...] Dios da las oportunidades; el éxito depende del uso que se haga de ellas".[46] Aprovecha y has un pacto con Dios por escrito. Esto no se debe hacer a la ligera, es un asunto muy serio. Lo mejor es que dediques un día completo de ayuno y oración durante esta semana. Te animo a que dediques el próximo sábado o domingo para hacer este ayuno, aunque sea solo de frutas. Cuando hagas este pacto, confía que el Señor enviará "lluvias de bendición" (Ezequiel 34:26).

Construye y reconstruye tus sueños a los pies de Jesús

La mejor manera de construir nuestros sueños es a los pies de Jesús. "Acerquémonos confiadamente al trono de la gracia para recibir misericordia y hallar la gracia que nos ayude en el momento que más la necesitemos" (Hebreos 4:16, NVI). Presentemos nuestros sueños, desafíos y metas para que Dios nos bendiga y nos dirija en su providencia. Dile de corazón al Señor: "Muéstrame, oh Jehová, tus caminos; enséñame tus sendas" (Salmos 25:4). Confía en su promesa: "Te haré entender, y te enseñaré el camino en que debes andar" (Salmos 32:8).

Prioricemos los sueños de Dios por sobre los nuestros. Que podamos decir: "Señor, ¿qué quieres que hagas?" Recuerda que los dos mayores sueños de Dios para ti son: (1) Que tú seas salvo y recibas la vida eterna, y (2) que lleves a cabo los sueños de Dios para ti, porque son mejores que los tuyos. Si el diablo, la vida, o tus propias malas decisiones han dado un golpe letal a tus sueños, todavía hay esperanza. Ahora es el mejor momento de reconstruir tus sueños a los pies de Jesús. Nuestro salvador es especialista en resolver los casos difíciles e imposibles a los ojos humanos. "No hay absolutamente nada que yo no pueda hacer" (Jeremías 32:27, TLA), dice el Señor.

"Dios obró siempre en favor de su pueblo en su más extrema necesidad, cuando parecía haber menos esperanza de que se pudiese evitar la ruina".[47] "Entonces clamaron los hijos de Israel a Jehová, y Jehová levantó un libertador" (Jueces 3:9). Así también, solo cuando clames a Dios de corazón habrá una completa liberación en tu vida. Dios te abrirá nuevas puertas, te dará discernimiento para entender sus planes, y te dará fuerzas para que avances. "El Señor está cerca de quienes lo invocan, de quienes lo invocan en verdad. Cumple los deseos de quienes le temen; atiende a su clamor y los salva" (Salmos 145:18-19, NVI).

Es impactante el testimonio de Dick Hoyt y su hijo Rick. Debido a una tragedia de nacimiento Rick no pudo caminar ni hablar. Sus padres lo llevaron a una escuela especial donde Rick aprendió a escribir sus pensamientos con una computadora especial. Cuando tenía 15 años le pidió a su padre participar con él en una maratón benéfica de cinco millas. Aunque Dick no era atleta, por amor a su hijo aceptó empujar a Rick en su silla de ruedas. Este fue el comienzo de una gran experiencia de superación y excelencia. Juntos compitieron en maratones, triatlones. Juntos pedalearon 3.770 millas en los Estados Unidos. Si un padre terrenal está dispuesto a dar todo por su hijo, cuanto más nuestro padre celestial. Por favor, no corras por la vida solo, hazlo junto con el Señor. Alguien dijo que "pedaleando con Dios no hay distancia que no se pueda recorrer, ni meta que no se pueda alcanzar".

Concluyo con esta promesa maravillosa: "Acontecerá en aquel tiempo que su carga será quitada de tu hombro, y su yugo de tu cerviz, y el yugo se pudrirá a causa de la unción" (Isaías 10:27). Solo cuando recibas la unción de Dios será quitada la pesada carga que oprime tu corazón, el yugo mental que tiene atado y la ansiedad de "querer tirar la toalla". Pide hoy la bendición del Todopoderoso, la unción del Espíritu Santo para que los sueños de Dios se hagan realidad en tu vida. Porque "con la ayuda de Dios haremos grandes cosas" (Salmos 60:12, DHH).

Referencias

1 Elena de White, *Lecciones de la vida de Nehemías* (Buenos Aires, Argentina: ACES, 2012), p. 6.
2 *Ibíd.*, p. 7
3 Elena de White, *El Cristo triunfante*, p. 278.
4 *El ministerio de curación*, p. 375.
5 *Patriarcas y profetas*, p. 621.
6 *El ministerio de curación*, p. 375.
7 *Obreros evangélicos*, p.19.
8 Elena de White, *Alza tus ojos*, p. 360.
9 *El Deseado de todas las gentes*, p. 329.
10 Elena de White, *Cada día con Dios*, p. 365.
11 *Ibíd.*, p. 207.
12 *El ministerio de curación*, p. 380.
13 Elena de White, *A fin de conocerle*, p. 308.
14 *La educación*, p. 237.
15 *El ministerio de curación*, p. 398.
16 https://www.youtube.com/watch?v=bSGJst9mc40
17 https://www.youtube.com/watch?v=oxvi3lrwcmk
18 *El Deseado de todas las gentes*, p. 622.
19 Elena de White, *Promesas para los últimos días*, p. 47.
20 Elena de White, *La temperancia*, p. 101.
21 Elena de White, *El ministerio de médico*, p. 328.
22 Elena de White, *El ministerio de curación*, p. 399.
23 Antonio Rosario, *Manos a la obra* (Nampa, Idaho: Pacific Press Publ. Assoc., 2010), p. 65 – 66.
24 Elena de White, *Signs of the Times*, 30 de junio de 1881.

[25] *Patriarcas y profetas*, p. 485.

[26] *Profetas y Reyes*, p. 499.

[27] *Consejos para la iglesia*, p. 630.

[28] *El ministerio de curación*, p. 399.

[29] *El evangelismo*, p. 51

[30] Kittim Silva, *Nehemías el constructor* (Grand Rapids, Michigan: Editorial Portavoz, 2003), p. 36.

[31] *Joyas de los testimonios,* tomo 3, p. 343.

[32] Elena de White, *La oración*, p. 75.

[33] Elena de White, *Recibiréis poder*, p. 134.

[34] *La oración*, p. 108.

[35] *El camino a Cristo*, p. 70.

[36] Elena de White, *Review and Herald*, 2 de mayo de 1899.

[37] *El Deseado de todas las gentes*, p. 404.

[38] *Patriarcas y Profetas*, p. 112.

[39] *El ministerio de publicaciones*, p. 154.

[40] Elena de White, *Manuscrito* 18 de 1905.

[41] *El Deseado de todas las gentes*, p. 151.

[42] Elena de White, *Exaltad a Jesús*, p. 360.

[43] *Ibíd.*

[44] *Patriarcas y profetas*, p. 356.

[45] *Profetas y reyes*, p. 498.

[46] *Ibíd*, p. 357.

[47] *Testimonios para la iglesia*, tomo 5, p. 428.

Capítulo 8

21 DÍAS DE
MARATÓN MISIONERO

*"Todos los atletas se entrenan con disciplina. Lo hacen para ganar
un premio que se desvanecerá, pero nosotros lo hacemos
por un premio eterno" (1 Corintios 9:25, NTV)*

En este capítulo se presentan 21 devocionales breves sobre la misión que tienen el propósito de estimularte a sembrar la Palabra de Dios todos los días, de alguna manera, aunque sea a una sola persona. Es un resumen de los siete capítulos anteriores, para recordar algunos conceptos clave que puedas aplicar en tu vida diaria.

Te animo a que cada día, a partir de mañana, antes de salir de tu casa, *dediques cinco minutos para leer este devocional, comenzando con el día uno, y así sucesivamente*. Haz tu oración de misión cada día, toma tu decisión y alaba a Dios. Te animo a que te lances con entusiasmo, con el deseo de servir y ser usado por Dios.

Una vez que termines este devocional, *me gustaría recibir noticias tuyas*, así me cuentas lo que el Señor está haciendo por ti y lo que tú estás haciendo por el Señor. Mi email personal es estebangri guol@gmail.com. Cuando me escribas *te enviaré gratis los siete seminarios* en *PowerPoint*, uno de cada capítulo de este libro, para que puedas compartirlo y/o predicarlo en tu iglesia, grupo pequeño o con tu familia. También te enviaré estos 21 devocionales para lo reenvíes por WhatsApp, uno por cada día, a los miembros de tu iglesia u otros hermanos, de modo que puedan ser un estímulo más para trabajar para Dios.

Querido hermano, deseo lo mejor para ti, que cumplas tu ministerio, que cultives los talentos y dones que Dios te ha dado para su servicio, que vivas la misión cada día y que el Señor te use poderosamente. Te mando un gran abrazo en Cristo. ¡Maranatha! ¡Bendiciones!

DÍA 1: PONTE HOY EN LAS MANOS DE DIOS Y HAZ ALGO PARA CRISTO

Dios le dijo a Moisés. "¿Qué es eso que tienes en tu mano? Y él respondió: Una vara. Y él le dijo: Échala en tierra. Y él la echó en tierra, y se convirtió en una serpiente; y Moisés huía de ella. Entonces dijo Jehová a Moisés: Extiende tu mano, y tómala por la cola. Y él extendió su mano, y la tomó, y se convirtió en una vara en su mano" (Éxodo 4:2-4). Una vara era lo que Moisés tenía en su mano. Esa era la vara del pastor, su herramienta principal que usaba en su profesión cotidiana. Con esa vara pastoreaba a las ovejas, guiaba a su redil, defendía o atacaba a los animales feroces, y la usaba para otras cosas más. Hay varias lecciones, relacionada a la vara, que Dios quería transmitir a Moisés y desea que también nosotros aprendamos.

Compartiré dos muy importantes: (1) La pregunta "*¿qué es eso que tienes en tu mano?*" es la pregunta que el Señor nos hace también a nosotros. En otras palabras: ¿cuál es el talento o don que tienes en tu mano? Todos nosotros tenemos al menos un talento. Lo que tú tienes es más que suficiente para que Dios obre poderosamente por medio de ti, siempre y cuando te sometas a su voluntad. No te pongas a mirar la vara o talento de tu vecino, no te compares si la "vara" de tu hermano es de "oro" o de "piedras preciosas", y la tuya es apenas una "rama seca" de poco valor y nada atractiva. La buena noticia es que hay mucho más poder en la obediencia a Dios que en la calidad de tu vara. En otras palabras, agradece a Dios por los talentos que te dio y ponlo en sus manos para que Él haga lo que tiene que hacer. Alguien dijo: *"Si dejas todo en las manos de Dios, verás la mano de Dios en todo"*.

(2) Que el poder de Dios no estaba en la vara en sí sino en la obediencia, que se manifestó en este caso, al tirar la vara. Si Moisés no hubiese tirado la vara, siguiendo la indicación divina, jamás se hubiera producido el milagro. Nuestra iglesia está llena de personas con varas o talentos que la usan mayormente para construir su propio "reino terrenal" y la emplean poco o nada para la causa del Maestro. Jamás el Señor hará grandes cosas contigo a menos que tomes la decisión de colocar tus talentos en las manos del mejor formador de discípulos: Jesucristo. Graba esto en tu mente: *La única manera en que Dios te puede usar, es cuando tú te colocas en sus manos.* ¿Sabes por qué se ve poco poder de Dios en la iglesia? Una de las razones principales es porque nuestra vara no está en las manos de Dios, sino en nuestras propias manos. La vara representa principalmente tus talentos, pero también se aplica a tu tiempo y a tu dinero. Somos muy cómodos, queremos que Dios se

manifieste y haga maravillas, pero no estamos dispuesto a consagrar nuestros talentos, tiempo y dinero para Dios. Repito, Dios nunca te usará poderosamente a menos que seas los suficientemente humilde como para entregar todo en el altar del servicio.

Mi oración: "Señor, coloco ahora la "vara" de mis talentos y de mi tiempo en tus manos. Hazme hoy un instrumento útil para tu gloria. Amén". **Mi decisión**: "Hoy saldré de mi casa con espíritu de servicio, hoy quiero hacer algo para Cristo". **Cante el himno**: "¡Oh, cuánto necesita!" (552).

DÍA 2: ELIMINA HOY TODAS TUS EXCUSAS PARA NO HACER LA OBRA DEL SEÑOR

"Ven, por tanto, ahora, y te enviaré a Faraón, para que saques de Egipto a mi pueblo, los hijos de Israel" (Exodo 3:10). El llamado de Dios era específico para Moisés: ir a Egipto para sacar a su pueblo. Era de urgencia, ahora, no para más adelante. De igual manera, Dios nos llama hoy a ir al "Egipto" de este mundo para sacar al pueblo de Dios; es decir, a la gente sincera que quiere conocer la verdad y desea salir de la esclavitud del pecado y de las falsas doctrinas.

Moisés presentó a Dios cinco excusas que están registadas en Éxodo capítulo 3 y 4. Ellas fueron: (1) "¿Quién soy yo?", (2) "¿qué le responderé?", (3) "ellos no me creerán", (4) "soy tardo en el habla y torpe de lengua", y (5) "envía, te ruego, por medio del que debes enviar". Para cada excusa Dios le dio una poderosa promesa. Así es, para cada una de nuestras excusas, el Señor tiene una respuesta y una solución.

Piensa ahora en tus propias excusas. Dedica al menos dos minutos para reflexionar sobre los miedos y excusas que se te vengan a la mente. Cada excusa que tengas es un obstáculo para recibir la bendición de Dios en tu vida. La Biblia señala: "Vendrán sobre ti todas estas bendiciones, y te alcanzarán, si oyeres la voz de Jehová tu Dios" (Deuteronomio 28:2). Por favor, no continúes leyendo sin hacer primero este ejercicio mental y espiritual, de modo que Dios te ayude a superar tus miedos y tus excusas. ¡Ahora es el mejor momento!

Generalmente, los que más buscan excusas ante el llamado sagrado y urgente de Dios para una misión activa, son los que tienen poca fe, mucha pereza misionera, no quieren salir de su zona de confort y tienen poco amor verdadero por Cristo. Deja a un lado todas tus excusas, colócate ahora en las manos de Dios, conságrate cada día como un misionero vivo; *y sólo entonces el Señor hará grandes cosas contigo*.

Recuerda que la mayoría de los grandes hombres y mujeres que

Dios usó en el pasado tenían grandes limitaciones o defectos cuando fueron llamados. Por ejemplo: Pedro tenía un temperamento fuerte e impulsivo, Pablo era un asesino que perseguía y mataba a los cristianos, Noé se quedó borracho y desnudo que hizo pasar vergüenza a sus hijos, David fue un adúltero que le robó la mujer a su amigo, Jonás huyó del llamado de Dios hacia otro lugar, Mateo era un cobrador de impuesto que se aprovechaba de la gente; y la lista continúa. Lo más importante no es quién tú eres sino quién te está llamando. La Palabra de Dios dice: "No te avergüences de dar testimonio de nuestro Señor… quien nos salvó y llamó con llamamiento santo" (1 Timoteo 1:8-9).

Mi oración: "Señor, coloco todas mis excusas ante el Trono de la Gracia. Abrazo tus poderosas promesas. Quita de mí todo lo que está bloqueando tu bendición. Amén". **Mi decisión**: "Hoy compartiré palabras de esperanza con las personas con las que me relacione en este día". **Cante el himno**: "Hay lugar en la amplia viña (568).

DÍA 3: TOMA HOY SABIAS DECISIONES QUE PROMUEVAN EL REINO DE DIOS

Hace tiempo escuché una historia muy interesante. Se trata del señor Napoli, de origen italiano. Él era pescador. En una de sus exitosas hazañas, había tenido una gran pesca utilizando su pequeño barco cerca de la bahía de San Francisco, California. Su embarcación quedó repleta con centenas de pescados. Y mientras regresaba con el corazón lleno de alegría, para su asombro, alcanzó a visualizar a lo lejos a un barco que se estaba hundiendo. Rápidamente se dirigió hacia ese barco. Mientras se estaba acercando, vio a un grupo de unas treinta personas que estaban en el agua nadando a punto de morir ahogadas, a menos que alguien los rescatara. Al verlos, el señor Napoli tenía la intención de salvarlos, pero, al mismo tiempo, estaba consciente de que su pequeño barco estaba colmado de pescados; no disponía de lugar. Pretender introducir a todas esas personas implicaba que su navío se hundiera por exceso de peso. Sin embargo, después de reflexionar en pocos segundos, tomó una sabia decisión: tirar los peces de su barca, aunque perdiera mucho dinero, y así rescatar a esas treinta personas. Como resultado de esta acción redentora y rápida del señor Napoli, todos fueron salvados. No se quedó solo con la intención, sino que puso manos a la obra.

Pasaron varios años. Cierto día el señor Napoli, caminando por las calles de San Francisco, se le acercó una persona que le dijo: "Señor Napoli, gracias por haberme salvado la vida. Mire, esta es mi hija, que no la hubiera visto crecer sino fuera por usted. Esta es mi esposa, que está muy agradecida a usted. Muchas gracias por valorar más las vidas de las personas que su propio negocio". También el apóstol Pablo declaró: "Pero cuantas cosas eran para mí ganancia, las he estimado como pérdida por amor de Cristo" (Filipenses 3:7).

Al igual que el señor Napoli, tenemos que tirar algunos "peces" de nuestras vidas con el propósito de salvar más almas. Estos "peces" son distractores que te desenfocan de la misión y te roban tiempo para hacer algo productivo relacionado al servicio. Ellos pueden ser ciertos programas de televisión que te gustan, las muchas horas a la semana dedicadas a chatear o postear en Facebook o Instagram, algún pasatiempo o entretenimiento poco productivo, etc. Ahora es un buen momento para identificar cuáles son tus "peces gordos" que necesitas tirar. Reflexiona y ora para que el Espíritu Santo te lo muestre claramente.

Lo más bonito de hacer cambios para la gloria de Dios, es que habrá gente que nos dirá: "Gracias por visitar mi casa y dedicar una hora a la semana de tu tiempo. Bien podrías estar viendo una película, cómodo en tu casa. Gracias por valorar más la salvación de las almas que ver una película. Te estoy muy agradecido ya que, por tu acción decidida, hoy estoy en la iglesia". ¿No es maravilloso que alguien te diga esto?

Mi oración: "Señor, ayúdame hoy a tomar buenas decisiones. Pon en mí el espíritu del buen samaritano. Amén". **Mi decisión**: "Hoy quiero ser un instrumento de bendición para las personas que me relaciono. Hoy voy enviar mensajes y promesas de la Biblia por WhatsApp a mis contactos". **Cante el himno**: "Esparcid la luz de Cristo" (562).

DÍA 4: LEVANTA HOY LA BANDERA DE CRISTO Y APROVECHA LAS OPORTUNIDADES PARA PREDICAR

Jehová Nissi que significa "el Señor es mi bandera" (Éxodo 17:15, DHH) o "Dios es mi bandera" (Éxodo 17:15, TLA) proclamó Moisés luego de una gran conquista. Esto lo dijo después de construir un altar como ofrenda a la victoria que Dios le había dado en la batalla contra los amalecitas en Refidim. El Señor es mi bandera significa que Dios es nuestro estandarte de victoria para todas nuestras batallas, desafíos y gigantes que tengamos que enfrentar.

La Palabra de Dios afirma: "Has dado a los que te temen bandera que alcen por causa de la verdad" (Salmo 60:4, RVR1995). El Señor ha dado una bandera a todos los que le aman y obedecen, para que la verdad sea ensalzada, para testimonio al mundo y para que el nombre de

Dios sea glorificado. Esta bandera espiritual es otorgada solo a aquellos que le temen, que le son fieles y que quieren trabajar en la viña del Señor.

Levantar la bandera de Cristo significa principalmente: (1) Fidelidad a Dios: "Porque con fidelidad se consagraban a las cosas santas" (2 Crónicas 31:18). (2) Santidad de Carácter: "Sed también vosotros santos en toda vuestra manera de vivir" (1 Pedro 1:15). (3) Misión en acción: "Que prediques la palabra; que instes a tiempo y fuera de tiempo... haz obra de evangelista, cumple tu ministerio" (2 Timoteo 4:2,5 RVR). A veces damos la impresión, con nuestras actitudes y acciones, que flamea con más fuerza y a mayores alturas la bandera del yo que la bandera de Cristo sobre nuestra mente y corazón.

Despliegue el cristiano su santa bandera, dice el himno 515. Precisamos de una fe que mueva montaña, porque "la fe es la fuerza viva que es capaz de cruzar cualquier barrera, eliminar todos los obstáculos y plantar su bandera en el centro mismo del campo enemigo".[1] Necesitamos ser revestidos de la armadura de Dios (Efesios 6). Precisamos decir como Pablo: "El Señor estuvo a mi lado, y *me revistió de poder*, para que por medio de mí fuese cumplida la predicación" (2 Timoteo 4:17).

El Señor viene pronto, necesitamos hoy más que nunca levantar la bandera de Cristo. Dios ha encomendado especialmente a la Iglesia Adventista del Séptimo Día, el mayor y más urgente desafío del tiempo del fin: *Preparar un pueblo para la venida de Cristo y terminar la obra*. Esta debiera ser nuestra prioridad. Seamos diligentes en nuestra misión profética. Tu y yo somos los Juan Bautistas del tiempo del fin, llamados por Dios para preparar camino para la venida de Cristo.

"El pueblo de Dios debe despertarse. Debe aprovechar sus oportunidades de diseminar la verdad, porque éstas no durarán mucho [...] Satanás procura mantener al pueblo de Dios en un estado de inactividad, e impedirle que desempeñe su parte en la difusión de la verdad, para que al fin sea pesado en la balanza y hallado falto".[2]

Mi oración: "Señor, renuevo ahora mi voto de fidelidad a ti. Ayúdame a caminar en santidad y a vivir la misión de verdad. Amén". **Mi decisión**: "Hoy levantaré en alto la bandera de Cristo y aprovechare mi tiempo para hablar de Jesús, aunque sea a una persona". **Cante el himno**: "Despliegue el cristiano su santa bandera" (515).

DÍA 5: SAL HOY DE TU ZONA DE CONFORT Y DEDICA MAS TIEMPO A LA OBRA DE DIOS

"Entonces se levantaron los jefes de las casas paternas de Judá y de Benjamín, y los sacerdotes y levitas, *todos aquellos cuyo espíritu despertó Dios* para subir a edificar la casa de Jehová" (Esdras 1:5). No todos los que escucharon el llamamiento a regresar a Jerusalén emprendieron el viaje, sino solo aquellos que fueron despertados por el Espíritu Santo y que estaban dispuestos a dejar todo en pos del llamado de Dios.

No era nada fácil salir de Babilonia, la mejor ciudad para vivir en aquella época: había mucho trabajo, buenos salarios, seguridad, estabilidad económica y política, buena tecnología, los mejores centros de estudios, etc. Había una gran diferencia con Jerusalén, que estaba en ruinas, llenos de escombros y en una situación muy caótica. Se necesitaba mucha entrega y compromiso para dar ese paso de fe.

"Gracias al favor con que los miraba Ciro, casi cincuenta mil de los hijos del cautiverio se habían valido del decreto que les permitía regresar. Sin embargo, representaban tan sólo un residuo en comparación con los centenares de miles que estaban dispersos en las provincias de Medo-Persia. *La gran mayoría de los israelitas* había preferido quedar en la tierra de su destierro, antes que arrastrar las penurias del regreso y del restablecimiento de sus ciudades y casas desoladas".[3]

De igual manera, en el segundo retorno, "Esdras había esperado que una gran multitud regresaría a Jerusalén, pero se quedó chasqueado por lo reducido del número de los que habían respondido al llamamiento. Muchos, que habían adquirido casas y tierras, *no deseaban sacrificar estos bienes. Amaban la comodidad*, y estaban perfectamente contentos de quedarse donde estaban".[4] Prefirieron quedarse en Babilonia, no quisieron ni estuvieron dispuesto a pagar el precio que se requería para ese cambio drástico. No era para menos, realmente no era fácil dejar todo por seguir el llamamiento divino. La gran mayoría habían echado raíces en esas tierras, *se habían acostumbrado al estilo de vida de Babilonia*. Lo mismo nos pasa a nosotros.

Todos tenemos nuestra zona de confort que limita que la bendición del Cielo sea derramada con poder en nuestra vida. Esa zona de comodidad puede ser: un pensamiento conformista, un miedo a fracasar, una actitud a la defensiva, un talento descuidado o mal utilizado, un pecado acariciado, el amor al dinero, una prioridad fuera de lugar, una fascinación desmedida por un programa o deporte que me roba el tiempo, etc. Dios nos llama a buscar primeramente el Reino de Dios y nos invita a dejar todo aquello que pueda ser un obstáculo para el cumplimiento de la misión para la cual el Señor nos ha llamado. Piensa en lo que Dios le dijo al joven rico (Lucas 18:22) o a Leví Mateo (Lucas 5:27-28).

A veces miramos con desdén al pueblo de Israel de antaño, diciendo: "Qué pueblo más terco, rebelde, incrédulo, conformista". La realidad es que también nosotros, desde el aspecto humano, preferimos muchas veces lo más fácil que los grandes retos que involucran sacrificios, riesgos y "transpirar la camiseta" de Cristo. Piensa conmigo: Si a veces no queremos dar ni 10 dólares para un proyecto misionero local, cómo pensaremos que estaremos dispuesto a sacrificarlo todo como lo hizo el apóstol Pablo por amor a Cristo.

Mi oración: "Señor, dame fuerzas para hacer los cambios que necesito en mi vida. Amén". **Mi decisión**: "Hoy saldré de mi zona de confort y consagraré más tiempo para compartir mi fe. Me comprometo a dedicar por lo menos una hora a la semana para dar un estudio bíblico a alguien". **Cante el himno**: "Yo quiero trabajar" (577).

DÍA 6: CLAMA HOY POR LA UNCIÓN DEL ESPÍRITU SANTO PARA SERVIR MEJOR

Aquí está uno de los secretos del éxito en todo emprendimiento que hagamos para Dios: "No con ejército, ni con fuerza, sino con mi Espíritu, ha dicho Jehová de los Ejércitos" (Zacarías 4:6). Esta es la clave para la victoria constante: la dirección permanente del Espíritu Santo.

Dios le prometió al pueblo quitar la sequía que estaban padeciendo, y les dijo: "Pídanme lluvia en época de sequía y yo haré que llueva en abundancia" (Zacarías 10:1, TLA). Así también, pidámosle a Dios lluvias de bendición, que nos saque de nuestra actual "sequía" familiar, matrimonial, económica, espiritual, profesional, de resultados, etc. Ahora debiéramos clamar y hacer fervientes oraciones por la dirección continua del Espíritu Santo, porque solo así podremos triunfar en las cosas que hagamos para Dios.

La búsqueda diaria del Espíritu Santo es nuestra mayor y más urgente necesidad como hijos de Dios. "La promesa del Espíritu Santo es algo en que se piensa poco, y el resultado es sólo lo que puede esperarse: sequía espiritual, oscuridad espiritual, decadencia espiritual y muerte".[5] "Si el poder divino no se combina con el esfuerzo humano, yo no daría un ápice por todo lo que el mayor de los hombres pudiera hacer. El Espíritu Santo falta en nuestra obra".[6]

"No hay nada que Satanás tema tanto como que el pueblo de Dios despeje el camino quitando todo impedimento, de modo que el Señor pueda derramar su Espíritu sobre una iglesia decaída y una congregación impenitente [...] Cuando el camino esté preparado para el Espíritu de Dios, vendrá la bendición".[7] "No tiene límite de utilidad de aquel que, poniendo el yo a un lado, deja obrar al Espíritu Santo en su corazón, y vive una vida completamente consagrada a Dios".[8] La Biblia es clara: "Pero recibiréis poder cuando haya venido sobre vosotros el Espíritu

Santo" (Hechos 1:8).

"Volveos a la fortaleza, oh prisioneros de esperanza; hoy también os anuncio que os restauraré el doble" (Zacarías 9:12). "Hoy mismo prometo que les daré dos bendiciones por cada dificultad" (NTV). Querido hermano, si te sientes "prisionero" de las circunstancias, no pierdas la esperanza, porque el Señor tiene preparado una bendición especial para ti. También Dios traerá pronto una poderosa respuesta a tus oraciones, si eres sumiso y obediente a la voz del Espíritu Santo.

Mi oración: "Señor, necesito mucho de la unción del Espíritu Santo en mi vida. Te ruego que el Espíritu Santo me use hoy de alguna manera. Amén". **Mi decisión**: "Hoy voy hablar de Jesús para alguien. Hoy voy a compartir alguna literatura misionera para alguien". **Cante el himno**: "Santo Espíritu de Cristo (190).

DÍA 7: PRACTICA HOY LOS 4 SECRETOS PARA SER MISIONERO CADA DÍA

Recuerda los cuatro secretos sencillos para ser misionero cada día. Te aseguro que será de bendición en tu vida si lo pones en práctica.

1) **Ora a Dios cada mañana para que Él te use como misionero ese día**. Estas son oraciones que Dios siempre responde. ¿Cuándo fue la última vez que le has pedido a Dios por la mañana para que te use en ese día como misionero? La mayoría de nuestras oraciones matutinas están centradas en nuestras cosas (trabajo, estudios, familia, quehaceres, etc.). Son pocos los que le piden a Dios de corazón que los use durante el día de alguna manera. Necesitamos incorporar este hábito cada mañana, de pedirle la guía del Espíritu Santo para que podamos sembrar la semilla del evangelio cada día, al menos a una persona. Una de las razones por las que Dios no nos usa es porque no se lo pedimos de verdad. ¿Podrá Dios darnos algo que no se lo pedimos? El gran problema es que no vemos su importancia real. Antes de salir de tu casa, pídele a Dios que te use como misionero en ese día. El Señor no te puede usar como Él quisiera a menos que se lo pidas de todo corazón.

2) **Pide perdón al Señor por tu pereza misionera**. Necesitamos confesar y arrepentirnos de nuestra negligencia hacia el servicio y la misión. Si queremos de que haya un cambio real de nuestra parte hacia la misión, necesitamos sincerarnos con Dios y pedirle perdón por nuestra flojera y falta de fervor profundo en el esparcimiento del Reino de Dios. Cuando hay indiferencia y apatía hacia la misión es

porque el egoísmo y el amor al yo es mayor que el espíritu de servicio. Te pregunto: ¿cuándo fue la última vez que le pediste perdón a Dios por tu "pereza misionera"? ¿O será que no hace falta pedirle perdón por esto? Pienso que ser infieles al llamado de hacer discípulos es una manera de deshonrar y desobedecer a Dios, al igual que retener el diezmo o no guardar el santo sábado. Necesitamos pensar más seriamente en lo que implica ser un verdadero discípulo del Maestro (ver Lucas 9:23-26; 57-62). "Esfuércense, no sean perezosos y sirvan al Señor con corazón ferviente" (Romanos 12:11, DHH).

3) **Lleva siempre material misionero al salir de tu casa**. Es importante que cuando salgas de tu casa, te lleves contigo (ya sea en la mochila, en tu auto, en tu cartera, bolsillo de tu vestimenta, etc.) algunos materiales (que pueden ser folletos, revistas, libros, CD o DVD) para compartir con las personas que contactes diariamente. *En medio de la guerra espiritual por salvar almas, necesitas "artillería misionera"*. ¿Acaso algún soldado sale a la guerra sin sus armas? Ninguno. Así tampoco nosotros debemos hacerlo, y más aún en la guerra contra el imperio del diablo. *No puedes salir a la calle desarmado*, lleva siempre tu *"armamento espiritual"* para compartir a las personas. Si tú deseas que el Señor te use más, lleva tu paquete misionero y haz la obra de Dios cada día.

4) **Consagra tu día para sembrar el Reino de Dios**. Necesitamos consagrar cada día nuestro trabajo, pasatiempo, estudios y actividades diarias para sembrar el Reino de Dios. Uno de nuestros grandes problemas en la vida cristiana es que los negocios de Dios es algo secundario, no es nuestra prioridad. Muchas veces no vivimos la misión y hacemos poco por sembrar la semilla de la verdad. Consagremos ahora nuestros trabajos y talentos para la gloria de Dios y el esparcimiento de su Reino.

Te animo a que hagas una prueba por al menos dos semanas: pon en práctica estos cuatro secretos para ser misionero cada día. Serás muy bendecido al hacerlo; y, sobre todo, te sentirás más útil en la viña del Señor. Por favor, no pierdas la bendición de seguir esta simple pero poderosa receta misionera que traerá una renovada frescura en tu vida cristiana. No postergues esta decisión y pon manos a la obra.

Mi oración: "Señor, perdón por mi pereza misionera. Ayúdame a ser un misionero activo en este día. Amén". **Mi decisión**: "Hoy pondré en práctica los cuatro secretos para ser misionero todos los días". **Cante el himno**: "Levántate, cristiano" (491).

DÍA 8: ¡SÉ MISIONERO HOY, NO MAÑANA!

Tal vez te preguntes porque el énfasis en el hoy y no en el mañana. ¿Por qué tiene que ser hoy? El hoy es el mejor día para hacer la obra. No mañana, no significa que mañana no hagas misión, sino que el objetivo es que te concentres en el hoy. Por lo general, tenemos una tendencia a postergar la bendición del servicio para más adelante.

El Espíritu de Profecía señala: "Dios nos pide que demos a su servicio el primer lugar en nuestra vida, *que no dejemos transcurrir un día sin hacer algo* que haga progresar su obra en la tierra".[9] *"Conságrate a Dios todas las mañanas*; haz de esto tu primer trabajo. Sea tu oración: "Tómame ¡oh Señor! como enteramente tuyo. Pongo todos mis planes a tus pies. *Úsame hoy en tu servicio.* Mora conmigo, y sea toda mi obra hecha en ti." Este es un asunto diario".

Ser misionero no es un evento, sino un estilo de vida dondequiera que vayamos. La Palabra de Dios es clara: "Tú anuncia el mensaje de Dios en todo momento" (2 Timoteo 4: 2, TLA). "Por lo tanto, mis queridos hermanos, sigan firmes y constantes, *trabajando siempre más y más en la obra del Señor*; porque ustedes saben que no es en vano el trabajo que hacen en unión con el Señor" (1 Corintios 15:58, DHH). "Cantad a Jehová, bendecid su nombre; *anunciad de día en día su salvación*. Proclamad entre las naciones su gloria, en todos los pueblos sus maravillas" (Salmos 96:2-3, RVR1960).

Elena de White afirma que "el mayor gozo y la más elevada educación se encuentra en el servicio".[10] La iglesia cristiana en los tiempos de los apóstoles era muy misionera. Así lo señala la Biblia: "*Y todos los días*, en el templo y por las casas, *no cesaban* de enseñar y predicar a Jesucristo" (Hechos 5:42). "Cada uno de ustedes ha recibido de Dios alguna capacidad especial. Úsela bien en el servicio a los demás" (1 Pedro 4:10, TLA). "El espíritu de Cristo es un espíritu misionero. El primer impulso del corazón regenerado es el de traer a otros también al Salvador".[11]

El llamado a ser misionero es para todo creyente. La sierva del Señor declara: "Todo cristiano debe ser un misionero".[12] Todo hijo e hija de Dios está llamado a ser misionero; somos llamados para el servicio de Dios y de nuestro prójimo".[13] "Cada persona es traída al reino para ser un misionero".[14] *"Cada verdadero discípulo nace en el reino de Dios como misionero".*[15] Desde el día en que has aceptado a Cristo de corazón has recibido una comisión celestial, un llamado a ser misionero. Cumplir la misión cada día es nuestro mayor y más urgente desafío.

"Cada seguidor de Jesús tiene una obra que hacer como misionero para Cristo en la familia, en el vecindario, y en el pueblo o ciudad donde vive".[16] "Si sólo una persona va al cielo por tu causa, tu vida habrá hecho una diferencia por la eternidad".[17] ¡Vale la pena todo esfuerzo en la obra de salvar vidas! La Palabra de Dios dice: *"El que gana almas es sabio"* (Proverbios 11:30). ¿Por qué no le abres tu corazón a Dios una vez más y le pides que te haga un misionero de verdad cada día?

Mi oración: "Señor, hazme un misionero de verdad dondequiera que vaya. Amén". **Mi decisión**: "Hoy seré un misionero en la práctica, no solo en teoría. Hoy voy ayudar a alguien y voy a predicar para alguien". **Cante el himno**: "Cerca un alma agobiada está" (494).

DIA 9: EVITA HOY EL SEDENTARISMO MISIONERO Y SÉ MÁS ACTIVO EN LA OBRA DEL SEÑOR.

Elena de White dice que "ha habido sólo poco espíritu misionero entre los adventistas".[18] "Es un misterio que no haya cientos de personas trabajando donde ahora hay sólo una. El universo celestial está pasmado de la apatía, la frialdad y la indiferencia de los que profesan ser hijos e hijas de Dios".[19] "En el cielo no habrá ningún salvado con una corona sin estrellas. Si entráis allí, habrá algún alma en las cortes de gloria que ha entrado por vuestro intermedio".[20] "Si tú no estás llevando a nadie para el cielo, es porque no estás yendo para allá", decía Charles Spurgeon.

Uno de los pecados más comunes entre el pueblo de Dios, y del cual la mayoría no quiere arrepentirse, es el pecado del sedentarismo misionero. Este pecado está directamente relacionado con la indiferencia, la negligencia y la pereza misionera, la falta de sacrificio y abnegación en el discipulado, el sedentarismo, la ociosidad y obesidad espiritual, y la falta de verdadero amor a Cristo. Para que haya un cambio radical en nuestra visión y práctica misionera que glorifique a Dios, necesitamos urgentemente: 1) Tener un espíritu humilde y sumiso a la voluntad de Dios, 2) confesar el pecado del sedentarismo misionero y arrepentirnos de todo corazón, 3) pedir todos los días que Dios nos use como misioneros, 4) ser un misionero activo como estilo de vida.

"La ociosidad y la religión no pueden andar juntas; y la causa de nuestra gran deficiencia en la vida y en la experiencia cristiana es la inactividad en la obra de Dios. Los músculos de nuestro cuerpo se debilitarán si no se mantienen en ejercicio, y así ocurre con la naturaleza espiritual".[21] Trabajar muy poco para Cristo es una manera de demostrar muy poco amor hacia Cristo. No envolverse en la misión es desobedecer a Dios, es tan pecado como mentir y robar. Los siervos negligentes no entrarán en el Reino de Dios. No estar activo en la misión es una forma práctica de menospreciar y traicionar el santo llamado de Jesús al discipulado. "El cielo se indigna al ver la negligencia manifestada en cuanto a las almas de los hombres".[22] "¡Maldito el que haga con negligencia la obra del Señor!" (Jeremías 48:10, RVA 2015).

El sedentarismo misionero y la negligencia voluntaria en la obra del Señor es pecado. Tenga cuidado de no seguir el ejemplo de los habitantes de Meroz, que no se involucraron en la batalla del Señor. La Biblia dice: "Y el ángel del Señor exclamó: "¡Maldigan a Meroz, sí, maldíganlo! ¡Maldigan con dureza a sus habitantes *por no acudir al llamado del Señor* ni acudir en ayuda de sus valientes!" (Jueces 5:23, RVC); *"porque no vinieron a ayudar al ejército de Dios, ¡no quisieron luchar por él!"* (TLA).

"Sus habitantes, aunque israelitas y vecinos, *no ayudaron* a las fuerzas de Débora e Barac. Esta negligencia deliberada era pecado. Por no haber actuado como israelitas, habían de compartir la maldición de los cananeos".[23] "Entonces, *¿por qué se quedaron sentados en las trincheras*, oyendo a los pastores llamar a sus ovejas? Los hombres valientes de Rubén pensaban mucho en la guerra, *pero se quedaron en casa* escuchando música" (Jueces 5:16, PDT). "Los israelitas que vivían a cierta distancia del conflicto no participaron cuando se necesitaba su ayuda".[24]

Y tú, ¿vas a envolverte de verdad? ¿Vas a venir ayudar activamente en la obra de Dios? ¿O vas continuar "pensando" y haciendo muy poco por ahora? El Espíritu de Profecía dice que hay cristianos que siguen el ejemplo de los habitantes de Meroz. "Hay una clase representada por Meroz. *El espíritu misionero nunca ha tomado posesión de sus almas.* [...] ¿Qué cuenta rendirán a Dios los que no están haciendo nada en su causa, nada para ganar almas para Cristo? Los tales recibirán la denuncia: *"Malo y negligente siervo"* [...] Como ilustración de que *habéis fallado en acudir a colaborar en la obra de Dios*, como era vuestro privilegio hacerlo, se me han señalado estas palabras: "Maldecid a Meroz, dijo el ángel de Jehová [...]".[25] Y en tu caso, ¿se ha apoderado el espíritu misionero en tu vida? Precisamos urgente salir del sedentarismo y la negligencia misionera. Pide a Dios la unción del Espíritu Santo ahora, que reavive en tu vida el fuego y la pasión por la misión. Pero esto nunca acontecerá a menos que tú des el primer paso.

Mi oración: "Señor, ayúdame a salir del sedentarismo misionero y aviva el espíritu misionero en mí. Amén". **Mi decisión**: "Hoy consagro mis manos al servicio del Señor, hoy llamaré a uno de mis contactos para hacer una oración". **Cante el himno**: "Manos" (497).

DÍA 10: BUSCA HOY EL BAUTISMO DIARIO DEL ESPÍRITU SANTO Y SÉ MISIONERO

Si queremos cumplir la misión con el poder de Dios, necesitamos clamar por el bautismo diario del Espíritu Santo. Elena de White escribió: "Insto a los miembros de iglesia de todas las ciudades a que se aferren del Señor con esfuerzo determinado para obtener el *bautismo del Espíritu Santo*".[26] Esta es una *nuestra mayor y más urgente necesidad diaria como discípulos* de Cristo a fin de ser más efectivo en la misión.

Jesús "*diariamente recibía un nuevo bautismo del Espíritu Santo*. En las primeras horas del nuevo día, Dios lo despertaba de su sueño, y su alma y sus labios eran ungidos con gracia para que pudiese impartir a los demás".[27] De igual manera, "*cada obrero debiera elevar su petición a Dios por el bautismo diario del Espíritu*".[28]

La lluvia tardía del Espíritu Santo, que se dará previo al fuerte pregón final, tiene relación directa con el espíritu misionero. "El gran derramamiento del Espíritu de Dios que ilumina toda la tierra con su gloria, no acontecerá hasta que tengamos un pueblo iluminado, que conozca por experiencia lo que significa ser colaboradores de Dios. *Cuando nos hayamos consagrado plenamente y de todo corazón al servicio de Cristo*, Dios lo reconocerá por un derramamiento sin medida de su Espíritu; *pero esto no ocurrirá mientras que la mayor parte de la iglesia no colabore con Dios*".[29]

La lluvia temprana del Espíritu Santo, que Dios quiere enviarnos todos los días, tiene relación directa con el espíritu misionero. Dios no nos enviará diariamente el Espíritu Santo si no permitimos que Él nos use cada día. Porque este bautismo diario no es para que hagamos más dinero sino para que sirvamos más y mejor cada día. *Si no hay un interés y un compromiso diario en la misión por mi parte, Dios jamás me enviará el bautismo el Espíritu Santo*; no porque Él no quiera, sino porque yo no quiero. Te animo a que, a partir de hoy, le pidas a Dios de corazón por el bautismo diario del Espíritu Santo. Por favor, no lo hagas solo por un día. Has la prueba por dos semanas por lo menos. Te sorprenderás al ver los resultados maravillosos en tu vida.

Charles H. Spurgeon afirmó: "Si tuviéramos al Espíritu sellando nuestro ministerio con poder, para poca cosa serviría el talento. Los hombres podrían ser pobres y poco instruidos, las palabras de ellos serían entrecortadas y con mala gramática; pero si el poder del Espíritu los acompañase, el evangelista más humilde sería más eficaz que el más erudito de los teólogos, o que el más elocuente de los predicadores".[30]

El Espíritu de Profecía dice: "Mañana tras mañana, cuando los heraldos del Evangelio se arrodillan delante del Señor y *renuevan sus votos de consagración*, él les concede la presencia de su Espíritu con su poder vivificante y santificador. Y al salir para dedicarse a los deberes diarios, tienen la seguridad de que el agente invisible del Espíritu Santo los capacita para ser colaboradores juntamente con Dios".[31]

Mi oración: "Por favor, oh Dios, dame hoy el bautismo del Espíritu Santo para que pueda esparcir tu mensaje con poder. Amén". **Mi decisión**: "Hoy saldré de mi casa con la compañía y la unción del Espíritu Santo". **Cante el himno**: "Dios nos ha dado promesas" (193).

DÍA 11: EXPERIMENTA HOY EL PODER MEDICINAL DE LA DIETA MISIONERA

Un gran misionero que trabajó en el África, David Livingstone, afirmó: *"El mejor remedio para una congregación enferma es ponerla en una dieta misionera".* Cuan ciertas son estas palabras. Necesitamos urgente entrar en una dieta misionera si queremos estar más saludables de manera integral. Ya que el servicio no solo mejora la salud espiritual sino también la salud física, mental y social.

Elena de White afirmó: *"La mejor medicina que podéis dar a una iglesia no es predicar o sermonear, sino planear trabajo para sus miembros. Si se lo pone al trabajo, el desalentado pronto olvidará su desaliento, el débil se hará fuerte, el ignorante inteligente, y todos estarán preparados para presentar la verdad como es en Jesús".[32]

También señaló: "Hay solamente una cura verdadera para la pereza espiritual, y ésta es el trabajo: *el trabajar por las almas que perecen. Tal es la receta que Cristo prescribió para el alma que desmaya, duda y tiembla".*[33] Por lo general, cuando un médico receta un medicamento, el paciente sigue las indicaciones confiando en lo que el profesional le ha prescrito. Pero cuando el médico de los médicos, Jesucristo, nos dá un medicamento poderoso, que es el servicio, lamentablemente no lo estamos aprovechando como debiéramos; y muchas veces pareciera que tenemos mejor disposición, en la práctica, de seguir una indicación médica humana que la indicación médica divina.

Hay tres refranes interesantes que invitan a la reflexión. Uno dice: "Una iglesia que no trabaja, da trabajo". Por lo general, las iglesias más problemáticas son las que realizan menos trabajo misionero. Cuando uno prioriza el trabajar para Dios y servir a la comunidad, los problemas internos van desapareciendo y se van resolviendo mucho más fácil. Otro dicho popular dice: "Mente desocupada, taller del diablo". Es así, el ocio o tiempo libre mal encauzado se torna un laboratorio del enemigo que trae maldición. Necesitamos tener nuestras mentes más ocupadas en las cosas de Dios. Y otro refrán dice: "Un cristiano que no vive para servir, no sirve para vivir". Parecen un poco fuerte estas palabras, pero es verdad. No se puede ser feliz sin tener un espíritu de servicio.

El diablo sabe muy bien del gran efecto positivo que tiene la testificación en el creyente, y hará de todo para que los cristianos sean indiferentes a la misión y permanezcan de brazos cruzados en la evangelización. Al respecto, la sierva del Señor advierte: "*Cuando las iglesias permanecen inactivas*, Satanás cuida de que se mantengan ocupadas en lo que a él le conviene. Ocupa el campo, alista a los miembros en actividades que absorben sus energías, destruyen la espiritualidad, y los hacen caer como pesos muertos sobre la iglesia".[34]

La dieta misionera juega un papel vital en nuestro crecimiento espiritual. Sin dieta misionera es imposible conservar la vitalidad espiritual. ¿Te atreverías a tomar agua que está estancada en un recipiente desde hace un año? Seguramente que no, ¿verdad? Porque el agua estancada, aunque sea potable, con el tiempo se llena de moho y pierde la potabilidad. Que no nos pase como el Mar Muerto, que solo recibe, pero no da. Jamás gozarás del poder medicinal de la dieta misionera a menos que la experimentes en la práctica.

Mi oración: "Muchas gracias Señor por el poder medicinal de la dieta misionera, que es de gran bendición para mi crecimiento espiritual. Amén". **Mi decisión**: "Hoy voy a seguir la receta de Cristo, el médico de mi alma. Hoy voy a ser misionero para la gloria de Dios". **Cante el himno**: "¿Qué estás haciendo por Cristo?" (557).

DÍA 12: CONFÍA Y ABRAZA HOY LAS DOCE BENDICIONES DEL DISCIPULADO

Dios siempre provee todo lo que tú irás a necesitar para llevar a cabo la misión por la cual Él te está llamando. El Señor es el mayor interesado en ayudarte y bendecirte, ya que la misión no es tuya, es de Dios. Los beneficios del discipulado son mayores en comparación con el precio del discipulado. Muchas son las promesas y las bendiciones que Dios quiere darte. Estas son algunas de ellas:

(1) Dios te dará poder y autoridad: "Habiendo reunido a sus doce discípulos, les dio poder y autoridad sobre todos los demonios, y para sanar enfermedades" (Lucas 9:1). "El que llamó a los pescadores de Galilea está llamando todavía a los hombres a su servicio. Y está tan dispuesto a manifestar su poder por medio de nosotros como por los primeros discípulos".[35]

(2) Dios te abrirá y enderezará caminos: "Yo iré delante de ti, y enderezaré los lugares torcidos; quebrantaré puertas de bronce, y cerrojos de hierro haré pedazos; y te daré los tesoros escondidos, y los secretos muy guardados, para que sepas que yo soy Jehová, el Dios de Israel, que te pongo nombre" (Isaías 45: 2-3).

(3) Dios te dará vigor y fuerza: "Pero los que esperan a Jehová tendrán nuevas fuerzas; levantarán alas como las águilas; correrán, y no se cansarán; caminarán, y no se fatigarán" (Isaías 40: 31). "Todos los que consagran su alma, cuerpo y espíritu a Dios, recibirán constantemente una nueva medida de fuerzas físicas y mentales. Las inagotables provisiones del Cielo están a su disposición".[36]

(4) Dios te envía ángeles para que te acompañen: "He aquí yo envío mi Ángel delante de ti para que guarde en el camino, y te introduzca en el lugar que yo te he preparado" (Éxodo 23:20). "Los que trabajan para beneficiar a otros trabajan en la unión con los ángeles celestiales. Tienen su compañía constante, su ministerio incesante".[37]

(5) Dios te dirigirá y te dará sabiduría: "Te haré entender, y te enseñaré el camino en que debes andar; sobre ti fijaré mis ojos" (Salmos 32:8). "Encomienda a Jehová tu camino, confía en él; y él hará" (Salmos 37:5). "El Señor hará más que cumplir las más altas expectativas de aquellos que ponen su confianza en él. Les dará la sabiduría que exigen sus variadas necesidades".[38]

(6) Dios te auxiliará y protegerá siempre: "Dios es nuestro amparo y fortaleza, nuestro pronto auxilio en las tribulaciones" (Salmos 46:1). "Mas con nosotros está Jehová nuestro Dios para ayudarnos y pelear nuestras batallas" (2 Crónicas 32:8). "Esforzaos y cobrad animo; no temáis, ni tengáis miedo de ellos: que Jehová tu Dios es el que va contigo: no te dejará, ni te desamparará" (Deuteronomio 31:6).

(7) Dios suplirá todas tus necesidades: "Cuando os envié sin bolsa, sin alforja, y sin calzado, ¿os faltó algo? Ellos dijeron: Nada" (Lucas 22:35). "No hay ninguno que haya dejado casa, o hermanos [...] por causa de mí y del evangelio, *que no reciba cien veces más*" (Marcos 10:29-30). "Jesús no nos llama a seguirlo para luego abandonarnos. Si entregamos nuestra vida a su servicio, nunca podremos hallarnos en una posición para lo cual Dios no haya hecho provisión".[39]

(8) Dios pulirá tu carácter y te hará mejor persona: "Mas él conoce mi camino; me probará, y saldré como oro" (Job 23:10). "Dios toma a los hombres tales como son y los prepara para su servicio, si quieren ser disciplinados y aprender de Él. No son elegidos porque sean perfectos, sino a pesar de sus imperfecciones, para que mediante el conocimiento y la práctica de la verdad, y por la Gracia de Cristo, puedan ser transformados a su imagen".[40]

(9) Dios te habilitará y capacitará para el servicio: "Y me dijo Jehová: No digas: Soy un niño; porque a todo lo que te envíe irás tú, y dirás todo lo que te mande" (Jeremías 1: 7). "La gracia de Dios amplía y multiplica sus facultades y toda perfección de la naturaleza divina los auxilia en la obra de salvar almas. Por la cooperación con Cristo, son completos en él, y en su debilidad humana son habilitados para hacer las Obras de la Omnipotencia".[41]

(10) Dios te enviará el Espíritu Santo: "Pero recibiréis poder, cuando haya venido sobre vosotros el Espíritu Santo" (Hechos 1:8). "Pero cuando venga el Espíritu de verdad, él os guiará a toda la verdad [...] y os hará saber las cosas que habrán de venir" (Juan 16:13). El Espíritu Santo te guiará y te dará discernimiento espiritual. Sin la obra del Espíritu Santo será mediocre los resultados.

(11) Dios promete bendecir tu trabajo: "Y por la mano de los apóstoles se hacían muchas señales y prodigios en el pueblo" (Hechos 5: 12). "Y el Señor añadía cada día a la iglesia los que habían de ser salvos" (Hechos 2:47). "Cuando trabajemos con diligencia para la salvación de nuestros semejantes, Dios dará éxito a todos nuestros esfuerzos".[42]

(12) Dios te dará la corona de la vida eterna: "Sabiendo que del Señor recibiréis la recompensa de la herencia, porque a Cristo el Señor servís" (Colosenses 3:24). "Cuando los redimidos comparezcan ante Dios, almas preciosas responderán a sus nombres diciendo que están allí gracias a los esfuerzos fieles y pacientes hechos en su favor gracias a las súplicas y a la persuasión ferviente para que acudieran a la Fortaleza. De este modo, aquellos que en este mundo hayan sido colaboradores de Dios recibirán su recompensa".[43]

Mi oración: "Gracias Señor por todas las bendiciones que derramas en abundancia sobre aquellos que te siguen. Señor, ayúdame hoy a ser un instrumento de bendición para otras personas. Amén". **Mi decisión**: "Hoy creo más en las bendiciones del discipulado y, como respuesta al llamado de Dios, estaré más activo discipulando a otros". **Cante el himno**: "Brilla en el sitio donde estés" (502).

DÍA 13: TOMA HOY LA CRUZ CRISTO Y CONSÁGRATE COMO MISIONERO

Una de las frases más impactantes de Jesús fue: "Si alguno quiere venir en pos de mí, niéguese a sí mismo, tome su cruz cada día, y sígame" (Lucas 9:23). En otra versión dice: "Si alguno quiere ser mi discípulo, tiene que olvidarse de hacer lo que quiera. Tiene que estar siempre dispuesto a morir y hacer lo que yo mando" (Lucas 9:23, TLA). El texto bíblico hace énfasis en tres cosas: (1) Negarse a sí mismo, que es sinónimo de completa sumisión a Dios. (2) Tomar su cruz cada día, que implica entregarse enteramente al Señor y a su servicio. (3) Seguir a Cristo, que significa ser un siervo de Dios que hace su voluntad.

Negarse a sí mismo es renunciar a sí mismo, es dejar mis planes y sueños personales por los planes del Señor, es someterme completamente a la voluntad de Dios. Negarse a sí mismo está muy asociado con "morir al yo". Pablo decía: "Cada día muero" (1 Corintios 15:31). Necesitamos morir al yo cada día. "Debemos olvidar el yo por el deseo de hacer bien a otros. A muchos les falta decididamente amor por los demás. En vez de cumplir fielmente su deber, procuran más bien su propio placer".[44] El negarse a sí mismo va de la mano con tomar la cruz, ya que no se puede tomar la cruz si primero uno no muere al yo.

Recordemos que "la guerra contra el yo es la batalla más grande que jamás se haya librado".[45] "El enemigo a quien más hemos de temer es el yo [...] Ninguna victoria que podamos ganar es tan preciosa como la victoria sobre nosotros mismos", dice el Espíritu de Profecía.[46] Este es un asunto diario. Mira lo que Martín Lutero dijo: "Pensé que el viejo hombre había muerto en las aguas del bautismo, pero descubrí que el infeliz sabía nadar. Ahora tengo que matarlo todos los días".

Elena de White afirmó que "*el amor hacia las almas por las cuales Cristo murió significa crucificar al yo*".[47] "*Cuando muera el yo, se despertará un deseo intenso por la salvación de otros*, un deseo que llevará a esfuerzos perseverantes para el bien".[48] El servicio es una vacuna poderosa contra el yo (egoísmo).

De hecho, la cruz "era el instrumento del suplicio mortal más cruel y humillante"[49] que los romanos utilizaban para castigar y matar a los peores criminales. Jesús ordenó "a sus discípulos que tomaran la cruz para llevarla en pos de él. Para los discípulos, sus palabras, aunque vagamente comprendidas, señalaban su sumisión a la más acerba humillación, *una sumisión hasta la muerte por causa de Cristo*. El Salvador no podría haber descrito una entrega más completa".[50]

El mayor ejemplo de lo que significa negarse a sí mismo y tomar la cruz en su máxima expresión nos lo dio Jesús, quien "*se despojó a sí mismo, tomando forma de siervo*" y "*se humilló a sí mismo, haciéndose obediente hasta la muerte, y muerte de cruz*" (Filipenses 2:7-8). Siendo Dios, Jesús se hizo siervo (del griego "doulos", que significa esclavo). "Un esclavo no tiene voluntad propia; hace lo que su señor le ordena".[51] "Haya, pues, en vosotros este sentir que hubo también en Cristo Jesús" (vers. 5). En otras palabras, debemos seguir el ejemplo de Jesús, que incluye despojarnos del deseo de ser servido y de morir al yo.

Respecto a tomar la cruz, el Maestro destacó que debe ser cada día, no de vez en cuando. Este acto de sumisión y entrega total debe ser diaria, y tiene que ser correspondido por nuestras obras. Tomar la cruz de Cristo también implica consagrarme cada día como misionero, sin importar la profesión que uno tenga. Si no estás buscando a Dios de corazón cada mañana pidiéndole amor por las almas, es porque no estás tomando la cruz de Cristo. Si mis pensamientos diarios giran en torno a mí y a mis intereses, descuidando el llamado al servicio, es porque no estoy tomando la cruz de Cristo.

Jesús dijo de manera enfática: "Y el que no lleva su cruz y viene en pos de mí, *no puede ser mi discípulo*" (Lucas 14: 27). "Y el que no toma su cruz y sigue en pos de mí, *no es digno de mí*" (Mateo 10: 38). Jesús dejo bien claro que aquel que no esté dispuesto a tomar la cruz de Cristo cada día, "no puede ser mi discípulo" y "no es digno de mí".

Mi oración: "Señor, hazme un siervo más sumiso y obediente a tu voluntad. Amén". **Mi decisión**: "Hoy muero al yo, tomo la cruz de Cristo y me consagro como misionero". **Cante el himno**: "Que mi vida entera esté" (248).

DÍA 14: SÉ HOY UN VERDADERO DISCÍPULO, NO APENAS UN MIEMBRO DE IGLESIA

Hace unos años leí un poema impactante que presenta claramente la diferencia entre un miembro de iglesia y un discípulo. Dice así: "El miembro quiere recibir pan y pez, el discípulo es un pescador. El miembro desea crecer, El discípulo desea reproducirse. El miembro es conquistado, el discípulo es formado. El miembro no quiere dejar los bancos de la iglesia, el discípulo está dispuesto a salir y servir. El miembro gusta de comodidad, el discípulo está dispuesto a sacrificarse. El miembro entrega parte de sus recursos, el discípulo entrega su vida. El miembro permanece en la rutina, el discípulo es un innovador. El miembro espera que definan su tarea, el discípulo va en busca de sus responsabilidades".

"El miembro murmura y reclama, el discípulo obedece y se niega a sí mismo. El miembro espera por oportunidades, el discípulo crea oportunidades. El miembro espera que lo visiten, el discípulo va y hace visitas. El miembro permanece en la trinchera, el discípulo va para el frente del combate. El miembro está preocupado en preservar el territorio conquistado, el discípulo en conquistar nuevas fronteras. El miembro mantiene la tradición, el discípulo quiebra los paradigmas. El miembro sueña con la iglesia ideal, el discípulo trabaja para volverla real. El miembro no quiere repartir literatura misionera, el discípulo comparte materiales misioneros. Para el miembro el evangelismo es un evento, para el discípulo un estilo de vida. El miembro tiene mucha pereza misionera, el discípulo tiene mucha pasión por la misión. El miembro es muy pasivo al compartir el mensaje, el discípulo es un mensajero de esperanza siempre activo".

"La meta del miembro es ganar el cielo, la meta del discípulo es ganar almas para estar en el cielo con ellas. El miembro predica el evangelio para conquistar nuevos miembros, el discípulo, para hacer nuevos discípulos. El miembro asiste series de evangelismo, el discípulo realiza evangelismo. El miembro espera un reavivamiento, el discípulo participa del reavivamiento. Al miembro le agrada un banco confortable, el discípulo se dispone a cargar la cruz. El miembro dice: "Lo a voy a pensar", el discípulo dice: "Heme aquí". El miembro es valioso, el discípulo es indispensable". ¿Qué te parece este poema? Es mucho mejor ser discípulo antes que miembro, ¿verdad? ¡Avancemos juntos en esta dirección!

Mi oración: "Señor, hazme un discípulo de verdad, no quiero ser apenas un miembro de iglesia". **Mi decisión**: "Hoy seré un discípulo vivo para la gloria de Dios. Hoy me entrego en el altar del servicio para Dios". **Cante el himno**: "Mi espíritu, alma y cuerpo" (259).

DÍA 15: VIVE HOY LA MISIÓN COMO MENSAJERO DE ESPERANZA

Recuerda que tú eres un mensajero de esperanza, un misionero llamado por Dios, un evangelista que predica la verdad, un embajador del cielo, un soldado de Jesucristo, un pescador de hombres, un siervo de Dios, un ministro del evangelio, un hombre o una mujer enviada por Dios. Procura vivir la misión como un estilo de vida.

Pero, ¿por qué es tan importante que yo sea un mensajero de esperanza? Aquí las siete razones principales: (1) Es un llamado y mandato divino, (2) es la razón de ser de la iglesia, (3) la gente necesita con urgencia recibir el mensaje de Dios, (4) tenemos la misión de terminar la obra, (5) es parte de nuestra misión profética como adventistas, (6) debemos preparar un pueblo para la venida de Cristo, y (7) es vital para nuestro crecimiento espiritual.

Comienza sirviendo a Dios en las cosas pequeñas y en lo que tienes a mano para realizar, y hazlo con alegría. A veces el Señor te coloca para hacer ciertas tareas que tal vez no sean de tu agrado, pero las tienes que hacer. No te molestes ni digas: "Esto no lo hago porque no me gusta, que lo haga otro". Imagina si José hubiera tomado esta actitud mientras estaba como esclavo de Potifar o cuando estaba en la cárcel, jamás hubiera llegado a ser el gran gobernador de Egipto.

Sigamos el consejo bíblico: "Siembra tu semilla por la mañana, y por la tarde siémbrala también, porque nunca se sabe qué va a resultar mejor" (Eclesiastés 11:5, DHH). "El que con lágrimas siembra, con regocijo cosecha" (Salmos 126:5, NVI) *¡El que persevera en sembrar salvará a muchos!* (ver Juan 4:36-39). "Te pregunto: ¿Por qué seguir esperando como un simple espectador si ya podemos comenzar esta semana un plan de siembra y de rescate que glorifique a Dios? ¡Ve y has ahora tu parte como evangelista! ¡Dios hará el resto!".[52]

El Señor "dondequiera que vamos nos usa para hablar a otros y para esparcir el evangelio como perfume fragante" (2 Corintios 2:14, NVB). Medita ahora sobre tu vida diaria de testimonio, ¿qué se asemeja más: a un *"perfume abierto"* que esparce constantemente la fragancia de Cristo, o un *"perfume cerrado"* que no cumple su función de perfumar o difundir las buenas nuevas de la salvación?

El apóstol Pablo se preguntaba: "¿Será que no han oído? ¡Por supuesto que sí! *La voz de los mensajeros ha resonado en todo el mundo y sus palabras han llegado hasta el último rincón de la tierra*" (Romanos 10:18, BLP). Para que esto se cumpla en nuestro tiempo es vital que decidamos servir y ser mensajeros de esperanza todos los días.

Que hoy podamos decir con convicción: *"Vivo la misión, soy un mensajero".* Tal vez digas: "es que me siento indigno, me siento estancado en la obra. Me falta el fuego interno, no tengo esa pasión que algunos tienen". Si nos ponemos a negociar con estos pensamientos estamos en peligro. El diablo ganará la victoria. ¿Por qué no pedirle a Dios que toque tus labios con "carbón encendido", así como lo hizo con Isaías? (Isaías 6:5-8). ¡Vive la misión, sé un mensajero de esperanza!

Mi oración: "Señor, dame pasión por las almas. Ayúdame a vivir la misión como mensajero de esperanza. Amén". **Mi decisión**: "Hoy voy a hablar del amor de Cristo a alguien". **Cante el himno**: "Vivo por Cristo (266).

DÍA 16: REFLEXIONA HOY EN LAS DOCE RAZONES POR LAS QUE TESTIFICAR ES VITAL PARA TU CRECIMIENTO ESPIRITUAL

¿Por qué testificar es tan vital para tu crecimiento espiritual? ¿Por qué el discipulado es tan crucial en mi propia salvación? ¿Por qué la constante insistencia divina a que yo sea parte de su equipo evangelizador? ¿Por qué debiera ser mi prioridad ser un mensajero de esperanza activo cada día? Hay al menos **doce razones irrefutables** como respuesta a estas preguntas:

(1) Testificar te acerca mucho más a Dios: "Mediante una vida de servicio a favor de otros, *el hombre se pone en íntima relación con Cristo*. La ley del servicio viene a ser el eslabón que nos une a Dios y a nuestros semejantes".[53] "El que no hace nada más que orar, pronto dejará de hacerlo, o sus oraciones llegarán a ser una rutina formal".[54]

(2) Testificar fortalece tu fe en gran manera. "Mientras impartan aquello que recibieron de Dios, *serán confirmados en la fe*. Una iglesia que trabaja es una iglesia viva".[55] "Donde no hay labor activa por los demás, se desvanece el amor, y se empaña la fe".[56]

(3) Testificar evidencia de que tú estás convertido de verdad. "Cada persona verdaderamente convertida *estará intensamente interesada en llevar a otros* de las tinieblas del error a la maravillosa luz de la justicia de Jesucristo".[57] Una persona convertida siempre testificará, y el espíritu misionero siempre mantendrá vivo el espíritu de conversión

(4) Testificar es la única manera en que Dios te puede usar. "La proclamación del evangelio *es el único medio* por el cual Dios puede emplear a los seres humanos como instrumentos suyos para la salvación de las almas".[58] La única manera en que Dios te puede usar es cuando tú te colocas en sus manos.

(5) Testificar es un remedio eficaz para la tibieza y la pereza espiritual. "Hay solamente una cura verdadera para la pereza espiritual, y ésta es el trabajo: *el trabajar por las almas que perecen. Tal es la receta que Cristo prescribió para el alma que desmaya, duda y tiembla*".[59]

(6) Testificar es un poderoso antídoto contra la apostasía y la parálisis espiritual. "El cristiano que no quiere ejercitar las facultades que Dios le dio, no sólo deja de crecer en Cristo, sino que pierde la fuerza que ya tenía; se convierte en un paralítico".[60] "La verdad que no se práctica, que no se comunica, pierde su poder vivificante, su fuerza curativa. Su beneficio no puede conservarse sino compartiéndolo".[61]

(7) Testificar ayuda a resolver tus problemas internos. Hay quienes dicen ¿cómo voy a ayudar a otros si estoy mal? El que ayuda a los demás se ayuda a sí mismo. "Al ayudar a otros ellos mismos serán ayudados a salir de sus dificultades".[62]

(8) Testificar aumenta grandemente tus ganas de vivir y ser feliz: Es imposible ser feliz sin ayudar y servir al prójimo. El secreto para ser feliz siempre está conectado con el servicio. "La verdadera felicidad solo se encuentra en una vida de servicio. El que vive una vida inútil y egoísta es desdichado. Está insatisfecho consigo mismo".[63]

(9) Testificar es fundamental para desarrollar un mejor carácter. "Dios podría haber alcanzado su objeto de salvar a los pecadores, sin nuestra ayuda; pero a fin de que podamos desarrollar un carácter como el de Cristo, debemos participar en su obra".[64] "El trabajo desinteresado por otros da al carácter profundidad, firmeza y una amabilidad como la de Cristo".[65] El servicio activo para Dios pule y mejora el carácter.

(10) Testificar juega un papel fundamental en tu preparación para ser salvo. "El que alguien pueda salvarse en la indolencia e inactividad es completamente imposible",[66] afirmó Elena de White. Si bien la testificación no es causa de salvación, sí es parte fundamental en tu preparación para ser salvo.

(11) Testificar es una acción que honra y obedece a Dios. Esta debiera ser una razón más que suficiente para motivarnos a testificar. Cada vez que testificamos estamos honrando y obedeciendo al Señor. Mientras más servimos más glorificamos el nombre de Dios.

(12) Testificar produce muchos frutos y grandes recompensas. Aunque a veces tengamos que esperar, siempre se ven los frutos. En primer lugar, en uno mismo y, en segundo lugar, en las personas que compartimos el mensaje. "Si sólo una persona va al cielo por tu causa, tu vida habrá hecho una diferencia por la eternidad".[67]

Mi oración: "Señor, gracias por darme el privilegio de testificar y predicar el evangelio. El más bendecido soy yo mismo. Reavívame Señor para tu misión. Amén". **Mi decisión**: "Hoy quiero ser un vaso de honra, moldeado por el Señor, llevando esperanza dondequiera que vaya". **Cante el himno**: "Oigo del Señor la voz llamando" (561).

DÍA 17: PREPARA HOY EL CAMINO PARA LA VENIDA DE CRISTO

"He aquí, yo envío mi mensajero, el cual preparará el camino delante de mí" (Malaquías 3:1). Si bien este versículo tiene una aplicación literal a Juan el Bautista, preparando camino para la venida del mesías; también tiene una aplicación espiritual, para el pueblo remanente llamado a preparar camino para la segunda venida de Cristo. "He aquí, yo os envío el profeta Elías, antes que venga el día de Jehová, grande y terrible" (Malaquías 4:5). El tercer Elías representa a los adventistas dispuestos, comprometidos y activos en la proclamación del mensaje final de Dios.

El Espíritu de Profecía afirma: "Como pueblo debemos preparar el camino del Señor bajo la dirección poderosa del Espíritu Santo".[68] "Ahora, justamente antes de la venida de Cristo en las nubes del cielo, ha de efectuarse una obra como la que realizó Juan el Bautista. El Señor llama a hombres que preparen a un pueblo que esté firme en el gran día del Señor".[69] "¡Preparen el camino para la venida del Señor!" (Mateo 3:3, NTV), dice la Palabra de Dios.

"No podemos cometer el mismo error del pueblo judío, que no estuvo dispuesto a preparar la primera venida de Cristo. Ellos se concentraron en mantener la organización y sus ritos eclesiásticos. Sin embargo, Dios levantó a un hombre, Juan el Bautista, quien en verdad estuvo dispuesto a sacrificarse y ser una herramienta útil en las manos de Dios. Él fue el instrumento clave que Dios usó para preparar el camino del Mesías. Me pregunto: ¿dónde están los Juan Bautistas de hoy? Tú puedes ser como aquella voz que clamó en el desierto, ahora en el tiempo del fin, si te dejas usar ya por el Maestro".[70]

"Lamentablemente, una gran parte de los adventistas, no estamos verdaderamente convencidos, o ni siquiera sabemos que tenemos que preparar la segunda venida de Cristo. Y muchos de los que sabemos de este llamado de Dios, no estamos dispuestos a pagar el precio de lo que significa ser un misionero o una voz que clama en el desierto. Pero, a pesar de esta triste realidad, *Dios está levantando ahora mismo una generación de Juan Bautistas*: hombres y mujeres entregados al Señor, dispuestos a preparar su venida y a terminar su obra. ¡Tú y yo podemos ser parte de esta generación!"[71]

"Así como Juan preparó el camino para la primera venida del Salvador, debemos nosotros preparar el camino para su segunda venida".[72] Pero tal vez te preguntes, ¿qué significa preparar camino para la segunda venida de Cristo? Significa principalmente involucrarse de manera activa en la obra de proclamar el mensaje de Dios y de hacer discípulos para su reino. Si el preparar camino para la segunda venida de Cristo no es una prioridad en nuestras vidas será porque probablemente no estamos preparados para recibir a Jesús.

"¿Cómo podemos nosotros, un movimiento llamado a preparar el camino para la pronta segunda venida de Cristo, ser apáticos en la ganancia de almas? Apatía por las almas es la antítesis de los que deberíamos ser",[73] señala Nick Kross. En resumen, Dios no quiere que tengamos una actitud pasiva sino un esperar conectado con la acción de acelerar o dar prisa a la misión de evangelizar al mundo. Este aceleramiento está asociado directamente con la proclamación del Reino de Dios.

Si eres un líder en tu iglesia, sea cual sea el departamento, tu visión sobre el trabajo misionero con respecto a la venida de Cristo influenciará, en buena medida, a quienes estén bajo tu liderazgo. Por eso la sierva del Señor declara: "Si los dirigentes que profesan creer las verdades solemnes e importantes que han de ser una prueba para el mundo en este tiempo *no manifiestan un celo ardiente* a fin de preparar un pueblo que esté en pie en el día de Dios, debemos esperar que la iglesia sea descuidada, indolente y amante de los placeres".[74]

Las señales actuales nos muestran claramente que la venida de Cristo es inminente. "Hay pruebas inequívocas de la inminencia del fin. La amonestación debe darse en lenguaje firme y directo. *Es necesario preparar el camino delante del Príncipe de paz que viene sobre las nubes de los cielos.* Queda aún mucho que hacer en las ciudades que todavía no han oído la verdad para nuestra época... debemos proseguir la obra del Señor en su nombre con la perseverancia y el celo incansable que puso el Salvador en su obra".[75] Tenemos la misión profética de preparar camino para la venida de Cristo, y ésta debiera ser nuestra prioridad.

Mi oración: "Señor, quiero priorizar en mi vida el preparar camino para la venida de Cristo. Ayúdame, bendíce y fortaléceme". **Mi decisión**: "Hoy prepararé el camino para la venida de Cristo, siendo un misionero activo en la obra del Señor". **Cante el himno**: "Siervos de Dios, la trompeta tocad" (166).

DÍA 18: PERSEVERA HOY Y SIEMPRE, SIENDO FIEL A DIOS HASTA LA MUERTE

Uno de los pueblos más fieles a Dios en la Edad Media fueron los valdenses. Como Pablo podían decir: "Yo estoy dispuesto, no solamente a ser atado sino también a morir [...] por causa del Señor Jesús" (Hechos 21:13, DHH). "Entre los que resistieron las intrusiones del poder papal, los valdenses fueron los que más sobresalieron".[76] "Una y otra vez fueron asolados sus productivos campos, destruidas sus habitaciones y sus capillas".[77] "Los valdenses habían sacrificado su prosperidad mundana por causa de la verdad".[78] Te pregunto, ¿que has sacrificado últimamente por Dios y la misión? Muchas veces lo que llamamos "sacrificio" es a penas una "migaja" de servicio.

Ellos fueron considerados como herejes por la Iglesia Católica. Miles fueron torturados y asesinados. En cierta oportunidad algunos monjes escribieron falsos informes al Duque de Saboya diciendo, entre otras cosas, que los valdenses eran como monstruos, que "los niños de los herejes tenían un ojo en medio de la frente y cuatro hileras de dientes negros y vellosos". El duque pidió traer a algunos de estos niños y cuando los vio exclamó: "¡Son las más hermosas criaturas que haya visto!"[79]

La sierva del Señor afirma que los valdenses *"conservaron su fe en medio de las más violenta y tempestuosa oposición*. Aunque degollados por la espada de Saboya y quemados en la hoguera romanista, defendieron con firmeza la Palabra de Dios y su honor".[80] "Grandes cantidades de valdenses fueron ahorcados, ahogados, destripados, atados a los árboles, despeñados, quemados, apuñalados, torturados en el potro del tormento hasta morir, crucificados cabeza abajo, devorados por perros, etc. Los que huyeron fueron privados de todos sus bienes, y sus casas quemadas".[81]

"Yo traigo en mi cuerpo las marcas del Señor Jesús" (Gálatas 6:17), dijo el apóstol Pablo. "Llevo marcadas en mi cuerpo las señales de lo que he sufrido en unión con Jesús" (DHH). En 1 Corintios 11:24-28, Pablo presenta todo lo que tuvo que sufrir por predicar el evangelio. Y nosotros, ¿cuánto hemos sufrido por esparcir la luz de Cristo? La Biblia dice: "No temas en nada lo que vas a padecer [...] Sé fiel hasta la muerte, y yo te daré la corona de la vida" (Apocalipsis 2:10).

En cierto sentido, desde una óptica positiva, la persecución fue y es una bendición por siete razones: (1) zarandea y purifica a la iglesia. (2) Fortalece muchísimo la fe del verdadero creyente. (3) Impulsa grandemente la difusión del evangelio. (4) Es una señal de que hay reavivamiento y reforma. (5) Desenmascara al diablo y vindica el nombre de Dios. (6) Permite reflejar mejor la imagen de Cristo en nuestro carácter. (7) "Bienaventurados los que padecen persecución por causa de la justicia, porque de ellos es el reino de los cielos" (Mateo 5:10).

El Espíritu de Profecía señala que "de todos los dones que el Cielo pueda conceder a los hombres, la comunión con Cristo en sus padecimientos es el mayor cometido y el más alto honor".[82] "Pues a ustedes se les dio no solo el privilegio de confiar en Cristo sino también el privilegio de sufrir por Él" (Filipenses 1:29, NTV). "Éstos son los que han pasado por la gran tribulación, los que han lavado sus ropas y las han blanqueado en la sangre del Cordero" (Apocalipsis 7:14, DHH).

Mi oración: "Señor, te pido perdón por mi falta de sacrificio y entrega en en la obra misionera. Dame la valentía que necesito para proclamar tu palabra. Amén". **Mi decisión**: "Hoy me comprometo a ser fiel a Dios hasta la muerte. Emplearé más de mi tiempo y dinero para esparcir el mensaje de Dios". **Cante el himno**: "No te dé temor" (559).

DÍA 19: VIVE HOY COMO
UN VALDENSE DEL SIGLO XXI

Recuerda las siete características distintivas del pueblo valdense: (1) Eran estudiosos de la Biblia. (2) Eran gente de mucha oración. (3) No se quejaban por las dificultades de su vida. (4) Tenían un gran espíritu misionero. (5) Eran fieles a Dios hasta la muerte. (6) Eran personas entendidas en los tiempos. (7) Eran mensajeros de las publicaciones. Piensa en cuáles de estas siete marcas más necesitas hoy mejorar en tu vida. Pídele al Señor que las grabe a fuego en tu mente y corazón. Haz tu parte con determinación que el Señor hará la suya.

Aplicar estas marcas es una excelente preparación para estar listo si la muerte nos alcanza antes de la venida de Cristo. También, poner por obra estas siete señales distintivas de los valdenses *es la mejor preparación* para la crisis final que se avecina. De paso, te recomiendo que veas el documental titulado *El Israel de los Alpes*. Lo puedes ver en YouTube, dura como una hora y veinte. Te aseguro que será de inspiración para ti. Has planes de mirar este video durante esta semana.

¿Sabías que Elena de White ya había profetizado que la obra y espíritu de los valdenses continuaría hasta la venida de Cristo? Ella dice: "Esparcidos por muchas tierras, arrojaron la semilla de la Reforma que brotó en tiempo de Wiclef, se desarrolló y echó raíces en días de Lutero, *para seguir creciendo hasta el fin de los tiempos mediante el esfuerzo de todos cuantos estén listos para sufrirlo todo* "a causa de la Palabra de Dios y del testimonio de Jesús".[83] Tú y yo podemos ser un valdense del siglo XXI. Dios está buscando hombres y mujeres dispuestos, así como valdenses, que quieran entregarlo todo por la causa de Dios y ser un instrumento útil en la predicación del evangelio.

Puede ser que te sientas pequeño si te comparas con los valdenses de la Edad Media y digas: "Es que me falta mucho, no le llego ni a lo talones en cuanto a entrega, fe, valentía y otras virtudes que ellos tenían. Siento que me faltan las fuerzas y sobre todo la unción de Dios en mi vida". Hermano querido, pon ahora tu debilidad y todo lo que te preocupa en el Trono de la Gracia. "Entrega al Señor todo lo que haces; confía en él, y él te ayudará" (Salmos 37:5, NTV). Di como David: "Tú aumentarás mis fuerzas como las del búfalo; seré ungido con aceite fresco" (Salmos 92:10). Pídele a Dios de corazón que te fortalezca y que te dé "aceite fresco", para revitalizar con poder tu ministerio y avanzar en el gozo de la salvación. Ruega al Señor que te ayude a ser un valdense del siglo XXI, poniendo en práctica las siete marcas que hemos estudiado.

Mi oración: "Señor, te pido que me ayudes a poner en práctica estas siete marcas distintivas de los valdenses". **Mi decisión**: "Hoy saldré de mi casa con espíritu misionero". **Cante el himno**: "Puedo oír tu voz llamando" (268).

DÍA 20: SIGUE HOY LUCHANDO POR LA MISIÓN, AUNQUE LOS PROBLEMAS SEAN MUCHOS

Después de algunas semanas de trabajar muy duro, los trabajadores dijeron a Nehemías: "Las fuerzas de los acarreadores se han debilitado, y el escombro es mucho, y no podemos edificar el muro" (Nehemías 4:10). Muchos se cansaron y se desalentaron al ver los miles de escombros que todavía tenían que sacar, para luego construir la muralla; y, además, muchos escombros eran muy pesados (más de 300 kilos). Para que tengamos una idea de la multitud de escombros que había, antes de que los muros fueran derribados por el ejército de Nabucodonosor, la muralla tenía cerca de cinco kilómetros de largo, alrededor de quince metros de altura y unos cuatro metros de ancho.

Los "escombros" de hoy representan todos los obstáculos que tenemos en el camino que dificultan hacer la obra de Dios. Podrían ser: los "peros" de ciertos líderes de tu iglesia, las constantes negativas de personas de a fuera, la falta de apoyo de tu familia para hacer esa obra, tus miedos internos, etcétera. Reflexiona en estas preguntas: ¿Te sientes muy motivado a seguir con la obra que Dios te encomendó o estás cansado y agotado? ¿Cuáles son los grandes "escombros" que tienes que quitar? ¿Tienes algún "escombro" en tu mente que te está desanimando?

Lo peor que puedes hacer es dar "patadas" a los "escombros", ya que te vas a lastimar. No pierdas el tiempo discutiendo con las personas "escombros". Simplemente colócalo, con tranquilidad y paciencia, fuera del camino. Pero, si tu esposa es el "escombro", un líder de iglesia, u otra persona querida, es mejor que en vez de "tirar ese escombro", lo emplees para construir el muro de ese sueño o proyecto santificado. Hay "escombros" que no te sirven, pero otros, puliéndolos, pueden llegar a ser "piedras" fundamentales.

La vista de muchos del pueblo estaba tan centrada en la dura realidad de los escombros que eclipsaba su fe en el poder de Dios. Nehemías les dijo: "Acordaos del Señor grande y terrible, y pelead por vuestros hermanos, por vuestros hijos" (Nehemías 4:14). En otras palabras, recuerden los grandes milagros que Dios ha hecho en el pasado, confíen en lo poderoso que es el Señor. "No estén tristes, pues el gozo del Señor es nuestra fortaleza" (Nehemías 8:10, NVI).

Los que trabajaban en la construcción del muro, "con una mano trabajaban en la obra, y en la otra tenían la espada" (Nehemías 4: 17). Necesitamos la espada de la Palabra de Dios y el aliento de sus promesas para defendernos de los constantes ataques: "no se puede, es muy difícil", "dedícate a otra cosa", "la gente no le interesa lo que haces", etc. La Palabra de Dios dice: "Anímate y esfuérzate, y manos a la obra; no temas, ni desmayes, porque Jehová Dios, mi Dios, estará contigo; él no te dejará ni te desamparará, hasta que acabes toda la obra para el servicio de la casa de Jehová" (1 Crónicas 28: 20).

Por favor, ¡no tires la toalla, sigue luchando! Hay momentos en que sentimos que la carga de la responsabilidad es demasiado pesada para ser sobrellevada. Hay veces que nos pareciera que hay demasiados "escombros" como para llevar a cabo ese plan o esa misión. Hay momentos en que hay tantos problemas por resolver, que nos vemos muy tentado a desistir. Digamos como Nehemías: "Ahora, pues, oh Dios, fortalece tú mis manos" (Nehemías 6:9)

El Espíritu de Profecía declaró: "Dios tendrá hombres que aventurarán cualquier cosa para salvar almas. Aquellos que no quieran avanzar hasta que puedan ver cada paso del camino claramente delante de ellos, no serán de ningún beneficio en este tiempo para hacer progresar la verdad de Dios".[84] Si no estás dispuesto a abrir camino quitando "escombros" para llevar a cabo cierto sueño de Dios, no eres la persona indicada para liderar ese proyecto de fe.

Las pruebas y dificultades, cuando no las encaramos con fe y determinación, conducen al miedo, al desánimo y a la derrota. Te animo a que emprendas los próximos días, semanas y meses, fijando tu vista no en la cantidad de escombros sino en la cantidad de promesas que Dios tiene para ti. "Mira que te mando que te esfuerces y seas valiente; no temas ni desmayes, porque Jehová tu Dios estará contigo en dondequiera que vayas" (Josué 1:9).

Mi oración: "Señor, por favor, fortalece mis manos, dame las fuerzas que necesito para sobreponerme a todo obstáculo en el camino". **Mi decisión**: "Hoy mantendré mi vista en las promesas de Dios y no en los muchos 'escombros'". **Cante el himno**: "¿Os pusisteis a arar? (553).

DÍA 21: PROMUEVE HOY LA GLORIA DE DIOS Y SÉ MISIONERO DONDEQUIERA QUE VAYAS

Nehemías le pidió de corazón a Dios que respondiera sus oraciones y las de su pueblo. "Escucha la oración de quienes *se deleitan en darte gloria y honra"* (Nehemías 1: 11, NBV). *Dios siempre bendice a quienes glorifican a Dios en todo lo que hacen.* Fuimos creados para glorificar el nombre de Dios. "Entonces les conté cómo la bondadosa mano de Dios había estado conmigo" (Nehemías 2:18). "En su obra, Nehemías siempre tuvo en cuenta el honor y la gloria de Dios".[85]

El apóstol Pablo decía: "Yo no busco la aprobación de los hombres, sino la aprobación de Dios" (Gálatas 1:10, DHH). "Mas el que se gloría, gloríese en el Señor; porque no es aprobado el que se alaba a sí mismo, sino aquel a quien Dios alaba" (2 Corintios 10:17-18). "En conclusión, ya sea que coman o beban o hagan cualquier otra cosa, háganlo todo para la gloria de Dios" (1 Corintios 10:31, NVI).

El no dar la gloria para Dios lleva a la incredulidad. "¡Con razón les cuesta creer! Pues a ustedes les encanta honrarse unos a otros, pero no les importa la honra que proviene del único que es Dios" (Juan 5:44, NTV). El no dar la gloria para Dios atrae maldiciones. "Si no oyereis, *y si no pusiereis en vuestro corazón el dar gloria a mi nombre*, dice Jehová de los ejércitos, yo enviaré maldición sobre vosotros, y maldeciré vuestras bendiciones" (Malaquías 2:2).

Mucho cuidado en querer robar para uno mismo la gloria que le pertenece solo a Dios. Nabucodonosor, rey de Babilonia, quiso apropiarse de la gloria de Dios, pero por su gran orgullo fue aplastado, y tuvo que "comer tierra" y hierbas como un animal por siete años. Cuando se arrepintió de corazón, Dios lo sanó de su locura; y dijo: "Ahora yo, Nabucodonosor, alabo, engrandezco y glorifico al Rey del cielo, porque todas sus obras son verdaderas y sus caminos justos; y él puede humillar a los que andan con soberbia" (Daniel 4:37).

Nuestra naturaleza pecaminosa tiene la tendencia al ensalzamiento propio y a la vanagloria cuando tenemos éxito en algo. Necesitamos morir constantemente al yo. "Cuando los hombres tienen éxito en la causa del Señor, es porque Dios les ha dado ese éxito, y no para su gloria personal, sino para Gloria de Dios. Quien trate de robar un rayo de luz de la gloria del Señor verá que tendrá que ser castigado por su presunción".[86] "El observa con aprobación a los que tienen en cuenta la gloria divina. Les dará habilidad, comprensión y adaptabilidad para su obra".[87]

"Cuenta todo lo que Dios ha hecho contigo, pero no digas nada de lo que tú haces para Dios. No promuevas aplausos, promueve su gloria", dijo Charles Spurgeon. "Los que sean fieles a su llamado como mensajeros de Dios no buscarán honra para sí mismos. El amor al yo será absorbido en el amor por Cristo".[88] Recordemos que uno de los cinco pilares de la Reforma Protestante fue: *solo a Dios la gloria.* Por favor, no olvidemos que el corazón del mensaje de los tres ángeles es: "Temed a Dios, y dadle gloria" (Apocalipsis 14:7).

Elena de White escribió: "El deseo de glorificar a Dios debería ser la motivación más poderosa de todas para nosotros [...] Los intereses egoístas deben mantenerse constantemente bajo sujeción, porque si se les permite actuar, debilitan el intelecto, endurecen el corazón y menoscaban el valor moral".[89] "Dios ha concedido talentos a cada ser humano para que su nombre sea glorificado, no para que el hombre sea aplaudido y alabado, honrado y glorificado, mientras el Dador sea olvidado".[90]

Que podamos decir como David: "¿Quién es este Rey de gloria? Jehová el fuerte y valiente, Jehová el poderoso en batalla" (Salmos 24:8). "Dad a Jehová la gloria debida a su nombre" (Salmos 29:2). "En Dios nos gloriaremos todo el tiempo" (Salmos 44:8). "Proclamad entre las naciones su gloria, en todos los pueblos sus maravillas" (Salmos 96:3).

La gente que promueve la gloria de Dios disfruta de lo que hace, ama a Cristo, se deleita en obedecer y honrar al Rey del universo, prioriza el reino de Dios. Quienes promuevan la gloria de Dios irán al cielo. Que nuestro lema sea: "Motivados por su gloria alcanzaremos la victoria". Y que podamos decir como Isaías: "Señor, [...] el deseo de nuestro corazón es glorificar tu nombre" (Isaías 26: 8, NTV).

Mi oración: "Señor, toda la gloria es para ti, alabado sea tu poderoso nombre. Señor, que mi yo desaparesca y que brille la gloria de Dios en mi vida. Amén". **Mi decisión**: "Desde ahora y siempre promoveré la gloria a Dios en todo lo que haga y en todos los lugares por donde vaya". **Cante el himno**: "A Dios sea gloria" (147).

Referencias

[1] *Testimonios para la iglesia*, tomo 4, p. 163.
[2] Elena de White, *Joyas de los testimonios,* tomo 1, p. 88.
[3] Elena de White, *Profetas y reyes*, p. 440.
[4] *Ibíd.*, p. 450.
[5] Elena de White, *Testimonies*, tomo 8, p. 21.
[6] Elena de White, *Review and Herald*, 18 de febrero de 1890.
[7] Elena de White, *Mensajes selectos*, tomo 1, p. 144.
[8] *El Deseado de todas las gentes*, p. 216.
[9] *Profetas y reyes*, p. 166.
[10] Elena de White, *La educación*, p. 77.
[11] Elena de White, *El Conflicto de los siglos*, p. 67.
[12] *Servicio Cristiano*, p. 29.
[13] *Servicio Cristiano*, p. 82.
[14] Elena de White, *Practical missionary work*, oct. 1898
[15] *Servicio cristiano*, p. 14.
[16] *Testimonios para la iglesia*, tomo 2, p. 559.
[17] Rick Warren, *Una vida con propósito*, (Miami, Florida: Editorial Vida, 2003), p. 309.
[18] *Servicio Cristiano*, p. 45.
[19] *Servicio Cristiano*, p. 112.
[20] *Eventos de los últimos* días, p. 286.

21 *Servicio Cristiano*, p. 107.
22 *Servicio Cristiano*, p. 116.
23 Comentario de la *Biblia de Estudio de Andrews*, sobre Jueces 5:23.
24 Comentario de la *Biblia de Estudio de Andrews*, sobre Jueces 5:16.
25 *Servicio Cristiano*, p. 46.
26 *Consejos sobre la salud*, p. 549.
27 Elena de White, *Palabras de vida del gran Maestro*, p. 105.
28 *Servicio cristiano*, p. 313.
29 *Ibíd.*, p. 314.
30 Oswald J. Smith, *Pasión por las almas*, (Grand Rapids, Michigan: Editorial Portavoz, 1984), p. 39.
31 *Hechos de los apóstoles*, p. 44.
32 *El evangelismo*, p. 261.
33 *Servicio cristiano*, p.135.
34 *Testimonio para la iglesia*, tomo 6, p. 424.
35 *El Deseado de todas las gentes*, p. 264.
36 *Ibíd.*, p. 767.
37 *Obreros evangélicos*, p. 532.
38 *Profetas y reyes*, p. 285.
39 *Obreros evangélicos*, p. 277.
40 *El Deseado de todas las gentes*, p. 261.
41 *Ibíd.*, p. 767.
42 *Joyas de los testimonios*, tomo 3, p. 324.
43 *Eventos de los últimos días*, p. 247.
44 Elena de White, *Joyas de los testimonios*, tomo 1, p. 204.
45 *Testimonios para la iglesia*, tomo 3, p. 121.
46 Elena de White, *El colportor evangélico*, p. 202.
47 *El Deseado de todas las gentes*, p. 386.
48 Elena de White, *La oración*, p. 50.
49 *Ibíd.*, p. 385.
50 *Ibíd.*
51 Alejandro Bullón, *El líder sabio* (Buenos Aires, Argentina: ACES, 2017), p. 32.
52 Esteban Griguol, *El mensaje final* (tercera edición, 2018), p. 139.
53 *Palabras de vida del gran Maestro*, p. 262.
54 *El camino a Cristo*, p. 101.
55 *Joyas de los testimonios*, tomo 3, p. 68.
56 *El Deseado de todas las gentes*, p. 765.
57 Elena de White, *Recibiréis poder*, p. 312.
58 Elena de White, *Review and Herald*, 13-10-1904.
59 *Servicio cristiano*, p.135.
60 *Obreros evangélicos*, p. 87.
61 *El ministerio de curación*, p. 107.
62 Elena de White, *Mente, carácter y personalidad*, tomo 2, p. 78.
63 Elena de White, *Ser semejante a Jesús*, p. 70.
64 *El Deseado de todas las gentes*, p. 116.
65 *El camino a Cristo*, p. 80.
66 *Servicio cristiano*, p. 105.
67 Rick Warren, *Una vida con propósito*, (Miami, Florida: Editorial Vida, 2003), p. 309.
68 *Notas biográficas de Elena de White*, p. 454.
69 Elena de White, *Alza tus ojos*, p. 306.
70 Esteban Griguol, *El mensaje final* (tercera edición, 2018), p. 42.
71 *Ibíd.*
72 Elena de White, *Testimonios para la iglesia*, tomo 7, p. 136.
73 Nick Kross, *Revista Adventista* (edición de España), junio 2015, p.11.
74 Elena de White, *The Southern Watchman*, 29 de marzo de 1904.
75 Elena de White, *Joyas de los testimonios*, tomo 3, p. 293.
76 *El conflicto de los siglos*, p. 62.
77 *Ibíd.*, p. 72.
78 *Ibíd.*, p. 65.
79 Luis Jourdan, *Compendio de historia de los valdenses* (Uruguay: Colonia Valdense, 1901), p. 19.

80 *El conflicto de los siglos*, p. 63.
81 John Foxe, *El Libro de los mártires* (Barcelona, España: Editorial Clie, 1991), p. 125.
82 *El ministerio de curación*, p. 379.
83 *El conflicto de los siglos*, p. 74.
84 *El evangelismo*, p. 51
85 Elena de White, *Review and Herald*, 2 de mayo de 1899.
86 *El ministerio de publicaciones*, p. 154.
87 Elena de White, *Manuscrito* 18 de 1905.
88 *El Deseado de todas las gentes*, p. 151.
89 Elena de White, *Exaltad a Jesús*, p. 360.
90 *Ibíd.*

Apéndice 1

ESTUDIOS BÍBLICOS QUE GANAN ALMAS

"El que gana almas es sabio" (Proverbios 11:30)

"Cualquiera sea la vocación de uno en la vida, su primer interés debe ser ganar almas para Cristo",[1] señala Elena de White. En otras palabras, el ganar almas debiera ser nuestra prioridad, sin importar la profesión que tengamos. Estamos en esta tierra para servir a Dios. La Biblia dice: "El que gana almas es sabio" (Proverbios 11:30).

Una de las maneras más exitosas de ganar almas es dando estudios bíblicos a alguna persona interesada. Pero, ¿por qué es importante dar estudios bíblicos? Por lo menos, hay cinco razones claves: (1) El mayor beneficiado es el que da los estudios bíblicos. (2) Fortalece el conocimiento de la Palabra de Dios en la vida de un nuevo creyente. (3) Es un método eficaz ideado por Dios para evangelizar. (4) Cumple el mandato de Jesús de Mateo 28: 18-20. (5) Favorece el crecimiento de la iglesia local. Mientras más estudios bíblicos dé una iglesia, mayor será el crecimiento que tendrá en miembros.

Recordemos que *"el plan de celebrar estudios bíblicos es una idea de origen celestial"* como afirma la sierva del Señor. Y añade: "Muchos son los hombres y mujeres que pueden dedicarse a este ramo del trabajo misionero. Pueden desarrollarse así obreros que serán poderosos para Dios. Por este medio la Palabra de Dios ha sido dada a millares [...] Dios no permitirá que esta preciosa obra hecha para él quede sin recompensa. Coronará de éxito todo humilde esfuerzo hecho en su nombre".[2]

Elena de White también señala: *"Los miembros de nuestras iglesias deben hacer más trabajo de casa en casa, dando estudios bíblicos y repartiendo impresos".*[3] Frecuentemente somos cómodos, queremos que la gente venga a la iglesia, pero hacemos poco o nada por ellos. Tenemos que salir de nuestra zona de confort y trabajar más para Dios.

Mientras damos los estudios bíblicos tenemos que combinar la palabra hablada (nos referimos a nuestra voz) y la palabra escrita (la Biblia, los estudios bíblicos impresos y algunos materiales que podemos ir entregando de a poco como folletos, revistas y libros). "Vayan los obreros de casa en casa, abriendo la Biblia a la gente, haciendo circular las publicaciones, hablando a otros de la luz que bendijo sus propias almas".[4]

Tal vez te preguntes, ¿y cuáles son los estudios bíblicos que ganan almas? Sigue leyendo que al final lo vas a saber. Ahora presentaremos principios elementales para levantar y dar con éxito los estudios bíblicos, y cómo hacer para que nuestros interesados tomen decisiones de salvación. Se exponen los aspectos fundamentales a manera de resumen.

¿Cómo hacer la encuesta impacto esperanza?

Uno de los mejores métodos para levantar estudios bíblicos, especialmente entre desconocidos, es a través de la encuesta misionera Impacto Esperanza. Muchas personas estarían dispuestas a estudiar la Biblia si se les despertara el interés y se les hiciera una invitación personal.

Estas son algunas sugerencias clave que dan resultado cuando lo pones en práctica: mientras estés hablando, no coloques tus manos en los bolsillos, ni las pongas cruzadas o hacia atrás. Mira siempre a los ojos de la persona. Procura hablar despacio, claro y con amabilidad. Preséntate vestido decentemente y pulcro. Sal con espíritu positivo confiando en Dios. Ponte siempre en el lugar de las personas (empatizar).

Este es un modelo de encuesta misionera que puedes utilizar (frente y dorso). Puedes solicitar el archivo de impresión de esta encuesta, escribiendo a: estebangriguol@gmail.com

Saludo sugerente: "Hola, buenas tardes, ¿cómo le va? Mi nombre es... (mencionar tu nombre). Le comento que estamos realizando el *Proyecto impacto esperanza*, cuyo propósito es compartir esperanza. Estamos obsequiando este libro (entregar alguna literatura misionera). Le

animo a que lo lea. También estamos haciendo una encuesta anónima y gratuita. Le voy a tomar dos minutos de su tiempo para hacerle algunas simples preguntas (es bueno en esos momentos mostrarle la encuesta, ya que ayuda a romper prejuicios). Por ejemplo: "¿Cree que la fe en Dios le ayuda en su vida personal y aumenta su esperanza? Mucho, poco o nada; ¿qué le parece? ..."

Durante la encuesta: A la segunda o tercera pregunta es recomendable preguntarle por el nombre, por ejemplo: "Disculpe, ¿con quién tengo el gusto de hablar?" Después de que te diga su nombre, lo ideal es dirigirse siempre por su nombre, ya que esto genera confianza. Además, es muy importante procurar entablar un diálogo. Mientras más habla la persona, más conexión se logrará con la temática. En esa dirección, la pregunta ¿por qué? ayuda a las personas a dar su punto de vista, y esto nos ayuda a conocer sus convicciones, intereses y necesidades.

Final de la encuesta: Si la persona responde que sí le gustaría aprender más de la Biblia, en la última pregunta que aparece en la encuesta, le podrías decir lo siguiente: "Mire, para las personas como usted que le gustaría aprender más de la Biblia, el *Proyecto impacto esperanza* ha preparado algunas guías de apoyo que facilitan el aprendizaje. El estudio se llama la *Fe de Jesús*. Es parte del servicio a la comunidad y lo hacemos con todas las personas, no importa la religión. Lo bueno de estas guías de estudios es que las entregamos personalmente y si uno tiene alguna duda le ayudamos, ya que hay muchos que no están acostumbradas a leer la Biblia. Viene por temas y son como terapias para el alma. ¿Le parece bien que la próxima semana pase por su casa para traerle la primera guía de estudio?" Importante: Nunca le digas que vas a venir por veinte sábados, y le vas a tomar una hora de su tiempo, ya que habrá muchos que buscarán excusas y no desearán comprometerse. Además, si la persona no tiene Biblia, es bueno explicarle que le vas a traer una Biblia como préstamo y que cuando termine el curso, la Biblia será suya. También le puedes decir que el próximo sábado vas a estar obsequiando, solo a las personas interesadas en estudiar la Biblia, un material muy interesante (que puede ser un libro o una revista).

¿Cómo dar con éxito el estudio bíblico?

Estos son algunos aspectos importantes para que tengas en cuenta:

☑ El éxito de un estudio bíblico comienza con la preparación espiritual de uno mismo: consagración, pasión por las almas, confianza en Dios, humildad, cuentas arregladas con Dios, perseverancia, tacto, paciencia, fidelidad, sinceridad, preparación. Cuando practiques esto tendrás más autoridad e impacto al dar tus estudios bíblicos. Por otro lado, no puedes dar lo que no tienes.

☑ No descuides tu preparación sobre cómo levantar y dar los estudios bíblicos. Es importante que leas y releas varias veces el contenido de este material. Cuanto más eficiente seas más seguro te sentirás, podrás brindar un mejor servicio y mayor serán los resultados obtenidos para la gloria de Dios.

☑ Te recomiendo que leas estos dos libros de Elena de White: *Servicio cristiano* y *Obreros evangélicos*. También vale la pena leer algunos materiales sobre misión preparado por tu Asociación/Unión.

☑ El propósito principal de los estudios bíblicos no es solo enseñar las doctrinas adventistas sino ganar almas para Cristo. Que las personas que estamos visitando tomen decisiones de salvación. "El Evangelio no ha de ser presentado como una teoría sin vida, sino como una fuerza viva para cambiar la vida".[5]

☑ El tiempo recomendado para cada estudio es entre 30 a 40 minutos. Se aconseja que la primera visita sea un poco más corta que las siguientes. Evita estar más de una hora en una casa.

☑ Cuando vayas a dar los estudios bíblicos ve en el horario convenido. Sé puntual en tu compromiso semanal. El horario acordado debe ser aquel en el que al alumno le quede mejor recibirte sin que sienta la presión de tener que irse a hacer otra cosa.

☑ Antes de comenzar el estudio bíblico, dedica unos minutos para confraternizar y "romper el hielo". Pregúntale cómo le fue en la semana, cómo está la familia, etc. Procura hacerte amigo y conocer cuáles son sus necesidades, sus intereses y sus deseos personales.

☑ No se recomienda que des solo el estudio a una persona del sexo opuesto. Es mejor que vayas acompañado, junto con otra persona.

☑ Si en la clase de estudios bíblicos hay varios niños pequeños en la familia, puedes llevar algunos lápices de colores para que dibujen; o bien, le puedes colocar algún video infantil cristiano para que vean. Si el niño tiene más de 10 años, procura involucrarlo en el estudio.

☑ Si la televisión o la radio está prendida, después del contacto inicial, conviene solicitarle amablemente si podría apagar la TV a fin de poder concentrarse mejor en el estudio.

☑ Al final de cada estudio, *forma el hábito de dejarle una o dos tareas pequeñas* a la persona para hacer durante la semana. Ejemplos: leer algunos capítulos específicos de la Biblia, meditar en ciertas promesas seleccionadas de la Palabra de Dios, escuchar algunas músicas cristianas escogidas y ciertos enlaces de videos con sermones que le enviarás por WhatsApp, etc. Compártele alguna literatura como el *Camino a Cristo*, *El Deseado de todas las gentes* o *El conflicto de los siglos*. Todo esto será un excelente refuerzo de crecimiento espiritual.

Al siguiente estudio, debes hacer un seguimiento y preguntarle si lo ha escuchado o si lo está leyendo, y qué le ha parecido. "Mantened la verdad práctica siempre ante la gente",[6] señala Elena de White.

☑ Has una lista de oración por las personas que estás estudiando la Biblia, y ora por ellas. ¡La oración tiene poder! Recuerda que en esta batalla espiritual de quitar un alma al diablo y ganarla para Cristo se necesita un poder superior que solo viene de Dios. Por eso es tan necesaria la oración, porque por medio de ella Dios derrama sus bendiciones, envía su Espíritu Santo y la ayuda de los ángeles.

☑ Después de algunos estudios bíblicos, invita a menudo a la persona para que participe de alguna actividad o programa de la iglesia. No esperes que vaya por su cuenta, búscala en su casa.

☑ No desacredites ni critiques las demás religiones. Tampoco te pongas a discutir, criticar o corregir a las personas; trátalas siempre amablemente y con cortesía.

☑ Invita a alguien de la iglesia, experimentado en dar estudios bíblicos, para que te acompañe a algún estudio. Esto será de estímulo para ti y ayudará al estudiante de la Biblia en la toma de decisiones. Aprovecha también para hacerle preguntas y para que te aconseje.

☑ En promedio, cada cuatro estudios bíblicos, uno se bautiza. Si quieres ganar un alma para Cristo, debes pensar en dar al menos cuatro estudios bíblicos. Y cada vez que se te caiga un estudio, ya que hay un zarandeo natural, procura levantar otro estudio en compensación.

☑ Informa a tu clase de Escuela Sabática, en los minutos de testimonio, de las experiencias positivas que estás teniendo en tus estudios bíblicos, ya que esto contagia espíritu misionero.

☑ Recuerda que la naturaleza del ser humano es egoísta, codiciosa, desconfiada, quiere ser importante, es curiosa, es emotiva, quiere tener la razón, tiene gran necesidad espiritual, etc. "A fin de conducir las almas a Cristo, debe conocerse la naturaleza humana y estudiarse la mente humana",[7] señala Elena de White.

☑ Sigue siempre el método de Jesús: "Solo el método de Cristo será el que dará éxito para llegar a la gente. El Salvador trataba con los hombres como quien deseaba hacerles bien. Les mostraba simpatía, atendía sus necesidades y se ganaba su confianza. Entonces, les pedía: 'Sígueme'".[8]

☑ Sigue el consejo bíblico: "Ten mucho cuidado de cómo vives y de lo que enseñas. Mantente firme en lo que es correcto por el bien de tu propia salvación y la de quienes te oyen" (1 Timoteo 4:16, NTV).

☑ Nuestra misión no termina cuando la persona se bautiza. Debemos ser sus "tutores" y hacerle un seguimiento por varios meses después del bautismo. Algunos cometen el gran error de "desligarse", pensando que como ya se bautizó, deben concentrarse en evangelizar a otra persona.

☑ Desafortunadamente, casi el mismo número de personas que se bautizan y entran a la iglesia hoy en día, también son un número similar de los que abandonan la iglesia por diversas razones. Estamos prácticamente empatados. Si en cada iglesia local hubiera un *programa de capacitación misionera intencional y eficiente* para los recién bautizados, esto ciertamente ayudaría a reducir el alto porcentaje de miembros que abandonan la iglesia.

☑ Recuerda que nuestra misión es hacer discípulos y no solamente miembros. *Debemos educar y motivar a los nuevos conversos a ser ganadores de almas.* Cuando logremos esto, recién allí podemos considerar como cumplida nuestra misión de hacer discípulos. Recomendamos que todos los recién bautizados puedan hacer la serie de doce estudios *Sé misionero hoy*, que está en el apéndice 8.

☑ *Nuestro gran error ha sido preparar miembros adoctrinados, pero no discípulos ganadores de almas.* Uno de los mayores secretos de la multiplicación y del crecimiento de iglesia radica en preparar y entrenar a los nuevos creyentes para que usen sus talentos para Dios y ganen almas para Cristo.

1) Introducción: Apertura del estudio bíblico

Considera aplicar estos consejos sencillos:

☑ Forma el hábito de hacer una oración breve con el alumno antes de empezar el estudio bíblico.

☑ Aprovecha para realizar un resumen de dos minutos de la lección anterior y de la decisión que la persona tomó. Pregúntale cómo le fue la puesta en práctica del estudio anterior. Si todavía no lo ha hecho, anímale a que lo haga esta semana. Cuenta tu testimonio personal y si es necesario haz un refuerzo de la lección anterior.

☑ Menciona frases que despierten el interés y la necesidad de estudiar el tema de estudio. Por ejemplo: "Hoy vamos a ver un tema que muy interesante: ¿Hay vida después de la muerte? Hay quienes creen en la reencarnación, otros dicen que si uno es bueno va al cielo y si es malo al infierno; otros dicen que se hace espíritu; y hay quienes dicen que los muertos no van a ningún lado. Ahora vamos a ver lo que dice la Biblia, que es lo más importante. Pero antes, permítame preguntarle: ¿cuál es su opinión al respecto? ¿Por qué?"

☑ Después de algunos estudios, puedes colocar algún himno o canto cristiano usando tu celular, y cantarla junto con la persona. La música es un instrumento poderoso para llegar al corazón.

2) Desarrollo: Estudio central

Sigue estos consejos oportunos:

☑ Por lo general, no uses más de doce versículos de la Biblia durante cada lección. Enfatiza siempre que la Biblia dice... (no es la enseñanza tuya o de una religión sino de la Palabra de Dios).

☑ Permite que la persona lea el versículo y que él mismo responda la pregunta, ya que tiene mucho más impacto en el aprendizaje que si tú la respondes. También es mejor que el estudiante escriba la respuesta en la hoja de estudio, ya que así se grabará más en su mente.

☑ Las preguntas acertadas y oportunas son un excelente instrumento de conexión con las personas. Pregúntale a menudo cuál es su opinión frente a cada pregunta. Esto nos ayudará a saber lo que piensa.

☑ Comparte las ventajas, beneficios, recompensas y bendiciones de cada estudio bíblico. Mientras más hagamos esto, más deseo tendrá la persona de ponerlo en práctica.

☑ Elogia y felicita el progreso del alumno durante su aprendizaje.

☑ En general debes seguir el orden que sugiere el estudio. Pero a veces puedes seguir un orden acorde a la necesidad de la persona.

☑ Cuando el estudiante te haga preguntas sobre otros temas, le puedes felicitar por su interés y decirle que uno de los estudios bíblicos que verán más adelante tratará sobre ese tema específico.

☑ Resalta siempre el amor de Dios en cada estudio bíblico y su propósito para nosotros a través de esa enseñanza.

☑ Utiliza frecuentemente de ilustraciones para ejemplificar, ya que facilitan el aprendizaje.

☑ Comenta historias, noticias recientes o acontecimientos actuales, ya que ayudan a una mejor comprensión del tema y a valorar su relevancia presente.

☑ Al final del estudio central, antes del cierre, pregúntale si le pareció todo claro o si tiene alguna inquietud sobre el tema estudiado. Si hubiera alguna duda, debes responderla con la Biblia. No prosigas al cierre sin antes de que quede todo claro en la mente del estudiante.

3) Cierre: Toma de decisiones

Ten en cuenta las siguientes orientaciones:

☑ El proceso de toma de decisiones tiene cuatro etapas: (1) conocimiento, (2) convicción, (3) deseo de practicarlo y (4) acción. Las primeras tres deben ser confirmadas antes del cierre del estudio bíblico. El conocimiento adecuado fortalece la convicción. Y si el estudiante no está convencido de una verdad, tampoco lo pondrá en práctica. También es muy importante avivar el deseo de practicarlo.

☑ Una buena pregunta que puedes hacer al comenzar el cierre del estudio es: ¿Qué es lo que más te impactó o te llamó la atención de este estudio sobre…?

☑ Nunca presiones ni manipules a las personas en la toma de decisiones; pero tampoco descuides tu responsabilidad de persuadirla a tomar buenas decisiones.

☑ Muchos responden de acuerdo con lo que pensamos de él y al prestigio que le atribuimos. Por ejemplo: "Señora…, usted es una persona que ama a Dios y quiere obedecerle, ¿verdad?... ¿le gustaría por amor a Dios respetar y guardar el verdadero día de reposo que es el sábado que enseña la Biblia?"

☑ Cuenta tu testimonio de cómo esa decisión marcó positivamente tu vida. El testimonio personal es muy inspirador para el que lo está escuchando, y tiene un gran impacto que mueve a la acción.

☑ Vive lo que estás predicando, ya que esto te dará más autoridad al hablar, y será un fuerte incentivo para que la persona haga lo mismo.

☑ Comparte algunas promesas de Dios para quienes le obedecen.

☑ Si la persona está con alguna duda o en el valle de la decisión, pregúntale que es lo que le impide a tomar su decisión o compromiso de fe. Luego, procura responderle con la Biblia y con tu testimonio.

☑ Nunca termines un estudio sin que la persona tome una decisión o un compromiso de fe. El llamado personalizado es la llave que abre las puertas para las decisiones. Un estudio sin un llamado cosecha pocos resultados. "Muchas veces las mentes son impresionadas diez veces más mediante los llamamientos personales que por cualquier otra clase de trabajo",[9] afirma Elena de White.

☑ Si los estudios bíblicos son dirigidos a toda una familia o a un grupo, pide primero la decisión al líder del grupo o al que más decidido esté, ya que será de buena influencia para las decisiones de los demás.

☑ Recuerda que solo Dios por medio del Espíritu Santo puede cambiar los corazones de las personas.

☑ Haz una breve oración por la decisión que la persona está tomando, considerando algunas de sus peticiones. Después de varios estudios, puedes pedirle al estudiante que haga una oración, y luego tú haces la oración final.

☑ Recuerda que las decisiones pequeñas conducen a las grandes decisiones. La decisión de bautismo es el resultado consecuente de la suma de las decisiones anteriores. Y cuando hagas el llamado para el bautismo presenta dos opciones de fecha a corto plazo.

☑ Ejemplo de un cierre y llamado: "Señora X, como hemos visto en este estudio el bautismo es un compromiso de amor con Cristo, y es de vital importancia para la salvación. El bautismo es la decisión más importante que usted puede tomar. Los que aman a Dios han dado este paso de fe, siguiendo el ejemplo de Jesús. ¿Le gustaría por amor a Jesús bautizarse más adelante?... La felicito por su decisión, gloria a Dios. Mire, le comento que tendremos un bautismo el 20 de mayo, y otro el 15 de junio. ¿Cuál de estas dos fechas le gustaría bautizarse y sellar su compromiso con Dios? ..."

☑ Refuerza cada decisión que la persona está tomando. Hay que recalcar que la bendición está en obedecer a Dios.

¡Haz ahora tu plan de acción y ponlo en práctica pronto!

Como conocimiento general, todo lo anterior ayuda; pero lo más importante es lo que tú vas hacer con esta información de ahora en más. El Espíritu de Profecía dice: "No hemos de esperar que las almas vengan a nosotros; debemos buscarlas donde estén [...] Hay multitudes que nunca recibirán el Evangelio a menos que éste les sea llevado".[10]

Hay muchas personas sinceras que están esperando la visita de un misionero que les explique más de la Palabra de Dios. "Muchos están en el umbral del reino esperando únicamente ser incorporados en él".[11] Tú puedes ser ese mensajero de esperanza que Dios use poderosamente para llevar las buenas nuevas de salvación a muchos hogares.

Si ya estás dando algunos estudios, ¡excelente, felicitaciones, sigue avanzando y mejorando! Pero si no tienes ninguno, proponte conseguir, aunque sea uno. Puedes utilizar la *Encuesta impacto esperanza* como una herramienta útil para conseguir interesados.

Volviendo a la pregunta inicial: ¿cuáles son los estudios bíblicos que ganan almas? Primero, déjame decirte que todos los estudios bíblicos preparados por la Iglesia Adventista son buenos, algunos pueden que sean mejores y más apropiadas para ciertas personas. Ahora sí, la respuesta es simple: *los estudios bíblicos que ganan almas son aquellos que: (1) Son dados con dedicación perseverante, porque Dios no bendice los estudios bíblicos que no son realizados. (2) Cuentan con la compañía continua del Espíritu Santo, porque solo Él impresiona la mente, convence de pecado y transforma corazones. (3) Siguen un procedimiento eficaz de dar los estudios bíblicos, conforme al método de Cristo. En otras palabras, los estudios bíblicos que ganan almas son aquellos que combinan los tres principales principios del éxito misionero, expresado en la siguiente poderosa fórmula: esfuerzo humano + Espíritu Santo + método de Cristo (abordaje eficiente) = almas salvadas.*

Una de las maneras más efectivas para que tu iglesia local crezca en bautismos y en almas ganadas es involucrando a más hermanos para dar estudios bíblicos. Te pregunto, ¿cuántos estudios bíblicos se están dando en tu iglesia? ¿Te parece que ese número glorifica a Dios o se podría mejorar mucho más? A veces somos muy idealistas, queremos crecer en cantidad, pero no estamos dispuestos a pagar el precio del crecimiento. Es lógico que habrá un potencial mayor de crecimiento si en tu iglesia se dieran cuarenta estudios bíblicos en vez de solo cuatro.

Recuerda que "¡la iglesia que no evangeliza, se fosiliza!", dijo Oswald J. Smith. Te desafío a que organices con tu clase de Escuela Sabática o con tu iglesia una salida misionera durante un sábado de tarde (por unas dos horas) con el objetivo de repartir literatura y hacer encuestas misioneras. En el apéndice 2 hay más información de cómo hacerlo.

En este tiempo, Dios está levantando un gran movimiento misionero para conseguir y dar muchos estudios bíblicos, y tú eres una pieza fundamental en los planes de Dios. Puedes involucrarte de varias maneras: (1) Consiguiendo interesados para estudiar la Biblia, (2) dando tú mismo algunos estudios bíblicos, (3) acompañando a alguien para aprender a dar estudios bíblicos, o (4) donando una ofrenda especial para Dios, que ayude en parte a sostener un obrero bíblico. Te pregunto, ¿cuál de estas cuatro opciones prefieres aplicar ahora? ¡Escoge al menos una y avanza con fe, porque Dios hará grandes cosas contigo!

"Los que sembraron con lágrimas, con regocijo segarán. Irá andando y llorando el que lleva la preciosa semilla; mas volverá a venir con regocijo, trayendo sus gavillas" (Salmos 126:5-6). Si amas a Dios y eres fiel en tu cometido de hacer discípulos, el Señor te dirá cuando venga en gloria: "Bien, buen siervo y fiel; sobre poco has sido fiel, sobre mucho te pondré; entra en el gozo de tu señor" (Mateo 25:21).

En resumen, sal tu zona de confort y ponte la camiseta misionera. Habrá gente que te lo agradecerá. Me gustaría que me escribas contando las bendiciones de haber dado este paso de fe. Aunque no te conozco, estoy orando por ti, por todos los misioneros y mensajeros de esperanza, dispuestos a hacer algo por el Maestro. ¡Así que, manos a la obra!

Referencias

[1] *El Deseado de todas las gentes*, p. 761.
[2] *Servicio cristiano*, p. 176.
[3] *Joyas de los testimonios*, t. 3, p. 346.
[4] *Servicio cristiano*, p. 179.
[5] *El Deseado de todas las gentes*, p. 766.
[6] *El evangelismo*, p. 96.
[7] *Consejos para la iglesia*, p. 122.
[8] *El ministerio de curación*, p. 102.
[9] *El evangelismo*, p. 340.
[10] *Servicio cristiano*, p. 152.
[11] *Los hechos de los apóstoles*, p. 89.

Apéndice 2

PROYETO MISIÓN ESPERANZA

"¿Y cómo predicarán si no son enviados?" (Romanos 10:15)

El Espíritu de Profecía señala que "los miembros de nuestras iglesias deben hacer más trabajo de casa en casa, dando estudios bíblicos y repartiendo impresos".[1] Siguiendo este consejo inspirado, se preparó el *Proyecto misión esperanza*, cuyo objetivo es *movilizar a más miembros de iglesia con el objetivo de compartir el libro misionero y conseguir interesados en recibir estudios bíblicos.*

Esta actividad misionera no es solo para un departamento de la iglesia, sino para todos los ministerios de la misma. Todos pueden participar independientemente de la edad. Por supuesto, el departamento de ministerio personal puede coordinar esta iniciativa. Nuestra sugerencia es que se haga al menos *un sábado al mes por la tarde*. Lo ideal es hacerlo el mismo sábado de énfasis misionero, luego de un sermón sobre la misión, que suele ser el primer sábado del mes.

Este es un ejemplo del programa sugerido para el sábado por la tarde:

(1) Capacitación de las parejas misioneras (de 15:30 a 16:30): incluye la formación de parejas misioneras con los participantes presentes, entrega de materiales misioneros (encuestas, bolígrafos, folletos y libros), explicación el abordaje sugerente (entregando la hoja impresa), y distribuir el territorio de cada pareja.

(2) Encuestas en el territorio (de 16:30 a 17:30): estas encuestas se pueden realizar de casa en casa, en la plaza, en el parque, etc. Si necesitas un archivo listo para imprimir de esta encuesta, escribe a: estebangriguol@gmail.com, que te lo enviaremos. Este es el corazón del proyecto, siguiendo las pautas del abordaje sugestivo.

(3) Breve programa de clausura (de 17:30 a 18:00): el objetivo es compartir algunos testimonios del trabajo realizado, y hacer un llamado especial para atender a los interesados. Ellos pueden involucrarse de dos maneras: (A) *Dando estudios bíblicos*, especialmente aquellos que han dado en el pasado, o (B) *acompañando a alguien* a dar estudios bíblicos, especialmente aquellos que nunca han dado estudios bíblicos.

Ejemplo sugerente del abordaje misionero

Este abordaje se puede utilizar en casas, plazas, parques, etc.: "Buenas tardes, ¿cómo estás? Mi nombre es... (mencione su nombre). Estamos realizando el *Proyecto Esperanza*, cuyo objetivo es compartir esperanza con las familias de esta comunidad. Disculpe, ¿con quién tengo el gusto de hablar? ..." (decir su nombre con frecuencia, ya que esto genera confianza).

1) "Señora María, como parte del proyecto, *estamos distribuyendo este libro* (entregar el libro misionero del año a la persona). Le invito a leer este maravilloso libro, que contiene un mensaje de esperanza que le agradará".

2) "También estamos realizando una *encuesta gratuita y anónima* para saber la opinión de la gente. Voy a tomar dos minutos de su tiempo para hacerle algunas preguntas sencillas (es bueno mostrar la encuesta en ese momento, ya que ayuda a derribar las ideas preconcebidas). Por ejemplo: "¿Crees que la fe en Dios le ayuda en su vida personal y aumenta su esperanza? Mucho, poco o nada; ¿Qué le parece? ..."

Si la persona responde que sí le gustaría aprender más sobre la Biblia, en la última pregunta que aparece en la encuesta, podrías decir lo siguiente: "Mire, para personas como usted a quienes le gustaría aprender más sobre la Biblia, el *Proyecto Esperanza* ha preparado unas guías que facilitan el aprendizaje. El estudio se llama *La fe de Jesús*. Es parte del servicio comunitario que hacemos con todas las personas, independientemente de su religión. Lo bueno de estas guías de estudio es que las entregamos personalmente y si tienes alguna duda le ayudamos, ya que hay muchos que no están acostumbrados a leer o estudiar la Biblia. Es por temas y son como terapias para el alma. ¿le gustaría que vuelva a su casa la próxima semana para hacer la primera guía de estudio?" (Escriba en el reverso de la encuesta los datos básicos de los interesados).

Por cada hoja de la encuesta puedes entrevistar a más de veinte personas, poniendo una I (línea) al lado de la respuesta que dice la persona. El plan es usar una hoja, encuestando a varias personas, hasta completar con cuatro interesadas en hacer los estudios bíblicos. En general, por cada cinco personas entrevistadas, una está interesada en estudiar la Biblia.

3) "Muchas gracias por su buena disposición. Antes de irme, *me gustaría hacer una breve oración* por usted y su familia, ¿tiene algún pedido especial por la que le gustaría que oremos..." (haga una oración corta).

El Proyecto Misión Esperanza es una excelente herramienta para captar personas interesadas en estudiar la Biblia en la región cercana a la iglesia. Cuantos más participantes y más tiempo se dedique a esta actividad misionera, mayor será la probabilidad de conseguir personas interesadas en estudiar la Biblia. Es muy importante que vuelvas a leer el apéndice anterior, referente a los estudios bíblicos que ganan almas. Allí encontrarás orientaciones útiles para que seas más eficiente durante este proceso.

Para terminar, reflexiona sobre lo siguiente: la iglesia de los apóstoles vivía la misión. La Biblia dice que "todos los días, en el Templo y por las casas, incesantemente, enseñaban y predicaban a Jesucristo" (Hechos 5:42). Los primeros cristianos estaban muy involucrados en la misión, *dedicando tiempo para hablar de Dios y tiempo para estudiar la Biblia con alguien todos los días*. Era impresionante el espíritu misionero de la iglesia cristiana. Estaban dispuestos a sacrificarse por la predicación del evangelio. ¿Crees que es demasiado sacrificio involucrarte una vez a la semana durante dos horas para estudiar la Biblia con alguien? ¡Habla ahora con Dios sobre esto y toma una decisión misionera!

Te pregunto: ¿Crees que vale la pena implementar el *Proyecto misión esperanza* en tu iglesia, al menos una vez al mes? ¿Estarías dispuesto a involucrarte, participando en este plan misionero? Y la pregunta más importante: ¿qué vas a hacer ahora? Sé el primer interesado en involucrarse. Sé el instrumento clave para compartir este proyecto con algunos líderes de tu iglesia. Sé un mensajero activo que coloque en práctica esta iniciativa, con la ayuda de Dios. Seguramente, los resultados de la implementación serán de bendición, ¡manos a la obra!

Referencias

---

[1] *Servicio Cristiano*, p. 142.

Apéndíce 3

MÁS DE 100 MANERAS DE SERVIR Y SALVAR

"Que prediques la palabra; que instes a tiempo y fuera de tiempo [...]
haz obra de evangelista, cumple tu ministerio" (2 Timoteo 4:2,5)

*L*a esencia de la obra misionera es servir y salvar. Servimos cuando hacemos obras de caridad al necesitado y de ayuda al prójimo que está atravesando por algún problema o crisis. Somos llamados por Dios a ser los buenos samaritanos del tiempo del fin. Pero si hacemos solamente esto, estamos cumplimiento la misión a medias. ¿Cómo así? Sí, nuestro llamado profético no es solo hacer asistencialismo, no somos apenas una ONG, sino que nuestro llamado es todavía más amplio: seguir haciendo eso, pero también invitando a las personas a unirse al Reino de Dios mediante la proclamación del evangelio. Es aquí donde tenemos que hacer esfuerzos más decididos.

Cuando decimos que nuestra misión también es salvar nos referimos a que podemos y debemos ser *instrumentos de salvación* en las manos de Dios, para salvar a las personas de las garras del pecado, de las falsas doctrinas y de los engaños del diablo. *Salvar es la palabra que mejor resume el mayor objetivo de todo lo relacionado a la obra misionera* (testificar, evangelizar, predicar, ser misionero, discipular, dar estudios bíblicos, bautizar, etc.).

El verdadero servicio santificado por Dios siempre procurará combinar acciones de servicio con acciones de proclamación. Jesús fue, es y siempre será nuestro mejor ejemplo a seguir. "El Hijo del Hombre no vino para ser servido, sino para servir, y para dar su vida en rescate por muchos" (Mateo 20:28). Jesús "vino a buscar y a salvar lo que se había perdido" (Lucas 19:10). Tres acciones fundamentales se destacaban del ministerio de Jesús en el proceso de servir y salvar: *enseñar, predicar y sanar.* "Recorría Jesús todas las ciudades y aldeas, enseñando en las sinagogas de ellos, y predicando el evangelio del reino, y sanando toda enfermedad y toda dolencia en el pueblo" (Mateo 9:35). Servir y salvar es una misión continua de educación, predicación y sanidad. "En la obra del Evangelio, jamás deben ir separadas la enseñanza y la curación".[1] (lea Mateo 10:7-8; Mateo 28:18-20).

La sierva del Señor afirma: *"Sólo el método de Cristo será el que dará éxito para llegar a la gente.* El Salvador trataba con los hombres como quien deseaba hacerles bien. Les mostraba simpatía, atendía a sus necesidades y se ganaba su confianza. Entonces les decía: "Seguidme".[2]

No es apenas servir, no es apenas salvar, el llamado de Dios es hacer las dos cosas: servir y salvar. Teniendo esto en cuenta, todo departamento o ministerio de la iglesia debe combinar en la práctica estos dos verbos. Comparto tres ejemplos: (1) Los voluntarios de ADRA de las iglesias, además de dar alimentos a los necesitados, también pueden dar de regalo el libro *El camino a Cristo* a cada persona. (2) Los que están ayudando en la *Feria de Salud* pueden entregar a cada participante, al final del recorrido, una breve encuesta de servicio de apoyo, en la que se incluya el ofrecimiento de estudios bíblicos. (3) Los niños y jóvenes que están participando en algún programa comunitario, por ejemplo, entregando rosas en el día de las madres, podrían también compartir algo misionero como puede ser un marcapáginas con promesas de la Biblia y contactos de la iglesia. ¿Comprendes? *Siempre que hagas una acción de servicio procura combinarla con una acción misionera, porque sirviendo y salvando podemos impactar mucho más. Sirviendo haces la diferencia en esta vida, salvando haces la diferencia por la eternidad.*

Para servir y salvar necesitamos salir de nuestra zona de confort, precisamos dedicar tiempo, hacer algún sacrificio abnegado, consagrar nuestros talentos, y hasta invertir dinero. Jesús dijo: "Más bienaventurado es dar que recibir" (Hechos 20:35), "hay más bendición en dar que en recibir" (NTV), "Dios bendice más al que da que al que recibe" (TLA).

Recordemos que somos egoístas por naturaleza. El servir y salvar es una poderosa vacuna para el egoísmo que está enraizado en nuestra naturaleza pecaminosa. Vivimos en una cultura en la que se valora mucho el yo y los intereses personales, mientras que en la cultura del reino de Dios se valora mucho el servicio y la salvación de las personas. Nunca olvidemos que el secreto de la verdadera grandeza se halla en una vida de servicio a Dios y al prójimo (lea Mateo 20:25-28).

Precisamos testificar no solamente con palabras y actos de bondad sino también con acciones misioneras intencionadas como, por ejemplo, captar interesados para estudiar la Biblia. Te animo a que en esta semana te propongas ofrecer a alguien de tu entorno la oportunidad de estudiar la Biblia contigo. "¿Conmigo?", sí, tú mismo puedes dar los estudios bíblicos. *Alguien en el pasado dio estudios bíblicos para ti, ahora te toca a ti estudiar la Biblia con alguien.* Dale una leída al apéndice 1, allí encontrarás algunas orientaciones que te pueden ser útiles.

Recordemos que una de las armaduras fundamentales del cristiano es la predicación del evangelio. La Biblia dice: "Calzados con la disposición de proclamar el evangelio de la paz" (Efesios 6:15, NVI), "[...] con el celo por anunciar el evangelio de la paz" (Efesios 6:15, RVR1995). "Estén siempre listos para salir a anunciar el mensaje de la paz" (Efesios 6:15, DHH). El espíritu activo en el servicio y la misión es de vital importancia para estar bien equipado y armado espiritualmente. Que por doquiera que vayamos, siempre estemos calzados con espíritu misionero, compartiendo esperanza en toda oportunidad que se presente.

Además, cuando tenemos los *frutos del Espíritu* (Gálatas 5:22-23), tendremos una *motivación santificada para servir y un verdadero espíritu misionero.* "Si nos humilláramos delante de Dios, si fuéramos bondadosos, corteses, compasivos y piadosos, habría cien conversiones a la verdad donde ahora hay una sola".[3] *Servir y salvar es el evangelio práctico de un cristiano convertido* que ama a Dios y vive los frutos del Espíritu.

"Todo miembro de la iglesia debe empeñarse en alguna manera de servir al Maestro".[4] Cada iglesia debería realizar una planificación anual que contemple servir y salvar, organizando e implementando muchas actividades y programas variados que atiendan a las diferentes necesidades (físicas, sociales, mentales y espirituales), tanto para los miembros de iglesia como para la comunidad. De esta manera, el impacto a la comunidad será mayor, la iglesia crecerá más, la misión de Cristo será mejor representada y Dios será más glorificado (lea Mateo 5:13-16).

Toda acción de servir y salvar, cuando es realizada con las motivaciones correctas y con la bendición de Dios, siempre es efectiva y hace la diferencia, más allá de los resultados que se obtengan. *La única acción de servir y salvar que no resulta es aquella que no se hace.* Recordemos que el *Espíritu Santo siempre se mueve* cuando nos dejamos usar por Él y consagramos tiempo, talento y dinero en el *altar del servicio para el Reino de Dios.* Pero uno de nuestros grandes problemas que está bloqueando la bendición de Dios es que dedicamos demasiado tiempo, talento y dinero en el *altar del yo para el reino personal.* Precisamos urgentemente ser reavivados para servir y para salvar. Lo que más necesitamos para experimentar cada día un continuo espíritu reavivado en servir y salvar es el aceite fresco y bautismo diario del Espíritu Santo.

Presentaremos ahora cien maneras o métodos que puedes emplear para servir y salvar. Hay muchísimas más, estas son apenas algunas de ellas. Es más, al final de cada sección he dejado un espacio en blanco para que tú escribas otras opciones que se te vengan a la mente. Te animo a que, mientas vayas leyendo, *marques con una X* las opciones que más te interesen ponerlas en práctica con la ayuda de Dios en las próximos días y semanas. Recuerda que cualquier acción de servicio puede hacer una diferencia importante y tener un impacto significativo en la vida de alguien. Que el amor de Dios se manifieste en todas nuestras palabras y acciones diarias. Que estas ideas te inspiren a hacer la diferencia en la vida de los que te rodean y a compartir el mensaje de Dios dondequiera que vayas.

Más de 50 maneras de SERVIR

1) ___ Proveer las necesidades de tu familia (lea 1 Timoteo 5:8).

2) ___ Visitar a una persona enferma que conoces.

3) ___ Dar un vaso de agua fresca a quienes tocan la puerta de tu casa, cualquiera sea la razón.

4) ___ Llamar a tu vecino para preguntarle como está y decirle que cuando precise alguna cosa, tú estarás a su disposición para ayudarle en lo que estuviere a tu alcance.

5) ___ Llevar a alguien en tu carro para hacer una diligencia importante.

6) ___ Hacer una donación para una causa benéfica.

7) ___ Ser voluntario en actividades comunitarias organizadas por algún departamento de tu iglesia.

8) ___ Ofrecer cuidar los niños de algún conocido, para que él/ella pueda realizar su cita o diligencia por algunas horas.

9) ___ Recoger la basura del suelo en algún lugar transitado o público (plaza, parque, playa, etc.).

10) ___ Dar cierto dinero en donación para un hermano que está pasando por alguna dificultad económica (lea 1 Juan 3:17).

11) ___ Invitar a alguien para participar de un paseo de domingo con tu familia, y decirle que no precisa llevar nada.

12) ___ Convidar un pan casero o alguna comida que hiciste para alguien de tu entorno.

13) ___ Ser voluntario de una feria de salud en tu comunidad.

14) ___ Organizar seminarios de salud sobre nutrición y estilo de vida.

15) ___ Brindar apoyo y recursos a madres solteras o divorciadas que estén precisando ayuda en alguna cosa.

16) ___ Disponerte para dar algunas clases gratis de lo que sabes hacer. Lo puedes hacer en tu iglesia, para los hermanos y las personas del barrio. Puede ser clases de cocina, inglés, guitarra, etc.

17) ___ Dar alojamiento por algunos días para alguien que lo esté necesitando por una emergencia.

18) ___ Entregar un detalle en cada fecha especial. Por ejemplo, regalar flores en el día de las madres.

19) ___ Pasar algunas horas por semana/mes como voluntario en algún programa comunitario (organizado por la iglesia, escuela, etc.).

20) ___ Colaborar en un programa de educación sexual para jóvenes.

21) ___ Ofrecerte a cortar el pasto de la casa de tus padres, o dedicar algunas horas en tu tiempo libre para ayudarle en alguna cosa que ellos estén precisando.

22) ___ Lavar los platos en tu casa sin que te lo pidan.

23) ___ Hablar con amabilidad y cortesía cuando un desconocido te pregunte algo.

24) ___ Brindar apoyo emocional a personas que están pasando por momentos difíciles (muerte de familiar, divorcio, etc.).

25) ___ Donar sangre o plasma para pacientes que lo necesitan.

26) ___ Enseñar alguna habilidad laboral o profesional a personas que conozcas que estén desempleadas, o darles contactos y orientaciones para buscar trabajo.

27) ___ Colocar tu talento para beneficiar a alguien de alguna manera.

28) ___ Participar en proyectos de restauración en lugares afectados por desastres naturales.

29) ___ Participar en actividades relacionadas al cuidado del medio ambiente.

30) ___ Visitar un orfanato o asilo de ancianos para cantar.

31) ___ Ayudar como voluntario en algún centro o programa social de rehabilitación de adicciones (droga, alcohol, tabaco, etc.).

32) ___ Regalar algunas cosas que no estás usando a personas que lo pueden estar necesitando.

33) ___ Tener especial consideración para ayudar cuando te encuentres con una persona huérfana, viuda o extranjera recién llegada (lea Isaías 1:17; Santiago 1:27).

34) ___ Tener el espíritu de dar al que te pida algo, no les des la espalda si puedes ayudarle (lea Mateo 5:42, Proverbios 3:27).

35) ___ Ofrecer clases de educación financiera a personas con bajos ingresos.

36) ___ Donar y/o ayudar en la colecta de alimentos y ropas para la gente pobre de tu comunidad (lea Deuteronomio 15:11; Isaías 58:10; Lucas 3:10-11; Proverbios 28:27, 19:17, 21:13, 22:9).

37) ___ Atender a las personas con necesidades apremiantes (lea Mateo 25: 31-40).

38) ___ Ayudar a algún familiar, amigo o hermano de iglesia a llevar alguna carga, dando la "segunda milla" (lea Gálatas 6:2).

39) ___ Vender algunas cosas que no estes utilizando y dar ese dinero para ciertas personas muy necesitadas (lea Lucas 12:33-34).

40) ___ Trabajar un poco más para invertir cierto dinero en una familia con alguna necesidad especial (lea Efesios 4:28).

41) ___ Visitar a alguien que está en la cárcel o que ha sufrido maltrato (lea Hebreos 13:3).

42) ___ "Ayudar a los necesitados" (Hechos 20:35) de tu entorno, especialmente a los que sufren por causa de la verdad.

43) ___ Practicar la hospitalidad con frecuencia, principalmente para los que trabajan activamente para Dios (lea Romanos 12:13).

44) ___ Dedicar algunos minutos al día para pensar sobre tu interés en ayudar alguna persona (lea Filipenses 2:4).

45) ___ Pedirle a Dios en oración que ponga en tu corazón a quien podrías ayudar en esta semana con alguna cosa.

46) ___ Dar un salario justo, si tienes empleados (lea Proverbios 14:31).

47) ___ Hacer siempre el bien con todas las personas que tengas contacto (lea Hebreos 3:16, Gálatas 6:9).

48) ___ Dedicar un domingo como voluntario en el mantenimiento, remodelación o construcción de una iglesia.

49) ___ Dar un donativo financiero para un estudiante esforzado y dedicado, que esté estudiando en una universidad adventista.

50) ___ Vivir siempre con el espíritu de un buen samaritano (lea Lucas 10:30-37) y ser siervo de todos (lea Mateo 10:43-44).

Coloca en estos espacios en blancos otras opciones que se te venga a la mente, que también podrías realizar:

___

___

___

___

___

___

___

___

___

___

*Cada acto de servicio que tú hagas de corazón refleja
la gloria de Dios para ayudar y bendecir al prójimo.*

Más de 50 maneras de SALVAR

51) ___ Compartir alguna promesa de la Biblia por WhatsApp a tus contactos.

52) ___ Enviar un audio con algunas palabras de esperanza para un familiar o amigo en crisis.

53) ___ Hacer una breve oración intercesora por teléfono con alguien cercano que no la está pasando bien.

54) ___ Visitar a algunos miembros que no están asistiendo a la iglesia desde hace varias semanas o meses.

55) ___ Invitar a alguien para ir a la iglesia el próximo sábado o ir a buscarlo en tu carro.

56) ___ Clamar a Dios temprano cada día por el bautismo del Espíritu Santo y para ser más eficiente en la obra del Señor.

57) ___ Realizar la encuesta *Esperanza* en el barrio donde vives, para captar interesados en estudiar la Biblia (ver apéndice 1).

58) ___ Dedicar dos horas por semana para dar tres estudios bíblicos.

59) ___ Conversar y orar con tu familia sobre las posibles acciones misioneras que juntos pueden hacer en cierta fecha combinada.

60) ___ Invitar a algún amigo o compañero de trabajo para ver una película cristiana en tu casa durante el sábado de noche.

61) ___ Desempeñar con responsabilidad el cargo o departamento que la iglesia te ha asignado, con foco en servir y salvar.

62) ___ Compartir tu testimonio personal con alguien diciendo cómo el evangelio ha impactado positivamente tu vida.

63) ___ Entregar alguna literatura misionera (folleto, revista o libro) a personas que tengas contacto diariamente. Lleva siempre

algún material misionero en tu mochila y en tu carro.

64) ___ Invitar a un no adventista (familiar, amigo o visita de la iglesia) a comer a tu casa. Aprovecha el momento para compartir tu fe.

65) ___ Hacer una lista de por lo menos cinco personas no adventistas que conoces y aprecias, para orar por ellos todos los días durante tres semanas. Después visitarlos y orar con ellos.

66) ___ Dar una ofrenda especial mensual por cuatro meses para ayudar a sostener a un obrero bíblico exclusivo para tu iglesia.

67) ___ Hacer un pacto con Dios y apartar cierto dinero para donar a algún proyecto misionero internacional.

68) ___ Dedicar un día de ayuno mensual (puede ser parcial, de frutas), de consagración, intercesión y planificación misionera.

69) ___ Visitar a los que están en la cárcel para orar, compartir un breve mensaje de esperanza y ofrecerles estudios bíblicos.

70) ___ Dar palabras de ánimo y esperanza a algún hermano que está débil en la fe (lea Romanos 15:1).

71) ___ Organizar un grupo pequeño de estudios bíblicos en tu casa.

72) ___ Consagrar 30 minutos diarios para hacer el culto familiar. Levantar el altar familiar es una de las mejores formas de salvar a nuestros hijos.

73) ___ Hacer los estudios bíblicos con tus hijos, una vez por semana.

74) ___ Participar de algún viaje misionero organizado por tu iglesia, distrito o Asociación.

75) ___ Destinar un día o fin de semana para participar de algún proyecto de impacto misionero en la comunidad organizado por tu iglesia o por algún departamento.

76) ___ Ofrecerte como voluntario activo en una campaña evangelística.

77) ___ Apartar un mes para participar de algún proyecto misionero de tu Asociación.

78) ___ Dedicar una vacación de tu vida para participar de una campaña de colportaje.

79) ___ Involucrarse activamente por seis meses o un año en la misión de plantar una nueva iglesia en tu región (vea el apéndice 7).

80) ___ Consagrar un año como misionero en otro país (lea Isaías 49:6).

81) ___ Compartir breves mensajes inspiradores de la Palabra de Dios en tus redes sociales.

82) ___ Regalar Biblias a los que no la tengan y ofrecerle la guía de estudios bíblicos.

83) ___ Regalar algún material misionero para cada fecha especial (Semana Santa, Navidad, día de la madre, día del padre, etc.)

84) ___ Compartir con alguien algún testimonio personal de cómo viste la mano poderosa de Dios obrando en tu vida.

85) ___ Grabar audios o videos con alguna enseñanza relevante de la Palabra de Dios.

86) ___ Compartir enlaces de músicas, seminarios, predicaciones impactantes con tus contactos.

87) ___ Enseñar principios bíblicos sobre algún tema edificante, que puede ser del área de la salud, educación, familia, finanzas, etc.

88) ___ Participar en seminarios y entrenamientos misioneros.

89) ___ Organizar eventos comunitarios con un enfoque misionero.

90) ___ Dar algún entrenamiento misionero en la iglesia.

91) ___ Invitar a un amigo a presenciar una ceremonia bautismal.

92) ___ Ser generoso al dar una ofrenda especial para cierta campaña evangelística o cierto proyecto misionero de tu iglesia.

93) ___ Predicar la Palabra de Dios en eventos y conferencias.

94) ___ Dar un buen testimonio personal de un carácter transformado por Dios por donde vayas.

95) ___ Preparar materiales misioneros por escrito para la comunidad, ya sea en formato digital o impreso (folleto, revista, libro).

96) ___ Crear un canal de YouTube o podcast para esparcir el mensaje de Dios.

97) ___ Compartir en la clase de Escuela Sabática algún testimonio misionero personal que te haya acontecido recientemente.

98) ___ Consagrar tu trabajo/profesión/negocio para Cristo. En otras palabras, mantener en tu trabajo la visión misionera.

99) ___ Dedicar por lo menos dos minutos, en tus oraciones matutinas, para pedirle a Dios que te use como misionero de alguna forma.

100) ___ Consagrar un "part time" exclusivo para Dios en la misión. Si bien tenemos que tener siempre un espíritu misionero dondequiera que vayamos, también precisamos dedicar un tiempo diario o semanal 100% misionero. Por ejemplo: colportar quince horas a la semana, dedicar diez horas semanales para dar estudios bíblicos, consagrar ocho horas por semana para

cierto proyecto misionero, destinar un día para la misión activa, regalar a Dios una tarde para hacer algún trabajo misionero, etc.

Coloca en estos espacios en blancos otras opciones que se te venga a la mente, que también podrías realizar:

___

___

___

___

___

___

___

___

___

___

Cada acción misionera que tú hagas con dedicación
es una semilla de esperanza, restauración y salvación.

Ahora que has concluido, vuelve a leer solo las que hayas marcado con una X y escoge cinco de la sección de servicio y cinco de la sección salvar, aquellas que más te propones colocar en práctica a la brevedad; colocando un círculo en ella. Y, por último, de estas que escogiste, elige una de cada sección que irás implementar mañana o pasado mañana. Cuánto antes comiences mejor. Al dar este primer paso, ganarás estímulo e inspiración para las siguientes. Y cuánto más frecuente lo hagas, mayor será el alcance de bendición para ti y para las demás personas.

En resumen: somos llamados por Dios para servir, no para ser servidos. Somos llamados por Dios para salvar, no solo para ser salvos. ¡Nuestra misión es servir y salvar! ¡Amén, gloria a Dios!

Referencias

[1] *El ministerio de curación*, p. 100.
[2] *Ibíd*, p. 102.
[3] *Testimonios para la iglesia*, tomo 9, p. 152.
[4] *El ministerio de curación*, p. 107.

Apéndice 4

UN HÉROE MISIONERO A PRUEBA DE FUEGO

*"Mira que te mando que te esfuerces y seas valiente;
no temas ni desmayes, porque Jehová tu Dios
estará contigo en dondequiera que vayas" (Josué 1:9)*

En cada país de Europa, durante el período de la Reforma Protestante, Dios levantó un "Lutero" para proclamar el mensaje de Dios. Bien podríamos decir que el héroe de la reforma en España fue Julián Hernández, llamado también Julianillo. Nació en un pequeño pueblo llamado Valverde de Campos, a 40 km de Valladolid, España. Provenía de una familia pobre, era de baja estatura, muy delgado (parecía "solo piel y hueso") y, además, tenía una joroba. Nunca subestimes lo que el Señor es capaz de hacer contigo, porque *"Dios es especialista en usar lo insignificante para llevar a cabo lo imposible"*, decía Richard Exley.

Julianillo no se destacó "por sus dotes intelectuales, ni por sus riquezas, ni por sus influencias, ni por su alcurnia". Sin embargo, "este hombre fue, con todo, entre una raza de héroes, *el más osado, el más intrépido, el más valiente*. Julianillo Hernández es el héroe por antonomasia de la Reforma española del siglo XVI".[1] Al igual que él, "cualquier persona puede ser grande, porque cualquier persona puede servir", afirmaba Martin Luther King. Recuerda esta promesa de Dios que es también para ti: *"Porque será cosa tremenda la que yo haré contigo"* (Éxodo 34:10).

Durante su juventud estuvo en Alemania y otros países de Europa, lo que le permitió conocer las enseñanzas de los reformadores. Aunque con limitaciones personales, con el poder del Espíritu Santo, llegó a ser un poderoso instrumento en las manos de Dios. "Cuán a menudo intentamos trabajar para Dios siguiendo el límite de nuestra incompetencia en lugar de seguir el límite de la omnipotencia de Dios", decía Hudson Taylor. Julianillo sobresalió por su extraordinaria convicción y gran pasión por la distribución masiva de la página impresa. Fue un fiel colportor, un héroe de las publicaciones hasta la muerte. Así también, tú y yo podemos ser héroes en las manos de Dios que salven muchas almas para la eternidad.

Recordemos que en esa época la persecución en España era terrible. Los jesuitas fueron quienes más impulsaron la Inquisición, y de toda Europa, la de España fue una de las más crueles. Sin embargo, así como ocurrió con Julianillo, Dios levantó hombres valientes que hicieron una gran obra de evangelización en ese país. Uno de ellos se llamó Juan Pérez de Pineda quien, desde Ginebra, tradujo el Nuevo Testamento en español, en 1556. Pero había un enorme impedimento, faltaba alguien valiente que llevara estos libros y los introdujera a España. El riesgo y las dificultades eran grandes, ya que "cualquiera que tradujera, imprimiera o distribuyera la Biblia en español era quemado vivo".[2] Alguien dijo que "una gota de valentía es más valioso que un mar de cobardía".

Julián Hernández fue quien aceptó con gusto el desafío de Juan Pérez de Pineda, quien contribuyó más que ninguno en proveerle libros.[3] Julián decía con entusiasmo: "*Todo esto lo introduciré yo en España, sea como sea y al precio que sea*".[4] También afirmaba: "*Todos los que se crucen en mi camino oirán mi testimonio*"[5]. ¡Qué declaraciones tan inspiradoras! ¡Ojalá tuviéramos un poquito de ese espíritu! Recuerda que "puedes intentar servir a Dios sin amarle, pero no puedes amar a Dios sin servirle".

Julianillo, disfrazado de comerciante, recorrió toda España con sus mulas cargadas de Nuevos Testamentos y otros libros escondidos entre los rollos de tela o dentro de grandes barriles de vino. Hizo varios viajes de Suiza a España, logrando pasar por los controles de los inquisidores, sin ser descubierto. Los libros circulaban secretamente de mano en mano, y muchas personas abrazaban las verdades contenida en ellos.

Este hombre de Dios llegó a ser, según el historiador y erudito católico Marcelino Menéndez Peñayo, "*el más activo de todos los reformadores*". También añade que éste tenía una "terquedad y fanatismo a toda prueba, de un valor personal que rayaba en temeridad y de una sutileza de ingenio y fecundidad de recursos que verdaderamente pasman y maravillan".[6] Era tal su firmeza de propósito que fue él quien más ayudó en la propagación del luteranismo en muchos lugares de España, especialmente en Sevilla.

El sacerdote católico Martín de Roa, en su libro *Historia de la Compañía de Jesús en Sevilla*, describe su labor de esta manera: "Con *increíble habilidad* encontraba él secretas entradas y salidas, y el veneno de la nueva herejía se divulgó con *gran velocidad* por toda Castilla y Andalucía [...] *A donde ponía su pie comenzaba el incendio* [...] Él mismo enseñó a hombres y mujeres en las malas doctrinas de los reformadores, logrando su fin con demasiado acierto: especialmente en Sevilla donde formó, gracias a esto, *un verdadero nido de herejes*". Hasta el mismo Tribunal de la Inquisición no podía creer cómo era posible esto, siendo que había un severo control y una cruel opresión hacia los herejes.

Llama la atención lo que el jesuita Fray Santibáñez decía de él: "Era Julián un español que salió de Alemania con designio de infestar toda España y corrió gran parte de ella, repartiendo muchos libros de perversa doctrina por varias partes y sembrando las herejías de Lutero en hombres y mujeres; y especialmente en Sevilla. Era sobremanera astuto y mañoso, (condición propia de herejes). Hizo gran daño en toda Castilla y Andalucía. Entraba y salía por todas partes con mucha seguridad con sus trazas y embustes, *pegando fuego en donde ponía los pies*".[7] Me impresiona esta última parte, ya que *muchas veces nuestro testimonio no enciende ni siquiera una miserable chispa*.

Mucha gente de influencia y de la nobleza fue encarcelada por haber abrazado el mensaje de Dios en ese tiempo. "Entre los primeros que fueron apresados en Sevilla figuraba el Dr. Constantino Ponce de la Fuente, que había trabajado tanto tiempo sin despertar sospechas".[8] "Era tal el crédito de la elocuencia y sabiduría de Constantino, que el emperador Carlos V le hizo capellán y predicador suyo".[9] Otro fue "el Dr. Agustín Cazalla, tenido durante muchos años por uno de los mejores oradores sagrados de España, y que había oficiado a menudo ante la familia real; se encontraba entre los que habían sido apresados y encarcelados en Valladolid".[10] El Señor nos dice: "*Sean valientes y no se desanimen*, porque sus trabajos tendrán una recompensa" (2 Crónicas 15:7, DHH). "No temas lo que has de padecer [...] ¡Sé fiel hasta la muerte y yo te daré la corona de la vida!" (Apocalipsis 2:10, RVR1995).

Las publicaciones distribuidas por Julianillo tuvieron un gran impacto en muchas personas sinceras de norte a sur de España. Por ejemplo, en el Monasterio de San Isidoro del Campo (a unos cinco kilómetros de Sevilla, en el actual pueblo llamado Santi Ponce) la mayoría de los monjes aceptaron de todo corazón el mensaje protestante.[11] Fue allí "*donde la luz de la verdad brilló con más fulgor*"[12] y donde había un depósito de Biblias que se distribuían a muchas personas. En ese lugar había dos monjes, *Casiodoro de Reina* y *Cipriano de Valera*, que años más tarde, después de huir de España, fueron quienes tradujeron toda la Biblia al castellano, llamada la Biblia del Oso. Casiodoro finalizó la traducción en el 1569 y luego Cipriano hizo una revisión en 1602. La versión Reina Valera que hoy utilizamos la gran mayoría de los que hablamos español, viene justamente del trabajo que hicieron estos dos monjes convertidos por la obra sacrificada de un fiel colportor. Además, esta versión "ha sido la herramienta más poderosa que se haya conocido para la difusión del Evangelio de Jesucristo en el mundo hispano, trascendiendo los tiempos y los continentes".[13] ¡Gloria a Dios!

"Los amigos del movimiento evangélico en Suiza, Alemania y los Países Bajos seguían mandando a España gran número de publicaciones". Había una gran "ola de literatura que iba inundando al país".[14] "Muchos miles de tratados y de libritos fueron introducidos de contrabando [...] Era una época en que la Palabra impresa había tomado un vuelo que la llevaba a todo lugar, como el viento lleva las semillas, hasta alcanzar los países más remotos".[15] "La Inquisición trataba de impedir con redoblada vigilancia que dichos libros llegasen a manos del pueblo [...] Ediciones enteras fueron confiscadas".[16] "Los esfuerzos combinados de la Iglesia Católica romana no habían logrado contrarrestar el avance secreto del movimiento, y año tras año la causa del protestantismo se había robustecido, hasta contarse por miles los adherentes a la nueva fe".[17]

Julianillo no se dejaba intimidar ni le tenía miedo a ninguna autoridad de la Iglesia Católica, sino que estaba dispuesto a repartir sus publicaciones, aunque tuviera que morir por hacerlo. Pero después de varios años sin ser descubierto, lo atraparon al ser delatado por una mujer que recibió por equivocación una copia del libro *Imagen del anticristo*[18] (de Juan Pérez de Pineda), que Julián también repartía.[19] Fue encarcelado por tres años en el calabozo del castillo de Triana (Sevilla). "Cuando salía de las audiencias solía cantar: Vencidos van los frailes, vencidos van; corridos van los lobos, corridos van".[20] Luego las cárceles se llenaron de mucha gente protestante. Cuando seamos amenazados y criticados, así como lo fueron ellos, oremos como los discípulos: "Ahora, Señor, escucha sus amenazas y *ayúdanos a nosotros* que somos tus siervos *a anunciar tu mensaje con valentía*" (Hechos 4:29, PDT).

Aunque torturado y atormentado, Julianillo se mantuvo fiel y defendió con honor la verdad fundada en el "Escrito Está". Fue llevado a la hoguera el 22 de diciembre de 1560 en la celebración de un Auto de fe realizado en la plaza San Francisco (Sevilla), junto con otros catorce creyentes (ocho eran mujeres). Mientras Julianillo iba caminando tranquilo por el Callejón de la Inquisición para ser quemado, le pusieron una mordaza (aparato para cerrar la boca de modo que no pudiera hablar) porque los frailes temían lo que podría decir mientras era conducido hasta el sitio del suplicio. Él mismo ayudó a colocar leña sobre su cabeza, mostrando que no tenía miedo a la muerte, porque tenía la esperanza de que Jesús lo resucitaría en el día postrero. También en ese mismo día fueron incinerados en efigie el Dr. Ejido, el Dr. Constantino y el Dr. Juan Pérez de Pineda.

La Palabra de Dios nos dice: "Queridos hermanos, no se extrañen de verse sometidos al *fuego de la prueba*, como si fuera algo extraordinario. Al contrario, alégrense de tener parte en los sufrimientos de Cristo, para que también se llenen de alegría cuando su gloria se manifieste" (1 Pedro 4:12-13, DHH). "Pero si alguno padece como cristiano, no se avergüence, sino glorifique a Dios por ello" (1 Pedro 4:16, lee también 1 Pedro 1:6-7; 3:14-15; 4:19; 5:10).

Dios siempre ha tenido sus fieles misioneros de la página impresa, así como Julianillo, también en la historia moderna. Por ejemplo, en la Revista Adventista Ibérica, número 5 de 1929, fue reportado que en la ciudad de Ourense (España) "la prensa local publicó un artículo advirtiendo a las personas que no debían comprar *El conflicto de los siglos* y que, quienes hubieran adquirido algún ejemplar, tenían la obligación de quemarlo o entregárselo al obispo, se amenazaba a los desobedientes con la excomunión". Aun así, los valientes colportores seguían distribuyendo el mensaje de Dios, a pesar de las fuertes presiones y obstáculos que enfrentaban. La Gran Comisión que Jesús nos dio no es solo para tiempos de libertad sino también para tiempos de persecución. Es allí donde se ven quiénes son fieles hasta la muerte.

Otro buen ejemplo sucedió durante el comunismo en la Unión Soviética, en la que hermanos adventistas publicaban secretamente libros misioneros. Leah Polischuk era parte de una red clandestina de adventistas que producían los libros misioneros de manera ilegal, ya que estaba prohibido por el gobierno. "*El conflicto de los siglos* era más importante para nosotros que el pan", decía el pastor Nikolai Zhukaluk en su pasión por compartir este libro. Tanto Leah como Nikolai fueron llevados a la cárcel por distribuir materiales religiosos. Leah, después de salir de la cárcel, siguió distribuyendo publicaciones que salvan, aún siendo amenazada de muerte. "A través de ella y otros que también asumieron el riesgo, se distribuyeron miles de copias en toda la antigua Unión Soviética".[21] ¡Qué ejemplo de valentía y entrega total!

En la crisis final que se avecina, en los países cristianos, probablemente no seremos perseguidos por distribuir biblias, pero sí podremos ser tildados de fanáticos, sectarios, fundamentalistas y extremistas por distribuir materiales misioneros como *El conflicto de los siglos*. Pero, aunque esto suceda, la sierva del Señor afirmó claramente, en varias ocasiones, que habrá una gran cosecha de almas en la crisis final como fruto de la influencia directa de las publicaciones. "Más de mil personas se convertirán en un solo día, la mayor parte de las cuales adjudicarán *sus primeras convicciones a la lectura de nuestras publicaciones*".[22] Así como el mensaje escrito dio un gran impulso a la reforma protestante, también lo hará en el fuerte pregón final.

Me pregunto: *¿Dónde están los hombres y mujeres valientes como*

Julianillo, dispuesto a sacrificarse por distribuir publicaciones misioneras? ¿Dónde están los valientes del ejército de Jehová que aceptan el desafío de introducir la página impresa en los hogares de su ciudad? ¿No te gustaría pedirle hoy al Señor que ponga un poco de ese celo santo que tenía Julianillo? Dios está llamando a los *Julianillos del siglo XXI* para que se levanten y proclamen un fuerte pregón, esparciendo publicaciones como hojas de otoño. David Livingstone decía: "Si una comisión por un rey terrenal es considerada un honor, ¿cómo puede ser una comisión por un Rey Celestial considerada un sacrificio?"

Si Julianillo estuviera vivo hoy sería un mensajero de esperanza apasionado por distribuir nuestros libros misioneros, principalmente de *El camino a Cristo, El Deseado de todas las gentes* y *El conflicto de los siglos*. Así como hubo un gran despertar religioso en España, en el siglo XVI, también lo habrá en tu país el día en que se levanten muchos que hagan la obra de Julianillo. ¿Cómo esperamos ver un gran despertar en la ciudad en que vivimos, si estamos con los brazos cruzados haciendo poco o nada en la difusión masiva del evangelio? Ese día jamás llegará permaneciendo cómodo en medio de la pereza misionera.

"Espera grandes cosas de Dios e intenta grandes cosas para Dios" era el lema de vida de William Carey. Si queremos hacer una gran obra misionera con publicaciones debemos creer, abrazar y poner en práctica las siguientes *10 Tesis de Publicaciones* de los *Julianillos del siglo XXI*: (1) La distribución del mensaje escrito fue ordenada por Dios y confirmada por el Espíritu de Profecía. (2) Quien no cree en nuestras publicaciones está, en cierto sentido, rebajando la Biblia, que es la madre de todas las publicaciones. (3) El plan de Dios es que la distribución de materiales misioneros se asemeje a las hojas de otoño: en muy grandes cantidades. (4) Tenemos una variedad de publicaciones que incluyen: volantes, folletos, revistas, libros, biblias, estudios bíblicos, documentos digitales. (5) Ahora es el mejor momento para proclamar un fuerte pregón con nuestros materiales misioneros. (6) Nuestra misión es obedecer a Dios sembrando publicaciones en abundancia, el Espíritu Santo hará el resto. (7) La obra de compartir la página impresa no es solamente una tarea del colportor, sino una misión de todos los creyentes. (8) Entregar o regalar publicaciones debiera ser parte de nuestro estilo de vida y no un evento de "una vez al año". (9) Regalar un material misionero es fácil y rápido, solo se necesitan cinco segundos. (10) Mi pacto diario: Nunca saldré de mi casa sin llevar conmigo algunos materiales misioneros para regalar a las personas que contacte diariamente.

Hermano querido, ¿qué visión quieres tener de las publicaciones para este tiempo? ¿Quieres ser un "Tomas" de las publicaciones, que no cree en la página impresa, que no ve futuro en esta obra por los pocos resultados aparentes? ¿Quieres ser un "Judas" de las publicaciones, que no solo no cree sino que se opone a invertir dinero en la distribución masiva de materiales misioneros, como si fuera una pérdida de dinero, así como Judas pensó acerca de María Magdalena cuando esta derramó el costoso perfume a los pies de Jesús? ¿O quieres ser como Julianillo, alguien que marque la diferencia para la gloria a Dios, alguien que prenda fuego en la obra evangelizadora? Esta decisión depende de ti.

El Espíritu de Profecía nos dice: "¿Quiénes saldrán ahora con nuestras publicaciones? [...] Cuando llegue la invitación: "¿A quién enviaré y quién irá por nosotros?", contesten en forma clara y distinta: "Heme aquí, envíame a mí".[23] Porque "con la ayuda de Dios haremos grandes cosas" (Salmos 60:12, DHH). Haz conmigo esta oración: "Úngeme Señor con tu Espíritu Santo, para que cada día yo viva la misión. Fortaléceme oh Dios, para vencer la vergüenza y los miedos que me impiden avanzar. Padre, ayúdame hoy a ser un instrumento útil en tus manos. ¡Amén!"

Referencias

[1] Samuel Vila, *Historia de la Inquisición*, p. 125.
[2] http://libreriavozqueclama.blogspot.com.es/2010/09/julian-hernandez-conocido-como.html
[3] Marcelino Menéndez Pelayo, *Historia de los heterodoxos españoles*, (Madrid: Biblioteca de autores cristianos, 1987), tomo 2, p. 96.
[4] https://www.iglesiaevangelicaelalfarero.com/historia-y-biograf%C3%ADas/juan-pérez-de-pineda/
[5] https://www.iglesiaevangelicaelalfarero.com/historia-y-biograf%C3%ADas/julián-hernández-julianillo/
[6] Marcelino Menéndez Pelayo, *Historia de los heterodoxos españoles*, (Madrid: Biblioteca de autores cristianos, 1987), tomo 2, p. 74.
[7] *El conflicto de los siglos*, p. 226.
[8] *Ibíd*, p. 237.
[9] Marcelino Menéndez Pelayo, *Historia de los heterodoxos españoles*, (Madrid: Biblioteca de autores cristianos, 1987), tomo 2, p. 61.
[10] *El conflicto de los siglos*, p. 238.
[11] Marcelino Menéndez Pelayo, *Historia de los heterodoxos españoles*, (Madrid: Biblioteca de autores cristianos, 1987), tomo 2, p. 75.
[12] *El conflicto de los siglos*, p. 233.
[13] https://www.iglesiaevangelicaelalfarero.com/historia-y-biograf%C3%ADas/julián-hernández-julianillo/
[14] *El conflicto de los siglos*, p. 224.
[15] *Ibíd*, p. 225.
[16] *Ibíd*.
[17] *Ibíd*, p. 235.
[18] Este libro desenmascaraba los engaños y falsas doctrinas promovidas por el poder papal. Se lo puede descargar en este enlace: http://www.prdl.org/author_view.php?a_id=850
[19] Marcelino Menéndez Pelayo, *Historia de los heterodoxos españoles*, (Madrid: Biblioteca de autores cristianos, 1987), tomo 2, p. 78.
[20] *Ibíd*.
[21] https://archives.adventistworld.org/2015/july/the-great-controversy.html
[22] *El evangelismo*, p. 503.
[23] *El colportor evangélico*, p. 15.

Apéndice 5

LA MANO DERECHA DEL EVANGELIO

"Recorría Jesús todas las ciudades y aldeas, enseñando en las sinagogas de ellos, predicando el evangelio del Reino y sanando toda enfermedad y toda dolencia en el pueblo" (Mateo 9:35)

Tal vez te estés preguntando: ¿Cuál es la mano derecha del evangelio? ¿Cuál es el brazo derecho del mensaje del tercer ángel? Según el Espíritu de Profecía es la *obra médica misionera*, el mensaje restaurador de la salud integral (física, mental, social y espiritual), basado principalmente en los ocho remedios naturales (nutrición, agua, aire puro, sol, descanso, ejercicio físico, temperancia, confianza en Dios). "La obra médica misionera mejor podría denominarse obra misionera de restauración de la salud",[1] en la que la reforma pro salud es parte fundamental.

Puede ser que digas, "¿pero yo no tengo nada que ver con la obra médica misionera? Es un asunto que solo concierne a los médicos y profesionales de la salud". Permítame decirte que, si bien la obra médica misionera *compete principalmente a ellos, también es una obra en la que todos podemos involucrarnos de alguna manera*, al menos viviendo una vida saludable para la gloria de Dios. Continúa leyendo, que seguramente el Señor tendrá algo más que decirte.

Es importante enfatizar que la obra médica misionera está cimentada en diez pilares fundamentales, basados en el Espíritu de Profecía. Vale la pena mencionar que en los escritos de Elena de White en español podemos encontrar más de 800 citas que incluyen las palabras *obra médica misionera* y más de 1.000 citas con las palabras *reforma pro salud*. Compartiré varias de ellas, las que considero más relevantes, para ampliar nuestra visión sobre este ministerio importante.

1) Es una obra de origen divino

El Espíritu de Profecía señala que *"la obra médica misionera es de origen divino y tiene una gloriosa misión que cumplir".*[2] "La obra médica misionera es la obra de Dios y tiene su aprobación".[3]

Jesús pasó más tiempo sanando que predicando. "Cristo ya no está personalmente en la tierra, para ir por nuestras ciudades y aldeas con el fin de sanar a los enfermos; pero nos ha encomendado que continuemos la obra médica misionera que él empezara".[4] "El Gran Médico, el originador de la obra médica misionera, bendecirá a todas las personas que se esfuercen por impartir la verdad para este tiempo".[5]

2) Es la mano derecha del evangelio

Elena de White afirmó que *"la obra médica misionera es la mano derecha del Evangelio".*[6] "La obra médica misionera es el brazo derecho, la mano ayudadora del Evangelio, para abrir puertas para la proclamación del mensaje".[7] "La obra médica misionera es como la mano y el brazo derechos del mensaje del tercer ángel".[8] "Los que no han sentido interés por la obra médica misionera no están tratando a la mano derecha con respeto. Que todos ellos cambien de actitud respecto a esta obra".[9]

"La obra médico misionera es la obra de avanzada del Evangelio, la puerta por la cual ha de hallar entrada en muchos hogares la verdad para este tiempo. Los hijos de Dios han de ser genuinos misioneros de la obra médica, pues han de aprender a atender las necesidades tanto del alma como del cuerpo. [...] Serán alcanzados muchos que, de otra manera, nunca habrían oído el mensaje evangélico".[10]

"Nada abrirá puertas para la verdad como la obra evangélica médica misionera. Esta hallará acceso a los corazones y las mentes, y será un medio para convertir a muchas personas a la verdad".[11] "Bajo la influencia del Evangelio, se realizarán grandes reformas por medio de la obra médico misionera. Separad, sin embargo, la obra médico misionera del Evangelio, y esta obra resultará mutilada".[12]

"La verdadera religión y las leyes de la salud van mano a mano. Es imposible trabajar por la salvación de los hombres y las mujeres sin presentarles la necesidad de romper las complacencias pecaminosas que destruyen la salud, rebajan el alma e impiden que la verdad divina impresione la mente. Hay que enseñar a hombres y mujeres a reconsiderar cuidadosamente cada hábito y práctica, y de inmediato descartar las cosas que enferman el cuerpo".[13]

3) Es una obra en la cual las iglesias deben involucrarse más

Mira lo que escribió la sierva del Señor: *"Dios desea que tanto los pastores como miembros de iglesia muestren un interés decidido y activo en la obra médica misionera"*.[14] "La obra médica misionera debe tener su representación en todo lugar en conexión con el establecimiento de nuestras iglesias. El alivio del sufrimiento físico abre el camino para la curación del alma enferma de pecado".[15] "Mi corazón se entristece cuando miro nuestras iglesias, que debieran relacionarse de corazón, alma y práctica con la obra médico misionera".[16]

Presta mucha atención a esta cita: *"Hemos llegado a un tiempo en el cual cada miembro de la iglesia debe hacer obra misionera médica.* Este mundo se parece a un hospital lleno de víctimas de enfermedades físicas y espirituales. Por todas partes, hay gente que muere por carecer del conocimiento de las verdades que nos han sido confiadas. Es necesario que los miembros de la iglesia despierten y comprendan su responsabilidad en cuanto a dar a conocer estas verdades. Los que han sido alumbrados por la verdad deben ser portaluces para el mundo. En el tiempo actual, ocultar nuestra luz sería una gravísima falta".[17]

4) Está basada en los remedios de Dios

La obra médica misionera tiene su foco de prevención y curación de las enfermedades en los remedios naturales provistos por Dios. "El aire puro, el sol, la abstinencia, el descanso, el ejercicio, un régimen alimenticio conveniente, el agua y la confianza en el poder divino *son los verdaderos remedios. Todos debieran conocer los agentes que la naturaleza provee como remedios, y saber aplicarlos.* Es de suma importancia darse cuenta exacta de los principios implicados en el tratamiento de los enfermos, y recibir una instrucción práctica que le habilite a uno para hacer uso correcto de estos conocimientos".[18]

"El poder curativo no está en las drogas, sino en la naturaleza. La enfermedad es un esfuerzo de la naturaleza para librar al organismo de las condiciones resultantes de una violación de las leyes de la salud. En caso de enfermedad, hay que indagar la causa. Deben modificarse las condiciones antihigiénicas y corregirse los hábitos erróneos. Después hay que ayudar a la naturaleza en sus esfuerzos por eliminar las impurezas y restablecer las condiciones normales del organismo".[19] *"Muchos podrían recuperarse sin un grano de medicina, si aplicaran a su vida las leyes de la salud.* Rara vez tienen que utilizarse los medicamentos".[20]

5) Enfatiza la reforma pro salud, que debe ser estudiada, practicada y enseñada.

Elena de White declaró: "Me informó mi guía: "Todos los que creen y proclaman la verdad no solamente deben *practicar* la reforma pro salud, sino también *enseñarla* diligentemente a otros". Esta será un poderoso instrumento para llamar la atención de los no creyentes a considerar que, si tratamos con inteligencia el tema relativo al régimen y las prácticas alimentarias saludables, también será correcto nuestro punto de vista sobre los temas de doctrina bíblica".[21]

"Nuestros hermanos y hermanas deben demostrar que se interesan intensamente en la obra misionera médica. Deben prepararse para hacerse útiles estudiando los libros escritos para nuestra instrucción en este sentido. Dichos libros son dignos de nuestra atención y merecen que se los aprecie más que en lo pasado. Una gran parte de las verdades que todos debieran conocer para su propio bien fueron escritas con la intención de instruirnos acerca de los principios de la salud. Los que estudian y ponen en práctica dichos principios serán abundantemente bendecidos, física y espiritualmente. Una comprensión de la filosofía de la salud será una salvaguardia contra los muchos males que continuamente van en aumento".[22] *"La reforma pro salud ha de ser enseñada y practicada por nuestros hermanos.* El Señor está pidiendo que haya un reavivamiento de los principios de la reforma pro salud".[23]

"La obra misionera médica presenta muchas oportunidades para servir. La intemperancia en el comer y la ignorancia de las leyes de la naturaleza están ocasionando muchas de las enfermedades que existen y están despojando a Dios de la gloria que se le debe. ... Enseñad a la gente que es mejor saber cómo conservarse bien que saber cómo curar enfermedades. Debiéramos ser educadores sabios que amonesten a todos contra la indulgencia propia".[24] "Se me ha instruido para que diga a los educadores de la reforma pro salud: Avanzad".[25]

6) Es parte de nuestra misión profética para este tiempo

Mira lo que la sierva del Señor escribió: "Es el deseo del Señor que la influencia restauradora de la reforma pro salud sea una *parte del gran esfuerzo final* para proclamar el mensaje evangélico".[26] "Debemos unirnos ahora, y por medio de la verdadera obra médica misionera preparar el camino para la venida de nuestro Rey".[27]

La misión que Jesús encomendó a los 70, incluía el misterio de la salud. "Y sanad a los enfermos que en ella haya, y decidles: Se ha acercado a vosotros el reino de Dios" (Lucas 10:9). Este llamado es también para nosotros. *"Los hijos de Dios han de ser genuinos misioneros de la obra médica. Han de aprender a atender las necesidades del alma y del cuerpo. Debieran saber cómo dar los sencillos tratamientos que hacen tanto para aliviar el dolor y eliminar la enfermedad.* Debieran estar familiarizados con los principios de la reforma pro salud, para que puedan mostrar a otros cómo, mediante hábitos correctos de comer, beber y vestirse, puede ser evitada la enfermedad y recuperada la salud".[28]

También los pastores debemos mostrar más interés y acción en la obra médico misionera. Elena de White señaló que "la indiferencia que ha habido entre nuestros ministros con respecto a la reforma pro salud y la obra médica misionera es sorprendente".[29] Ella afirmó que "un ministro del Evangelio tendrá dos veces más éxito en su obra si sabe cómo tratar las enfermedades. [...] Su obra como ministro del Evangelio es mucho más completa".[30] "Nunca seréis ministros de acuerdo con el orden evangélico, hasta que manifestéis un decidido interés en la obra médica misionera, el evangelio de sanar, bendecir y fortalecer".[31] "Todo obrero evangélico debiera sentir que enseñar los principios de una vida sana es parte de la tarea que le ha sido señalada".[32]

7) Debe incluir la distribución de publicaciones sobre salud

"La circulación de nuestras publicaciones de la salud es una obra de gran importancia. Es una obra en la cual debieran interesarse vivamente todos los que creen las verdades especiales para este tiempo. Dios desea que ahora, como nunca antes, las mentes de la gente sean estimuladas profundamente para que investiguen el gran asunto de la temperancia y los principios que yacen bajo la verdadera reforma pro salud".[33]

"*Nuestras publicaciones sobre salud constituyen la mano ayudadora del evangelio*, y abren la puerta para que la verdad entre y salve a muchas personas. Yo no conozco ninguna otra cosa que tan rápidamente abra los corazones como esta clase de material de lectura, el cual, leído y practicado, induce a los hombres al escudriñamiento de la Biblia para una mejor comprensión de la verdad".[34]

"*La indiferencia con la cual han sido tratados los libros de salud por parte de muchos es una ofensa hacia Dios*. El separar la obra que se hace en favor de la salud del gran cuerpo de la causa no está en el orden de Dios. La verdad presente tiene que ver con la obra de la reforma pro salud tan ciertamente como con los otros rasgos de la obra evangélica".[35] "Presentad los principios de la temperancia en su forma más atractiva. Haced circular libros que den instrucción con respecto a una vida sana".[36] "Trabajen como evangelistas, repartiendo nuestros impresos, hablando de la verdad a las personas que encuentren. Oren por los enfermos, esforzándose por aliviarlos, no con drogas, sino con remedios naturales, enseñándoles a recuperar la salud y evitar la enfermedad".[37]

8) Es un poderoso medio para disminuir el sufrimiento y purificar la iglesia

"La obra de la reforma pro salud es el medio que el Señor usa para aminorar el sufrimiento en nuestro mundo y para purificar a su iglesia. Enseñad al pueblo que puede actuar como la mano ayudadora de Dios, cooperando con el Artífice Maestro en restaurar la salud física y espiritual. Esta obra lleva la firma del cielo, y abrirá las puertas para la entrada de otras verdades preciosas".[38]

"La obra médico misionera le trae a la humanidad el evangelio que la alivia de sus sufrimientos. Esta es la primera obra del evangelio. Es el evangelio practicado, la compasión de Cristo revelada. Hay gran necesidad de esta obra, y el mundo está abierto a ella".[39] "La obra médica misionera genuina está ligada, en forma inseparable, a la obediencia de los diez mandamientos [...]. Este ministerio, desempeñado correctamente, traerá ricas bendiciones a la iglesia".[40]

9) Debe ser reavivada ahora

El Espíritu de Profecía declaró que "si los obreros humillaran el corazón delante de Dios, vendría la bendición. Entonces recibirían siempre ideas frescas y nuevas, y habría un *magnífico reavivamiento* de la obra evangélica médica misionera".[41] *"La obra médica misionera debe ser proseguida con más celo que nunca antes".*[42]

"La bendición de Dios reposará sobre todo esfuerzo hecho para despertar interés en la reforma pro salud; pues ésta se necesita en todas partes. *Debe haber un reavivamiento con relación a este aspecto".*[43] "Educad alejándoos de las drogas. Usadlas menos y menos y depended más de los elementos de la higiene; entonces la naturaleza responderá a *los médicos de Dios*: el aire puro, el agua pura, el ejercicio adecuado y una conciencia clara".[44]

10) Continuará hasta el cierre de la puerta de la gracia

Elena de White afirmó que "cuando la agresión religiosa subvierta las libertades de nuestra nación, aquellos que estén de parte de la libertad de conciencia serán colocados en una posición desfavorable. *Mientras tienen oportunidad, debieran por su propio bien adquirir conocimiento respecto a las enfermedades, sus causas, prevención y cura. Y aquellos que hagan esto, por todas partes encontrarán un campo de labor. Habrá sufrientes en abundancia que necesitarán ayuda, no sólo entre los de nuestra fe sino mayormente entre aquellos que no conocen la verdad".[45] "Quiero deciros que pronto no habrá obra que se pueda hacer en los ramos ministeriales, sino la obra médica misionera".[46]

Es hora de hacer más por la obra médica misionera

Ahora que has visto un panorama general de la importancia y relevancia de la obra médica misionera, con muchas citas del Espíritu de Profecía, ¿qué piensas hacer? Para comenzar, necesitamos orar más por este ministerio y, en segundo lugar, tomar más acción. Sobre todo, debemos aprender más sobre la reforma pro salud, colocarla en práctica en nuestras vidas y promoverla con nuestro testimonio. Elena de White nos desafía: "Empezad a hacer la obra médica misionera con las comodidades que tengáis a mano. [...] Poned en práctica lo que sabéis acerca del tratamiento de la enfermedad".[47]

Comparto quince sugerencias útiles para promover y fortalecer la obra médica misionera en tu Asociación, distrito, iglesia y comunidad: (1) Tener un **director del Departamento de salud** en cada Asociación. Lo ideal es que este director sea exclusivo para ese puesto. (2) Elegir un **coordinador de salud** en cada iglesia local, escogido y votado por la junta de iglesia. (3) Promover los **cinco minutos de salud** todos los sábados, después de la Escuela Sabática. Se pueden pasar videos cortos, de tres a siete minutos, que están disponibles en YouTube (la División Sudamericana ha preparado más de 50 videos cortos de salud). (4) Organizar el **Club de Salud** en cada distrito, dirigida por una comisión, para coordinar las diferentes actividades de salud. También administrar el **grupo de WhatsApp** de salud con foco educativo y misionero. (5) Realizar la **Semana de la Salud**, al menos una vez al año. (6) Predicar un **sermón de salud** durante el sábado, al menos cada cuatro meses. (7) Compartir algunos **seminarios de salud** durante el año. Se puede compartir algún seminario durante el sábado de tarde, una vez cada tres meses. (8) Dar un **curso de cocina saludable** por semestre. (9) Organizar una **Feria de Salud** en la comunidad, al menos una vez al año. (10) Dar **estudios bíblicos sobre salud** para todos los miembros de iglesia y para las personas interesadas de la comunidad. (11) Incentivar la **lectura de libros de salud** escritos por Elena de White. En español, hay ocho disponibles: *Consejos sobre el régimen alimenticio, Consejos sobre la salud, El ministerio de curación, La temperancia, El ministerio médico, De la ciudad al campo, Mente, carácter y personalidad* (tomo 1 y 2). Lo puedes descargar gratis a tu computador o celular. También se puede fomentar la lectura de otras publicaciones relevantes sobre salud de diversos autores. (12) Realizar algún **curso intensivo sobre salud** (*Evangelismo de Salud, Educador del Estilo de vida*, etc.). Hay varios ministerios de sostén propio que ofrecen excelentes cursos relacionado con la obra médica misionera. (13) Abrir **restaurantes vegetarianos** en las grandes ciudades. (14) Promover y/o distribuir **productos y alimentos saludables**. (15) Implementar pequeños **centros de tratamientos para enfermedades crónicas**, aplicando medicina del estilo de vida. Además de los centros de salud que las Uniones/Asociaciones puedan impulsar (como hospitales, sanatorios, clínicas y centros de vida sana), profesionales de la salud y hermanos capacitados pueden ofrecer a la comunidad diferentes servicios de consultaría sobre salud y tratamientos naturales.

Llegó la hora de movilizar con más fuerza la mano derecha del evangelio. *Dios está buscando hombres y mujeres dispuestos a impulsar la reforma pro salud en su vida personal y a reavivar la obra médica misionera en la iglesia local y en la comunidad. ¿Te gustaría ser uno de los que responda afirmativamente al llamado de Dios?*

Referencias

[1] Elena de White, *Manuscritos inéditos*, tomo 1 (contiene los manuscritos 19-96), p. 226.
[2] Elena de White, *El ministerio médico*, p. 29.
[3] Elena de White, *Testimonios para la iglesia*, tomo 6, p. 302.
[4] Elena de White, *Consejos sobre la salud*, p. 390.
[5] *Ibíd*, p. 497.
[6] Elena de White, *El evangelismo*, p. 390.
[7] *Ibíd*, p. 374.
[8] *Ibíd*, p. 247.
[9] *Testimonios para la iglesia*, tomo 8, p. 178.
[10] Elena de White, *El ministerio de la bondad*, p. 129.
[11] *El evangelismo*, p. 374.
[12] *Consejos sobre el régimen alimenticio*, p. 89.
[13] *Consejos sobre la salud*, p. 443.
[14] *Testimonios para la iglesia*, tomo 6, p. 303.
[15] *El ministerio médico*, p. 428.
[16] *El ministerio de la bondad*, p. 144.
[17] *Consejos sobre el régimen alimenticio*, p. 548.
[18] *El ministerio de curación*, p. 89.
[19] *Ibíd*, p. 88.
[20] *El ministerio médico*, p. 344.
[21] *El colportor evangélico*, p. 137.
[22] *Consejos sobre la salud*, p. 423.
[23] *Consejos sobre el régimen alimenticio*, p. 89.
[24] *El ministerio de la bondad*, p. 130.
[25] *Servicio cristiano*, p. 171.
[26] *Consejos sobre el régimen alimenticio*, p. 89.
[27] *El ministerio médico*, p. 27.
[28] *El ministerio de la bondad*, p. 131.
[29] *El evangelismo*, p. 379.
[30] *Ibíd*, p. 378.
[31] *Ibíd*, p. 381.
[32] *Ibíd*, p. 383.
[33] *Consejos sobre la salud*, p. 442.
[34] *El colportor evangélico*, p. 136.
[35] *Consejos sobre el régimen alimenticio*, p. 85.
[36] *Ibíd*, p. 554.
[37] *El ministerio de la bondad*, p. 137.
[38] *Consejos sobre el régimen alimenticio*, p. 91.
[39] *Consejos para la Iglesia*, p. 562.
[40] *El ministerio médico*, p. 281.
[41] *Ibíd*, p. 339.
[42] *Consejos sobre la salud*, p. 389.
[43] *El ministerio médico*, p. 343.
[44] *Ibíd*, p. 344.
[45] *Eventos de los últimos días*, p. 81.
[46] *El ministerio de la bondad*, p. 144.
[47] *El ministerio médico*, p. 316.

Apéndice 6

EXPO BIBLIA Y EXPO SANTUARIO

*"Procura con diligencia presentarte a Dios aprobado, como obrero que
no tiene de qué avergonzarse, que usa bien la palabra de verdad"*
(2 Timoteo 2:15)

Se estima que en la Iglesia Adventista se han utilizado más de 3.000 diferentes métodos como estrategia para alcanzar a las personas con el evangelio.[1] Uno podría decir: "¿Para qué seguir inventando más métodos, si con los que ya tenemos es más que suficiente?" Es verdad que tenemos muchos métodos y estrategias, y que debemos seguir usándolos con el poder de Dios. No precisamos desechar o deshacernos de los métodos tradicionales. Pero tampoco debemos oponernos o estar a la defensiva con las nuevas iniciativas o métodos misioneros. Al contrario, tenemos que ser proactivos, creativos y superarnos constantemente.

El Espíritu de profecía nos desafía a tener un espíritu de innovación y mejora continua en cuanto al abordaje y métodos para alcanzar a las personas con el evangelio. *"Dios quiere que sigamos métodos nuevos y no probados"*.[2] "Debemos trabajar en diferentes formas e idear *métodos distintos* permitiendo que Dios obre en nosotros para revelar la verdad".[3] "Noche tras noche oro y trato de *idear métodos* por los cuales podamos entrar en las ciudades y dar el mensaje amonestador".[4] "Se necesitan obreros con mentes claras para idear métodos para alcanzar a la gente".[5]

"No olvidemos que deben emplearse métodos diferentes para salvar a personas que son distintas".[6] "Se concebirán nuevos medios para alcanzar los corazones. *En esta obra se utilizarán algunos métodos que serán diferentes de los empleados en el pasado, pero ninguna persona, a causa de esto, bloquee el camino mediante la crítica.* […] Se necesitan hombres que oren a Dios pidiendo sabiduría, y que, bajo la dirección de Dios, puedan infundir nueva vida en los antiguos métodos de trabajo

y que puedan inventar nuevos planes y nuevos métodos para despertar el interés de los miembros de la iglesia y para alcanzar a los hombres y las mujeres de este mundo".[7] "Estudie, haga planes e idee métodos todo obrero en la viña del Maestro, para alcanzar a la gente donde está".[8]

La Palabra de Dios dice: "Procura con diligencia presentarte a Dios aprobado, como obrero que no tiene de qué avergonzarse, *que usa bien la palabra de verdad"* (2 Timoteo 2:15). En 1 Corintios 9:20-22 se presenta un principio de adaptación y abordaje de las personas. Tenemos que tener mucho cuidado para que los nuevos métodos estén en conformidad con las enseñanzas de la Biblia y que no conduzcan a la superficialidad, al libertinaje o a la distorsión de alguna verdad bíblica. Si fuera así, ese método no viene de Dios. "Rechazamos todas las acciones vergonzosas y los *métodos turbios.* No tratamos de engañar a nadie ni de distorsionar la palabra de Dios. Decimos la verdad delante de Dios" (2 Corintios 4:2, NVT).

Los doce apóstoles no tenían ni el uno por ciento de todos los medios que tenemos hoy para alcanzar el mundo, pero ellos tenían lo más importante: el Espíritu Santo, e impactaron el mundo en una generación. Recordemos que en la ganancia de almas *lo que realmente hace la diferencia no es el método en sí sino la influencia del Espíritu Santo.* Un método antiguo o nuevo sin el poder del Espíritu Santo, logra muy poca cosa; mientras que un simple método dirigido por el Espíritu Santo puede alcanzar resultados maravillosos para la gloria de Dios.

Con relación a los nuevos métodos, quisiera compartir contigo dos métodos eficaces de evangelización de siembra para captar más interesados en estudiar la Biblia: la *Expo Biblia* y la *Expo Santuario.* Daremos una explicación general de estos dos métodos altamente recomendados que podemos emplear, al menos una vez al año, en nuestro distrito.

EXPO BIBLIA

En el año 2007 se probó el método de la *Expo Biblia* en Sevilla bajo la dirección de los pastores Eliasib Sánchez y José Luis Borrego. Se retomó la idea en 2013, con los pastores Javier Moliner y Sergio Martorell, quienes añadieron varias mejoras como maquetas realizadas por profesionales y otros recursos impactantes, consolidando así el modelo actual. La *Expo Biblia* es un excelente método de evangelización, una exposición didáctica y dinámica sobre la Biblia. Se viene realizando con éxito en España, desde el 2013, y llegó a más de cien ciudades del país.

Se realiza por cuatro días (jueves, viernes, sábado y domingo) en diferentes lugares turísticos o muy concurridos como plazas, parques, playas, salones municipales, etc. Se la lleva a cabo dentro de una carpa (son cuatro unidas de 6 x 6 metros cada una) de 24 x 6 metros. Es un programa cultural cristiano lo que facilita conseguir los permisos para colocar la carpa. Hay un sitio web disponible: *www.expobiblia.org*

En el modelo actual practicado en España, la *Expo Biblia* tiene diez módulos: (1) más de 50 diferentes Biblias en varios idiomas, (2) una réplica a escala del Arca de Noé, (3) una réplica a escala del santuario del desierto o tabernáculo de Moisés, (4) el arca de la alianza a tamaño real y la ropa del sumo sacerdote (5) una réplica del templo de Herodes donde estuvo Jesús, y la actual mezquita construida, (6) los manuscritos del Mar Muerto, con una copia exacta del rollo de Isaías desplegado con sus 7.34 metros de largos encontrados en las cuevas del Qumrán, (7) el rollo de Daniel 9 de las 70 semanas, (8) la estatua de Daniel 2, (9) sobre la cruz, el látigo, los clavos, la piedra de la tumba y la corona de espinas. (10) una sala con veinte asientos para pasar un video (de diez minutos) sobre la Biblia y responder preguntas que los participantes tengan. En cada módulo hay un voluntario presentando una breve explicación.

A final del recorrido se entrega a cada participante una revista sobre la Biblia y sus principales enseñanzas, y algún libro misionero como *El camino a Cristo*, *El Deseado de todas las gentes* o *El conflicto de los siglos*. Se puede entregar también un marca página de la *Expo Biblia* con datos de contactos. También los participantes completan la encuesta de la *Expo Biblia*, en la que hay varias opciones de crecimiento espiritual, útiles para captar interesados.

En la parte exterior de la carpa, de cada lado, hay dos banners gigantes de promoción de la *Expo Biblia*. Se pueden hacer volantes de invitación para ir entregando cerca del área donde se coloque la carpa. Se espera que al menos un grupo de unos doce voluntarios estén rotándose a cada cinco horas por otros doce. Cada uno de ellos utilizan el chaleco de la *Expo Biblia*.

Se pueden preparar algunos banners explicativos para colocarlo en cada sección. También se podría agregar algunas secciones, por ejemplo: (1) una sección de frases impactantes de la Biblia sobre lo que opinaron algunos grandes próceres o personas célebres, (2) una sección sobre los beneficios de leer la Biblia, estrategia de lectura y sobre el poder de las promesas de Dios. Cualquier ajuste y mejora, siempre debe ser realizado con oración pidiendo la dirección continua del Espíritu Santo, porque Él es quien guía e impresiona para hacer los agregados necesarios contextualizado a cierta realidad.

La *Expo Biblia* está siendo coordinada por el Departamento de Ministerio Personal, y las iglesias interesadas agendan previamente una fecha para poder llevarlo a su región. La iglesias se encargan de cubrir los gastos de transporte y estadía de los dos voluntarios que transportan y arman la carpa.

Preparar todo el mobiliario que se precisa es un presupuesto importante, lo ideal es que la *inversión sea realizada por la Asociación/Unión interesada* y coordinada por ella para su territorio, de modo que muchas iglesias se puedan beneficiar de la *Expo Biblia*. Para mayor información de este proyecto se puede llamar a la Unión Española, ellos son los mentores de esta iniciativa que vale la pena implementarla en otros países.

EXPO SANTUARIO

Esta estrategia comenzó como la *Experiencia del Santuario* en Texas, coordinada por el ministerio de varones, liderado por el pastor Sergio Rodríguez. Fue llevada a varios encuentros y campamentos de la Iglesia Adventista en varios Estados de EE.UU. También se extendió a otros países, como España, donde se presentó en los congresos *Mensajeros de Esperanza*, que se llevaron a cabo durante cuatro años (2015-2018); y a Brasil, en el *II Congreso Sudamericano de Colportores,* realizado en Foz de Iguazú en abril de 2019.

Después de hacer varios ajustes, agregados y mejoras, el pastor Esteban Griguol la adaptó como método de evangelización. La primera *Expo Santuario*, en este nuevo formato, se realizó en Brasilia. Fue coordinado por el Departamento de Publicaciones y Espíritu de Profecía de la *Asociación Planalto Central*, con el apoyo de la *Unión Centro Oeste Brasilera*. En preparación, se llevó a cabo una semana de oración sobre el santuario por espacio de cinco días (9-13 de noviembre de 2020), vía YouTube. El sábado 14 de noviembre se realizó un programa especial de inauguración de la *Expo Santuario* en la *Iglesia Central de Brasilia*. Después estuvo abierto al público en la parte de atrás, en el salón de deporte del *Colegio Adventista de Asa Sul*, durante el sábado de tarde y todo el domingo. Más de mil personas participaron.

Fueron realizadas más de quince *Expo Santuario* en el territorio de la *Asociación Planalto Central*. Se llevaba a cabo durante un fin de semana en diferentes lugares como shopping, plazas, salones municipales, escuelas, iglesias, etc. Han asistido personas de varias religiones como católicas, evangélicas, ateas, espiritistas, judías, etc. También han participaron policías, pastores evangélicos, autoridades municipales, sacerdotes, etc. Muchos participantes pidieron la visita de un misionero a su casa, solicitaron estudios bíblicos y algunas fueron bautizadas como fruto del impacto inicial de la *Expo Santuario*.

Recordemos que fue Dios quién mandó construir el santuario terrenal: el tabernáculo que edificó Moisés en el desierto y que después fue reemplazado por el templo que levantó Salomón en Jerusalén. El tabernáculo tenía al menos doce propósitos fundamentales: (1) Era la *MORADA de Dios* en la Tierra, Él quería habitar entre su pueblo (Éxodo

25:8). Era el tabernáculo de Jehová (1 Crónicas 21:29), el trono de gloria (Jeremías 17:12), allí Dios manifestaba su gloria, su presencia visible o shekinah (Éxodo 40:34, Números 20:6, Levítico 9:23), y se comunicaba con el pueblo (Éxodo 25:21-22, Números 7:89). (2) Era la *IGLESIA de Dios*, el lugar más sagrado de adoración y consagración (Salmos 63:2; 134:2; 150:1). Era la casa de Dios (1 Crónicas 29:3), el tabernáculo de reunión, porque allí Dios se reunía con su pueblo (Deuteronomio 31:14-15). Era la santa tienda de comunión con Dios para una relación más profunda y un llamado a vivir en santidad (2 Crónicas 30:8, 29:5). (3) Era la *ESCUELA de Dios* para enseñar el plan de salvación, mediante los mobiliarios, el sistema de sacrificios y otros rituales (Levítico 5:15; 17:11; Salmos 37:17), que servía como un excelente recurso pedagógico, didáctico, interactivo y práctico. Era el evangelio en símbolos que apuntaba a Cristo como salvador. En el santuario se enseñaba el evangelio eterno, que combinaba a la perfección la gracia y el perdón de Dios con la ley y la justicia divina. (4) Era el *HOSPITAL de Dios*, el lugar de restauración, perdón y cura espiritual (Salmos 18:6). La medicina para la cura del pecado se encontraba únicamente en el santuario. (5) Era la centro de la *MEDIACIÓN* de Dios para el perdón de los pecados y para las peticiones personales. Era una llamado a la oración fervorosa, a la intercesión, a la meditación, al ayuno y la humillación del alma. Era la casa de oración (Isaías 56:7). Dios respondía desde el santuario (Salmos 20:1-5). Por orden del Señor los sacerdotes realizaban un servicio diario de sacrificio (matutino y vespertino) y mediación en favor del pueblo (Éxodo 29:38-42). (6) Era la *CORTE SUPREMA* de Dios para juzgar a su pueblo. Era el tabernáculo del Testimonio (Números 1:53), porque allí estaba la base del juicio y del gobierno de Dios: los Diez Mandamientos. Era el lugar donde se unía la justicia y la misericordia de Dios (Salmos 85:10). Y una vez al año, en el Día de la Expiación, el día más sagrado del pueblo de Israel, Dios actuaba como juez soberano borrando todos los pecados que ya habían sido confesados y perdonados durante el año. Este proceso de juicio era necesario para salvar al hombre del pecado, vindicar el carácter de Dios ante el universo y confirmar la extirpación definitiva del pecado (sentencia de muerte eterna para Satanás y sus ángeles y para todos los pecadores no arrepentidos). (7) Era el centro conmemorativo de la *VICTORIA de Dios*, el lugar para celebrar las victorias del poder del Señor, especialmente en las siete fiestas solemnes (Deuteronomio 16:14, Levítico 23). (8) Era el *BANCO de Dios*, donde la prosperidad fluía, el lugar para entregar diezmos y ofrendas, dar primicias y hacer votos/pactos con el Señor (Salmos 116:18-19). (9) Era el centro del *GOBIERNO de Dios* en la Tierra, donde la "política" de Israel giraba en torno al Santuario (Salmos 68:35), había una teocracia (Números 9:19-

20). El tabernáculo estaba situado en el centro del pueblo de Israel. (10) Era la sede de la MISIÓN de Dios para evangelizar (Salmos 68:24). Muchos extranjeros fueron convertidos por la experiencia del santuario. (11) Era el lugar especial de la BENDICIÓN de Dios (Salmos 24:3-5; Números 6:22-27). El Señor siempre bendecía a los que le buscaban de todo corazón en el santuario. (12) Era FIGURA O SOMBRA del verdadero tabernáculo de Dios: el SANTUARIO CELESTIAL (Hebreos 8:1-5).

Los seres humanos entendemos mejor cuando vemos ilustraciones y cuando podemos interactuar, ya que esto afianza y facilita el proceso de aprendizaje. En ese sentido, la *Expo Santuario*, con sus mobiliarios representados, sus actividades prácticas, sus terapias espirituales didácticas y otros recursos que invitan a la reflexión, ayudan a los participantes a humillarse a los pies de Cristo, confesando sus pecados con arrepentimiento, y a conectarse mejor con el Trono de la Gracia. La *Expo Santuario* no es una visita de museo sino una experiencia de fortalecimiento espiritual, un recorrido de oración y reflexión personal, un tiempo de reavivamiento y reforma, un momento especial para escuchar la voz de Dios. En resumen, *la Expo Santuario es una experiencia personal viva de salvación, restauración y sanidad.*

En la *Expo Santuario* se une el tabernáculo de Moisés, la cruz del Calvario, el santuario celestial y la segunda venida de Cristo. La carpa de la *Expo Santuario* está dividida en diez estaciones: (1) estación del *Altar del holocausto*, (2) estación de la *Fuente de bronce*, (3) estación del *Candelabro*, (4) estación de la *Mesa de los panes de la proposición*, (5) estación de la *Cruz* (dividos en cuatro lugares), (6) estación del *Altar del incienso*, (7) estación del *Arca de la alianza*, (8) estación de *Mi pacto con Dios*, (9) estación del *Día de la expiación y las fiestas solemnes*, 10) estación del *Santuario celestial y la bendición sacerdotal.* El recorrido interno por las diez estaciones dura unos cuarenta minutos.

Afuera de la carpa está la sala de espera con unas treinta sillas y una maqueta del tabernáculo de Moisés. Mientras la gente espera, se pasa un video explicativo de unos diez minutos. Cada cinco minutos van entrando de tres a cinco personas como máximo, lo ideal es cuatro. Al pasar el grupito a la estación dos, entran otras cuatro; y así sucesivamente. En cada estación hay dos banners explicativos con dos actividades prácticas que los participantes tienen que realizar. En la estación uno se da una introducción general. También hay una música instrumental de fondo, compuesta de varios himnos escogidos, que se van pasando continuamente. En la estación cinco (la Cruz) el grupito de cuatro entran cada uno por separado en cada subdivisión. En la estación ocho los participantes completan el cupón de *Mi pacto con Dios.*

Una sección clave es la estación diez, porque allí dos de los que están vestidos de sacerdotes dan unas últimas palabras a cada grupito de cuatro a cinco participantes, se hace una breve oración con ellos y les entregan de regalo un marca página de la *Expo Santuario*, los folletos *Mensajeros de esperanza*, la revista del santuario y el libro *El conflicto de los siglos*. También les entrega la encuesta de opinión y fortalecimiento espiritual para que ellos la completen. Es fundamental que en los próximos diez días luego del evento *puedan ser contactados y visitados todos los que manifestaron algún interés espiritual* (sea oración, visita, estudios bíblicos, literatura, etc.), ya sea por medio de hermanos misioneros del distrito, colportores, o un obrero bíblico.

La tienda de la *Expo Santuario* mide diez metros de ancho por veinte de largo. En la parte interior es de siete por dieciséis metros. Son necesarios al menos quince voluntarios del distrito para que estén en la *Expo Santuario* en ciertos horarios previamente asignados para ellos, y que se irán rotando a cada cinco horas por otros quince hermanos, y así sucesivamente. Se recomienda que antes de colaborar como voluntario, hagan primero el recorrido como participante. Es importante involucrar una diversidad de miembros de iglesias (hombres, mujeres, adultos, jóvenes y niños). Seis de ellos estarán con las vestiduras sacerdotales (hombres), uno con la del sumo sacerdote y el resto estará con el chaleco/camiseta de la *Expo Santuario*.

Es fundamental que este evento sea bien organizado, en un lugar estratégico, con una buena promoción (los miembros de iglesia invitando a sus familiares, amigos y conocidos, distribución de volantes impresos en la región del evento, compartiendo por WhatsApp y en las redes sociales la promoción digital y el video promocional, haciendo promoción en la televisión, etc.) y con mucha oración. Se recomienda hacerla por distrito, para que todas las iglesias de esa región puedan participar, ya sea como asistentes o como voluntarios. La idea es involucrar a todos los departamentos de la iglesia, hasta los conquistadores (que pueden hacer la especialidad del santuario dos semanas antes del evento). La *Expo Santuario* se puede realizar de jueves a domingo o solo sábado de tarde y domingo. El pastor del distrito debe hacer la reserva de una fecha con la Asociación con más de cuatro meses de anticipación.

Cuanto más estratégico sea el lugar donde se realice la Expo Santuario, mayor impacto tendrá en la comunidad. Lo ideal es hacerlo en lugares como un shopping, plaza, parque, salón municipal, playa de estacionamiento de un supermercado o centro comercial, lugar turístico, escuela, mercado de la pulga (flea market), etc. Como última opción, se puede hacerlo en el predio de una iglesia adventista. Cuánto más público y transitable sea el lugar, más personas no adventistas participarán.

El distrito interesado es responsable de: (1) conseguir los permisos del lugar donde se realizará la *Expo Santuario*, (2) la promoción masiva del evento (antes y durante), (3) cubrir los gastos de transporte del mobiliario de la *Expo Santuario*, (4) los materiales misioneros que se entregarán a los participantes, (5) organizar el grupo rotativos de voluntarios del distrito, (6) proveer agua y comida para los voluntarios, (7) contactar a todos los participantes que manifestaron algún interés espiritual.

Si quieres más información sobre la implementación de la *Expo Santuario* en tu territorio, me puedes escribir a *estebangriguol@gmail.com*, que con gusto podemos ayudarte. Lo ideal es que este proyecto pueda ser coordinado por el departamento del Espíritu de Profecía, Ministerio Personal o Evangelismo de tu Asociación. Puedes también consultar nuestra página web *www.exposantuario.com*

Haciendo un paréntesis, vale la pena mencionar que en Estados Unidos hay un ministerio de sostén propio llamado de *Messiah´s Mansion (Mansión del Mesías)*, que llevan una réplica del tabernáculo de Moisés a diferentes ciudades. Está dividido en cuatro módulos, y en cada uno de ellos hay una persona que hace la explicación. Es un excelente proyecto. El sitio web de ellos es *www.messiahsmansion.com*

El Espíritu de Profecía y el Santuario Celestial

En la parte final de la *Expo Santuario* hay una conexión con el santuario celestial (Hebreos 9:11,24; 8:1-6; 4:14-16; 7:25; 10:19-21; Apocalipsis 15:5). La Iglesia Adventista del Séptimo Día es la única denominación cristiana que cree y promueve la doctrina del santuario celestial.

Hay muchas citas del Espíritu de Profecía sobre el santuario celestial. Algunas de ellas son: *"La correcta comprensión del ministerio en el Santuario celestial es el fundamento de nuestra fe"*.[9] *"El asunto del santuario fue la clave que aclaró el misterio del engaño de 1844*. Reveló todo un sistema de verdades, que formaban un conjunto armonioso y demostraban que la mano de Dios había dirigido el gran movimiento adventista, y al poner de manifiesto la situación y la obra de su pueblo le indicaba cuál era su deber de allí en adelante. [...] *Como pueblo, debemos ser estudiantes fervorosos de la profecía; no debemos descansar hasta que entendamos claramente el tema del santuario*, que ha sido presentado en las visiones de Daniel y de Juan. Este asunto arroja gran luz sobre nuestra posición y nuestra obra actual, y nos da una prueba irrefutable de que Dios nos ha dirigido en nuestra experiencia pasada".[10]

"El santuario en el cielo es el centro mismo de la obra de Cristo en favor de los hombres. Concierne a toda alma que vive en la tierra. Nos revela el plan de la redención, nos conduce hasta el fin mismo del tiempo y anuncia el triunfo final de la lucha entre la justicia y el pecado. Es de la mayor importancia que todos investiguen a fondo estos asuntos, y que

estén siempre prontos a dar respuesta a todo aquel que les pidiere razón de la esperanza que hay en ellos".[11] *"La intercesión de Cristo por el hombre en el santuario celestial es tan esencial para el plan de la salvación como lo fue su muerte en la cruz.* [...] Jesús abrió el camino que lleva al trono del Padre, y por su mediación pueden ser presentados ante Dios los deseos sinceros de todos los que a él se allegan con fe."[12]

"El pueblo de Dios debería comprender claramente el asunto del santuario y del juicio investigador. Todos necesitan conocer por sí mismos el ministerio y la obra de su gran Sumo Sacerdote. De otro modo, les será imposible ejercitar la fe tan esencial en nuestros tiempos, o desempeñar el puesto al que Dios los llama".[13] "La verdadera comprensión del tema del Santuario significa mucho para nosotros como pueblo. [...] Por la luz que el Señor me ha otorgado sé que debería haber un reavivamiento de los mensajes que se han dado en el pasado".[14]

"Estamos viviendo ahora en el gran día de la expiación [...] Hay que escudriñar honda y sinceramente el corazón. [...] El juicio se lleva ahora adelante en el santuario celestial".[15] "Vivimos en el período más solemne de la historia de este mundo [...] Necesitamos humillarnos ante el Señor, ayunar, orar y meditar mucho en su Palabra, especialmente acerca de las escenas del juicio. Debemos tratar de adquirir actualmente *una experiencia profunda y viva en las cosas de Dios.* En torno nuestro se están cumpliendo acontecimientos de vital importancia; nos encontramos en el terreno encantado de Satanás. *No durmáis, centinelas de Dios".*[16] "El archiengañador odia las grandes verdades que resaltan un sacrificio expiatorio y a un Mediador todo poderoso. *Sabe que su éxito estriba en distraer las mentes de Jesús y de su obra".*[17]

Jaime White declaró que el santuario "ha sido, y sigue siendo, el mayor pilar de la fe adventista". Consideró esta doctrina como el lugar donde "se centran todas las columnas de la verdad presente", y "el gran centro alrededor del que se agrupan todas las verdades reveladas referentes a la salvación".[18] Werner Renz señala que "el santuario celestial es el hospital donde se trata la plaga del pecado".[19] Robert Costa dice que "no comprender o no predicar lo que Jesús está haciendo ahora en el santuario celestial es mala praxis pastoral, es no comprender plenamente el plan de salvación y la verdad presente. Nuestro mensaje no termina con el Cristo de la cruz, sino que se extiende a lo que Él está haciendo ahora".[20] Clifford Goldstein dice que "el carácter único de la doctrina del santuario contribuye a que se la haga un blanco especial de ataque".[21]

Recordemos las tres fases redentoras de Cristo en el plan de la salvación: (1) Jesús como *sacrificio perfecto* en la cruz del Calvario, (2) Jesús como *sumo sacerdote* en el Santuario Celestial, (3) Jesús como *Rey de gloria* en su segunda venida. ¡Alabado sea Dios!

Beneficios de llevar la Expo Santuario a tu distrito

Hay dos grandes grupos que se benefician: **(I) Nuestras iglesias adventistas**: (1) Los primeros bendecidos son nuestros hermanos, que quedan renovados espiritualmente al hacer el recorrido de la *Expo Santuario*. (2) Ellos participan activamente de un plan de reavivamiento y reforma personal didáctico y práctico, basado en el santuario, y de gran impacto para sus vidas. (3) Se fomenta en ellos el espíritu de servicio y misión, que tanto se necesita. (4) La hermandad se enriquece espiritualmente cuando trabaja para Dios. (5) Esta actividad ayuda a unir más a la iglesia local. (6) Se afianza mejor en los corazones de nuestros miembros la doctrina del santuario. (7) Es una forma práctica de predicar el mensaje de los tres ángeles, que incluye la obra mediadora y de juicio que Cristo realiza en el santuario celestial. "Temed a Dios, y dadle gloria, porque la hora de su juicio ha llegado" (Apocalipsis 14: 7).

(II) Nuestra comunidad: (1) Llegar con el evangelio a muchas personas que visitarán la *Expo Santuario* durante el fin de semana. (2) Cada participante recibirá materiales misioneros que se llevarán a sus hogares, y que el Espíritu Santo los impresionará a leerlos. (3) Muchos estudios bíblicos serán levantados más fácilmente comparado con otros métodos, ya que las personas al pasar por la experiencia estarán más sensibles espiritualmente y más dispuestas a recibir estudios bíblicos. (4) La gran mayoría de las personas no saben que existe un santuario celestial. Esta es una de las mejores maneras para promover esta enseñanza. (5) Durante todo el recorrido se promoverá muchas verdades y enseñanzas importantes de la Palabra de Dios, como el perdón, la salvación, la oración y la fe, la Ley de Dios, el sábado, el juicio, la segunda venida de Cristo, el servicio, etc. (6) Es una manera muy didáctica y efectiva, que rompe prejuicios, para compartir el mensaje de Dios a la comunidad. (7) Muchas almas serán alcanzadas por el evangelio por este medio, y más tarde, algunos de ellas se unirán a la iglesia adventista por medio del bautismo. La Palabra de Dios afirma: *"¡Vieron tus caminos, oh Dios; los caminos de mi Dios, de mi Rey, en el santuario!"* (Salmos 68: 24).

¡Manos a la obra, levántate, porque es hora de actuar!

La Palabra de Dios nos dice: "Entrega al Señor todo lo que haces; confía en él, y él te ayudará" (Salmos 37:5, NTV). "No con ejército, ni con fuerza, sino con mi Espíritu, ha dicho Jehová de los ejércitos" (Zacarías 4:6). "El Dios de los cielos nos dará éxito. Nosotros, sus siervos, pondremos manos a la obra" (Nehemías 2:20, BLP). "Anímate y esfuérzate, y manos a la obra" (1 Crónicas 28:20). Porque "con la ayuda de Dios haremos grandes cosas" (Salmos 60:12, DHH).

Estos dos proyectos son excelentes métodos de evangelización.

Como ya se comentó anteriormente, lo ideal es ejecutarlos por medio de la Asociación. Lo que puedes hacer es hablar con el coordinador del departamento de Espíritu de Profecía, Ministerio Personal y/o Evangelismo de tu Asociación, compartiendo personalmente estas iniciativas. También puedes hacer una donación en la implementación de estos proyectos. No te quedes con los brazos cruzados, tú puedes ser un instrumento en las manos de Dios para introducir en tu Asociación/Unión la *Expo Biblia*, la *Expo Santuario*, o algún otro proyecto que Dios haya puesto en tu corazón. No dejes de soñar pero sobre todo, no dejes de actuar. ¡Sí, sueña en grande y glorifica a Dios con acciones misioneras! ¡Amén!

Referencias

[1] Material de evangelismo en PDF preparado por el pastor Robert Costa.
[2] *El evangelismo*, p. 96.
[3] *Ibíd*, p. 215.
[4] *Ibíd*, p. 50.
[5] *Ibíd*, p. 99.
[6] *Ibíd*, p. 82.
[7] *Ibíd*, p. 81.
[8] *Ibíd*, p. 94.
[9] *Cristo en su santuario*, p. 7.
[10] *El evangelismo*, p. 166.
[11] *El conflicto de los siglos*, p. 479.
[12] *El conflicto de los siglos*, p. 479.
[13] *Ibíd*.
[14] Ellen White, *Dios nos Cuida*, p. 301.
[15] *El conflicto de los siglos*, p. 480.
[16] *Ibíd*, p. 586.
[17] *Cristo en su santuario*, p. 120.
[18] Revista Ministerio Adventista, noviembre – diciembre 2014, ACES, p. 2.
[19] Werner Renz, *Adventist World* (Revista Adventista Mundial), volumen 13, número 10, p. 13.
[20] Robert Costa, comentario enviado por email en un círculo pastoral en el 2019.
[21] Clifford Goldstein, *Desequilibrio fatal*, p. 24.

Apéndice 7

21 CLAVES PARA PLANTAR UNA NUEVA IGLESIA

"De esta forma, las iglesias se afianzaban en la fe y crecían en número todos los días" (Hechos 16:5, NBV)

Para comenzar, es muy importante responder a esta pregunta clave que muchos se hacen: "*¿Por qué plantar nuevas iglesias?*". Entre las razones principales, podemos mencionar las siguientes:

Diez razones importantes para plantar una nueva iglesia

(1) *Es una acción que glorifica a Dios*: cada vez que se planta una nueva iglesia se levanta una casa de adoración a Dios, un monumento para su gloria. Elena de White señala que debemos establecer iglesias que sean monumentos para Dios.[1] (2) *Forma parte del plan de Dios*: plantar muchas iglesias en diferentes lugares es el anhelo del Señor. Cada vez que plantamos una nueva iglesia estamos realizando los sueños de Dios. (3) *Es parte fundamental de la misión del remanente*: la proclamación del evangelio incluye la plantación de nuevas iglesias. "Plantar iglesias es la comisión evangélica en su máxima expresión".[2] No debe ser considerada como una actividad secundaria sino como una de las más importantes prioridades del pueblo de Dios. (4) *Es un método comprobado de crecimiento evangelístico*: plantar iglesias es un medio muy eficaz de evangelización, en la que se puede alcanzar a muchas más personas. El crecimiento es multiplicador cuando se planta una nueva iglesia. "Las Iglesias adventistas nuevas crecen a una velocidad diez veces mayor que las iglesias establecidas desde hace tiempo".[3] Plantar iglesias es una de las mejores estrategias de crecimiento de iglesia. (5) *Desarrolla nuevos líderes*: más hermanos pueden involucrarse en el liderazgo en diferentes lugares.

(6) *Revitaliza a la iglesia madre*: fomenta el espíritu misionero,

renueva la espiritualidad de la iglesia y estimula el crecimiento. (7) *Permite alcanzar a grupos diversificados de gente (razas, lenguas, etc.)*: especialmente en las grandes ciudades. (8) *Permite ingresar a nuevas áreas de crecimiento poblacional*: precisamos marcar presencia allí también. (9) *Es una excelente forma de llegar a las nuevas generaciones*. Por lo general, las nuevas iglesias se adaptan mejor a la generación presente, porque fueron fundadas por personas de esa misma generación. (10) *Es clave para la supervivencia y crecimiento del pueblo de Dios*: las nuevas iglesias son como nuevos hijos/as que hacen crecer significativamente el reino de Dios en el presente y dan sustentabilidad en el futuro.[4]

Tenemos fundamento bíblico y del Espíritu de Profecía

La plantación de nuevas iglesias es parte del mandato de Jesús de hacer discípulos (Mateo 28:19-20). Jesús estableció la primera iglesia cristiana con sus doce apóstoles, y fue fundada sobre sí mismo, la Roca.

En los comienzos de la iglesia cristiana hubo un crecimiento extraordinario, luego del derramamiento del Espíritu Santo en el Pentecostés. *"De esta forma, las iglesias se afianzaban en la fe y crecían en número todos los días" (Hechos 16:5, NBV)*. Esto nos muestra que, por medio del poder del Espíritu Santo, personas ordinarias pueden hacer cosas extraordinarias para Dios. Los apóstoles predicaban el evangelio y establecían nuevos grupos en diferentes lugares.

Por lo general, un apóstol iba acompañado de un equipo evangelizador (compuesta de dos a cinco personas), y juntos se dirigían a una ciudad donde el Espíritu Santo los condujera a evangelizar. Permanecían allí por un tiempo (seis meses, un año o más) hasta establecer una iglesia. Después de capacitar a los nuevos conversos en la misión y a los nuevos líderes por un tiempo, ellos se mudaban para otro desafío.

Considera lo que dice Elena de White sobre plantar nuevas iglesias: "En toda ciudad donde se proclame la verdad, *deben fundarse iglesias*. En algunas ciudades grandes, debe haber iglesias en varias partes de la ciudad".[5] "Hay que establecer nuevas iglesias y grupos. Es necesario que haya representantes de la verdad presente en todas las ciudades".[6]

Alguien podría decir: "¿Y yo que tengo que ver con plantar iglesias? Este asunto es un problema de la Asociación y del pastor, no tengo ninguna responsabilidad". Reflexiona en esta cita impactante: *"Dios ha colocado, sobre todos los que creen, la responsabilidad de levantar iglesias".*[7] Allí no dice algunos de los que creen, sino todos. En otras palabras, plantar o levantar iglesias debería ser un tema vital de conversación, oración y planificación de las iglesias ya establecidas. Es verdad que solo algunos miembros estarán cien por ciento involucrados para plantar una nueva iglesia, pero *todos podemos estar involucrados* al menos apoyando, orando y dando donativos para este plan de Dios.

"Cumplimos mejor la misión a través de estas cuatro actividades: evangelizando, adorando, predicando y plantando iglesias", señala Joseph Kidder.[8] "Cuando plantar iglesias llega a ser la manera normal de evangelizar a los perdidos, los bautismos aumentarán en forma exponencial".[9] Claro que, tenemos que realizar todo este proceso con mucha oración, planificación y dedicación, siguiendo los pasos correctos cuyos resultados dan gloria a Dios.

Diez excusas comunes para no plantar una nueva iglesia

En el proceso de plantar una nueva iglesia, siempre habrá obstáculos e impedimentos en el camino. Los peores son los paradigmas e ideas erróneas que tenemos dentro de nosotros. Entre las objeciones y excusas más comunes para no plantar una nueva iglesia, se encuentran las siguientes: (1) "¿Para qué abrir una nueva iglesia si ya tenemos una?" Hay muchas razones y beneficios de plantar una nueva iglesia, ya se han mencionado diez de ellas. (2) "Si algunos miembros y líderes se van para otra iglesia, nuestra iglesia se va a debilitar mucho". La realidad ha demostrado que ocurre todo lo contrario en la práctica. "Cuando una iglesia decide diezmar su feligresía con el propósito de plantar una iglesia y alcanzar a los perdidos, Dios hace que el 90 por ciento que queda llegue más lejos que el 100 por ciento que había antes".[10]

(3) "Estamos con muchos programas y actividades en la iglesia, y no tenemos tiempo para un proyecto grande como este". Mucho cuidado con perder el foco, y caer en un modelo de "iglesia autoservicio" (centrado en los miembros). Nuestra misión es servir y salvar. (4) "Mi iglesia no está preparada y está con muchos problemas". Cuanto más se centre en sus problemas, la iglesia más se debilitará. Pero cuando prioriza la misión muchos de sus problemas se irán resolviendo, porque servir y trabajar para Dios es una poderosa receta que mejora el espíritu. (5) "La mayoría de los miembros de mi iglesia no tienen compromiso misionero, ni interés en plantar una nueva iglesia". Aunque esto sea verdad, tú puedes hacer la diferencia. Plantar una nueva iglesia siempre reaviva el espíritu misionero. (6) "Tenemos muy poco presupuesto de evangelismo para emprender el proyecto de plantar una nueva iglesia". El dinero no es un problema para aquel que tiene visión y abraza los sueños de Dios. Podemos buscar recursos de hermanos pudientes, de la Asociación, etc.

(7) "¿Para qué plantar otras iglesias? Precisamos llenar primero las que tenemos". En parte es verdad, pero también es cierto que plantar una nueva iglesia actúa como una poderosa medicina contra el egoísmo, una inyección de reavivamiento a las iglesias madres, que pasados los

años pasan por un ciclo natural de estancamiento y declive. En la mayoría de los casos, la mejor medicina para una iglesia que está estancada, es dar a luz una nueva iglesia, esto le da una vitalidad extraordinaria. Piensa en esto: "¡Es más fácil tener un bebe que resucitar muertos!".[11] "La mejor manera en que las iglesias estancadas pueden contribuir a esparcir el evangelio es dando a luz iglesias nuevas".[12]

(8) "Es mejor tener una iglesia grande que varias iglesias pequeñas". No hay problema en tener iglesias grandes. Recordemos que la misión de Dios es expansiva, y más iglesias resultan en mayor bendición. (9) "Es muy difícil plantar una nueva iglesia, no vamos a poder". Sabemos que es un gran desafío. Precisamos salir de nuestra zona confort y hacer más sacrificios para la causa de Dios. (10) "No tenemos experiencia en plantar iglesia". Siempre hay una primera vez. Cuando unimos el esfuerzo humano con el poder divino, podemos alcanzar grandes victorias.

Según un estudio, "el 92 % de las iglesias en la División Norteamericana no ha plantado una nueva iglesia en los últimos diez años".[13] ¿Qué te parece? Ahora piensa en la iglesia a la que asistes, ¿cuándo fue la última vez que plantó una nueva iglesia? *Imagina el crecimiento multiplicador que habría si cada distrito se propusiera plantar una nueva iglesia dentro del periodo de cinco años. Los resultados serían maravillosos.* Pero para que esto ocurra, necesitamos urgente, como miembros y pastores, revisar y ajustar nuestro enfoque sobre el discipulado y la misión.

Sigamos el modelo bíblico de los apóstoles y de los pioneros

Necesitamos seguir un modelo que se asemeje al de los apóstoles. (lee Hechos 6:1-7). En muchos lugares los miembros son dependientes de sus pastores. Una de las principales razones que muchos pastores están sobrecargados y desgastados es porque pasan demasiado tiempo tratando de solucionar los problemas de la iglesia y de sus miembros. Este modelo no beneficia, ni a la iglesia ni al pastor. Tenemos que decidir qué modelo queremos: el de *pastores cuidadores y administradores* cuya prioridad sea cuidar de la iglesia y dar un buen sermón el sábado para los miembros, o el de *pastores discipuladores y evangelistas* cuyo foco principal sea (1) motivar, movilizar, entrenar y discipular a los miembros en el ministerio (Efesios 4:12) de servir y salvar, (2) evangelizar a los no alcanzados, y (3) plantar nuevas iglesias. Este último es el modelo bíblico que más resultados y frutos ha dado en la obra del Señor.

Los pioneros del movimiento adventista implementaron en su ministerio el modelo apostólico. "En el adventismo de los primeros años, plantar iglesias era la manera principal de alcanzar a los perdidos. Hace cien años, todos los pastores adventistas eran plantadores de iglesias".[14] El evangelismo y la plantación iglesias fueron la prioridad de los pioneros.

"En los primeros 50 y 60 años de su historia, la Iglesia Adventista existió sin pastores establecidos en una iglesia".[15] De hecho, los pastores eran sostenidos no para cuidar de una iglesia sino para entrenar a sus miembros en la misión de acuerdo a los dones recibidos, para hacer evangelismo y para plantar nuevas iglesias.[16]

Puede ser que digas: "Es que los tiempos han cambiado mucho, la realidad actual es muy diferente, la prioridad de los pastores ahora no es plantar iglesias sino conservar y poner en orden las iglesias existentes". El Espíritu de Profecía afirma que "Dios no encomendó a sus ministros la obra de poner en orden las iglesias. Parecería que apenas es hecha esa obra es necesario hacerla de nuevo. Los miembros de iglesia en favor de los cuales se trabaja con tanta atención, llegan a ser débiles en lo religioso. *Si las nueve décimas del esfuerzo hecho en favor de quienes conocen la verdad se hubiesen dedicado a los que nunca oyeron la verdad, ¡cuánto mayor habría sido el progreso hecho! Dios nos ha privado de sus bendiciones porque su pueblo no obró en armonía con sus indicaciones".*[17] ¡Tremenda declaración que vale la pena reflexionar! En otras palabras, Elena de White exhorta a los pastores a dedicar la mayor parte de su tiempo, no a cuidar de los adventistas sino a alcanzar a los perdidos. Cuando no seguimos este ideal, las iglesias se debilitan y Dios nos priva de muchas bendiciones porque no seguimos sus planes.

Uno de los principales problemas que enfrentamos hoy es el sedentarismo misionero. Por eso "las iglesias se están muriendo, y necesitan que un pastor les predique. [...] *Debe enseñárseles que a menos que puedan permanecer por sí mismos sin pastor, necesitan ser convertidos de nuevo y bautizados de nuevo. Necesitan nacer de nuevo".*[18] Cuando los miembros de iglesia no trabajan para Dios, dan mucho trabajo. Al no poner en práctica los talentos y dones espirituales en la obra del Señor, las iglesias se enferman espiritualmente y absorben demasiado el tiempo del pastor en la resolución de problemas, y este no es el plan de Dios sino lo que diablo quiere. Elena de White afirma que "las tres cuartas partes del trabajo ministerial que ahora se gasta en ayudar a las iglesias podrían dedicarse a la obra de levantar iglesias en nuevos campos".[19]

Dios hace un llamado especial a los pastores a fin de "que dejen las iglesias que ya conocen la verdad, *y que vayan a establecer nuevas iglesias".*[20] Esto no significa que el pastor debe descuidar a los miembros de las iglesias de su distrito, claro que no, aunque tampoco debe absorber la mayor parte de su tiempo con los miembros que ya conocen la verdad, sino que su foco principal debe ser alcanzar las almas con el evangelio de Jesucristo. Los miembros de iglesia precisan ser orientados y educados en este aspecto, a fin de no ser un estorbo en los planes de Dios en relación a la función principal de los pastores.

Necesitamos de más "pastores apóstoles", más "ancianos pastores" y de muchas más iglesias no dependientes de pastores

En la iglesia cristiana primitiva, la función pastoral recaía más sobre lo que hoy son los ancianos de iglesias, quienes actuaban como pastores locales. Los apóstoles estaban enfocados principalmente en tres áreas: (1) predicar y abrir obra, (2) discipular y orientar a los obispos (ancianos pastores o ancianos de iglesias), (3) capacitar y discipular las iglesias establecidas en la obra misionera. Es interesante que en Efesios 4:11, refiriendo a los dones, se presenta el apostolado y el pastorado como siendo diferentes en sus funciones, no la misma cosa. El foco del pastorado es más de cuidado y manutención, mientras que el foco del apostolado es más de evangelización, apertura de obra y discipulado. El plan A de Dios es que los ancianos de iglesia se conviertan o actúen como "pastores locales" de su iglesia y los pastores vinculados con la asociación como "pastores apóstoles".

Nos hemos acostumbrado tanto al modelo que viene de la iglesia católica, del párroco o del pastor tradicional de hoy, que cambiar puede ser muy doloroso, radical y conflictivo. Le pasó al pueblo de Israel quienes pidieron rey, antes que ser gobernados por Dios. Tanto pastores como miembros necesitamos pedir perdón a Dios, humillarnos, hacer los cambios necesarios y procurar seguir el plan A de Dios. En vez de acusar, culpabilizar y criticar, podemos ser proactivos y hacer la diferencia en el lugar donde estamos.

Emilio Abdala dice que "el principio básico de los consejos de Elena de White es tener una organización centrada en la misión. Segundo, las iglesias no deben ser dependientes del pastor; o sea, él no debe consumir la mayor parte de su tiempo en los problemas de los feligreses. En tercer lugar, los miembros deben ser entrenados para llevar las responsabilidades de la iglesia local, con el fin de que el pastor tenga más tiempo para planificar e implementar un programa de evangelización".[21]

En conclusión: (1) Al menos el 75 % del ministerio del pastor debe estar enfocado en la misión (incluyendo plantar iglesias) y el 25 % en el cuidado pastoral. (2) Precisamos reavivar el concepto de "anciano pastor". (3) Las iglesias deben ser discipuladas para cumplir la misión y sus responsabilidades. "Es imperativo que el adventismo actual busque reavivar el modelo de *iglesias no dependientes de pastores*, que planten muchas iglesias".[22] De hecho, en muchos lugares del mundo, ya hay un reavivamiento y crecimiento notable en estos puntos. ¡Gloria a Dios!

Teniendo en cuenta todo lo anterior, nos dirigimos ahora al corazón del asunto que queremos abordar y dar mayor énfasis.

21 CLAVES PARA PLANTAR UNA NUEVA IGLESIA

Hay lugares que son más desafiantes y difíciles que otros, por la idiosincrasia de la gente y otros factores. En general, si se espera plantar una nueva iglesia en un barrio pobre, seis meses podría ser suficiente; si es de clase media, se precisaría de un año como mínimo; y si es de clase alta o media alta, se necesitaría de dos a tres años y muchos más recursos para invertir. Es recomendable comenzar con un desafío más accesible y que se requiera de menos presupuesto.

El proceso de plantar una nueva iglesia puede ser coordinado de muchas maneras. Algunas de ellas son: (1) por la iniciativa de un miembro de iglesia con su grupo pequeño, (2) como plan estratégico de la iglesia madre del distrito, (3) como proyecto de la conferencia local, (4) por medio de traslados de familias de Misión Global. A continuación, presentaremos 21 claves para plantar una nueva iglesia, *siendo la iglesia madre la principal impulsora de esta iniciativa*. Estas pueden servir como orientación general y pueden ser adaptadas de acuerdo a la realidad del lugar, al presupuesto que se cuenta, a los involucrados y a otros factores.

I.   PREPARACIÓN (2 - 3 MESES)

1) Es fundamental que el **pastor** del distrito y la **iglesia madre** den el visto bueno y que estén involucrados en este plan. Se debe contar con el voto de la junta de la iglesia madre. Lo ideal es que el pastor local sea el coordinador y/o supervisor del proyecto.

2) Escoger el **barrio/pueblo/ciudad** donde se desea plantar la iglesia. Hay que hacer un buen diagnóstico y estudio serio para esto, respondiendo a varias preguntas, por ejemplo: ¿hay presencia adventista en esa área?, ¿dónde se concentra mayormente la gente a la que queremos alcanzar?, ¿hay suficiente población para soportar una iglesia?, ¿cuántas iglesias cristianas hay en esa zona?, etc. Es mejor para comenzar, escoger áreas de expansión urbana y en la que haya buena receptividad para el evangelio.

3) Selección de un **grupo de hermanos** de la iglesia madre. Escoger por los menos entre cinco a diez hermanos dispuestos a formar parte de esta nueva iglesia. Se puede incluir a miembros de otras iglesias del distrito. Cuantos más hermanos involucrados mejor será. Es muy importante la selección, porque si no es precisa, se corre el riesgo de echar a perder el proyecto. Tienen que ser personas consagradas, con espíritu misionero, comprometidas y abnegadas. Uno de ellas será elegida como coordinador y futuro director de la congregación. Es importante involucrar a los hermanos que vivan en el área donde se desea plantar la nueva congregación.

4) Debe haber un **plan bien organizado** que abarque un año, con los objetivos, blancos, actividades a realizar y las fechas tentativas. Colocar los detalles del proyecto por escrito. El pastor de iglesia puede hacerlo provisoriamente y juntos con los miembros seleccionados pueden hacer las mejoras y los ajustes necesarios.

5) Preparar un **presupuesto** de los gastos durante un año (obrero bíblico, alquiler del salón, eventos comunitarios, campañas, etc.). Buscar los patrocinadores que darán el apoyo financiero al proyecto, que puede venir de la iglesia madre, de la Asociación, de algunos hermanos pudientes o de la combinación de los tres anteriores.

6) Es importante contar con el apoyo del **departamento de evangelismo** de tu Asociación, y del **coordinador de plantación de iglesias**, si lo hubiere. Presentarles el proyecto y prestar mucha atención a **sus orientaciones**. También se puede consultar a algunos **pastores con experiencia y éxito** en plantar iglesias en tu Asociación, que pueden dar consejos muy útiles que te evitarán muchos contratiempos y facilitarán el proceso de implementación.

7) Hacer un **entrenamiento intensivo** con el equipo que será parte activa del proyecto. Se puede realizar durante un fin de semana en algún campamento o espacio natural. Esto le da una fuerza extra cuanto a la motivación y unidad. Si no fuera posible por cuestiones financieras, al menos hacerlo durante un sábado por la tarde en la iglesia madre del distrito.

8) Dedicar un **día de ayuno y oración** cada mes para este proyecto. Continuarlo también durante el proceso de implementación del proyecto. Plantar una nueva iglesia es imposible sin contar con la **bendición de Dios**. Por eso, se precisa de **mucha oración** y de la influencia continua del **Espíritu Santo**. Recuerda que estamos en una batalla espiritual, el diablo evitará por todos los medios que se abra una nueva iglesia. Pero con el poder y la bendición de Dios, todo es posible. La oración hace la diferencia, la oración mueve montañas.

II. IMPLEMENTACIÓN (9 - 12 MESES)

9) Colocar un equipo de al menos cinco **colportores** estudiantes o permanentes que colporten durante los primeros tres meses en el área donde se irá abrir la iglesia. Los colportores levantarán interesados en estudiar la Biblia, participarán de las reuniones del grupo y darán al menos tres estudios bíblicos semanales cada uno.

10) Colocar al menos un **obrero bíblico** de tiempo completo, aunque lo ideal es tener dos, para que se apoyen mutuamente (no para que

den juntos los estudios). Estos obreros pueden ser pagos por la Asociación, por la iglesia local, por algunos hermanos adinerados o por la combinación de los tres. El plan es que el obrero bíblico permanezca por cuatro meses como mínimo, lo ideal es que esté por más tiempo. Si se quiere impulsar con más fuerza, se puede colocar tres obreros bíblicos por cuatro meses y luego quedará uno de ellos por seis meses más. Se puede utilizar la **encuesta Impacto Esperanza** como método para levantar estudios bíblicos. Es una excelente herramienta que se puede usar de casa en casa, en comercio, en las plazas, parques, parking de tiendas comerciales, lavanderías, etc. Te animo a que leas el apéndice 1 de este libro, que trata sobre los estudios bíblicos que ganan almas. Además de los obreros bíblicos, también los **miembros de iglesia involucrados** dedicarán el sábado de tarde unas dos a tres horas para dar estudios bíblicos. Se espera que cada uno de ellos dé al menos tres estudios bíblicos semanales.

11) Realizar varios **eventos comunitarios de siembra** en los primeros siete meses (en cada mes se puede hacer un evento diferente): **Feria de Salud, Expo Biblia, Expo Santuario** (vea el apéndice 5 y 6), curso de cocina vegetariana, seminarios varios (pueden ser de familia, nutrición, medicina del estilo de vida, educación financiera, superación personal, etc.). Hacer también algunas **actividades de acción social** (entrega de alimentos a familias necesitadas, etc.) y programas en **fechas especiales** (Semana Santa, día de la madre, día del padre, día de acción de gracias, Navidad, etc.). Te recomiendo a que vuelvas a leer el apéndice 3 para sacar algunas ideas.

12) Tener al menos dos **grupos pequeños** funcionando cada semana. Las reuniones pueden realizarse los miércoles o viernes de noche. Y en las primeras semanas, antes de conseguir el salón, se reúnen todos en algún lugar combinado para el sábado de mañana.

13) Al segundo o tercer mes, se puede **alquilar un salón/iglesia** que funcionaría para las reuniones de los sábados. Allí se reunirán los miembros involucrados de la iglesia madre, los colportores, el obrero bíblico, y los invitados. En ese salón se pueden hacer algunos de los eventos comunitarios o dar algunas conferencias. Es vital que **todos los programas y cultos** que se hagan sean bien **organizados, amigables, participativos, inspiradores y fervorosos**.

14) **Informar** (incluyendo fotos, videos, testimonios, etc.) a la iglesia madre y a los patrocinadores financieros, por lo menos mensualmente, sobre los avances del proyecto. Esto es muy importante. Es probable que, durante este proceso, haya más apoyo de voluntarios y mayor soporte financiero.

15) Realizar dos **campañas de evangelismo** de cosecha durante el año (una en el cuarto mes y la otra en el octavo mes). Esta campaña puede ser de una semana o de media semana (miércoles a sábado). Finalizando con bautismos en cada campaña.

16) Instruir e involucrar a todos los **nuevos miembros bautizados** en algún ministerio de acuerdo con sus dones para que sean activos en el servicio y la ganancia de almas. Entregar a cada uno de ellos un **kit de formación misionera** con varios materiales, que puede incluir una Biblia, estudios bíblicos y tres libros: *El servicio cristiano, Compartir a Jesús es todo* y *Sé misionero hoy*. Sugerimos también que después de bautizarse, los nuevos miembros hagan el **estudio bíblico Sé misionero hoy** (de doce lecciones). Vea el apéndice 8.

17) Redistribuir las **responsabilidades** del nuevo grupo, involucrando también a algunos nuevos bautizados. Entre el mes noveno y duodécimo se espera que el grupo pueda ser organizado como **nueva congregación** por la Asociación, con una **ceremonia de celebración** durante un sábado.

III. SEGUIMIENTO (HASTA SER IGLESIA ORGANIZADA)

18) **Evaluar** los métodos y estrategias que se usaron desde que se comenzó el proyecto. **Priorizar y enfatizar** lo que haya dado más resultado en la ganancia de almas.

19) Una vez organizada la nueva congregación, hacer un buen **plan de discipulado, evangelismo y crecimiento** del nuevo grupo por un año, votarlo en la junta y lanzar el desafío a todos los miembros. Procurar que todos tengan participación.

20) Compra del terreno y **construcción del templo** en cierto lugar estratégico. Debe ser coordinada con la Asociación local. Durante este proceso, es importante hacer un llamado especial a los miembros de la nueva congregación y de la iglesia madre para hacer donaciones generosas (dinero o materiales) y para ofrecerse como voluntarios en la construcción.

21) Transformar el nuevo grupo en **iglesia organizada**. Después de ser organizada congregación, el proceso hasta hacerla iglesia organizada puede llevar de uno a tres años, dependiendo de la visión y entrega de los líderes y de la dedicación misionera del grupo.

Para profundizar sobre esta temática de plantación de iglesias, te animo a que leas algunos libros adventistas inspiradores sobre el tema. Por ejemplo, *Guía para plantar iglesias*[23] y *Rekindling a Lost Passion [Reavivando una pasión perdida]*.[24] Es vital que estudies también los diferentes materiales digitales (guías, manuales, PowerPoint, etc.) sobre plantación de iglesia que han sido preparados por tu Asociación/Unión/División o por la facultad de Teología. Todos ellos son un excelente recurso para ampliar la visión y mejorar el plan de acción, además de estar más contextualizados a tu realidad geográfica.

Una iglesia más para Cristo

Dios está levantando un gran movimiento de plantación de iglesias en muchos lugares del mundo. Si tu corazón está ahora ardiendo con el llamado de Dios para ser parte activa en algún proyecto de plantación de iglesia, habla con tu pastor. Tú puedes ser un instrumento útil en las manos del Señor para plantar una nueva iglesia en cierta región.

"Una iglesia más para Cristo" puede ser el lema que nos inspire a seguir firmes hacia adelante. Durante este proceso habrá muchos obstáculos, pero no te desanimes, confía en Dios, esfuérzate y sé valiente, persevera, que el Señor te dará grandes victorias. Clama por la unción del Espíritu Santo, porque solo Él hace la diferencia. Que la gloria de Dios se manifieste en la plantación de una iglesia más para Cristo. ¡Amén! ¡Bendito sea su nombre! ¡Aleluya!

Referencias

[1] Elena de White, *Testimonios para la iglesia*, tomo 7, p. 105.

[2] Ron Gladden, *Plantar el futuro* (Buenos Aires, Argentina: ACES, 2000), p. 90.

[3] *Ibíd*, p. 42.

[4] Varias de estas diez razones fundamentales, las ideas fueron sacadas del libro *Rekindling a Lost Passion (Reavivando una pasión perdida)*, pp. 91-104. Escrito por Russell Burrill.

[5] Elena de White, *El ministerio médico*, p. 410.

[6] Elena de White, *Testimonios para la iglesia*, tomo 6, p. 32.

[7] Elena de White, *Un ministerio para las ciudades*, p. 145.

[8] Joseph Kidder, *Moving Your Church* (Nampa, Idaho: Pacific Press, 2015), p. 9.

[9] Ron Gladden, *Plantar el futuro* (Buenos Aires, Argentina: ACES, 2002), p. 86.

[10] *Ibíd*, p. 90.

[11] *Ibíd*, p. 47.

[12] *Ibíd*, p. 87.

[13] Joseph Kidder, *Moving Your Church* (Nampa, Idaho: Pacific Press, 2015), p. 115.

[14] Ron Gladden, *Plantar el futuro* (Buenos Aires, Argentina: ACES, 2000), p 86.

[15] Emilio Abdala, *Guía para plantar iglesias* (Buenos Aires, Argentina: ACES, 2010), p. 37.

[16] Recomendamos leer el libro *Revolución en la iglesia*, por Russell Burrill.

[17] Elena de White, *Testimonios para la iglesia*, tomo 7, p. 21.

[18] *El Evangelismo*, p. 280.

[19] Elena de White, *The Review and Herald*, 14 de enero de 1868.

[20] *Testimonios para la iglesia*, tomo 6, p. 414.

[21] Emilio Abdala, *Guía para plantar iglesias* (Buenos Aires, Argentina: ACES, 2010), p. 43.

[22] Russell Burril, *Rekindling a Lost Passion* (Fallbrook, CA: Hart Research Center, 1999), p. 77.

[23] Escrito por Emilio Abdala, y publicado por ACES (Buenos Aires, Argentina) en el 2010.

[24] Disponible solo en inglés, escrito por Russell Burrill.

Apéndice 8

ESTUDIO BÍBLICO
SÉ MISIONERO HOY

"La mies a la verdad es mucha, pero los obreros pocos; por tanto, rogad al Señor de la mies que envíe obreros a su mies" (Lucas 10:2)

L a Gran Comisión que Jesús nos dio fue muy clara: "Por tanto, id y haced discípulos a todas las naciones, bautizándolos en el nombre del Padre, del Hijo y del Espíritu Santo, y enseñándoles que guarden todas las cosas que os he mandado" (Mateo 28:19-20). *La obra de hacer discípulos tiene dos fases fundamentales: (1) enseñar y bautizar a los nuevos discípulos, y (2) motivar y capacitar a los discípulos ya bautizados para el cumplimiento de la misión.* Necesitamos fortalecer mucho más la segunda fase del discipulado, ya que la hemos descuidado bastante. Todo verdadero discípulo debe pasar por estas dos fases fundamentales.

El Maestro también dijo: "La mies a la verdad es mucha, *pero los obreros pocos;* por tanto, rogad al Señor de la mies que envíe obreros a su mies" (Lucas 10:2). Necesitamos avanzar con compromiso, pasión, perseverancia y con el poder de Dios en estas cuatro áreas: (I) orando por más misioneros, (II) preparándonos como misioneros, (III) animando a otros a ser misioneros y (IV) entrenando a nuevos misioneros.

La siguiente guía de estudios de doce temas está basada en el contenido de este libro, tanto de los ocho capítulos como de los apéndices. Tiene la intención de repasar y afianzar los puntos más relevantes que ya se han leído en este libro, y, sobre todo, animar a ponerlos en práctica. En esta serie de estudios es fundamental leer/releer el capítulo o apéndice relacionado con cada tema.

Estos estudios pueden realizarse de varias maneras: (1) individualmente: el miembro de iglesia lo hace a solas, acompañado por la lectura de este libro. (2) Entre dos personas: el instructor (lo ideal es que sea la misma persona que dio los estudios bíblicos doctrinales) con el recién bautizado. Este proceso es necesario para fomentar una cultura misionera entre los nuevos miembros. (3) En un grupo pequeño de la iglesia, o de tu clase de Escuela Sabática. (4) Con toda la iglesia, ya sea presencialmente (en el sábado misionero de cada mes) o virtualmente (vía Zoom. Ejemplo: todos los martes de 6:00 – 6:30 h. o de 19:30 a 20:00 h.). Para lograr un mayor impacto, lo ideal es combinar las cuatro formas sugeridas en diferentes fechas del año. Como dice el dicho popular: "la repetición es la madre del saber". De esta manera, un mayor número de miembros pueden beneficiarse con estos estudios.

Para un mayor aprovechamiento, esta serie de estudios debe ser acompañada con este libro. Nuestra recomendación es asignar como tarea la lectura previa del capítulo o apéndice que se estudiará o repasará en la siguiente semana. Tenemos disponible estos estudios por separado, listos para ser impresos, en tamaño carta o A4, en caso de que deseen entregarse a cada miembro de la iglesia durante el sábado por la mañana antes de la predicación misionera. Lo ideal es que cada estudiante tenga su libro y lo haga aquí mismo en el apéndice 7, ya que es vital que se lea el capítulo correspondiente. La iglesia puede hacer una inversión regalando una copia de este libro a cada familia, o bien subvencionando parte del costo. Cuando se ordena en cantidad, el precio por unidad disminuye considerablemente (tanto al principio como al final de este libro, están los datos de contacto para hacer los pedidos).

ESTUDIO 1: DIOS QUIERE HACER GRANDES COSAS CONTIGO

1) ¿Qué es lo que más te impresiona de las promesas de Dios en Génesis 28:14 y Éxodo 34:10?

....

*"Espera grandes cosas de Dios e
intenta grandes cosas para Dios" (William Carey).*

2) ¿Cuál fue el llamado de Dios a Moisés y cuál es el llamado que Dios también nos hace a nosotros? (Éxodo 3:10; Juan 17:18).

....

*"Los envío a dar tu mensaje a la gente de este mundo,
así como tú me enviaste a mí" (Juan 17:18, TLA).*

3) ¿Cuáles fueron las cinco excusas de Moisés y las cinco promesas que Dios le dio?

Excusa 1: .... (Éxodo 3:11).

Promesa 1: .... (Éxodo 3:12).

"Dios es especialista en usar lo insignificante
para llevar a cabo lo imposible" (Richard Exley)

Excusa 2: .... (Éxodo 3:13).

Promesa 2: .... (Éxodo 3:14).

"Testificar no es un don del Espíritu Santo
sino un llamado para el cristiano" (Mark Finley).

Excusa 3: .... (Éxodo 4:1).

Promesa 3: .... (Éxodo 4:2-4).

La única manera en que Dios te puede usar
es cuando tú te colocas en sus manos.

Excusa 4: .... (Éxodo 4:10).

Promesa 4: .... (Éxodo 4:11-12).

Cuando Dios llama, también capacita.

Excusa 5: .... (Éxodo 4:13).

Promesa 5: .... (Éxodo 4:14-16).

"No son las capacidades que poseen hoy, o las que tendrán en lo futuro,
las que les darán éxito. Es lo que el Señor puede hacer por ustedes. [...]
Anhela que esperen grandes cosas de él" (Palabras de vida del gran
Maestro, p. 112).

4) ¿Cuál fue la mejor decisión que Moisés tomó en ese momento y que
también deberíamos tomar nosotros?

.... (Éxodo 4:18).

"Con la ayuda de Dios haremos grandes cosas" (Salmos 60:12, DHH).

5) Para reflexionar y accionar:

▪ ¿Cuáles son tus excusas más comunes para no involucrarte activamente en la obra de Dios?

....

Cada excusa que tengas es un obstáculo
para recibir la bendición de Dios en tu vida.

- ¿Qué es lo que más te llamó la atención de este estudio y de la lectura del capítulo 1?

  ....

- Tarea: Lee/relee el capítulo 2 que será estudiado en la próxima semana. Subraya en el libro las frases que más te impactaron.

- Desafío misionero: Piensa en algo que puedes hacer para Cristo. Haz una oración cada mañana para consagrarte a Él como misionero.

- Mi decisión: "Quiero estar más activo en la obra de Dios. Coloco todas mis excusas y justificaciones ante el Trono de la Gracia. Me entrego hoy en las manos de Dios como misionero".

Nombre: .... Firma: .... Fecha: ....

ESTUDIO 2: AHORA ES EL TIEMPO DE LEVANTAR LA BANDERA DE CRISTO

1) ¿Cuál es la esencia del mensaje de Salmos 60:4?

  ....

Jehová Nissi significa "el Señor es mi bandera" (Éxodo 17:15, DHH).

2) Levantar la bandera de Cristo significa principalmente:

   - *Fidelidad a Dios (Apocalipsis 2:10; 2 Crónicas 31:18).*
   - *Santidad de carácter (1 Pedro 1:15; 1 Tesalonicenses 4:3,7).*
   - *Misión en acción (2 Timoteo 4:2,5; 2 Timoteo 1:8-9).*

   ¿Sobre cuál de estos tres puntos precisas mejorar más?

  ....

3) Lee Esdras 1:1-5 y escribe lo que más te llama la atención de estos versículos.

  ....

La gran mayoría de los israelitas se habían acostumbrado al estilo de vida de Babilonia, amaban la comodidad y no estaban dispuestos a sacrificarse por la obra de Dios. Aproximadamente solo un diez por ciento aceptó el desafío de regresar a Jerusalén.

4) ¿Cuáles fueron las dos actitudes que prevalecían en la construcción de la Casa de Jehová? (Esdras 3:12). Reflexiona sobre cuál de estos dos actitudes se manifiesta a menudo en tu vida.

....

5) ¿Cuáles fueron algunas de las estrategias de Satanás que influyeron para paralizar la obra de Dios?

- .... (Esdras 4:4)

- .... (Esdras 4:5)

- .... (Esdras 4:6)

- .... (Esdras 4:23)

Aunque Satanás está empeñado en desanimar, apartar y destruir a aquellos que están trabajando para Dios, el Señor está comprometido en ayudar, proteger y bendecir a los que se entregan a Él de todo corazón.

6) ¿Cuáles fueron los dos mensajeros de esperanza usados por Dios para reanimar la obra de la Casa de Jehová? (Esdras 5:1-2).

....

Ante los proyectos misioneros de tu iglesia, ¿eres un mensajero de esperanza y fe o un mensajero de desánimo y crítica?

7) ¿Qué aspectos sobresalen del mensaje del profeta Hageo y cómo respondió el pueblo de Israel?

- .... (Hageo 1:2-4)

- .... (Hageo 1:9)

- .... (Hageo 1:5)

- .... (Hageo 1:8)

- .... (Hageo 1:9)

- .... (Hageo 1:12)

- .... (Hageo 1:14)

Medita en el llamado que Dios te hace para trabajar más en su obra.

8) ¿De qué manera Dios obró poderosamente abriendo camino? (Esdras 6:1-12).

....

271

"Cuando por fe nos aferramos a su fortaleza, él cambiará milagrosamente las perspectivas más desanimadoras y sin esperanza. Lo hará por la gloria de su nombre" (Servicio cristiano, p. 290).

9) ¿Qué aspectos sobresalen del mensaje del profeta Zacarías?

- .... (Zacarías 2:5)

- .... (Zacarías 3:2)

- .... (Zacarías 3:4)

- .... (Zacarías 4:6)

La obra fue terminada para la gloria de Dios (Esdras 6:15-16).

10) Para reflexionar y accionar:

Escribe a qué obra o misión específica, a la que Dios te está llamando, precisas empeñarte con más dedicación y determinación.

....

- ¿Qué es lo que más te llamó la atención de este estudio y de la lectura del capítulo 2?

....

- Tarea: Lee/relee el capítulo 3 que será estudiado en la próxima semana. Subraya en el libro las frases que más te impactaron.

- Desafío misionero: Ora a Dios cada día para que reavive en ti el deseo de trabajar más para Él. Ora por cinco personas a quienes le harás una visita misionera en las próximas dos semanas.

- Mi decisión: "Jehová Nissi, el Señor es mi bandera. Hoy renuevo mi voto de fidelidad, santidad de carácter y misión en acción. He decidido levantar la bandera de Cristo en todo lugar adonde vaya".

Nombre: .... Firma: .... Fecha: ....

ESTUDIO 3: ¡SÉ MISIONERO HOY, NO MAÑANA!

1) Según 2 Timoteo 4:2,5; 1 Corintios 15:58; Salmos 96:2-3 ¿Cuál es el llamado de Dios con relación al tiempo de cumplir la misión?

....

*Dios nos llama a ser misioneros dondequiera
que estemos y dondequiera que vayamos*

2) ¿Cómo vivía la misión la iglesia de los apóstoles? (Hechos 5:42)

....

*"Toda la iglesia necesita estar imbuida [instruida, persuadida, contagiada
y empapada] con el espíritu misionero" (Elena de White). "El espíritu de
Cristo es un espíritu misionero. El primer impulso del corazón regenerado
es el de traer a otros también al Salvador" (El Conflicto de los siglos, p. 67).*

3) ¿Cuál es una de las más poderosas medicinas para nuestro crecimiento espiritual?

....

*"Hay solamente una cura verdadera para la pereza espiritual, y ésta es
el trabajo: el trabajar por las almas que perecen. Tal es la receta que
Cristo prescribió para el alma que desmaya, duda y tiembla" (Servicio
cristiano, p.135). "La mejor medicina que podéis dar a una iglesia no es
predicar o sermonear, sino planear trabajo para sus miembros" (El evangelismo, p. 261). "El mejor remedio para una congregación enferma es
ponerla en una dieta misionera" (David Livingstone)*

4) ¿Para quienes es el llamado de Dios para ser misioneros? (Mateo
28:19-20)

....

*"Todo cristiano debe ser un misionero" (Servicio Cristiano, p. 29). "Todo
hijo e hija de Dios está llamado a ser misionero; somos llamados para el
servicio de Dios y de nuestro prójimo" (Servicio Cristiano, p. 82). "Cada
verdadero discípulo nace en el reino de Dios como misionero" (Servicio
cristiano, p. 14).*

5) ¿Cuáles son dos objetivos clave de la obra misionera?

....

La esencia de la obra misionera es servir y salvar.

6) Medita en estos cuatro secretos para ser misionero cada día:

(1) Ora a Dios cada mañana para que Él te use como misionero ese día
(2) Pide perdón al Señor por tu pereza misionera.
(3) Lleva siempre material misionero al salir de tu casa.
(4) Consagra tu día para sembrar el Reino de Dios.

Procura colocar en práctica esta simple receta por al menos 40 días.

7) Lee Proverbios 3:28 y Efesios 5:16 ¿Cuál es el mejor día para servir?

....

"No dejes para mañana la ayuda que puedas dar hoy"
(Proverbios 3:28, DHH)

8) Para reflexionar y accionar:

■ *"Conságrate a Dios todas las mañanas*; haz de esto tu primer trabajo. Sea tu oración: 'Tómame ¡oh Señor! como enteramente tuyo. Pongo todos mis planes a tus pies. *Úsame hoy en tu servicio.* Mora conmigo, y sea toda mi obra hecha en ti'. *Este es un asunto diario"* (El camino a Cristo, p. 70). ¿Te gustaría poner en práctica este tipo de oración cada mañana?

....

■ ¿Qué es lo que más te llamó la atención de este estudio y de la lectura del capítulo 3?

....

■ Tarea: Lee/relee el capítulo 4 que será estudiado en la próxima semana. Subraya en el libro las frases que más te impactaron.

■ Desafío misionero: Aprovecha toda oportunidad que se te presente durante el día para servir y esparcir el evangelio.

■ Mi decisión: "Señor, he decidido ser misionero todos los días. A partir de hoy me consagraré cada mañana como misionero. Te pido por el bautismo diario del Espíritu Santo en mi vida".

Nombre: .... Firma: .... Fecha: ....

ESTUDIO 4:
SIETE MARCAS DISTINTIVAS DE UN VERDADERO DISCÍPULO

1) ¿Cuáles son las siete marcas distintivas de un verdadero discípulo?

1) .... (Lucas 9:23)

2) .... (Marcos 3:14)

3) .... (Lucas 9:24)

4) .... (Lucas 9:52)

5) .... (Lucas 9:58)

6) .... (Lucas 14:26)

7) .... (Mateo 28:19)

"Todos los que no son fervientes discípulos de Cristo, son siervos de Satanás" (El conflicto de los siglos, p. 498). "La falta de actividad y fervor en la causa de Dios es espantosa. Este estupor mortal proviene de Satanás" (Joyas de los testimonios, tomo 1, p. 88).

2) Escribe al menos dos diferencias entre ser un simple miembro de iglesia y un verdadero discípulo de Cristo.

   ....

3) Iglesias hacedoras de discípulos = crecimiento multiplicador. ¿Qué es lo que más te llama la atención de estas citas?

   ....

"Una iglesia que trabaja es una iglesia viva" (Testimonios para la iglesia, tomo 6, p. 434). "En toda iglesia, los miembros deben ser adiestrados de tal manera que dediquen tiempo a ganar almas para Cristo" (Joyas de los testimonios, tomo 3, p. 69). "A todos los recién llegados a la fe hay que educarlos en lo que atañe a su responsabilidad personal y a la actividad individual en la búsqueda de la salvación del prójimo" (El Evangelismo, p. 260).

4) Marca con una X al menos tres acciones de discipulado que tu iglesia podría fortalecer más en los próximos tres meses:

   ( ) Cinco minutos misioneros   ( ) Sermón misionero
   ( ) Sábado de evangelismo   ( ) Escuela Sabática de visitas
   ( ) Clases bíblicas   ( ) Escuela misionera
   ( ) 21 días de maratón misionera   ( ) Proyecto misión esperanza
   ( ) Proyecto mensajero de esperanza   ( ) Congreso distrital misionero

5) Sé un discipulador que prioriza los estudios bíblicos.

Tú puedes participar en un reavivamiento misionero con estudios bíblicos de cuatro maneras: (1) Consiguiendo interesados para estudiar la Biblia, (2) dando tú mismo algunos estudios bíblicos, (3) acompañando a alguien para aprender a dar estudios bíblicos, o (4) donando una ofrenda especial para Dios, que ayude en parte a sostener un obrero bíblico.

¿Cuál de estas cuatro opciones prefieres aplicar primero?

....

6) Escoge cuatro de las doce bendiciones de ser un discípulo de Cristo que más te gustaría recibir en los próximas semanas.

Coloca aquí los números: ....

(1) Dios te dará poder y autoridad, (2) Dios te abrirá y enderezará caminos, (3) Dios te dará vigor y fuerza, (4) Dios te envía ángeles para que te acompañen, (5) Dios te dirigirá y te dará sabiduría, (6) Dios te auxiliará y protegerá siempre, (7) Dios suplirá todas tus necesidades, (8) Dios pulirá tu carácter y te hará mejor persona, (9) Dios te habilitará y capacitará para el servicio, (10) Dios te enviará el Espíritu Santo, (11) Dios promete bendecir tu trabajo, (12) Dios te dará la corona de la vida eterna.

7) Para reflexionar y accionar:

- "Nadie puede tener éxito en el servicio de Dios a menos que todo su corazón esté en la obra, y tenga todas las cosas por pérdida frente a la excelencia del conocimiento de Cristo. Nadie que haga reserva alguna puede ser discípulo de Cristo, y mucho menos puede ser su colaborador" (*El Deseado de todas las gentes*, p. 239). ¿Qué es lo que más te impresiona de esta cita?

  ....

- ¿Qué es lo que más te llamó la atención de este estudio y de la lectura del capítulo 4?

  ....

- Tarea: Lee/relee el capítulo 5 que será estudiado en la próxima semana. Subraya en el libro las frases que más te impactaron.

- Desafío misionero: Escribe tu plan de acción como discípulo de Cristo para las próximas tres semanas. Proponte acompañar a alguien para dar un estudio bíblico el próximo sábado.

- Mi decisión: "Deseo poner en práctica las siete marcas de un verdadero discípulo. Quiero sumar esfuerzos para que mi iglesia sea una iglesia hacedora de discípulos. Me propongo llevar un alma para Cristo en este año".

Nombre: .... Firma: .... Fecha: ....

ESTUDIO 5:
MENSAJEROS DE ESPERANZA, LLAMADOS POR DIOS

1) ¿Cuáles son las siete razones principales para testificar y ser un mensajero de esperanza?

1) .... (Mateo 28:19-20)

2) .... (1 Pedro 2:9)

3) .... (Hechos 18:10)

4) .... (Mateo 24:14)

5) .... (Apocalipsis 14:6-12)

6) .... (Malaquías 3:1)

7) .... (1 Corintios 15:58)

2) Medita en las siguientes doce grandes bendiciones de testificar:

(1) Testificar te acerca mucho más a Dios. (2) Testificar fortalece tu fe en gran manera. (3) Testificar evidencia de que tú estás convertido de verdad. (4) Testificar es la única manera en que Dios te puede usar. (5) Testificar es un remedio eficaz para la tibieza y la pereza espiritual. (6) Testificar es un poderoso antídoto contra la apostasía y la parálisis espiritual. (7) Testificar ayuda a resolver tus problemas internos. (8) Testificar aumenta grandemente tus ganas de vivir y ser feliz. (9) Testificar es fundamental para desarrollar un mejor carácter. (10) Testificar juega un papel fundamental en tu preparación para el cielo. (11) Testificar es una acción que honra y obedece a Dios. (12) Testificar produce muchos frutos y grandes recompensas.

De estas doce bendiciones, ¿cuáles son las tres que más necesitas?

....

3) Sé un mensajero de esperanza siempre activo. Dedica unos minutos para pensar de qué manera puedes estar más activo en el servicio y en la misión. Pon por escrito algunas de esas ideas.

Confía siempre en el poder de Dios. Predica el evangelio como parte de tu estilo de vida. Sigue el método de Cristo. Cuenta tu testimonio personal a menudo. Lleva una vida íntegra todos los días. Emplea tus talentos y dones para Dios. Consagra para Cristo tu billetera y teléfono. Utiliza las redes sociales para sembrar esperanza. Reparte constantemente literatura misionera. Haz una buena planificación misionera.

4) Mucho cuidado con las motivaciones erradas para hacer la misión. Entre ellas están las siguientes:

Miedosa (se siente intimidado por casi todo) / Forzada (siente que le están "obligando") / Excusadora (con muchos peros y justificaciones) / Conformista (quiere hacer lo mínimo posible) / Interesada (motivada por la codicia o la envidia) / Facilista (busca lo más fácil y cómodo) / Meritoria (pretende ganar "puntos" para su salvación) / Aparentosa (vive de apariencia) / Criticona (no lo hace por la hipocresía que ve) / Egoísta (busca que le sirvan) / Narcisista (busca hacerse ver y llamar la atención).

La motivación correcta que nos impulse a trabajar para Dios debe ser la Redentora (por amor a Dios y a las almas): "Deseo servir mejor a mi Maestro", "no puedo callar, hay algo que me impulsa", "siento que Dios me está llamando...", "Señor, aviva tu obra...", "prefiero gastarme y ser gastado...", "iré a donde Dios me mande".

5) Para reflexionar y accionar:

- "El esfuerzo por hacer bien a otros se tornará en bendiciones para nosotros mismos. *Tal era el designio de Dios al darnos una parte que hacer en el plan de redención.* El concedió a los hombres el privilegio de ser hechos participantes de la naturaleza divina y de difundir a su vez bendiciones para sus hermanos. Este es el honor más alto y el gozo mayor que Dios pueda conferir a los hombres" (*El camino a Cristo*, p. 79). ¿Qué es lo que más te impresiona de esta cita?

  ....

- ¿Qué es lo que más te llamó la atención de este estudio y de la lectura del capítulo 5?

  ....

- Tarea: Lee/relee el capítulo 6 que será estudiado en la próxima semana. Subraya en el libro las frases que más te impactaron.

- Desafío misionero: En esta semana haré al menos tres acciones misioneras definidas en mi entorno (familia, amigos, comunidad, etc.).

- Mi decisión: "Quiero ser un mensajero de esperanza siempre activo en la obra de Dios. Deseo recibir las doce bendiciones de testificar. Le pido al Señor que me quite las motivaciones erradas y refuerce en mi mente y corazón la verdadera motivación".

Nombre: .... Firma: .... Fecha: ....

ESTUDIO 6: LOS VALDENSES DEL SIGLO XXI

El corazón de este estudio está basado en los sietes señales distintivas del pueblo valdense. Precisamos también nosotros practicar estas características fundamentales a fin de gozar de una buena salud espiritual y obtener fortaleza para hacer la obra de Dios.

1) **Eran estudiosos de la Biblia.**

Para ellos leer la Biblia era su estudio principal. Y para ti, ¿lo es la Biblia o lo es el Facebook, Instagram, TikTok, Netflix, u otra cosa). Mucho cuidado con los distractores digitales, que nos pueden hacer perder la prioridad, el gusto y el interés por la lectura diaria de las Sagradas Escrituras.

Ellos aprendían de memoria grandes porciones de la Biblia. Y tú, ¿cuántos versículos de la Biblia sabes? Ahora es el tiempo de memorizar más algunas de las poderosas promesas de Dios. ¿Qué te parece aprender una promesa de Dios por semana? ¿Aceptas el desafío? ....

"Sólo los que hayan estudiado diligentemente las Escrituras y hayan recibido el amor de la verdad en sus corazones, serán protegidos de los poderosos engaños que cautivarán al mundo" (El conflicto de los siglos, p. 609).

2) **Eran gente de mucha oración.**

Lee Jeremías 33:3 y Salmos 145:18-19. ¿Qué es lo que más te impresiona de estos versículos?

....

"La oración es la vida del alma" (La oración, p. 112). "La oración es la herramienta del éxito establecida por el cielo" (Dios nos cuida, p. 324). "Las mayores victorias de la iglesia de Cristo o del cristiano […] son las victorias que se alcanzan en la cámara de audiencia con Dios, cuando la fe fervorosa y agonizante se ase del poderoso brazo de la omnipotencia" (El colportor evangélico, p. 84).

3) **No se quejaban por las dificultades de su vida.**

Lee Filipenses 4:11; Job 1:21 y 23:10; 1 Pedro 4:12-13,16. ¿Qué es lo que más te impresiona de estos versículos?

....

Mucho cuidado con el espíritu de murmuración, descontento, chisme, crítica destructiva y quejas constantes. Este mal espíritu destruye la fe, bloquea las bendiciones de Dios, causa desunión, debilita la misión, desgasta las fuerzas de los líderes, y abre la puerta al enemigo.

4) **Tenían un gran espíritu misionero.**

"El espíritu de Cristo es un espíritu misionero. El primer impulso del corazón regenerado es el de traer a otros también al Salvador. Tal era el espíritu de los cristianos valdenses" (El conflicto de los siglos, p. 67).

5) **Eran fieles a Dios hasta la muerte.**

Lee Apocalipsis 2:10 y Hechos 21:13. ¿Qué es lo que más te impresiona de estos versículos?

....

"Los valdenses habían sacrificado su prosperidad mundana por causa de la verdad" (El conflicto de los siglos, p. 65). *Te pregunto, ¿qué has sacrificado últimamente por Dios y la misión? Muchas veces lo que llamamos "sacrificio" es apenas una "migaja" de servicio.*

Las cinco razones principales del odio y la persecución de Roma hacia los valdenses se debieron a que ellos: (1) Guardaban el sábado, (2) distribuían publicaciones misioneras, (3) no aceptaban el orden que Roma les quería imponer, (4) vivían la fe de Jesús y denunciaban el error con amor, y (5) no cesaban de predicar la verdad.

6) **Eran personas entendidas en los tiempos.**

Lee 1 Crónicas 12:32. ¿Qué es lo que más te impresiona de este versículo?

....

Los valdenses (I) tenían un sentido de inminencia de la venida de Cristo, (II) estudiaban y comprendían las profecías de Daniel y Apocalipsis, y (III) eran dedicados, comprometidos y fieles en su sacerdocio familiar.

7) **Eran mensajeros de las publicaciones.**

"Las iglesias de todos los lugares deben sentir el más profundo interés en la labor misionera con nuestras publicaciones" (El colportor evangélico, p. 30). *"Que todo creyente esparza volantes, folletos y libros que contengan el mensaje para este tiempo"* (El colportor evangélico, p. 22).

8) Para reflexionar y accionar:

▪ ¿Cuáles de estas siete señales distintivas son las tres menos desarrolladas en tu vida, y que necesitas urgentemente crecer más?

....

- ¿Qué es lo que más te llamó la atención de este estudio y de la lectura del capítulo 6?

  ....

- Tarea: Lee/relee el capítulo 7 que será estudiado en la próxima semana. Subraya en el libro las frases que más te impactaron. Mira el video de YouTube titulado "El Israel de los Alpes".

- Desafío misionero: Comparte con tres personas tu testimonio personal sobre cómo viste la mano de Dios obrando en tu vida.

- Mi decisión: "Quiero fortalecer en mi vida las siete señales distintivas de los valdenses y de los verdaderos hijos de Dios. Esto será mi motivo de oración especial durante los próximos siete días".

Nombre: .... Firma: .... Fecha: ....

ESTUDIO 7: ALCANZANDO LOS SUEÑOS DE DIOS

Estudiaremos siete principios de éxito para alcanzar los sueños de Dios en tu vida, basado en la historia de Nehemías.

Un sueño derribado (Nehemías 1:1-4)

1) **Sentido de propósito** (Nehemías 2:17, 20, 12).

Responde a la pregunta: ¿Qué quiero lograr?

"El Dios de los cielos nos dará éxito. Nosotros, sus siervos, pondremos manos a la obra" (Nehemías 2: 20, BLP). "Dios no te hubiera dado la capacidad de soñar sin darte también la oportunidad de convertir tus sueños en realidad" (H. Tassinari).

Las metas son las piernas del sentido de propósito. "El éxito en cualquier actividad requiere una meta definida" (La educación, p. 237).

Fórmula poderosa: Jesús + oración y ayuno + sueños y metas + planificación = Sentido de propósito santificado.

Escribe un sueño o plan de impacto misionero que te gustaría implementar con la bendición de Dios:

....

2) Espíritu de fe (Nehemías 4:14,6)

Responde a la pregunta: ¿Cómo lo quiero ver?

"Dios dará experiencia admirable a los que digan: 'Creo en tu promesa; no fracasaré ni me desalentaré'" (Promesas para los últimos días, p. 47). "No pienses que no puedes, sino di: "Yo puedo, y lo haré". Dios ha prometido su Espíritu para ayudarte en todo esfuerzo decidido" (La temperancia, p. 101). "Sin fe es imposible agradar a Dios" (Hebreos 11:6).

3) Compromiso total (Nehemías 6:3,11)

Responde a la pregunta: ¿Hasta dónde quiero jugarme?

No "tires la toalla" cuando el diablo te ataque duro. Algunas estrategias que el enemigo utiliza son: (1) La intimidación y el miedo (Neh. 6:9). (2) La mentira y los falsos informes (Neh. 6:6). (3) La burla y el menosprecio (Neh. 2:19). (4) La murmuración y la crítica destructiva (4:1-2). (5) El entretenimiento y los distractores (Neh. 6:2,10). (6) El espíritu de descontento y la división (Neh. 6:17-18). (7) El soborno y la difamación (Neh. 6:12-13). (8) La irá y la persecución (Neh. 2:7-8,11).

"Nuestro Dios peleará por nosotros" (Nehemías 4:20)

4) Esfuerzo, disciplina y perseverancia (Nehemías 4:21,9)

Responde a la pregunta: ¿Qué estoy dispuesto hacer?

"El secreto del éxito estriba en la unión del poder divino con el esfuerzo humano" (Patriarcas y profetas, p. 485). "La disciplina es el puente entre las metas y los logros" (Jim Rohn). "Las personas indisciplinadas son esclavas de los cambios de humor, de los apetitos y las pasiones" (Stephen Covey). "El que persevera siempre triunfa" (dicho popular). "La única garantía de fracasar es dejar de intentarlo" (John C. Maxwell).

5) Trabajo en equipo (Nehemías 2:18,20)

Responde a la pregunta: ¿Quiénes formarán parte de mi grupo?

"Los jugadores marcan goles, pero los equipos ganan partidos" (Zig Ziglar). "Trabajar en equipo divide el trabajo y multiplica los resultados" (anónimo). "Yo hago lo que tú no puedes. Tú hace lo que no puedo. Juntos podemos hacer grandes cosas" (Teresa de Calcuta). "Si los cristianos obrasen en concierto y adelantasen como un solo hombre bajo la dirección de un solo Poder, para la realización de un propósito, conmoverían al mundo" (Joyas de los testimonios, tomo 3, p. 343).

6) Oración constante (Nehemías 1:11; 2:4,8)

Responde a la pregunta: ¿Qué quiero de Dios?

"Dios no hace nada si no es en respuesta a la oración" (John Wesley). *"La oración y la fe harán lo que ningún poder en la tierra podrá hacer" (La oración, p. 75). "La oración mueve el brazo de la Omnipotencia" (Recibiréis poder, p. 134).*

No ores para que Dios te responda, ora para preparar tu corazón a fin de recibir la respuesta que Dios ya tiene para ti. No te preguntes dónde está Dios cuando más lo necesitas, sino dónde estás tú cuando Dios más quiere ayudarte.

7) La gloria para Dios (Nehemías 1:11; 2:18; 5:15)

Responde a la pregunta: ¿Para quién lo hago?

"Háganlo todo para la gloria de Dios" (1 Corintios 10:31, NVI). *"El deseo de glorificar a Dios debería ser la motivación más poderosa de todas para nosotros"* (Exaltad a Jesús, p. 360). *"Usted es propiedad de Cristo tanto por creación como por redención, y la gloria de Dios está implicada en su éxito personal"* (A fin de conocerle, p. 308). Que nuestro lema sea: *"Motivados por su gloria alcanzaremos la victoria".*

¡Un sueño realizado! *(Nehemías 6:15-16)*

8) Para reflexionar y accionar:

¡La gente con propósito vuela alto! ¡La gente con espíritu de fe hace las cosas acontecer! ¡La gente comprometida llega más rápido! ¡La gente que persevera siempre triunfa! ¡La gente que trabaja en equipo obtiene mejores resultados! ¡La gente de oración constante hace la diferencia! ¡La gente que promueve la gloria de Dios disfruta mucho más del éxito obtenido!

- ¿Cuáles de los siete principios de éxito para alcanzar los sueños de Dios son los tres que más necesitas aplicar en tu vida ahora?

....

- ¿Qué es lo que más te llamó la atención de este estudio y de la lectura del capítulo 7?

....

- Tarea: Comienza mañana a leer el primero de los 21 días de maratón misionera, que están en el capítulo 8. Lee/relee el apéndice 1 y

2 que será estudiado en la próxima semana. Subraya en el libro las frases que más te impactaron.

- Desafío misionero: Escribe tus metas misioneras para los próximos tres meses. Coloca por escrito algún sueño misionero que Dios haya puesto en tu corazón, ora por esto por 21 días y avanza dando algunos pasos de fe y acción en las próximas dos semanas. Dedica un día (el próximo sábado o domingo) para hacer un ayuno de frutas a fin de alinear estos planes y sueños con la voluntad de Dios.

- Mi decisión: "Quiero aplicar en mi vida los siete principios de éxito para alcanzar los sueños de Dios en mi vida, familia y comunidad".

Nombre: .... Firma: .... Fecha: ....

ESTUDIO 8: ESTUDIOS BÍBLICOS QUE GANAN ALMAS

1) Según Proverbios 11:30, ¿Cuál es una de las acciones más sabias que podemos realizar?

....

"Cualquiera sea la vocación de uno en la vida, su primer interés debe ser ganar almas para Cristo" (El Deseado de todas las gentes, p. 761).

2) Una de las maneras más exitosas de ganar almas es dando estudios bíblicos a personas interesadas. ¿Cuáles son algunas de las principales razones?

....

"Los miembros de nuestras iglesias deben hacer más trabajo de casa en casa, dando estudios bíblicos y repartiendo impresos" (Joyas de los testimonios, t. 3, p. 346).

3) Uno de los mejores métodos para conseguir estudios bíblicos, especialmente entre desconocidos, consiste en realizar la encuesta misionera Impacto Esperanza. Lee en el apéndice 1 la sección titulada *"¿Cómo hacer la encuesta impacto esperanza?"*, y escribe las tres ideas que más te impactaron o te llamaron la atención.

....

....

....

Muchas personas estarían dispuestas a estudiar la Biblia si se les despertara el interés y se les hiciera una invitación personal.

4) Lee en el apéndice 1 la sección titulada *"¿Cómo dar con éxito el estudio bíblico?,* y escribe las tres ideas que más te impactaron.

....

....

....

5) Lee en el apéndice 1 la sección titulada *"Desarrollo: Estudio central",* y escribe las tres ideas que más te impactaron.

....

....

....

6) Lee en el apéndice 1 la sección titulada *"Cierre: Toma de decisiones",* y escribe las tres ideas que más te impactaron.

....

....

....

7) ¿Cuáles son los estudios bíblicos que ganan almas?

Los estudios bíblicos que ganan almas son aquellos que: (1) Son dados con dedicación perseverante, porque Dios no bendice los estudios bíblicos que no son realizados. (2) Cuentan con la compañía continua del Espíritu Santo, porque solo Él impresiona la mente, convence de pecado y transforma corazones. (3) Siguen un procedimiento eficaz, conforme al método de Cristo. En otras palabras, los estudios bíblicos que ganan almas son aquellos que combinan los tres principales principios del éxito misionero, expresado en la siguiente poderosa fórmula: esfuerzo humano + Espíritu Santo + método de Cristo (abordaje eficiente) = almas salvadas.

9) Para reflexionar y accionar:

Dios está levantando un gran movimiento misionero para conseguir y dar muchos estudios bíblicos, y tú eres una pieza fundamental en los planes de Dios. Puedes involucrarte de varias maneras: (1) Consiguiendo interesados para estudiar la Biblia, (2) dando tú mismo algunos estudios bíblicos, (3) acompañando a alguien para aprender a dar estudios bíblicos, o (4) donando una ofrenda especial para Dios, que ayude en parte a sostener un obrero bíblico. ¿Cuál de estas cuatro opciones prefieres aplicar primero? ¡Escoge al menos una y avanza con fe!

....

- ¿Qué es lo que más te llamó la atención de este estudio y de la lectura del apéndice 1 y 2?

....

- Tarea: Lee/relee el apéndice 3 y 6 que será estudiado en la próxima semana. Subraya en el libro las frases que más te impactaron.

- Desafío misionero: Dedica dos horas durante la semana para realizar la encuesta Impacto Esperanza con al menos quince personas (puede ser familiares, amigos, compañero de trabajo, vecinos, o desconocidos), y comparte con ellos materiales misioneros.

- Mi decisión: "Quiero ganar un alma para Cristo en este año. Voy a utilizar el exitoso método aprobado por Dios de conseguir y dar estudios bíblicos".

Nombre: .... Firma: .... Fecha: ....

ESTUDIO 9: NUESTRA MISIÓN ES SERVIR Y SALVAR

1) ¿Cuáles son los dos verbos principales de la misión?

....

Somos llamados por Dios para servir y salvar. Servimos cuando hacemos obras de caridad al necesitado y de ayuda al prójimo que atraviese por algún problema o crisis. Salvar es la palabra que mejor resume el mayor objetivo de todo lo relacionado a la obra misionera (testificar, evangelizar, predicar, ser misionero, discipular, bautizar, etc.).

2) ¿Quién es nuestro mejor ejemplo de lo que significa servir y salvar? (Mateo 20:28; Lucas 19:10).

....

3) ¿Cuáles tres acciones fundamentales se destacaban del ministerio de Jesús en el proceso de servir y salvar? (Mateo 9:35)

....

4) Lee en el apéndice 3 la sección titulada *"Mas de 50 maneras de servir",* y escoge tres que te gustaría poner en práctica esta semana.

....

....

"Todo miembro de la iglesia debe empeñarse en alguna manera de servir al Maestro" (El ministerio de curación, p. 107).

5) Lee los primeros cinco párrafos del apéndice 6 sobre los nuevos métodos, y escribe lo que más te llamó la atención.

6) Lee en el apéndice 6 sobre el método de la Expo Biblia y el método de la Expo Santuario. ¿Qué tal te parecieron? ¿Te gustaría que se implementen en tu distrito, al menos una vez al año?

7) Para reflexionar y accionar:

- ¿Por qué crees que es muy importante combinar las acciones de servir y salvar en tu vida personal?

- ¿Qué es lo que más te llamó la atención de este estudio y de la lectura del apéndice 3 y 6?

- Tarea: Lee/relee el apéndice 4, 5 y 7 que será estudiado en la próxima semana. Subraya en el libro las frases que más te impactaron.

- Desafío misionero: Procura colocar en práctica en esta semana algunas de las maneras de servir y salvar que glorifican a Dios.

- Mi decisión: "Quiero comprometerme en realizar acciones definidas para servir y salvar, como parte de mi agenda semanal".

Nombre: .... Firma: .... Fecha: ....

ESTUDIO 10: + PUBLICACIONES + OBRA MÉDICO MISIONERA

1) Medita en la promesa de Dios en Josué 1:9. ¿Qué es lo que más te impactó del apéndice 4, sobre la historia de Julián Hernández?

"Cuán a menudo intentamos trabajar para Dios siguiendo el límite de nuestra incompetencia en lugar de seguir el límite de la omnipotencia de Dios" (Hudson Taylor).

2) De acuerdo con el Espíritu de Profecía, ¿cuál debe ser el grado de interés de las iglesias por nuestras publicaciones? ¿Quiénes dentro de la iglesia deben distribuir nuestros materiales misioneros?

....

"Las iglesias de todos los lugares deben sentir el más profundo interés en la labor misionera con nuestras publicaciones" (El colportor evangélico, p. 30). "Que todo creyente esparza volantes, folletos y libros que contengan el mensaje para este tiempo" (El colportor evangélico, p. 22).

3) En relación a las 10 tesis de las publicaciones misioneras, que están al final del apéndice 4, ¿cuáles tres te llaman más la atención?

....

....

....

Hay tres tipos de misioneros en relación con las publicaciones. (1) Misioneros sin publicaciones: aquellos que cumplen la misión pero que no tienen el hábito de compartir y regalar materiales misioneros. (2) Misioneros con publicaciones: aquellos que llevan y comparten a menudo materiales misioneros como parte de su estilo de vida. (3) Misioneros en publicaciones: son los colportores evangelistas, dedicados por completo a la distribución de la página impresa.

4) De los diez pilares fundamentales de la obra médico misionera, referidos en el apéndice 5, ¿cuáles tres te llaman más la atención?

....

....

....

"Dios desea que tanto los pastores como miembros de iglesia muestren un interés decidido y activo en la obra médica misionera" (Testimonios para la iglesia, tomo 6, p. 303).

5) De las quince sugerencias útiles para promover y fortalecer la obra médica misionera en tu Asociación, distrito, iglesia y comunidad, ¿cuáles tres te llaman más la atención para ser implementadas?

....

....

....

Llegó la hora de movilizar con más fuerza la mano derecha del evangelio. Dios está buscando hombres y mujeres dispuestos a impulsar la reforma pro salud en su vida personal y a reavivar la obra médica misionera en la iglesia local y en la comunidad.

6) La obra médico misionera debe comenzar primero en tu vida. ¿Piensa en al menos tres cambios positivos que puedes realizar en tu alimentación y estilo de vida?

....

....

....

7) Para reflexionar y accionar:

- ¿Qué es lo que más te llamó la atención de este estudio y de la lectura del apéndice 4 y 5?

....

- Tarea: Lee/relee el apéndice 7 que será estudiado en la próxima semana. Subraya en el libro las frases que más te impactaron.

- Desafío misionero: Lleva siempre contigo (en tu carro, mochila) algunos materiales misioneros (libros, revistas, folletos) para poder compartir con las personas que contactes diariamente.

- Mi decisión: "Quiero ser un misionero que distribuya más publicaciones, que cuide más del templo del Espíritu Santo y que valore más la obra médico misionera".

Nombre: .... Firma: .... Fecha: ....

ESTUDIO 11: UNA IGLESIA REAVIVADA PARA CRISTO Y UNA IGLESIA MÁS PARA CRISTO

1) De las diez razones importantes para plantar una nueva iglesia, mencionadas en el apéndice 7, ¿cuáles tres te impactan más?

....

....

....

"Dios ha colocado, sobre todos los que creen, la responsabilidad de levantar iglesias" (Elena de White, Un ministerio para las ciudades, p. 145).

2) De las diez excusas comunes para no plantar una nueva iglesia, ¿en cuáles dos te sientes más identificado?

....

....

Imagina el crecimiento multiplicador que habría si cada distrito se propusiera plantar una nueva iglesia dentro del periodo de cinco años. Los resultados serían maravillosos.

3) Lee Hechos 6:1-7. De la sección titulada: "Sigamos el modelo bíblico de los apóstoles y de los pioneros", ¿qué es lo que más te impacta?

....

....

4) Lee las 21 claves para plantar una nueva iglesia mencionadas en el apéndice 7. ¿Cuáles cinco te llaman más la atención?

....

....

....

....

....

Si tu corazón está ahora ardiendo con el llamado de Dios para ser parte activa en algún proyecto de plantación de iglesia, habla con tu pastor. Tú puedes ser un instrumento útil en las manos del Señor para plantar una nueva iglesia en cierta región.

5) Lee Hechos 16:5. Piensa ahora en tu iglesia local como una iglesia reavivada para Cristo. ¿Cuáles cinco acciones de reavivamiento misionero se podrían implementar en tu iglesia local?

....

....

....

....

....

6) Para reflexionar y accionar:

▪ ¿Qué es lo que más te llamó la atención de este estudio y de la lectura del apéndice 7?

....

▪ Tarea: Habla en esta semana con algún hermano de iglesia sobre estos dos planes de Dios: 1) Una iglesia reavivada para Cristo, y 2) Una iglesia más para Cristo.

- Desafío misionero: procura abrir un grupo de WhatsApp con algunos contactos de tu iglesia, que puedes titularlo *Sé misionero hoy* o *Vivo la misión*, con el objetivo de compartir testimonios misioneros, materiales sobre la misión, y para empezar con ellos los 21 días de maratón misionera, que están en el capítulo 8.

- Mi decisión: "Voy a comprometerme más para que mi iglesia sea reavivada para Cristo. Voy a orar por una iglesia más para Cristo y me voy a involucrar en alguna actividad misionera en esta dirección".

Nombre: .... Firma: .... Fecha: ....

ESTUDIO 12: UN ALMA MÁS PARA CRISTO Y UN MISIONERO MÁS PARA CRISTO

1) Lee 2 Timoteo 4:2-5. Escribe tus tres metas misioneras para los próximos tres meses. Luego, compártelas con algún miembro de iglesia.

....

....

....

2) Lee 1 Corintios 15:58 y Hechos 5:42. Escribe tu plan de acción para llevar un alma a Cristo en este año.

....

....

....

....

3) Escribe al menos tres cosas que realizarás para preparar un nuevo misionero para Cristo en los próximos meses.

....

....

....

4) Para reflexionar y accionar:

- Lee las páginas 69 y 70 de este libro, en la sección titulada: *Sé un misionero más completo y con mayor alcance*. Marca con un círculo los niveles que te gustaría alcanzar a corto, mediano y largo plazo.

Podríamos dividir esta misión expansiva del reino de Dios en siete sectores misioneros: (1) Mi familia, (2) mi iglesia, (3) mi comunidad (barrio, pueblo/ciudad), (4) mi región (provincia o estado), (5) mi país, (6) otros países, y (7) hasta lo último de la tierra. Y en cuanto a tiempo personal invertido, podríamos dividirlo así: (1) Misionero como estilo de vida, (2) Misionero por temporada, (3) misionero exclusivo a tiempo parcial, (4) misionero exclusivo a tiempo completo, y (5) misionero en el extranjero.

- Tarea: Comparte con tres personas de tu iglesia el impacto que ha tenido en tu vida la lectura del libro *Sé misionero hoy*, y tu firme decisión de involucrarte más en la obra misionera de servir y salvar.

- Desafío misionero: Regala a alguien de tu entorno espiritual (ya sea familiar, amigo o miembro de iglesia) el libro *Sé misionero hoy* e invítalo a iniciar esta serie de estudios con él, una vez a la semana.

- Mi decisión: "Quiero consagrarme hoy y todos los días como misionero. Me comprometo a preparar a un nuevo misionero en los próximos tres meses. Me propongo llevar un alma a Cristo en este año para la gloria de Dios".

Nombre: .... Firma: .... Fecha: ....

FELICITACIONES por concluir la serie de estudios *Sé misionero hoy*. Alabado sea Dios por todas las decisiones que has tomado durante estos doce estudios. Deseo que el Señor te continue usando poderosamente como misionero. Estoy orando por ti.

Me gustaría saber tu testimonio, en pocas palabras, sobre el impacto que ha tenido el mensaje de este libro en tu vida. Sobre todo, me gustaría saber de las grandes cosas que Dios está haciendo contigo como misionero. Puedes escribir a estebangriguol@gmail. com. Además, te comparto este **código QR** con una breve encuesta para que puedas completar. Tu opinión es muy importante para nosotros.

Te mando un fuerte abrazo en Cristo, Pr. Esteban Griguol.

MI PACTO CON DIOS: OPERACIÓN FUERTE PREGÓN

*¡Una oportunidad para proclamar
el mensaje de Dios como nunca antes!*

1) **Me propongo regalar materiales misioneros a casi todas las personas con quienes me contacte diariamente.** Después de una conversación, antes de despedirme de esa persona (ya sea un familiar, amigo, vecino, compañero de trabajo, cliente, o cualquier persona que Dios ponga en mi camino), me gustaría poder regalarle algún material misionero.

2) **No saldré de mi casa sin llevar siempre publicaciones salvíficas** para sembrar el mensaje de Dios todos los días. Siempre llevaré conmigo los nuevos folletos misioneros, ya sea en mi cartera, mochila, o en mis bolsillos (pantalón, falda, chaqueta, camisa, etcétera).

3) **Este es mi pedido personal en mi OPERACIÓN FUERTE PREGÓN** (colocar la cantidad al lado de cada material):

Camino a Cristo: *El conflicto de los siglos:*

Revista de salud: *El Deseado de todas las gentes:*

Revista misionera: *El libro misionero del año:*

Folletos misioneros:

IMPORTANTE: Puedes solicitar estos y otros materiales misioneros contactando con el director de Ministerio Personal de tu iglesia, visitando la librería adventista de tu área, o llamando a la Casa Editora Adventista de tu Unión/División.

¿Deseas ser un **MENSAJERO DE ESPERANZA** que glorifique a Dios y proclame el mensaje de salvación?

¡Dios quiere usarte de manera poderosa!

Inscríbete *en alguno de los siguientes planes:*

- ✓ *Ser un Mensajero de Esperanza*
- ✓ *Ser un Colportor Evangelista*
- ✓ *Ser un Consultor de Salud Familiar*
- ✓ *Ser un Consultor de Educación Infantil*
- ✓ *Participar de una Campaña de Colportaje en mis vacaciones (verano o invierno)*
- ✓ *Participar del programa Light America Mission*
- ✓ *Participar del Congreso Mensajeros de Esperanza*
- ✓ *Realizar el curso de Educador del Estilo de Vida*

Para más información, contacta con el Departamento de Publicaciones de tu Asociación. También puedes escanear el siguiente código QR y completar el formulario online.

¡UN LIBRO QUE DEBERÍAS LEER!

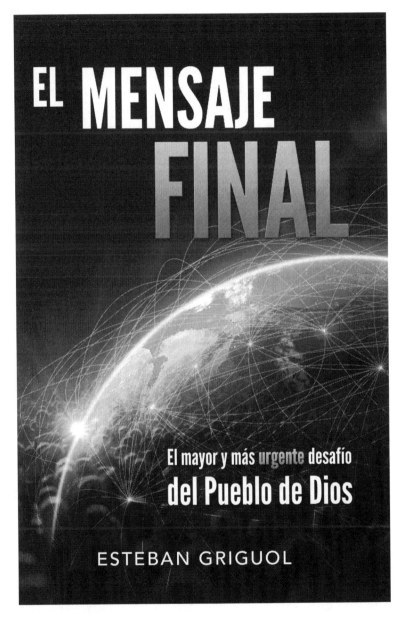

EL MENSAJE FINAL

El mayor y más urgente desafío
del Pueblo de Dios

ESTEBAN GRIGUOL

Haz tu pedido llamando al **+ 1 (214) 723-9552**

Disponible también en **Amazon**

Puedes solicitar copias de este libro
llamando al **+1 (214) 723-9552** (WhatsApp).
Hay descuento especial cuando
se ordena por cantidad.

Tenemos disponibles las **GUÍAS DE ESTUDIOS** y los **SEMINARIOS EN POWERPOINT** de cada capítulo para que puedas predicarlo en tu iglesia. Puedes solicitarlo escribiendo a estebangriguol@gmail.com, y te lo enviaremos de forma gratuita.

Proyectos
misioneros

Opinión
del libro

Made in the USA
Middletown, DE
03 September 2024

60265044R00166